Elon Musk

埃隆·马斯克 传

［美］**沃尔特·艾萨克森**
(Walter Isaacson)／著

孙思远　刘家琦／译

中信出版集团｜北京

图书在版编目（CIP）数据

埃隆·马斯克传/（美）沃尔特·艾萨克森著；孙
思远，刘家琦译 . -- 北京：中信出版社，2023.9（2023.9重印）
书名原文：Elon Musk
ISBN 978-7-5217-5839-9

Ⅰ . ①埃 … Ⅱ . ①沃 … ②孙 … ③刘 … Ⅲ . ①埃隆·
马斯克－传记 Ⅳ . ① K837.115.38

中国国家版本馆 CIP 数据核字（2023）第 153274 号

埃隆·马斯克传

著者：　　［美］沃尔特·艾萨克森
译者：　　孙思远　刘家琦
出版发行：中信出版集团股份有限公司
　　　　　（北京市朝阳区东三环北路 27 号嘉铭中心　邮编　100020）
承印者：　北京盛通印刷股份有限公司

开本：787mm×1092mm　1/16　　印张：37.5　　字数：594 千字
版次：2023 年 9 月第 1 版　　　印次：2023 年 9 月第 2 次印刷
京权图字：01-2023-4187　　　　书号：ISBN 978-7-5217-5839-9
　　　　　　　　　　　　　　　定价：90.00 元

目录

对于所有曾被我冒犯的人，我只想对你们说，
我重新发明了电动车，我要用火箭飞船把人类送上火星。
可我要是个冷静、随和的普通人，
你们觉得我还能做到这些吗？

——埃隆·马斯克——

《周六夜现场》，2021 年 5 月 8 日

只有疯狂到认为自己可以改变世界的人才能改变世界。

——史蒂夫·乔布斯——

火之缪斯

游乐场

埃隆·马斯克的童年在南非度过，他经受过切肤之痛，也学会了如何在痛苦中生存。

12 岁那年，他乘大巴来到一个名叫"野外学校"（veldskool）的野外生存营地。在他的记忆里，"它就像《蝇王》[1] 故事的现实版本"。每个孩子只能分到一点点食物和水，这里允许他们为了争夺生存物资大打出手，甚至鼓励他们这么做。他的弟弟金博尔说："欺凌在这里被视作一种美德。"大孩子们很快就开始暴揍小家伙的脸，然后夺走他们的东西。埃隆身材矮小，木讷呆滞，结果被人打了两次。最后他瘦了 10 磅[2]。

临近开营第一周周末的时候，男孩们被分成两组，辅导员要求他们相互攻击。马斯克回忆说："这太疯狂了。你只要经历过，一辈子都忘不了。"每隔几年，就会有一个孩子死在这里。辅导员会把这种案例当成反面教材，他们会说："别像去年挂掉的那个笨蛋一样蠢，也别当个懦弱的小傻瓜。"

埃隆第二次去野外学校时，即将年满 16 岁。他身高激增到 6 英尺[3]，体格也强壮了不少，身材像一头熊，还学了一点儿柔道。这一次，野外学校不再是他的噩梦。埃隆说："那时我开始意识到，如果有人欺负我，我可以一拳打中他们的鼻子，这样他们就再也不敢欺负我了。他们可能会把我打得屁滚尿流，但如果我狠狠地打中他们的鼻子，他们以后就不敢再来找我了。"

20 世纪 80 年代的南非充斥着暴力活动，机枪扫射和持刀行凶都是家常便饭。有一次，埃隆和金博尔下了火车，要去参加一场反种族隔离音乐会，他们踩过一摊血，旁边是一具头上插着一把刀的尸体。那天晚上每走一步，糊在他们运动鞋鞋底的血都会发出黏腻的声音。

马斯克家养了几只德国牧羊犬，经过训练后，它们会攻击所有从他家

1　《蝇王》是威廉·戈尔丁出版于 1954 年的长篇小说，讲述了一群被困在荒岛上的儿童在完全没有成人的引导下如何建立起一个脆弱的文明体系，最终由于人类内心的黑暗面，这个文明体系无可避免地被野蛮与暴力取代。——译者注

2　1 磅 ≈ 0.453 6 千克。——译者注

3　1 英尺 = 0.304 8 米。——译者注

旁边跑过的人。埃隆6岁在车道上奔跑时，他最爱的一只狗袭击了他，对准他的后背狠狠咬了一口。在急诊室里，医生们正准备给他缝合伤口，他却拒绝接受治疗，除非大人们答应他不会惩罚这只狗。"你们不会杀了它的，对不对？"埃隆问。大人们发誓说不会。在讲述这个故事时，埃隆停顿了一下，眼神空洞地愣了很久，他说："他们还是把它打死了。"

埃隆最痛苦的经历发生在学校里。很长一段时间，他都是班里年纪最小、个头最矮的学生，也很难搞清楚人情世故那一套。对他来说，共情能力不是与生俱来的东西，他没有取悦别人的欲望，也没有这种本能。结果小混混经常盯上他，朝他的脸挥拳头。他说："你要是没被人打过鼻子，你就不知道这种欺凌会对你的一生造成怎样的影响。"

一天清晨，在校园集会上，一个男生正在和一帮朋友玩闹，撞到了埃隆。埃隆一把把他推了回去，双方发生了口角。这个男生和他的朋友们在休息时间找到了埃隆，发现他正在吃三明治。他们从他身后靠近，踢了他的脑袋，还把他推下了水泥台阶。当时和埃隆坐在一起的金博尔回忆："他们骑在他身上，不停地殴打他，踢他的头。打完以后，我甚至认不出他的脸。那就是个肿胀的肉球，几乎看不到他的眼睛。"随后埃隆被送往医院，一周都无法上学。几十年后，他还在接受矫正手术，以修复鼻子内部的组织。

但同他的父亲埃罗尔·马斯克给他造成的情感创伤相比，这些伤痛都微不足道。埃罗尔·马斯克是一名工程师、一个无赖、一个富有魅力的幻想家，他的这些特质至今仍困扰着埃隆。在校园欺凌事件发生后，埃罗尔站在了施暴者那边，他说："那个孩子的父亲刚刚自杀了，埃隆还说人家蠢，埃隆总喜欢说别人蠢。我怎么能责怪那个孩子呢？"

埃隆从医院回家时，父亲狠狠斥责了他一顿，埃隆回忆："我站了一个小时，他冲我大喊大叫，说我是个白痴，说我一无是处。"金博尔不得不旁观了这一幕，他说这是他一生中最糟糕的记忆。金博尔说："我父亲情绪失控了，可以说是勃然大怒，类似的场景我们见得太多了。他对我们哥俩毫无同情心。"

埃隆和金博尔再也不同父亲说话了。他们都表示，父亲说埃隆挑起了整件事的说法完全是无稽之谈，那个肇事者最终因为这件事被送进了少年犯管教所。他们说，父亲的谎言反复无常，他经常编造各种穿插着虚构情节的故事，有时这些情节是蓄意编排的，有时则纯粹是他的妄想。他们都说他有双重人格，前一分钟还和蔼可亲，后一分钟就会开始持续一个多小时的无情谩骂。每次长篇大论结束时，父亲都会告诉埃隆他有多可悲。埃隆只能站在那里，不能离开。"这是精神上的折磨。"埃隆说完，停顿了很长时间，微微有些哽咽，"他总能让情况变得恶劣不堪。"

我给埃罗尔打电话时，他跟我聊了近三个小时。在接下来的两年里，我们定期通话、发信息。他总是迫不及待地向我描述他带给孩子们的好东西，还把相关的照片发给我——说明至少在他事业发展良好的时期，他是这样做的。他一度拥有一辆劳斯莱斯，也跟孩子们在野外搭建过一座小屋，还从赞比亚一个矿主那儿得到天然的祖母绿，然后卖给珠宝商，一直到这桩生意倒闭关门。

但埃罗尔也承认，他希望孩子们在体格和人格上都能强壮起来。"他们和我在一起，让他们更能适应野外学校，"他还补充说，暴力只是他们在南非学到的一部分，"两个人放倒你，另一个人拿木头砸你的脸，诸如此类。新生入学第一天就得跟学校里的暴徒搏斗。"埃罗尔自豪地承认，他以街头黑帮式的管理风格对他的孩子们实行了"极其严厉的独裁统治"。他还特别补充说："埃隆后来也把同样严苛的独裁风格搬到了自己同他人的关系中。"

"逆境塑造了我"

"有人曾说，每个男人的一生都在努力满足父亲的期望，或者弥补父亲犯下的错误，"贝拉克·奥巴马在回忆录中这样写道，"我想这或许可以解释我的软肋来自何处。"以埃隆·马斯克为例，尽管他无数次地尝试在生理和心理上摆脱父亲的阴影，但父亲对他的精神影响仍将持续存在。他的情绪会在晴空万里和暗无天日之间、在激情四射和麻木愚钝之间、在冷漠疏远和真情流露之间循环往复，偶尔还会陷入那种双重人格的"恶魔模式"，让他身边的人感到害怕。不过有一点他倒不像埃罗尔，他会照顾孩子。但在其他方面，他的行为背后蕴藏了一种危险，需要他不断抵制。正如梅耶所说："他可能会变成他父亲那样。"这是所有神话中最能引起人们共鸣的经典台词之一。令人好奇的是，这位在"星球大战"中激流勇进的英雄[1]，在展开他如史诗般浩荡的人生追求过程中，到底需要在多大程度上与原力的黑暗面展开较量，来驱除他父亲如达斯·维达[2]般遗留下来的心魔？

　　埃隆的第一任妻子贾丝廷说："我觉得一个人像他那样在南非度过童年，就必须在某种程度上对他人关上心门。"在他的10个孩子中，贾丝廷是其中5个孩子的母亲。"如果你父亲总是叫你傻瓜和白痴，也许你唯一的回应方式就是闭上心门。因为即便打开了一个情感维度，你也没有驾驭情感的工具。"这样做可能会让他变得冷酷无情，但也使他成为敢于冒险的创新者。贾丝廷说："他学会了消除恐惧。如果你屏蔽了恐惧心理，那么也许你也得屏蔽其他情感，比如快乐或同理心。"

　　童年噩梦的点点滴滴，让他变得厌恶满足于当下。"我只是觉得他不知道如何去享受成功，欣赏鸟语花香。"他另外三个孩子的母亲、艺术家克莱尔·鲍彻（艺名"格莱姆斯"）这样说道，"我认为童年带给他最深刻的制约就是：生活即痛苦。"埃隆对此表示同意，他说："逆境塑造了我，我的痛苦阈值变得非常高。"

　　2008年，埃隆的SpaceX（太空探索技术公司）火箭在前三次发射过程中接连爆炸，特斯拉也即将破产，这是他生命中地狱般的至暗时期。那时他会在痛苦的剧烈扭动中惊醒。后来成为他第二任妻子的妲露拉·莱莉回忆说，埃隆会向她讲述他父亲讲过的骇人听闻的事情。妲露拉说："我听他说过跟他父亲一模一样的话，这些经历对他的人格产生了深远的影响。"当他回忆起这些时，他会出神，你很难透过他那双钢铁色的眼睛看出他到底在想些什么。"我认为他没有意识到这些对他的影响，因为他以为这都只是童年时发生的事情，"妲露拉说，"但他保留了孩童般的那一面，是没有发育成熟的一面。在他的内心深处，他仍然是一个孩子——一个站

1　作者在这里既引用了《星球大战》的典故，又指马斯克的SpaceX登陆火星等活动本身就是一场"星球大战"。——译者注

2　达斯·维达是电影《星球大战》里的重要人物，带有悲剧与矛盾色彩，因身心俱毁而堕入原力的黑暗面。——译者注

在他父亲面前的孩子。"

如果跳出原生家庭这口熔炉，你会发现埃隆发展出了一种气场，让他有时看起来像个外星人——他的火星任务仿佛是对于重返家园的渴望，而他打造人形机器人的愿望似乎又在表达着一种对亲密情感关系的心理诉求。如果他扯掉衬衫，你发现他没有肚脐，你也不应该感到惊讶，因为他本来就不像地球人。但他的童年又浸透着人性，一个坚强而又脆弱的男孩决然地踏上了一场史诗般的远征。

有一种狂热掩盖了他的笨拙，而这种笨拙又紧紧包裹住他的狂热。这样一个灵魂塞进这样一具肉身里，让他有一点儿不自在，他是个运动员一样的大块头，走起路来像一头肩负使命的大熊，跳起舞来就像戏仿机器人。带着先知般的信念，他会宣讲塑造人类意识、探究宇宙、拯救地球的必要性。一开始，我以为这主要是在塑造人设，就像一个经常读《银河系搭车客指南》的大男孩在演讲和播客里用宏大的梦想来激励团队。但随着我跟他打交道越来越多，我越来越相信使命感是推着他前进的动力之一。当其他企业家还在努力形成世界观时，他已经形成了宇宙观。

他的遗传、教养和心智让他有时既冷酷又冲动，这也赋予他面对极高风险的耐受能力。他可以冷静地计算风险，也可以狂热地拥抱风险。"埃隆是为了冒险而冒险，"在 PayPal 创业早期就成为埃隆合伙人的彼得·蒂尔表示，"他似乎就是很享受，有时候甚至会上瘾。"

在飓风来临时，他是最兴奋的人之一。安德鲁·杰克逊曾经说："我为暴风骤雨而生，风平浪静不适合我。"埃隆也是如此。动荡的环境和剧烈的冲突对他有着莫大的吸引力，有时他甚至渴望这些东西，无论是在工作中，还是在那些他努力维持却未能持久的恋爱关系中。在面临重大危机、最后期限和事业转折时，他披荆斩棘、激流勇进。每当面对艰巨的挑战，紧张感常常让他夜不能寐，甚至呕吐不止。但这些都是他赖以为生的养分。"戏剧性是他人生中的最佳伴侣，"金博尔说，"离开这个他活不下去，他可以为之生、为之死。"

当年我在采访报道史蒂夫·乔布斯时，他的搭档斯蒂夫·沃兹尼亚克说："有一个很重要的问题就是，他有必要这么刻薄、这么粗暴无情、这么沉湎于戏剧性冲突吗？"在我的报道行将结束时，我把这个问题又抛给了沃兹尼亚克。他说如果由他来管理苹果公司，他会待人更友善一些，他会像对待家人一样对待公司的每个人，更不会突然解雇员工。然后他停顿了一下，接着说："但那样的话，我们可能永远不会做出麦金塔计算机。"所以那个关于埃隆·马斯克的问题也是这样：如果他能更放松一点儿，更可亲一点儿，他还会是那个要把我们送上火星、送往电动车未来世界的人吗？

2022 年年初，也就是在 SpaceX 成功发射了 31 颗卫星、特斯拉卖出了近 100 万辆电动车、埃隆成为地球上最富有的人一年后，对于自己一再挑起戏剧性冲突的背后动机，他略带感伤地谈起了他的反思。"我需要改变我的思维模式，不能一直处于危机战备状态，"他告诉我，"我这种状态已经持续了大概 14 年，或者说我人生的大部分时间。"

这更像是一个自怨自艾的评价，而不是在表达新年新气象的决心。他一边做出了这些反思和保证，一边还在秘密买入推特的股票。众所周知，推特是世界上最大的、终极的游乐场。那年 4 月，他在露水情人、女演员娜塔莎·巴塞特的陪同下，到他的人生导师、甲骨文创始人拉里·埃里森在夏威夷的家里难得地度了个假。推特曾向他提供了一个董事会席位，但经过那个周末，他觉得这还不够，因为他的本性就是要获得完全控制权。所以他决定，尽管有人不欢迎他，他还是要出价，拿下推特 100% 的股权。随后他飞往温哥华与格莱姆斯会面。他在那里玩了一款新的动作角色扮演游戏《艾尔登法环》，一直玩到清晨 5 点。刚打完游戏，他就立马"扣动扳机"，开启了收购推特的计划。"我提出了报价。"他宣布道。

这些年来，每当他身处绝境或感受到威胁时，他就会回想起在操场上被欺凌的恐怖经历。现在他有机会坐拥整个操场[1] 了。

1　"操场"与"游乐场"的英文同为"playground"。——译者注

01
冒险家

温妮弗雷德·霍尔德曼与乔舒亚·霍尔德曼（左上）；埃罗尔、梅耶、埃隆、托斯卡
和金博尔（左下）；科拉·马斯克和沃尔特·马斯克（右）

乔舒亚·霍尔德曼与温妮弗雷德·霍尔德曼

埃隆·马斯克热爱冒险的基因来自他的家族。在这方面，他像极了他的外祖父乔舒亚·霍尔德曼。乔舒亚是一位无所顾忌的冒险家，有着坚定的信念，从小在加拿大中部贫瘠平原的一个农场里长大。他在艾奥瓦州学习脊椎按摩技术，而后回到穆斯乔附近的家乡，在那里驯马，给人做脊椎按摩，以此换取食宿。

最终他买下了一座农场，又在席卷20世纪30年代的大萧条中失去了它。在接下来的几年里，他当过牛仔，做过牛仔竞技表演演员，还当过建筑工人，但唯一不变的就是他对冒险的热爱。他结婚又离婚，在货运火车上做过流浪汉，还搭上一艘远洋轮船去偷渡。

失去农场的经历让他逐渐认同民粹主义思想。他积极参与到一场名为"社会信用党"的团体运动中，这一运动主张向公民发放可以像货币一样使用的免费信用票据。这场运动带有一丝反犹主义的保守的原教旨主义色彩。社会信用党在加拿大的首位领导人谴责这是"对文化理想的扭曲"，因为"有太多的犹太人身居高位"。乔舒亚后来成为社会信用党全国委员会主席。

他还参加了一个名为"技术治理"的运动，该运动认为政府应该由技治主义者而不是政治家来管理。由于反对加拿大参加第二次世界大战，这一运动在加拿大被临时禁止。乔舒亚无视禁令，在报纸上刊登了一则支持该运动的广告。

有一段时间，他想学交际舞，也因此遇到了温妮弗雷德·弗莱彻。她的冒险精神同他不相上下。16岁时，她在《穆斯乔时代先驱报》找到了一份工作，但她的梦想是成为舞蹈家和演员。于是她匆匆乘坐火车前往芝加哥，而后又去了纽约。回到加拿大后，她在穆斯乔开办了一所舞蹈学校，乔舒亚就是在那里上课的。他想请她吃饭，她回答道："我从不和我的学员约会。"于是他退了课，再次约她。几个月后，他问："你什么时候嫁给我？"她回答说："明天。"

他们育有四个子女，包括一对出生于1948年的双胞胎女儿梅耶和凯。在一次旅行途中，乔舒亚在一个农民的田地里发现了一架单引擎的勒斯科姆飞机上贴着出售的标识。当时他手里没有现金，但他竟然说服了农民，用他的汽车交换到了飞机。乔舒亚做出的这个决定相当鲁莽，因为他还不会开飞机。他雇了一个飞行员载他回家，然后教他如何驾驶飞机。

这个家族后来被人们称为"会飞的霍尔德曼一家"。乔舒亚被一家脊椎治疗领域的杂志社称为"可能是脊椎治疗行业史上最杰出的飞行员"，这是一个相当细分但又准确的荣誉称号。当梅耶和凯三个月大时，他们买了一架更大的单引擎飞机——贝兰卡，这两个蹒跚学步的孩子也因此被称为"会飞的双胞胎"。

乔舒亚抱持着古怪的保守民粹主义观点，他开始相信加拿大政府篡夺了太多对公民个人生活的控制权，国民太容易被操控了。因此在1950年，他决定移居南非，当时南非仍由白人种族隔离政权统治。他们把贝兰卡拆散后装进箱子，登上了一艘开往开普敦的货船。乔舒亚决定住在内陆，于是他们向约翰内斯堡出发，那里的大部分白人说英语，而不是南非语。但当他们从比勒陀利亚的上空飞过时，淡紫色的蓝花楹漫山遍野地恣肆盛开，乔舒亚随即宣布："我们就待在这里吧。"

乔舒亚和温妮弗雷德年轻的时候，有一个名叫威廉·亨特的江湖骗子，人称（或至少他自称）"伟大的法里尼"。他来到穆斯乔，讲述了他穿越南非卡拉哈里沙漠时看到了一座古老的失落之城的故事。马斯克说："这个江湖骗子给我外祖父看了一些明显很假的照片，但我外祖父从此对这个故事深信不疑，并自作主张地认为重新发现这座古城就是他的使命。"此后只要身在非洲，霍尔德曼一家每年都要花一个月的时间到卡拉哈里沙漠中长途跋涉，去寻找失落之城。他们自己打猎觅食，枕着枪睡觉以抵御狮子的攻击。

这家人的座右铭是：冒险而审慎地生活。他们开始尝试飞往挪威等地的长途飞行，在从开普敦到阿尔及尔长达12 000[1]英里的汽车拉力赛中并列第一，还成为第一批驾驶单引擎飞机从非洲飞往澳大利亚的人。梅耶回忆说："为了装油箱，我父母不得不拆掉飞机的后座。"

乔舒亚·霍尔德曼的冒险精神最终也让他付出了生命的代价。当时他

1　1英里≈1 609米。——译者注

正在教一名学员开飞机，结果撞上了电线，飞机翻转后坠毁。那时他的外孙埃隆只有 3 岁。"他知道真正的冒险当中总有风险和隐患，"埃隆说，"但风险给了他激情和动力。"

乔舒亚将这种精神深深烙印在他的双胞胎女儿之一——埃隆的母亲梅耶身上。她说："我知道只要我做好了准备，我就可以去冒险。"上学时，梅耶的科学和数学成绩很好，而且颜值很高。她身材高大，眼眸深蓝，颧骨凸出，下颌线轮廓分明，她 15 岁开始当模特，周六早上在百货商店走秀。

大约在那时，她在家附近遇到了一个男孩，他长得非常英俊，却带着一种圆滑和轻浮的气质。

埃罗尔·马斯克

埃罗尔·马斯克是一个冒险家，也是一个精明的商人，他总是在寻找下一次机会。他的母亲科拉出生在英国，14 岁毕业后就在一家为轰炸机飞行员制作皮衣的工厂里工作，后来搭乘难民船抵达南非。在那里，她遇到了密码学家、军事情报官员沃尔特·马斯克。沃尔特曾在埃及制订方案，通过部署虚假武器和探照灯来欺骗德国人。战争结束后，他百无聊赖，整日安静地坐在扶手椅上喝酒，用他的密码学技巧玩一玩填字游戏。于是科拉离开他，带着两个儿子回到英国，买了一辆别克，然后又回到了比勒陀利亚。埃罗尔说："她是我见过的最坚强的人。"

埃罗尔获得了工程学学位，从事过建造酒店、购物中心和工厂的工作。作为业余爱好，他喜欢修复古旧汽车和飞机。他还热衷于政治活动，击败了一名支持种族隔离的南非国民党的白人成员，成为比勒陀利亚市议会中为数不多的说英语的成员之一。1972 年 3 月 9 日的《比勒陀利亚新闻报》以"反对建制派"为标题报道了这次选举。

同霍尔德曼一家一样，埃罗尔也喜欢飞行。他买了一架双引擎的赛斯纳金鹰飞机，用来把电视台工作人员运送到他在灌木丛中建造的小屋。在 1986 年的一次旅途中，当他打算卖掉这架飞机时，他开着它降落在赞比亚的一条简易跑道上，一位巴拿马裔意大利企业家提出想要购买这架飞机。

他们就价格达成了一致：埃罗尔没有收取现金，而是得到了这位企业家在赞比亚的一个矿场生产的一部分祖母绿。

赞比亚当时有一个后殖民时期的黑人政府，但没有能有效执政的官僚机构，所以这个矿是"黑矿"，没有登记在册。埃罗尔说："如果你注册了，你就什么都得不到了，因为黑人会夺走你的一切。"他批评梅耶的家人是种族主义者，但他坚称自己不是。"我对黑人没有任何敌意，但他们与我不同。"他在电话那头絮絮叨叨地说。

埃罗尔从未拥有该矿的所有权，但他会进口祖母绿原石，在约翰内斯堡完成切割，以此把生意越做越大。"很多人拿着一包包偷来的宝石找到我，"他说，"在海外旅行时，我会把祖母绿卖给珠宝商。这都是见不得光的交易，因为全都不合法。"在赚取了大约 21 万美元的利润后，埃罗尔的祖母绿生意在 20 世纪 80 年代土崩瓦解，因为苏联人在实验室里合成了人造祖母绿，宝石生意无法再为他创造财富。

父母爱情

埃罗尔·马斯克和梅耶·霍尔德曼从十几岁起就开始约会。一开始，他们的关系就充满戏剧性。他一再向她求婚，但她不相信他。当她发现他不忠时，她非常难过，哭了整整一周，连饭也吃不下去。"因为过度悲伤，我掉了 10 磅肉。"梅耶回忆道，结果这帮她赢得了当地的选美比赛。她获得了 150 美元现金奖励和一个保龄球馆的 10 张入场券，并成为南非小姐大赛的决赛入围选手。

梅耶大学毕业后搬到了开普敦，做一些关于营养学的讲座。埃罗尔来看她，拿出了一枚订婚戒指，向她求婚。埃罗尔承诺一旦他们结婚，他会改变自己，对她忠诚。梅耶刚刚和另一个不忠的男朋友分手，体重增加了很多，她感到恐惧，担心自己可能永远都嫁不出去，所以答应了埃罗尔的求婚。

婚礼当晚，埃罗尔和梅耶乘坐廉价航班去欧洲度蜜月。在法国，埃罗尔买了在南非被禁售的《花花公子》，躺在旅馆的小床上翻看。这让梅耶非常恼火，他们的争吵变得激烈起来。当他们回到比勒陀利亚时，她就已经想要摆脱这段婚姻了。但她很快就感到恶心，开始晨吐，她意识到在尼斯度蜜月的第二天晚上，她就怀孕了。"很明显，嫁给他是个错误，"梅耶回忆道，"但现在已经无法挽回。"

02

专注力

比勒陀利亚，20 世纪 70 年代

埃隆和梅耶（左上）；埃隆、金博尔和托斯卡（左下）；埃隆准备上学（右）

孤独而坚定

1971 年 6 月 28 日早上 7 点 30 分，梅耶生下了一个 8 磅 8 盎司 [1] 重的大头娃娃。

一开始，他们打算给他起名为尼斯，以母亲受孕时所在的法国城市命名。如果这个男孩带着尼斯·马斯克这个名字度过一生，历史可能会有所不同，或者至少会让人觉得有些好笑 [2]。不过为了让霍尔德曼家族高兴，埃罗尔同意男孩名字中的两节都取自女方家族："埃隆"取自梅耶祖父的名字 J. 埃隆·霍尔德曼，"里夫"则取自梅耶外祖母的婚前姓氏。

埃罗尔喜欢埃隆这个名字，因为它典出《圣经》，后来他声称自己很有先见之明。他说，小时候他从火箭科学家韦纳·冯·布劳恩的一本科幻小说《火星计划》中知道了"埃隆"这个名字，书中火星殖民地的执政官就叫埃隆。

埃隆哭得厉害，吃得很多，睡得很少。有一次，梅耶决定让他哭到睡着为止，但邻居们不堪其扰报了警，她只好改变了主意。埃隆的情绪说变就变。梅耶说，当他不哭闹的时候，真的特别可爱。

接下来的两年里，梅耶又生了两个孩子——金博尔和托斯卡。她不溺爱孩子，他们可以到处自由探索。家里没有保姆，只有一个管家。当埃隆开始做火箭和炸药实验时，管家很少留意他。埃隆说，整个童年都能保持十指健全，这一点连他自己都很惊讶。

3 岁时，由于他对知识的好奇心很强，梅耶决定让他去上幼儿园。校长试图劝阻她，说他比班上的同学都小，融入班集体并不容易，家里应该让他再等一年。"不行，"梅耶说，"除了我，他得跟别人说说话。我们家这个小家伙真的是个天才。"最终她说服了校长。

结果证明她错了，埃隆在班上没有朋友，到了第二年，他就开始不听话了。他说："老师会走到我身边，对我大喊大叫，但我并没有真的看着她、听她说话。"校长把他父母叫到办公室，说："我们有理由相信埃隆的

1　1 盎司 ≈ 28.35 克。——译者注
2　"尼斯"的英文 Nice 与"好（人）"的英文拼写相同。——译者注

智力发育迟缓。"他的一位老师解释说，他在大部分时间都处于恍惚状态，听不进去别人说的话。"他一直看着窗外，我说你要注意听讲，他说：'树叶现在变成棕色的了。'"埃罗尔说埃隆说得对，树叶就是变棕色了。

当父母同意对埃隆进行听力测试时，僵局终于被打破了——好像这就是问题的症结所在。埃隆说："他们认为是我耳朵的问题，所以把我的腺样体拿掉了。"学校的负责人不再纠缠于他的注意力问题，但这没有改变他在思考问题时置身事外、无视外界信息的倾向。"从小时候开始，如果我要思考一些困难的问题，那么我所有的感官系统都会关闭。"埃隆说，"我看不到，也听不到任何东西。我在用大脑进行计算，而不是接收外界的信息。"班上其他孩子会跳起来，在他面前挥舞手臂，看看他能不能注意到他们，结果没有。梅耶说："当他眼神放空时，最好不要试图干扰他。"

除此之外，他不愿意保持涵养地忍受那些他眼中的"傻瓜"，这让他的社交问题变得更加复杂。他经常说别人"愚蠢"。"从他开始上学的那天起，他就变得孤独而阴郁。"梅耶说，"金博尔和托斯卡从入学第一天起就能交到朋友，还带朋友回家玩，但埃隆从来没有。他也希望能有朋友陪伴，但他不知道该怎么做。"

结果就是，他孑然一身，这种痛苦一直烙印在他的灵魂深处。"当我还是个孩子时，我就说过，"2017年，他的感情生活经历了一段动荡期，当时他接受了《滚石》杂志的采访，回忆道，"'我从来没有主动寻求孤独，'我说，'我不想做一个孤独的人。'"

在他5岁的一天，他的表弟正在举办生日聚会，但是埃隆因为打架而受到惩罚，被勒令留在家里。他是一个果决的孩子，毅然决然地要自己走到表弟家。问题是表弟家在比勒陀利亚的另一边，走路要将近两个小时。而且他太小了，看不懂路标。埃隆说："我知道怎么走，因为我坐车去过，我下定决心要去，所以我就开始走。"结果他真的在聚会快结束时走到了。当梅耶知道他是一路走过来的时候吓坏了。由于担心自己会再次被罚，他爬上一棵枫树，说什么也不肯下来。金博尔记得自己站在树下，敬畏地盯着哥哥。"他的那种决心是非常刚毅的，让人震惊，有时候真的很吓人，直到现在也是如此。"

8 岁那年，埃隆决心拥有一辆摩托车。没错，当时他 8 岁。他站在父亲的椅子旁，提出他的理由，重复了一遍又一遍。父亲拿起报纸，命令他安静，他就继续站在那里。"你就在旁边看着都会觉得不可思议，"金博尔说，"他就静静地站在那里，继续阐述理由，然后静静站着。"连续几周，每天晚上都是如此。父亲最终投降了，给他买了一辆蓝金色的 50CC 雅马哈。

埃隆还有一个习惯，就是神思恍惚，自己走来走去，对别人的行为视而不见。在他 8 岁时，全家去利物浦看望亲戚，有一天，父母把他和弟弟留在公园里自己玩。他天性就是不喜欢待在原地，所以他跑去街上闲逛。他回忆说："有小朋友发现我在哭，把我带到他妈妈那里，他妈妈给了我牛奶和饼干，还报了警。"当他在警察局与父母团聚时，他没有意识到这有什么不对劲。

"在那个年纪把我和弟弟单独留在公园里是很疯狂的举动，"马斯克说，"但我父母并不像今天的父母那样对孩子保护过度。"几年后，我在一个太阳能屋顶的建筑工地上看着他和他两岁的儿子 X。当时是晚上 10 点，叉车和其他移动设备在两盏射灯的映照下投射出很大的阴影。马斯克把 X 放在地上，让他可以自己大胆地去探索，而他真的这么做了。没有一丝恐惧。当他在电线电缆中猎奇时，马斯克偶尔会瞥一眼他，但没有干涉。最后，X 开始攀爬一盏聚光灯，马斯克终于走过去把他抱了起来。X 扭动着身子，尖叫着，对于父亲的束缚和拥抱感到很不高兴。

马斯克后来谈到过，他甚至半开玩笑地说过，患有阿斯伯格综合征（一种孤独症谱系障碍的通俗叫法）会影响一个人的社交技能、人际关系、情感联结和自我调控。"他小时候从未被确诊过，"梅耶说，"但他说他患有阿斯伯格综合征，我觉得他是对的。"童年时期的创伤加重了他的病情。马斯克的密友安东尼奥·格雷西亚斯说，后来每当他感到被欺负或受到威胁时，童年时期的创伤后应激障碍就会操纵他的边缘系统，这是大脑中控制情绪反应的部分。

因此，马斯克不懂人情世故。"人们说什么，我就按字面意思去理解。"他说，"通过读书，我才开始理解人们很多时候都会心口不一。"他偏爱那些更精确的东西，比如工程学、物理学和密码学。

像所有人的心理特征一样，马斯克的心理特征是复杂的、个性化的。他可能非常情绪化，特别是对他自己的孩子，并且会在独处时深感焦虑。但他接收不到日常生活中善良、温暖和渴望取悦他人的情感需求，也缺乏同情心。用不太专业的话来说，他可能就是个浑蛋。

离婚

梅耶和埃罗尔与另外三对夫妇一起参加了德国慕尼黑啤酒节，喝着啤酒，玩得很开心。这时另一桌的一个人对梅耶吹口哨，说她很性感。埃罗尔立刻火冒三丈，但不是冲着对方去的。据梅耶回忆，他猛地一扑，就要打她，一个朋友制止了他。她逃回了娘家。"随着时间的推移，他变得更加疯狂。"梅耶后来说，"孩子们在身边时，他也会打我。我记得5岁的埃隆为了阻止他，会击打他膝盖后方。"

埃罗尔说这些指责都是"一派胡言"，他声称他爱慕梅耶，多年来一直都想挽留她。"我一生中从没有对女人动过手，当然也包括我的前妻和现在的老婆。"他说，"女人的一大撒手锏就是哭喊着说男人虐待她，边哭边撒谎。男人的撒手锏则是为女人消费。"

在啤酒节争吵后的第二天早上，埃罗尔来到梅耶的娘家，向妻子道歉，请求她回家。"你敢再碰她一下试试，"温妮弗雷德·霍尔德曼说，"再有一次，我就让她彻底搬回来跟我住。"梅耶说，此后埃罗尔再也没有打过她，但他言辞上的辱骂从未停止，他说她"乏味、愚蠢、丑陋"。这段婚姻已经无可挽回，埃罗尔后来承认这是他的错。"我有一个非常漂亮的妻子，但总有更漂亮、更年轻的女孩吸引我。"他说，"我真的很爱梅耶，但是我搞砸了。"埃隆8岁那年，他们离婚了。

梅耶和孩子们搬到了德班沿海的一栋房子里。德班在比勒陀利亚和约翰内斯堡地区以南约380英里，她在那里兼顾模特和营养师的工作，手头并不宽裕，所以她给孩子们买二手书和二手校服。在某些周末和假期，兄弟俩（通常不包括妹妹托斯卡）会坐火车去比勒陀利亚看父亲。"孩子们每次被他送回来时都空着手，没有衣服，没有书包，所以我每次还要给他们买新衣服。"梅耶说，"埃罗尔觉得我最后一定会回到他身边，他认为我会一贫如洗，根本养活不了他们。"

梅耶经常要出差做模特，还要去举办营养学讲座，不得不把孩子们留在家里。"我从未对从事全职工作感到内疚，因为我别无选择。"她说，"我的孩子必须学会对自己负责。"这份自由让他们学会了自力更生。每当他们面临新问题，她的反应都是："你自己能搞定的。"金博尔回忆说："她并不是那种温柔可亲的妈妈，她总是在忙工作，但这恰恰是她给我们的珍贵的礼物。"

埃隆渐渐成了夜猫子，总是看书到天亮。当他看到母亲的灯在早上6点亮起时，他就会爬到床上睡觉。所以她很难让他准时起床去上学，尤其是她不在家时，他有时上午10点才到学校。在接到学校的电话后，埃罗尔发起了一场监护权争夺战，向埃隆的老师、梅耶的模特经纪人和他们的邻居发出了传票。但就在开庭前，埃罗尔决定撤诉。每隔几年，他就会发起一场诉讼，然后又撤诉。当托斯卡回忆这些时，她忍不住哭泣："我记得妈妈就坐在沙发上抽泣。我不知道该怎么做，我能做的就是紧紧抱着她。"

梅耶和埃罗尔的生活中充斥着戏剧性冲突，而不是平常家庭的幸福时光，他们把这种特质传给了下一代。离婚后，梅耶开始和另一个暴虐的男人约会。孩子们都很讨厌他，偶尔还会在他的香烟里放些小鞭炮，这样他一点烟就会爆炸。这个男人在提出跟梅耶结婚后不久，就把另一个女人的肚子搞大了。"她原来是我的朋友，"梅耶说，"我们一起做过模特。"

打碎的牙齿和身上的伤疤

03
与父亲一起生活

比勒陀利亚，20 世纪 80 年代

埃隆正在戳一只乌龟，埃罗尔在一旁观看（左上）；金博尔和埃隆与彼得·赖夫

和拉斯·赖夫（右上）；廷巴瓦蒂私人自然保护区的小屋（下）

迁居

10 岁时，埃隆·马斯克做出了一个决定——一个后来让他深感后悔的决定。他决定搬到父亲那里去住。他独自坐上了从德班到约翰内斯堡的危险夜车。当他发现父亲在车站等他时，他"欣喜若狂，像个小太阳一样"（埃罗尔这样说）。埃隆高声说道："嘿！爸爸，我们去吃汉堡包吧！"那天晚上，他爬到父亲的床上，父子俩一起睡觉。

埃隆为什么决定搬到父亲那里住？当我提出这个问题时，他叹了口气，沉默了近一分钟。"我父亲很孤独，可以说非常孤独，我觉得我应该陪陪他，"埃隆开口道，"他对我进行精神操纵。"埃隆也很喜欢他的祖母——埃罗尔的母亲科拉，人们亲切地称她为"娜娜"。祖母让他相信了一件事：他母亲身边有三个孩子，他父亲却"膝下无子"，这是不公平的。

从某种程度上来说，埃隆搬到父亲家住，其动机并不神秘难解。埃隆10 岁时不善交际，没有什么朋友。母亲虽然很爱他，但工作繁忙，分身乏术，也脆弱无助。与梅耶形成鲜明对比的是，埃罗尔总是昂首阔步，显得很有男子气概：这个大块头大手一挥，有一种令人着迷的气质。他的事业起起伏伏，但在那一时期，他自我感觉很充实。他拥有一辆金色的敞篷劳斯莱斯路虎，更重要的是，他拥有两套大百科全书，还有大量图书和各种工程工具。

所以仍是小男孩的埃隆自然会选择和父亲一起生活。"事实证明，这真是个坏主意，"他说，"我当时还不知道他有多可怕。"四年后，金博尔也跟着来了。"我不想让哥哥一个人跟他在一起，"金博尔说，"我爸爸让哥哥自觉对不起他，所以应该跟他一起生活。而后他又如法炮制，欺骗了我。"

"埃隆为什么要去和一个只会制造痛苦的男人生活在一起？"40 年后，梅耶这样问道，"埃隆为什么不选择待在一个幸福的家里呢？"她停顿了片刻，说："可能他就是这样的人吧。"

兄弟俩搬去后帮埃罗尔建造了一个可以租给游客的小屋。小屋所在的廷巴瓦蒂私人自然保护区是比勒陀利亚以东约300 英里的一片原始丛林。在建造过程中，他们晚上围着火堆睡觉，用勃朗宁步枪防身，免受狮子的攻击。砖头是用河沙做的，屋顶材料用的是草。作为工程师的埃罗尔喜欢研究不同材料的特质，他采用云母来制作地板，因为这种材料隔热效果很好。大象找水喝的时候经常把管道连根拔起，猴子还常常闯进来拉屎，所以男孩们有很多工作要做。

埃隆经常陪同游客打猎。虽然他只有一支 5.6 毫米运动步枪，但枪上有一个不错的瞄准镜，他也因此成了射击专家。他在当地的飞碟射击比赛中获胜，但他年龄太小了，主办方没有把胜利者应得的一箱威士忌发给他。

埃隆 9 岁时，父亲带着他、金博尔和托斯卡去美国旅行，从纽约开车经过中西部，南下到达佛罗里达。埃隆迷上了他在汽车旅馆大厅发现的投币式电子游戏。"这是目前为止我见过的最有趣的东西，"他说，"南非一台都没有。"埃罗尔一边大手大脚地花钱，一边又精打细算。他租了一辆雷鸟汽车，一家人却住在经济型旅馆里。"到了奥兰多，父亲不肯带我们去迪士尼，因为门票太贵了。"埃隆回忆说，"我记得我们去了一个水上公园。"一如既往，埃罗尔编了个故事，坚称他们既去了迪士尼（埃隆喜欢那里的鬼屋游乐设施）也去了六面旗降临佐治亚公园。埃罗尔说："我在旅途中反反复复地告诉他们，美国就是你们有朝一日要定居的国家。"

两年后，埃罗尔带着孩子们来到香港。"父亲的生意横跨黑白两道，"埃隆回忆说，"他把我们扔在酒店里，环境很差，给我们留了差不多 50 美元，然后我们两天没见到他的人影。"兄弟俩在酒店的电视上看日本武士电影和动画片，还把托斯卡一个人留在房间里，跑到街上闲逛，到电玩城玩免费的电子游戏。"现在，如果有人像我们的父亲那样，就会有人打电话给儿童保护部门。"埃隆说，"但对当时的我们来说，这是一种奇妙的体验。"

表兄弟联盟

在埃隆和金博尔搬到比勒陀利亚郊区和父亲住在一起后，梅耶搬到了附近的约翰内斯堡，这样一家人就可以离得更近。周五，她会开车去埃罗尔家接孩子们，然后他们会去看望外祖母——"不可战胜的温妮弗雷德·霍尔德曼"。老太太做了炖鸡肉，孩子们都不爱吃，梅耶就又带他们去吃比萨。

埃隆和金博尔通常在外祖母隔壁的房子里过夜，那里住着梅耶的姐姐凯·赖夫和她的三个儿子。这五个表兄弟——马斯克家的埃隆和金博尔及赖夫家的彼得、林登和拉斯——成为一个偶尔吵吵闹闹的探险小团队。比起姐姐凯，梅耶对孩子们的态度更为放任自流，所以小团队在策划冒险活动时会拉上她一起。"如果我们想消失一天，做点儿事情，比如去约翰内斯堡听音乐会，她会对姨妈说：'我今天晚上要带他们去教堂营地。'"金博尔说，"然后她就会开车送我们，让我们干我们的事去。"

这些探险活动可能并不安全。"我记得有一次，火车停下来的时候，发生了一场激战，一个人在我们眼前被刺穿了脑袋，"彼得·赖夫说，"我们躲在车厢里，随后车门关上了，我们就继续前进。"有时，一个帮派会登上火车追捕对手，在车厢内横冲直撞，用机枪射击。有些音乐会是反种族隔离的抗议活动，比如1985年在约翰内斯堡举办的一场音乐会，吸引了10万人来到现场，打架斗殴时常发生。"我们没想躲避暴力，我们是暴力活动的幸存者。"金博尔说，"它教会我们不要害怕，但也不要做什么疯狂的事情。"

埃隆还因此得了一个最不怕死的名声。当表兄弟们一起去看电影时，如果有人吵闹，他就会走过去告诉对方禁止喧哗，即使对方的块头比他大得多。"对他来说，最核心的一点就是，他做出决定的时候绝不会被恐惧感所控制，"彼得回忆说，"在他还是个孩子的时候，他就是这样。"

他还是表兄弟中最争强好胜的一个。有一次，他们骑着自行车从比勒陀利亚到约翰内斯堡去。埃隆远远地骑在最前面，蹬得很快。于是其他人搭上了一辆顺风小货车。当埃隆重新回到他们身边时，他非常生气，开始打他们。他说，这是一场比赛，但他们作弊了。

类似的争执屡见不鲜，冲突常常发生在大庭广众之下，几个男孩完全忽视周遭的一切反应。埃隆和金博尔打过很多次架，其中一次是在乡村集市上。"他们在地上扭打成一团，难分难解。"彼得回忆说，"旁边的人都吓坏了，我还得对众人解释：'没关系，他俩是亲兄弟。'"虽然打架通常是为了小事，但他俩下手经常挺狠的。金博尔说："想要赢，就得先击中或者踢中对方的蛋蛋，然后就能结束战斗，因为谁的蛋蛋被击中了，谁就没法继续打了。"

学生

埃隆是个好学生，但不是班里最耀眼的那种大学霸。他9岁、10岁的时候，英语和数学成绩都是A。老师说："他能迅速掌握新的数学概念。"但是在学生评价那一栏，老师给他的评语里总是出现同样的话："他研究问题的速度极慢，要么是因为他耽于幻想，要么是他在做一些不该做的事。""他干得有头有尾的事情凤毛麟角。明年他必须集中精力了，不要在课上做白日梦。""他的作文展现出了生动的想象力，但他并不总能按时完成。"上高中前，他的平均成绩是83分（满分100分）。

因为他在公立高中被人殴打、欺凌，所以父亲把他转到一所私立学校——比勒陀利亚男子中学。这所学校以英国教学模式为基础，校规严格，包含鞭笞这一类惩罚措施，强制性要求学生参加礼拜活动，必须穿着校服。在那里，他的学习成绩都很好，只有两门课除外——南非语（毕业那年的百分制考试，他只得了61分）和宗教教育（老师说他对于教诲"闭目塞听"）。"我并不打算在我觉得毫无意义的事情上投入大量的精力，"埃隆说，"我宁愿去读书或者玩电子游戏。"他在高中毕业考试的物理测试部分得了A，但有点儿出人意料的是，他在数学测试部分只得了B。

在业余时间，他喜欢制作小火箭，用不同的混合物做实验，比如刹车油和为游泳池消毒用的氯，看用什么能产生最大的推动力。他还学会了魔术和催眠术，有一次他成功催眠了托斯卡，让她觉得自己是一条狗，还让她吃了生培根。

表兄弟们尝试着各种富有创业精神的想法，就像后来他们在美国所做的那样。有一年复活节，他们制作了铝箔包裹的巧克力蛋，挨家挨户地兜售。金博尔还想出了一个巧妙的计划，他们没有贱卖，没有卖得比商店里的复活节彩蛋便宜，反而抬高了价格。"有些人会对这个价格表示异议，"金博尔说，"但我们告诉他们，你们正在支持未来的企业家。"

读书仍然是埃隆的心灵寄托之一。有时候他会用一整个下午加上晚上的大部分时间阅读，一看就是 9 个小时。他跟着家人去别人家吃饭时，会泡在主人的书房里。进城的时候，他会四处闲逛，最后家人往往会在书店里找到他——坐在地板上，沉浸在自己的世界里。他对漫画也有很深的研究，超级英雄们孤注一掷的热情让他印象深刻。埃隆说："他们总想要拯救世界，但会内裤外穿或穿紧身铁衣，你仔细琢磨一下，就会觉得哪里怪怪的，但他们的的确确是在试图拯救世界。"

埃隆读完了他父亲的两套百科全书。家里的两个女人——母亲和妹妹都对他偏爱有加，在她们眼里，他就是一个"天才少年"。然而在其他孩子看来，他是一个讨人嫌的书呆子。表弟惊呼道："你看那月亮，距离咱们有 100 万英里吧。"埃隆回答说："不是，大概是 23.9 万英里，取决于月球轨道。"

他在父亲的办公室里发现了一本描述未来将出现的伟大发明的书。他说："我从学校回来后，会到我父亲办公室的一个侧室里反复阅读这本书。"书中的一个想法是用离子推进器给火箭提供动力，它用的是粒子而不是气体燃料作为推力。一天深夜，在埃隆位于得克萨斯州南部的火箭基地控制室里，他向我详细介绍了这本书，包括离子推进器如何在真空中工作。他说："那本书触动我第一次开始思考人类登陆其他星球这件事。"

拉斯·赖夫、埃隆、金博尔和彼得·赖夫

探索者

比勒陀利亚，20 世纪 80 年代

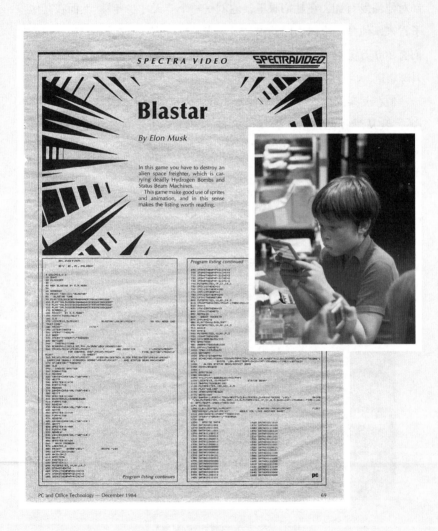

存在主义危机

埃隆小时候，母亲会带他去当地圣公会的主日学校，她是那里的老师，但结果并不如她所愿。她会给班里的学生讲《圣经》里面的故事，但埃隆会质疑这些故事。"你说水分开了[1]是什么意思？"他问，"那是不可能的。"当她讲到耶稣用饼和鱼喂饱众人的故事时，埃隆反驳说物质不可能无中生有。受过洗礼后，按规定他要参加圣餐活动，但他也开始质疑这件事。"我喝基督的血、吃基督的肉，这对孩子来说很奇怪，"埃隆说，"这都是什么东西？这是一个关于吃人的奇怪隐喻吗？"梅耶决定让埃隆留在家里，在周日上午看看书。

埃罗尔比较敬畏上帝，他告诉埃隆：有些事情是无法通过我们有限的感官和思维来了解的。埃罗尔说："无神论者当不了飞行员。"而埃隆会说："考试的时候也没见谁是无神论者啊。"他很早就开始相信，科学可以解释事物的原理，所以没必要提出造物主或神灵的概念来干预我们的生活。

十几岁的时候，埃隆开始觉得缺了点儿什么。他说宗教和科学对于存在的解释都没有解决真正的大问题，比如宇宙从何而来，它为什么会存在？物理学可以讲明白关于宇宙的一切，除了这个"为什么"。这导致了他所谓的"青春期存在主义危机"。"我想要弄清楚生命和宇宙的意义是什么，"埃隆说，"但我为此感到非常沮丧，好像生命可能就没有什么意义。"

一个书虫的自我修养是通过阅读来解决问题。起初，他犯了青春期焦虑的典型错误——阅读存在主义哲学家的作品，比如尼采、海德格尔和叔本华。这让埃隆的困惑变成了绝望。他说："我不建议青少年阅读尼采。"

幸运的是，科幻小说拯救了他。科幻小说是那种又打游戏、智力又超群的孩子获取智慧的源泉。他翻遍了学校和当地图书馆的整个科幻区，然后催促图书管理员赶紧再买一些同类书上架。

马斯克最喜欢的作品之一是罗伯特·海因莱因的《严厉的月亮》，这部小说描述了月球上的一个罪犯流放地，它由一台绰号为"迈克"的超级

1　《出埃及记》中记载："摩西向海伸杖，耶和华便用大东风使海水一夜退去，水便分开，海就成了干地。"——译者注

计算机管理，迈克拥有自我意识和幽默感。这台计算机在流放之地的一次叛乱中牺牲了自己。这部小说探讨的一个问题后来成了马斯克的核心关切：人工智能的发展方式将有助于保护人类，还是说机器会发展出自己的意识，对人类构成威胁？

这个话题也是他最爱的另一套作品——艾萨克·阿西莫夫的"基地三部曲"的核心。这个系列故事制定了机器人的行为准则，旨在确保它们不会失控。在1985年出版的小说《机器人与帝国》的最后一幕，阿西莫夫阐述了这些规则中最基本的规则，被称为"第零法则"：机器人不得伤害人类，也不得坐视人类受到伤害。书中的英雄们制订了一个计划，将移民者送到银河系的遥远地区，以便在即将到来的黑暗时代保护人类的意识和知识。

30多年后，马斯克随手发了一条推文，讲述了这些想法是如何激励他探索，让人类成为可以在星际中飞行的物种，并利用人工智能为人类服务的。他说："'基地三部曲'和第零法则是创建SpaceX的根基。"

《银河系搭车客指南》

在他求知欲旺盛的年纪，对他影响最大的科幻作品是道格拉斯·亚当斯的《银河系搭车客指南》。这个诙谐幽默的故事形塑了马斯克的哲学体系，并在他不苟言笑的性情里增添了一丝幽默感。他说："《银河系搭车客指南》帮我摆脱了存在主义的压抑情绪，而后我很快意识到它以各种微妙的方式展现出惊人的趣味性。"

这个故事里有一个人名叫阿瑟·登特，有一个外星文明正在建造超空间快速通道，在地球被这个文明摧毁前的几秒，他被一艘路过的宇宙飞船救下。登特与他的外星救援者一起，探索了银河系的各个角落。银河系由一个双头总统管理，他"把深不可测变成了一门艺术"。银河系的居民正试图找出"生命、宇宙和万物的终极问题的答案"。他们建造了一台超级计算机，经过700多万年的时间，计算机终于说出了答案：42。这个莫名其妙的答案引发众人怒吼。计算机回答说："这确实就是答案。我想问题在于你们其实没弄明白问题究竟是什么。"这个教训让马斯克记忆犹新，他说："我从书中领悟到，我们需要扩大意识的范围，这样我们才能面向真正的答案提出正确的问题，那个关于宇宙的终极问题。"

《银河系搭车客指南》，还有马斯克后来沉浸其中的电子游戏和桌游模拟器游戏，导致他一生都迷恋一个诱人的想法：我们可能只是一些高阶生物设计的模拟器中的棋子。正如道格拉斯·亚当斯所写的："有一种理论认为，如果有人发现宇宙的终极意义，宇宙为何存在，它就会立即消失，然后被一些更奇怪、更难以解释的东西取代。还有一种理论认为，这种情况已经发生了。"

导火线

20 世纪 70 年代末，角色扮演桌游《龙与地下城》风靡全球极客圈。埃隆、金博尔和赖夫家的三个孩子都沉浸其中，他们围坐在一张桌子旁，在角色表的引导下，掷出骰子点数，开始幻想一场奇异的冒险。其中一名玩家担任地下城主，对游戏活动进行裁判。

埃隆通常扮演地下城主。出人意料的是，他的裁判风格相当温和儒雅。"即使在小时候，埃隆的性格也呈现出多面性和复杂性。"彼得·赖夫说，"但作为地下城主，他有着超乎想象的耐心。根据我的经验，这并不属于他日常性格的那一面，你懂的。有时候你能看到他展现出这一面，这些时刻通常非常美妙。"他没有给他的弟弟和表弟施加压力，而是对他们在每种情况下面临的选择条分缕析。

他们一起参加了约翰内斯堡的一个比赛，他们是最年轻的选手。比赛中的地下城主给他们分配了任务：你们必须拯救这个女人，找出游戏中的坏人并杀死他。埃隆看着地下城主说："我认为你是坏人。"于是他们就"杀"了他。埃隆选对了，游戏预计应该持续几个小时，结果就这样结束了。组织者指责他们，说这算作弊，还一度拒绝颁奖给他们，但埃隆最后还是赢了。"这些人都是白痴，"他说，"这是显而易见的事。"

大约在 11 岁那年，埃隆见到了他的第一台计算机。当时在约翰内斯堡的一个购物中心里，他就站在那里盯着它看了几分钟。"我读过计算机杂志，"他说，"但我以前从未见过真正的计算机。"同买摩托车一样，他缠着父亲给他买一台计算机。埃罗尔反对，说孩子只会在游戏上浪费时间，对他学好工程学毫无裨益。所以埃隆把打零工的钱省下来，自己买了一台康懋达 VIC-20，这是最早出现的个人计算机，可以玩《小蜜蜂》和《阿尔法导火线》（*Alpha Blaster*）等游戏。在这些游戏中，玩家要保护地球，抵御外星侵略者。

这台计算机附带了一个如何用 BASIC 语言编程的课程，课时 60 小时。埃隆回忆说："我在三天内就学完了，几乎没有睡觉。"几个月后，他撕下一张在约翰内斯堡一所大学举办个人计算机会议的广告，告诉父亲他想参加。父亲再次拒绝了他，理由是研讨会的参会费用高昂，大约 400 美元，而且不适合儿童参加。埃隆回答说去这个会是"很有必要的"，然后就站在父亲旁边盯着他。在接下来的几天里，埃隆会一次次从口袋里掏出广告，再一次次提出他的请求。最后，父亲说服了那所大学，给埃隆一个参会折扣价，让他站在后排。埃罗尔最后来接他那天，发现埃隆正在同三位教授交流，其中一位教授说："这个男孩必须拥有一台新计算机。"

他在学校的编程技能测试中取得优异成绩后，得到了一台 IBM PC/XT，自学了 Pascal 和 Turbo C++ 语言编程。13 岁时，他就做出一款电子游戏，并命名为"导火线"（*Blastar*），使用 123 行 BASIC 代码和一些简单的汇编语言来驱使图形工作。他把这款游戏的代码提交给了《个人计算机和办公技术》（*PC and Office Technology*）杂志，它出现在其 1984 年 12 月刊中，上面有一个简短的介绍："在游戏中，你必须摧毁一艘外星太空货船，它携带着致命的氢弹和状态光柱机。"虽然没人清楚状态光柱机到底是什么，但这个概念听起来很酷。杂志社付给他 500 美元稿费，他接着又写了另外两个游戏，卖给了杂志社：一个游戏像《大金刚》，另一个游戏模拟轮盘赌和 21 点。

他对电子游戏的痴迷就这样开始了。彼得·赖夫说："如果你和埃隆一起玩游戏，你几乎不能停，直到你饿得不行，必须吃饭的时候才会收手。"在一次前往德班的旅行途中，埃隆想出了如何破解商场里的游戏机关。投入硬币时，它与后面的电线发生电接触，从而启动游戏。埃隆可以像汽车短路打火一样启动游戏机，这样他们就能在不用硬币的情况下玩上几个小时。

然后埃隆就有了一个更宏大的想法：表兄弟们一起创办一个属于他们自己的电子游戏厅。他说："我们很清楚哪些游戏是最受欢迎的，所以这件事简直水到渠成。"他搞明白了怎么用游戏厅的现金流来偿还游戏机的租赁费用，但是当他们想拿到所在城市颁发的营业许可时，对方告诉他们要 18 岁以上的成年人在申请表上签字。金博尔已经填好 30 页表格，但他认为不能去找父亲。"做他的工作太难了，"金博尔说，"所以我们去找了姨父——拉斯和彼得的父亲，结果他勃然大怒。这整件事就这样被扼杀在了摇篮里。"

05

逃逸速度

离开南非，1989 年

双重人格

埃隆 17 岁时，已经与父亲生活了 7 年，他意识到是时候逃走了。跟父亲生活在一起让他变得越来越不安。

有时候，埃罗尔心情愉快，人也有趣起来，但有时候他会变得很阴暗，恶语相向，沉迷于幻想和阴谋论。"他的情绪转变可以在一瞬间发生，"托斯卡说，"一切都棒极了，紧接着一秒后，他就会变得言辞恶毒，出言不逊。"他的人格好像是分裂的。金博尔说："前一分钟他还特别友善，下一分钟他就会大喊大叫，对你说教几个小时——得有两三个小时，他就强迫你站在那里，说你是个废物，说你真可怜，句句伤人，恶语连篇，还不让你走。"

埃隆的表亲们都不愿意来找他们。"你去了以后的待遇就像开盲盒一样，"彼得·赖夫说，"有时姨父会说：'我刚买了几辆新摩托车，上来试试吧。'而有时候，他会暴怒，还威胁你，甚至逼你用牙刷清理厕所。"当彼得告诉我这些时，他停顿了一会儿，然后犹犹豫豫地说，他有时能从埃隆身上看到他父亲的影子。"埃隆心情好的时候，你会体验世界上最酷炫、最有趣的经历。但当他心情不好时，他整个人就会变得非常阴郁，你在他旁边就得战战兢兢，如履薄冰。"

有一天，彼得来到马斯克家，发现埃罗尔穿着内裤坐在餐桌旁，拿着一个塑料转盘。他想看看微波会不会改变转盘的性质。他转动转盘，记录结果，然后转动转盘，把它放在微波炉里，再次记录结果。彼得说："这太疯狂了。"而埃罗尔确信他能找到一个在轮盘赌里稳赚不赔的方法。他多次把埃隆拉到比勒陀利亚赌场，把他打扮成"大人"，看上去超过 16 岁。埃罗尔偷偷用藏在赌注卡下的计算器，而埃隆负责记数字。

埃隆去图书馆读了几本关于轮盘赌的书，甚至还在电脑上写了一个轮盘赌模拟程序。埃隆试图说服父亲，他的计划都不会成功。但埃罗尔相信，他已经找到关于概率更深层次的真理，正如他后来向我描述的那样，"几乎完全解决了所谓的随机性问题"。当我要求他解释时，他说："不存在'随机事件'和'运气'，一切都遵循斐波那契数列，就像曼德博集合一样。后来我发现了'运气'和斐波那契数列之间的关系。这是一篇科学论文的主题。如果我公开发表这篇论文，所有依靠'运气'才能进行的活动都会垮掉，所以我犹豫要不要发表。"

我不太清楚埃罗尔说的意味着什么，埃隆也不清楚："我不知道他是怎么从工程方面的专家变成了一个相信巫术魔法的人，但他以某种方式一步步向前推进着。"埃罗尔有时候很有说服力。"他扭曲了他周围的现实力场，"金博尔说，"他确实擅长胡编乱造，而且他真的相信他自己罗织出来的虚假现实。"

有时埃罗尔会对他的孩子们说出与事实无关的断言，比如他坚持认为在美国，总统是神圣的，人们不能批评总统。有时他还会编造一些虚构的故事，把自己塑造成英雄或受害者。所有这些他都言之凿凿，以至于埃隆和金博尔有时候对自己的现实观都产生了怀疑。"你能想象我们在这种环境中是怎么长大的吗？"金博尔自问自答，"那就是精神折磨，它一点一滴地侵蚀着你。你最终会忍不住地问：'现实到底是什么？'"

我发现自己也陷入了埃罗尔编织的复杂的网。两年内，我跟他有一系列电话和邮件沟通，他向我讲述了他与孩子们、梅耶和他的继女之间的关系和感情，他与继女有两个孩子（后文会详细介绍）。他宣称："埃隆和金博尔在讲述我的情况时有他们自己的立场，但与事实不符。"他坚持认为，他们描述他在精神上虐待他俩的事是为了取悦他们的母亲。但当我逼问他真相时，他告诉我还是按照孩子们的说法去写。"我不在乎他们的叙述与我不同，只要他们开心就好。我不希望我们的描述针尖对麦芒。发言权就让给他们吧。"

谈到父亲时，埃隆有时会放声大笑，笑声有些刺耳，有些苦涩，这与他父亲的笑声相似。埃隆用的一些词、他盯着人看的方式、他在好心情和坏心情之间突如其来的跌宕起伏，让家人仿佛看到了他灵魂深处藏着的埃罗尔的影子。"埃隆给我讲了很多关于他父亲可怕的故事，但我分明看到这些故事展现出的精神状态在他的一举一动中如影随形。"他的第一任妻子贾丝廷说，"这让我意识到，那些在我们长大过程中潜移默化的东西，想要摆脱它们是多么困难，哪怕那些东西根本不是我们想要的。"她时不时敢对埃隆说上一句，比如"你越来越像你父亲了"。她说："这是我们的暗语，我是在警告他，他正在堕入黑暗。"

但贾丝廷说，埃隆总是对孩子充满了感情，这是他与他父亲根本性的不同。"你和埃罗尔在一起会有一种感觉，可能会发生非常糟糕的事情。如果丧尸末日那样的场景出现了，你会想加入埃隆的团队，因为他会想出办法让那些丧尸老实待着，排好队。他可能非常严厉，但在末日来临之际，你可以信赖他，他总能找到胜利的曙光。"

为了实现这一目标，他必须继续前进。是时候离开南非了。

一张单程票

埃隆开始催促父母，试图说服他们带上他和弟弟妹妹一起搬到美国去，但两人都不感兴趣。"我就想，好吧，那我就自己去。"他这样说道。

首先，他试图以他外祖父在明尼苏达州出生为由获得美国公民身份，但失败了，因为他母亲出生在加拿大并从未要求获得美国公民身份。所以他得出结论，加拿大或许可以成为去美国的跳板。他自己去了加拿大领事馆，拿到了护照申请表，填好了自己的、母亲的和弟弟妹妹的（但不包括父亲的）表格。1989 年 5 月底，审批通过了。

"我本想第二天一早就走，但如果提前 14 天买机票，票价会更便宜，"埃隆说，"所以我等待了两周。"1989 年 6 月 11 日，离他 18 岁生日还差两周，他在比勒陀利亚最好的餐厅——辛西娅餐厅，与父亲和弟弟妹妹共进晚餐，然后他们开车送他到约翰内斯堡机场。

"你几个月后就会回来的，"埃隆说他父亲当时轻蔑地对他说，"你永远不会成功的。"

像往常一样，埃罗尔关于这个故事有他自己的版本，他说自己是促成埃隆这一行动的英雄。据他说，埃隆在高三时严重抑郁。他的绝望情绪在1989 年 5 月 31 日——南非共和国日达到顶峰。家人们正准备去街上看游行，但埃隆拒绝下床。父亲倚靠着埃隆房间里的大书桌——桌子上摆放着用过的电脑，问他："你想去美国学习吗？"埃隆振作了起来，回答："是的。"埃罗尔声称："这是我的主意。在那之前，他从未说过他想去美国。

所以我说：'好吧，明天你应该去见美国文化专员，他是我在国际扶轮社的一个朋友。'"

　　埃隆说，他父亲的说法只是他精心编造的另一个幻想故事，把他自己塑造成了英雄。这个故事很容易证伪：1989 年南非共和国日当天，埃隆已经拿到加拿大的护照并购买了机票。

06

加拿大

1989 年

在加拿大萨斯喀彻温省表哥的农场（上、左下）；在多伦多的家里（右下）

移民

有一个关于马斯克的传说：因为他的父亲几度乍富，所以他在 1989 年来到北美时有很多钱，口袋里或许还装满了祖母绿。埃罗尔对这一传言模棱两可的态度更让一部分人信以为真。事实上，埃罗尔在赞比亚祖母绿矿产的股份早在几年前就已经一文不值。埃隆离开南非时，父亲给了他 2 000 美元的旅行支票，母亲又从自己十几岁时用选美比赛赢的奖金开设的股票账户中兑现了 2 000 美元现金交给了他。不然的话，当他抵达蒙特利尔时，他手上攥着的几乎只有一份他素未谋面的母亲亲属的名单。

他打算给母亲的叔叔打电话，但他发现母亲的叔叔已经离开蒙特利尔。于是他去了一家青年旅舍，与其他五个人挤在一个房间里。"我已经习惯了南非枕戈待旦的日子，那里的陌生人要么打劫，要么杀人，"他说，"所以我枕着背包睡，直到我意识到原来不是每个人都是杀手。"他在镇上闲逛了一圈，感慨地发现家家户户窗户上都没有护栏。

一周后，他买了一张 100 美元的灰狗巴士探索通票，凭它可以在加拿大各地免费乘车六个月。他有一个与他同龄的远房表哥马克·特隆，他住在萨斯喀彻温省的一个农场，离埃隆外祖父母居住的穆斯乔不远，所以他决定去那儿看看，该地距离蒙特利尔超过 1 700 英里。

这趟巴士在每个村庄都停靠，在加拿大境内周游一圈要花好几天时间。经停某个站点时，他下车去买午饭，回来时发现巴士已经启动，正要出站，他赶忙去追车，但他很倒霉——没有赶上，司机把他的行李箱带走了，里面装着他的旅行支票和衣物，此时他手边只剩下背包随身携带的几本书。（花了几周）更换旅行支票的困难程度让他第一次意识到金融支付系统需要一场变革。

当他抵达表哥所在农场附近的小镇时，他用口袋里的零钱打了个电话。"嗨，我是埃隆，是你从南非过来的表弟，"他说，"我在长途汽车站呢。"表哥和他的父亲一起出现，带埃隆去了一家时时乐牛排馆，还邀请他住在他们的小麦农场里。他在那里负责清理粮仓，帮着搭建谷仓。他们烤了个蛋糕，庆祝他的 18 岁生日，蛋糕上用巧克力糖浆写着"埃隆，生日快乐"。

六周后，他又坐上了巴士，前往 1 000 英里外的温哥华，去找他母亲的一位同父异母的哥哥落脚。当他走进职业介绍所，他看到大多数工作的时薪是 5 美元，但有一份时薪 18 美元的工作，是清理木材厂的锅炉。这份工作需要他穿上防护服，穿过一条狭窄的通道，前往熬制木浆的房间，铲掉墙壁上附着的石灰和黏液。"如果通道尽头的人清理附着物的速度不够快，你就会被困在里面，大汗淋漓。"他回忆说，"这就像一个狄更斯风格的蒸汽朋克噩梦，充斥着黑暗的管道和手提钻的轰鸣。"

梅耶和托斯卡

埃隆在温哥华时，梅耶·马斯克从南非飞来看望他，她已然下定决心要搬过来了。她告知托斯卡这里的情况：温哥华太冷了，而且多雨；蒙特利尔很棒，但当地人说法语。她的结论是，他们应该去多伦多。托斯卡迅速卖掉了他们在南非的房子和家具，与当时已经在多伦多的母亲和哥哥会合。金博尔还留在比勒陀利亚念完他高中的最后一年。

起初，他们住在一个一居室的公寓里，托斯卡和母亲共用一张床，埃隆则睡在沙发上。生活很拮据，梅耶记得有一次她打翻了牛奶，然后就哭了，因为没钱再买一瓶。

托斯卡在一家汉堡包店找到了工作，埃隆在微软的多伦多办事处得到了一份实习工作，梅耶则在大学和模特公司找到了工作，同时还兼职营养顾问。"我每天白天都在工作，还包括每周四个晚上。"梅耶说，"周日下午，我请假去洗衣服、买菜。我甚至不知道孩子们在做什么，因为我几乎不着家。"

几个月后，他们赚到了足够的钱。在租金管制政策之下，他们能租得起一套三居室的公寓了。公寓里有毛毡墙纸，梅耶坚持让埃隆把它撕下来。还有一块糟糕的地毯。他们打算换一块 200 美元的地毯，但托斯卡坚持要买一块 300 美元、更厚的地毯，因为金博尔和彼得也要来加入他们，这样就可以睡在地上。他们的第二次大采购是为埃隆买了一台电脑。

埃隆在多伦多没有朋友，没有什么社交生活，大部分时间都在看书，或者在电脑前工作。而托斯卡还是一个调皮的少女，很想出去玩。"我和你一起去。"埃隆说他不想老让自己感到孤独。她说："不行，不带你去。"

但他坚持要去，她就命令他："那你必须时刻跟我保持 10 英尺的距离。"他照做了，他就跟在她和她的朋友们后面，每当他们进入俱乐部、参加派对时，他就捧起一本书来读。

在多伦多与金博尔跳舞

07

女王大学

安大略省金斯顿，1990—1991 年

同纳瓦德·法鲁克在女王大学（左）；身穿他的新西装（右）

劳资关系

马斯克的大学入学考试成绩并不亮眼。在第二次参加美国高中毕业生学术性向测验（SAT）时，他的口试得了 670 分（满分 800 分），数学考试得了 730 分。他申请大学时把选择范围缩小到两所离多伦多很近的大学：滑铁卢大学和女王大学。他说："滑铁卢大学的工程学院绝对是更好的选择，但从社交属性来说，它似乎不是很好，因为那边女孩子很少。"他觉得自己对计算机科学和工程学的理解不亚于这两所学校的任何一位教授，他迫切需要的是开始正常的社交生活。"我不想跟一群纨绔子弟一起虚度我的本科时光。"所以在 1990 年秋天，他进入了女王大学。

马斯克被安排在"国际楼层"的一个宿舍。第一天他就遇到了一个叫纳瓦德·法鲁克的同学，这个人成了他除家人外的第一个至交，二人开启了一段长久的友谊。法鲁克在尼日利亚和瑞士长大，父亲是巴基斯坦人，母亲是加拿大人，父母都在联合国机构工作。与马斯克一样，法鲁克在高中时没有好友。在女王大学，他们因为共同的爱好——电脑、棋盘游戏、晦涩难懂的历史和科幻小说——迅速结为好友。"对我和埃隆来说，"法鲁克说，"女王大学的生活经历可能是我俩第一次被社会外界接纳的同时，还能让我们保持自我的一段时光。"

大一那年，马斯克在商科、经济学、微积分和计算机编程课程上得了A，但在会计学、西班牙语、劳资关系课程上得了 B。大二那年，他又选了一门劳资关系课程，研究工人和管理层之间的关系，结果又得了 B。他后来在接受女王大学的校友杂志采访时说，他在那两年里学到的最重要的东西是"如何与聪明人合作，并利用苏格拉底反诘法来达成共同的目标"。他未来的同事会发现，不管是苏格拉底反诘法，还是对劳资关系的理解，马斯克修炼的水平都很有限。

他更喜欢在夜深人静时跟法鲁克探讨关于生命意义的哲学问题。"我真的是如饥似渴，"他说，"因为在此之前，没有朋友可以跟我聊这些事情。"不过对他来说最重要的不是这个，而是在法鲁克的陪伴下，他终于能沉浸在桌游和电脑游戏的世界里了。

策略游戏

"你这样做是不理智的，"马斯克平静淡然地解释道，"你这是在自毁长城。"他和法鲁克正在宿舍里与朋友们玩棋盘策略游戏《强权外交》，其中一个玩家正与另一个玩家结盟对抗马斯克。"如果你这样做，我就会让你的盟友跟你反目，让你吃不了兜着走。"法鲁克说，马斯克总是在软硬兼施的谈判和威胁中让人输得心服口服。

在南非时，马斯克十几岁就开始喜欢上了各式各样的电子游戏，包括第一视角射击游戏和冒险游戏，但在大学里，他更专注于策略游戏——多名玩家相互竞争，利用高级战略、资源管理、物流供应链管理和战术思维来建立一个帝国。

策略游戏一开始是棋盘游戏，后来出现了一些电脑游戏，它们成为马斯克生活的核心。从他十几岁在南非玩《上古战争艺术》开始，到30年后他沉迷于《低模之战》，他一直都钟爱一种游戏模式：想要克敌制胜，就必须实现复杂的规划和对资源的竞争性管理。连续几个小时都沉浸在这些游戏中成了他消遣的方式，也是他跟朋友联络感情、释放压力的途径。他还可以在其中磨炼他的战术技能和战略思维，为真实世界的商业竞争做好准备。

他在女王大学读书时，第一款基于计算机的经典策略游戏《文明》发布了。在游戏中，玩家可以选择发展什么技术，建设什么生产设施，参与竞争，从而建立起一个从史前文明发展到现代文明的社会。为了跟法鲁克对垒，他挪动了书桌，这样他就可以坐在床上，而法鲁克坐在椅子上，双方斗智斗勇、你来我往。法鲁克说："我们一打就是几个小时，直到筋疲力尽。"后来他们开始玩《魔兽争霸：人类与兽人》，游戏策略的一个关键就是要保障可持续的资源供给，比如来自矿山的金属和取自森林的木材。玩几个小时后，他们会休息一下，吃点儿东西，埃隆会复盘游戏中他预感到自己要赢的那一刻。他对法鲁克说："我就是为战争而生的。"

女王大学的一门课程用了一款策略游戏来教学。在这个游戏中，各小组模拟竞争环境中的企业发展过程，学生们可以决定他们的产品价格、广告支出和研发费用比例等指标。马斯克运用逆向工程思维搞明白了这款游戏背后的设计思路，所以他每次都能获胜。

银行实习生

金博尔搬到了加拿大，同埃隆一样成为女王大学的学生。从此兄弟俩养成了一个习惯：读完报纸后，各自选出其中最有趣的那个人。埃隆不是那种急于求成的人——非要立刻巴结那些他想要结交的风流名士，所以这个任务就交给了更善于交际的金博尔，他来给对方打电话。他说："如果我们能通过电话联系上对方，他们通常会愿意跟我们共进午餐。"

有一次，他们选中了加拿大丰业银行负责战略规划的高管彼得·尼科尔森。尼科尔森是一位拥有物理学硕士学位和数学博士学位的工程师。当金博尔同他取得联系后，他同意与兄弟俩共进午餐。梅耶带他们去伊顿百货置办行头，在那里，买一件99美元的西装会免费附送衬衫和领带。午餐时，他们讨论了哲学、物理学和宇宙的本质。尼科尔森为他们提供了暑期实习工作，邀请埃隆直接进入尼科尔森的三人战略规划团队工作。

当时49岁的尼科尔森和埃隆共同解决数学难题和古怪方程式的时候很开心。"我对物理学的哲学意义及物理学与现实的关系很感兴趣，"尼科尔森说，"我身边没有几个人可以跟我聊这些。"他们还讨论了埃隆钟爱的太空旅行。

一天晚上，当埃隆与尼科尔森的女儿克里斯蒂去参加一个聚会时，他抛出的第一个问题是："你有没有考虑过电动车这个想法？"他后来承认，选这个当开场白实在是令人难以恭维。

马斯克为尼科尔森研究的一个课题是拉丁美洲的债务。银行向巴西和墨西哥等国家提供了数十亿美元的贷款，但他们无法偿还。1989年，美国财政部长尼古拉斯·布雷迪将债务打包成可转换的债券，被称为"布雷迪债券"。由于这些债券由美国政府担保，马斯克认为它们的价格无论如何也能达到债券面值的一半。然而有些债券面值1美元，售价甚至低至20美分。

马斯克认为，加拿大丰业银行可以通过低价买入这类债券赚取数十亿美元。他打电话给高盛在纽约的交易台，想确认一下这样操作没有问题。

"是的，你想要多少？"电话那头一个语气粗鲁的交易员问道。"500万美元面值的可以买进吗？"马斯克装出深沉而严肃的语气问道。交易员回答说这没有问题，马斯克迅速挂断了电话。"我当时想，赚大了，这笔生意稳赚不赔。"他说，"我跑去告诉彼得，以为他们会给我一些钱来操作这件事。"但银行否决了这个想法，首席执行官说他们已经持有太多拉丁美洲的债务。"天哪，他们真是不可理喻，"马斯克心里说，"银行就是这么思考问题的吗？"

尼科尔森表示，加拿大丰业银行正在用自己的方法处理拉丁美洲的债务，效果更好。"他觉得银行很蠢，但事实上没有他想的那么蠢。"尼科尔森说，"不过这也是件好事，因为这让他不那么尊重传统的金融业，他才有胆量去创办PayPal，所以这对他的发展还是有益的。"

马斯克从他在加拿大丰业银行的实习中还吸取了另一个教训：他不喜欢也不擅长为别人工作。毕恭毕敬不是他的本性，他也不认为大多数人有资格当他的老师。

08
宾夕法尼亚大学

费城，1992—1994 年

同任宇翔在宾夕法尼亚大学（上）；同彼得·赖夫和金博尔在波士顿（下）

物理学

马斯克在女王大学感到很无聊。学校很美，但在学术上对他没有挑战性。所以当他有同学转学到宾夕法尼亚大学时，他想看看自己是不是也可以这样做。

不过学费是个问题。父亲没有提供任何支持，母亲则要做三份工作来维持生计。好在宾夕法尼亚大学为他提供了 14 000 美元的奖学金和一揽子学生贷款，所以他在 1992 年成功地转到那里开始读大三。

马斯克决定主修物理学，因为和父亲一样，他也对工程问题感兴趣。他认为作为工程师，核心就是要通过钻研物理学最基本的原理来解决一切问题。他还决定读一个商科的双学位。"我担心如果我不学习商科，我就得给那些学了商科的人打工，"他说，"我的目标是凭借我对物理学的直觉来设计产品，而不是为一个有商科背景的老板工作。"

尽管马斯克既不懂政治也不善于交际，但他还是参加了学生会竞选。他的竞选口号之一就是鄙视那些为了给简历添上一笔才来竞选的学生，其竞选纲领的最后承诺是"如果有朝一日学生会这个岗位信息出现在我的简历上，我就在公共场合倒立，把 50 份简历吞进肚子里"。所幸他输了，他也就不用当什么学生官僚，本来他的性格也不适合这类职务。不过他自在地融入了极客圈子，这些人喜欢开聪明的玩笑，拿科学的力量作梗，玩《龙与地下城》，沉迷于电子游戏，热爱编程。

在这群人里，他最亲密的朋友是任宇翔。在来到宾夕法尼亚大学之前，任宇翔曾代表中国队赢得第 22 届国际物理奥林匹克竞赛金牌。马斯克说："任是唯一在物理学方面比我还强的人。"他们成了物理实验室里的搭档，一起做过一些实验，比如两个金属球悬挂在细线上，测量它们之间的引力。他们还研究了各种材料在极端温度下的变化。在一组实验结束时，马斯克从铅笔的末端取下橡皮，把它扔进超低温液体罐中，然后把橡皮砸在地上。他对了解并观察各种材料和合金在不同温度下的特性产生了兴趣。

任宇翔回忆说，马斯克关注的三个领域后来塑造了他的职业生涯。无论是校准引力数值还是分析材料在极端温度下的特性，他们都会讨论物理定律如何应用于制造火箭。"他一直念叨要做一枚可以飞去火星的火箭，"

任宇翔回忆说，"当然，我没有太放在心上，因为我觉得这只是个幻想。"

马斯克还十分关注电动车。有时候，他和任宇翔会从餐车上端走午饭，坐在校园的草坪上吃，马斯克会翻阅关于电池的学术论文。加州当时刚刚通过一项规定——2003 年 10% 的车辆必须是电动车。马斯克说："我想实现这一目标。"

马斯克还渐渐开始相信，1994 年刚刚起步的太阳能是实现可持续能源愿景的最佳途径。他毕业论文的题目是"打造太阳能社会的重要性"（The Importance of Being Solar）。触动他的不仅是气候变化的风险，还有化石燃料储量的减少。他写道："人类社会很快就将别无选择，只能专注于可再生能源。"论文的最后一页展示了一个"未来的发电站"，其中包括一颗带有镜子的卫星，它能将阳光集中到太阳能电池板上，并通过微波束将产生的电力送回地球。教授给了他 98 分的高分，说这篇论文"非常有趣，写得很好，除了最后一张图太突兀，有点儿莫名其妙"。

派对动物

在马斯克的一生中，为了遏制他内心的那股冲动（忍不住想跟亲近的人在情感上发生戏剧性冲突），他找到了三种替代方式来宣泄感情。第一种是他与女王大学的纳瓦德·法鲁克共同采用的方法：在打造帝国的策略游戏（比如《文明》和《低模之战》）中流连忘返。任宇翔揭示了马斯克的第二种方式：沉浸在《银河系搭车客指南》提出的"生命、宇宙和万物"这些大问题中，两耳不闻窗外事，一心只读大百科。

在宾夕法尼亚大学，马斯克还发展出了第三种方式——尝试举办派对。这让他卸下了从小背负的那一身孤独的外壳。助他一臂之力的是来自曼哈顿的意大利裔美国人阿德奥·雷西，他是一个天性爱玩的社交达人，喜欢出入夜总会。雷西是个高个子，头很大，笑口常开，个性鲜明。雷西这个人比较"非主流"，他创办了一份环境题材的报纸——《绿色时报》（Green Times），他想用这份报纸作为毕业论文，还要开设自己的专业并将其命名为"革命"。

和马斯克一样，雷西是一名转校生，所以他们被安排在新生宿舍，那里规定晚上 10 点后禁止聚会、谢绝访客。但他俩都不喜欢遵守规定,所以他们在西费城一个破落的地方租了一栋房子。

雷西想出了一个计划,每月举办大型派对。他们把窗户遮起来,用黑光灯和磷光海报来装饰房间。有一次,马斯克发现他的办公桌被涂上了夜光漆,还被雷西钉在了墙上——他说这是一个艺术装置。马斯克把它拆下来,宣布说:不,这是一张桌子。在垃圾场,他们找到了一个金属的马头雕塑,在里面塞了一颗红色灯泡,马眼直冒红光。房屋一层有一支乐队,二层有一个 DJ,桌子上摆放啤酒和果冻酒,有人在门口收取每人 5 美元的入场费。派对有时候能吸引 500 名客人,这样一个月的房租都不用愁了。

梅耶来访时都惊呆了。"我收拾出来八袋垃圾,把这地方里里外外打扫了一遍,我以为他们会很感激,"她说,"但他们甚至都没注意到。"在当晚的派对上,他们让梅耶把守住靠近前门的埃隆的卧室,检查客人的随身物品,看好门票钱。她手里攥着一把剪刀,认为这样就可以对付想偷钱箱子的人。她把埃隆的床垫移到了一面外墙旁边。"整个房子都在摇晃,音乐震耳欲聋,我都怕天花板塌下来,所以我想站在角落里应该会更安全。"

虽然马斯克喜欢派对的氛围,但他从未完全沉浸其中。"那时候我还很清醒,"他说,"阿德奥喝得不省人事。我咣咣敲着他的门说:'老兄,你得精神起来,管管场子啊。'结果最后我成了看场子的人。"

雷西后来感叹道,马斯克看上去并没有全情投入。"他喜欢被派对包围的感觉,但不是尽情陶醉其中。他唯一沉醉其中的就是电子游戏。"尽管马斯克参加了每一次派对,但雷西明白,马斯克从根本上说是没有融入其中的,他就像一个来自外星球的观察者,试图学习人类的社交行为。雷西说:"我希望埃隆能搞明白,怎么才能让自己更开心一点儿。"

09

到西部去

硅谷，1994—1995 年

1994 年 7 月

1995 年 5 月

暑期实习

在 20 世纪 90 年代的常春藤盟校，抱负远大的学生要么被华尔街银行和律所这些镀着金边的行业抢走，要么投身于硅谷的科技乌托邦和创业热潮中。在宾夕法尼亚大学，马斯克得到了一些来自华尔街的实习机会，收入可观，但他对金融业不感兴趣，他觉得银行家和律师对社会没有什么贡献。此外，他也不喜欢在商业课程上遇到的那些学生，所以他来到了硅谷。那是科技业非理性繁荣的十年，人们只需在创意后面加上".com"，保时捷就会电闪雷鸣一般从沙山路上俯冲下来，风险投资人们手中挥舞着支票，已经急不可耐。

1994 年夏，在宾夕法尼亚大学读大三的那个暑假，马斯克得到了两个实习机会，借此他能够尽情挥洒自己对电动车、太空探索和电子游戏的热情。

白天，他在顶峰研究院工作，这是一个 20 人的小组，与美国国防部签订了一些合同，研究课题是其创始人开发的双层"超级电容器"。电容器是一种能够短暂保持电荷并迅速放电的装置，研究院认为用它可以制造出一个装置，这个装置强大到足以为电动车和天基武器系统提供能量。马斯克在夏末撰写的一篇论文中宣称："重要的是，超级电容器不是简单的增量改进，而是一项革命性的新技术。"

到了晚上，他在帕洛阿尔托一家名为火箭科学（Rocket Science）的小公司工作，公司的主营业务是制作电子游戏。一天晚上，马斯克出现在这家公司的大楼里，提出想要一份暑期实习的工作，他们就抛给了他一个全公司无法解决的难题：如何通过读取存储在只读光盘（CD-ROM）上的图形，同时在屏幕上移动一个图标，来"哄骗"计算机进行多任务处理。马斯克到互联网留言板上询问其他黑客怎么使用磁盘操作系统（DOS）绕过基本输入输出系统（BIOS）和操纵杆读取器。他说："没有一个高级工程师能够解决这个问题，而我在两周内就搞定了。"

他的解法让火箭科学刮目相看，公司希望他能来全职工作，但他毕业后才能获得美国的工作签证。此外他还认识到：他对电子游戏的喜爱程度堪称狂热，也有能力凭此赚钱，但这并不是他在人生中实现自我的最佳方式。

公路之王

对马斯克来说，20世纪80年代一个并不友好的趋势是，汽车和电脑的设计都变得封闭了起来。斯蒂夫·沃兹尼亚克在20世纪70年代末设计的第二代苹果电脑，机身可以打开，用户可以对内部进行调整，但麦金塔就不行，乔布斯在1984年的设计就是要让人打不开它。同样，20世纪70年代以前，孩子们可以在汽车发动机盖下面尽情鼓捣，修补化油器，更换火花塞，给发动机加大马力。他们对阀门和胜牌润滑油的感情是没上过手的人无法理解的。这种动手能力甚至迁移到了收音机和电视机上，美国幸福牌电子管放大器是他们时常操弄的玩具。只要想做，电子管，甚至是后来的晶体管都可以更换，可以直观地感受电路板的工作方式。

设备封闭化的趋势意味着大多数在20世纪90年代成年的技术人员更愿意研究软件而不是硬件。他们没有闻过烙铁烧红的气味，但他们可以用写代码的方式指挥一块电路板发出声音。马斯克则不同，他既喜欢硬件也喜欢软件，他可以做编程工作，也喜欢操弄真实的元器件，比如电池和电容器、阀门和燃烧室、燃料泵和风扇皮带。

马斯克尤其喜欢鼓捣汽车。当时他拥有一辆20年车龄的宝马300i，他用很多个周六的时间在费城的垃圾场里翻找他需要的零件来改装这辆车。它有一个四挡变速器，但当宝马开始生产五挡变速器时，马斯克决定给自己的车也做一次升级。他借用了当地一家修理厂的升降机，用了几个垫片，加上一点点磨削处理，将五挡变速器塞进了原来的四挡位汽车。他回忆说："它蹿出去的速度还挺快的。"

1994年夏天实习结束时，他和金博尔把车从帕洛阿尔托开回了费城。"我们俩都觉得在学校待着也没劲，不着急回去，"金博尔回忆说，"所以我来了一场为期三周的公路旅行。"结果车子抛锚多次。有一次，他们把车开到科罗拉多斯普林斯的一家经销商那里，但在修理后车又坏了。于是他们把它推到一个卡车站，在那里埃隆成功地把专业维修工的活又重新做了一遍。

马斯克还开着这辆宝马车，带着他大学时期的女朋友詹妮弗·格温妮一起旅行。1994 年圣诞节期间，他们从费城开车到女王大学——当时金博尔还在那里上学，然后到多伦多看望梅耶。在多伦多，他送给詹妮弗一条小金项链，上面有一颗光滑的祖母绿。"他妈妈在卧室的一个箱子里放了很多条这样的项链。埃隆告诉我，这些项链来自他父亲在南非的矿。他从箱子里拿出一条送给了我。"25 年后，詹妮弗在网上拍卖这条项链时这样说道。事实上，这座破产已久的矿并不在南非，也不属于他父亲，但当时马斯克并不介意向别人这样介绍宝石的来历。

1995 年春天毕业时，马斯克决定再进行一次横跨美国的旅行去硅谷。他教任宇翔怎么挂挡，然后二人就一起上路了。他们在刚刚启用的丹佛机场停留，因为马斯克想看看行李处理系统。任宇翔说："他对于如何设计自动化机器来处理行李，不需要人工干预这一点十分着迷。"但机场的这套系统做得不怎么样。马斯克在这里上了一课，后来他在设计高度自动化的特斯拉工厂时也上了一课。他说："自动化不能搞过头，他们低估了这套系统整体的复杂性。"

互联网浪潮

马斯克计划在夏天结束时进入斯坦福大学，攻读材料科学专业研究生。他对电容器依旧着迷，想搞明白怎么用它来为电动车提供动力。他说："我们的想法是利用先进的芯片制造设备，制造出具有足够能量密度的固态超级电容器，实现电动车的长距离续航。"但临近开学时，他越发忧心忡忡。"我想我可以在斯坦福大学待上几年，拿个博士学位，但我对电容器的研究结论可能会是这玩意不可行，"他说，"大多数博士文凭没有实际意义，能对现实世界产生价值的凤毛麟角。"

那时马斯克已经构思出一组人生愿景，后来他像念咒语一样不停地重复这个愿景。"我想了想什么东西能真正影响人类社会，想出来三个：互联网、可持续能源和太空旅行。"1995 年夏，他清楚地意识到第一个东西，也就是互联网的繁荣，不会等他读完研究生才开始。当时互联网刚刚开放商业用途，那年 8 月，浏览器初创公司网景公司上市，一天内市值飙升至 29 亿美元。

马斯克在宾夕法尼亚大学的最后一年提出创立一家互联网公司的想法，当时纽约纽英伦电话公司的一位高管谈到该公司要推出网上黄页的计划。这位高管说，这本"大黄页"将具有互动功能，用户可以根据个人需要定制信息。马斯克认为，纽约纽英伦电话公司并不知道如何让这本黄页真正"互动"起来（事实证明他是对的）。他向金博尔建议道："为什么我们不自己做呢？"他开始编写代码，把企业名录和地图数据结合起来，给它起名为"虚拟城市导航"。

就在斯坦福大学入学报到的最后期限即将到来之际，马斯克去了多伦多，听取了加拿大丰业银行的彼得·尼科尔森的建议。马斯克不知道自己是应该继续研究虚拟城市导航这一创意，还是应该读博。尼科尔森就是斯坦福大学的博士，他没有含糊其词，二人在安大略湖畔散步时，他直截了当地告诉马斯克："互联网革命，你这一生只能遇到一次，所以要趁热打铁。你如果还喜欢念书，以后有的是机会去读研究生。"当马斯克回到帕洛阿尔托时，他告诉任宇翔，他已经下定决心。"我要放下手头的一切事务，"他说，"我要赶上这一波互联网大潮。"

但他并没有孤注一掷，而是留了后手。他在斯坦福大学正式注册了学籍，然后立即申请延期入学。"我已经写了一些软件，做出了第一个互联网地图和黄页目录，"他告诉材料科学教授比尔·尼克斯，"我可能会失败，如果失败，我希望能回来读书。"尼克斯说，马斯克推迟上学不成问题，但他当时就预感到这个男孩永远都不会再回来了。

10
Zip2

帕洛阿尔托，1995—1999 年

同梅耶和金博尔庆祝 Zip2 被收购（上）；同贾丝廷验收到货的迈凯伦（下）

探索地图

世界上一些最好的创意，其实是两个已有创意的结合。1995 年年初，正当互联网发展呈现指数级增长时，埃隆和金博尔的想法很简单：把一个可以搜索的企业名录挂到网上，把它跟地图软件结合起来，为用户提供前往企业的导航路线。但不是所有人都看到了这一业务模式的增长潜力。《多伦多明星报》在该市出版黄页，金博尔与该报洽谈合作时，社长拿起一本厚厚的黄页扔给他，问："你以为你能取代这个吗？"

兄弟俩在帕洛阿尔托租了一间小小的办公室，里面放了两张桌子和两个床垫。在最初的六个月里，他们睡在办公室，在基督教青年会里洗澡。后来成为厨师和餐馆老板的金博尔弄到了一个电磁线圈炉，偶尔做做饭。但他们一般都在快餐连锁店"盒子里的杰克"吃饭，因为它很便宜、24 小时开放，而且离他们住的地方只隔一个街区。"我到现在都能给你报菜名，"金博尔说，"他家菜单已经深深印在我脑海里了。"埃隆最爱吃他家的照烧鸡肉沙拉。

几个月后，他们租了一间没有家具的公寓，入住后也没有添置任何东西。托斯卡说："屋里只有两个床垫，还有很多可可泡芙的盒子。"即便在他们搬进去住以后，埃隆还是很多个晚上都睡在办公室里。当他写代码写到筋疲力尽时，他就蜷缩在桌子底下睡觉。"没有枕头，没有睡袋，我不知道他是怎么睡着的。"早期员工吉姆·安布拉斯说，"有时候早上要跟客户开会，我还得提醒他回家洗个澡再来。"

纳瓦德·法鲁克从多伦多过来加入了他们，但他很快发现自己与马斯克意见不合。"如果你想让友谊天长地久，"他的妻子尼亚美劝他，"就不要一起工作。"所以他在短短六周后就辞职了。"我知道，是做他的同事，还是做他的朋友，必选其一，我觉得后者更令人愉快。"

埃罗尔·马斯克没有忘了这两个儿子，他从南非赶来，给他们留下28 000 美元，外加一辆他用 500 美元买来的破车。母亲梅耶从多伦多来得更频繁一些，给他们带来食物和衣服。她给他们留了 10 000 美元，让他们刷她的信用卡，因为他俩的信用卡还没申请下来。

他们在拜访 Navteq[1] 时找到了第一个突破口——对方拥有地图数据库。这家公司同意将其免费授权给马斯克兄弟，直到他们开始盈利为止。埃隆写了一个程序，将地图与该地区的企业名录结合起来。"你可以动动鼠标，在地图上放大、移动，"金博尔说，"这些在今天看来稀松平常，但在当时令人震惊。我想埃隆和我是最先在互联网上看到这种地图黄页的人。"他们将公司命名为 Zip2，意思是"想去哪里，说到就到"（Zip to where you want to go）。

埃隆因创造了"交互式互联网黄页服务"而被授予专利，该专利写道："本发明提供了一种网络访问服务，它同时整合了企业名录和地图数据库。"

与潜在投资者第一次会面时，因为父亲给的车坏了，所以他们只能坐公交车上沙山路。但关于 Zip2 的消息传开后，风险投资人纷纷要来见他们。他们买了一个很大的服务器机柜，然后把一台小电脑放在里面，这样投资人就会认为他们的服务器个头很大。他们还根据巨蟒剧团的一个短剧，给它起了个名字叫"砰砰机"。"每次投资者来的时候，我们都会给他们展示这座'宝塔'，"金博尔说，"然后我俩就偷着乐，因为他们看了这个就觉得我们在做很硬核的东西。"

梅耶·马斯克从多伦多飞来，帮他们准备与风险投资人会面的材料，她经常在金考快印熬夜打印介绍单。"彩色打印每页 1 美元，我们付不起。"她说，"除了埃隆，我们全累趴下了，他为了编程总是熬夜。"1996 年年初，他们收到潜在投资人的第一份投资方案后，梅耶带着孩子们去了一家不错的餐厅庆祝，她结账时说："这是咱们最后一次刷我的信用卡啦。"

诚如她所言，他们很快就被莫尔·戴维多风险投资公司提出的 300 万美元投资方案震惊了。对该公司的最后一次展示定于周一进行，但之前那个周末，金博尔决定火速前往多伦多，因为母亲的电脑坏了，他要去帮她修理。他解释说："我们爱妈妈。"当他周日飞回旧金山时，他在机场被美国边境检察官拦住了，他们查验了他的行李，看到了公司的融资演讲稿、名片和其他文件，但由于他没有美国的工作签证，他们不让他登机。金博

1 　Navteq 是一家总部设在美国芝加哥的地理信息系统数据和电子导航地图供应商。——译者注

尔让一个朋友到机场接他，并开车带他越过边境。他碰到一个警惕性不高的边境检察官，谎称他们要去看大卫·莱特曼的演出。他终于赶上了从布法罗飞往旧金山的夜间航班，及时赶到了会议现场。

莫尔·戴维多公司很欣赏这次展示，最终敲定了这笔投资。该公司还找到了一名移民律师，帮马斯克兄弟获得了美国的工作签证，并且给他们每人 3 万美元用于购置车辆。埃隆买了一辆 1967 年的捷豹 E 型车。作为在南非长大的孩子，他在一本关于"有史以来最好的敞篷车"的书里看到过这辆车的照片，他当时就暗暗发誓：如果哪天发财了，一定要买一辆。"这是你能想象的最漂亮的车，"他说，"但它每周至少要坏一次。"

风险投资人很快就做了一件他们经常会做的事情：在公司中引入成熟管理者的监督，接管年轻创始人的工作。这种情况曾发生在苹果公司的史蒂夫·乔布斯身上，也发生在谷歌公司的拉里·佩奇和谢尔盖·布林身上。曾在一家音频设备公司负责业务开发的里奇·索金被任命为 Zip2 的首席执行官，埃隆被调到了首席技术官的位置。起初，他认为这种调整挺适合他，他可以专注于打造产品，但他还是长了个教训。"我从没想过要当首席执行官，"他说，"但我终于明白了，如果你不是首席执行官，那你就不可能真正成为首席技术官或首席产品官。"

随着职位变动而来的是一套全新的战略，Zip2 不再直接向企业和客户推销产品，而是专注于向大型报业集团出售其软件，方便各大报纸制作自己的本地企业名录。这样定位有一定道理：报业集团有自己的销售队伍，他们擅长向企业推销广告和分类信息。奈特·里德报业集团、《纽约时报》、普利策公司和赫斯特报业公司都为 Zip2 买单了，前两家的高管还加入了 Zip2 的董事会。《编辑与出版商》杂志刊登了一篇封面故事，题为"报界的新超级英雄：Zip2"，说该公司创造了"一套新的软件结构，让各家报纸能够迅速积累大规模的城市黄页指南"。

到 1997 年，Zip2 已被 140 家报纸采用，授权使用费从 1 000 美元到 10 000 美元不等。《多伦多明星报》的总裁曾向金博尔身上扔过一本黄页，后来亲自打电话向他道歉，问还可不可以与 Zip2 合作，金博尔说可以。

硬核担当

从职业生涯的一开始，马斯克就是一个苛刻的管理者，瞧不起"要在工作和生活中找到一种平衡状态"的价值观。在 Zip2 和随后创办的每家公司当中，他都不遗余力地忙忙碌碌，从早到晚，没有假期，他希望其他人也能这样做。他唯一的放纵是沉浸在激烈对抗的电子游戏当中。Zip2团队在《雷神之锤》的全国比赛中夺得了亚军。他说他们本来可以得冠军，但是一个队员的操作过猛，导致电脑崩溃了。

其他工程师回家后，马斯克有时会把他们正在编写的代码拿出来重写。由于他的共情能力较差，所以他没有意识到，公开纠正他人的错误，或者按他说的"修改他们愚蠢的代码"，不是什么能表现出团结友爱的举动。当然他也不关心这些。他从来没有当过运动队的队长，也没有在一群朋友中做过领导型人物，所以他缺乏那种对待同志和战友的感情。像史蒂夫·乔布斯一样，马斯克真的不在乎是不是在工作中冒犯了谁、吓到了谁，只要能推动他们完成任务——那些他们认为不可能完成的任务就行。"你的工作任务不是让你的团队爱上你，"多年后他在一场 SpaceX 的高管会议上说，"事实上，那样做会适得其反。"

他对金博尔的态度最为严厉。金博尔说："我爱、很爱、非常爱我的哥哥，但和他一起工作真的很难。"他们之间的分歧大到经常会在办公室的地板上扭打在一起。打架有时候是为了重大战略，有时候是因为闹了小别扭，有时候是因为起了"Zip2"这个名字（金博尔和一家营销公司想出了这个名字，但埃隆讨厌它）。"在南非长大的孩子，打架是正常的，"埃隆说，"这是当地文化的一部分。"他们没有私人办公室，只有隔断式工位，所以每个人都得看着他俩打。在他们最严重的一次争吵中，二人摔倒在地，埃隆正要暴揍金博尔的脸，金博尔就死死咬住埃隆的手，给他扯下来一大块肉。埃隆只能去急诊室缝合，打破伤风针。金博尔说："我俩矛盾尖锐的时候，完全注意不到身边的其他人。"他后来承认埃隆对"Zip2"的看法是正确的："这名字太糟糕了。"

真正做产品的人都有强迫症，一定要把东西直接卖给消费者，不让中间商在里面搅和，马斯克就是这样的人。他对 Zip2 的新战略定位感到失望：把产品降格成报业集团的无名供应商。"我们最后都被报纸牵着鼻子走，"马斯克说，"他们是投资人、是客户，还是董事会成员。"他想买下域名"city.com"，让公司再次成为直接面向消费者的品牌，与雅虎和美国在线展开正面竞争。

投资人也对他们的战略有了新想法。1998年秋，城市指南和互联网黄页大量涌现，但没有一家公司表示盈利。因此，首席执行官索金决定与城市搜索公司合并，希望他们能够共同取得成功。但当马斯克与城市搜索公司的首席执行官会面时，对方让他感到不安起来。在金博尔和一些工程师的帮助下，埃隆领导了一场公司内讧，阻止了两家公司的合并，并要求重新出任首席执行官。但董事会把他逐出董事席位，还削弱了他在公司的权力。

"伟大的东西永远不会在风险投资人和职业经理人手里诞生，"马斯克告诉《公司》杂志，"他们没有创造力，也没有洞察力。"莫尔·戴维多公司的合伙人德里克·普罗蒂昂被任命为临时首席执行官，负责出售Zip2。"这是你的第一家公司，"他告诉马斯克，"我们找一个收购者，赚点儿钱，这样你就可以做第二、第三、第四家公司了。"

百万富翁

1999年1月，在埃隆和金博尔创建Zip2后不到四年，普罗蒂昂把他们叫到办公室，告诉他们康柏电脑公司正要增强其AltaVista搜索引擎，并愿以3.07亿美元的现金收购Zip2。兄弟俩以6∶4的比例分配了他们12%的股权收益，所以27岁的埃隆得到2 200万美元，而金博尔得到1 500万美元。支票送到公寓时，埃隆感到很惊讶，他说："我的银行账户资产从5 000美元变成了22 005 000美元。"

马斯克兄弟从收益中拿出30万美元给了父亲，拿出100万美元给了母亲。埃隆买了一套1 800平方英尺[1]的公寓，买了一辆售价100万美元的银色迈凯伦F1跑车，这是当时速度最快的量产车，也是他截至当时最极

1　1平方英尺≈0.093平方米。——译者注

致的奢侈消费。他同意让美国有线电视新闻网（CNN）的记者到他家拍摄交货过程。"就在三年前，我还在基督教青年会蹭人家的淋浴间，睡在办公室的地板上，而现在我有了一辆百万美元级别的豪车。"他说当汽车从卡车上卸下来的时候，他跑到街上手舞足蹈。

这一阵兴奋劲儿过去以后，埃隆意识到一夜暴富后疯狂炫耀是不太体面的。"有些人会觉得买这辆车就是一个年轻人在炫富卖弄、夜郎自大，"他承认，"我的价值观可能已经发生改变，但我没意识到这种改变。"

那么他的价值观是不是真的变了呢？财富让他在满足欲望和冲动时受到的约束更少，这确实让人难以恭维。但他在事业中认真投入的状态，那种强烈的使命感和强大的自驱力一如既往。

作家迈克尔·格罗斯当时在硅谷为蒂娜·布朗的时尚杂志《谈话》（Talk）写了一篇关于这位年轻技术派新晋富豪的文章。"我一直在寻找一个性格浮夸的人物，他可能会因此遭人晒笑，"格罗斯多年后回忆说，"但我在2000年遇到的马斯克充满了生活情趣，他太讨人喜欢了，即便有些浮夸，你也没法嘲笑他。他宠辱不惊的样子一如今日，而他那时候还很松弛，心态开放，富有魅力，谈吐风趣。"

对一个从小没有朋友的年轻人来说，能成为名人是很具有诱惑力的事。马斯克告诉CNN的记者："我想成为《滚石》杂志的封面人物。"但后来他面临的很多冲突都因财富而起。"我可以买下巴哈马的一整座岛屿，把它变成我的私人领地，但我更感兴趣的还是创办一家新公司，"他说，"我还没有花光我挣的钱，我要把它们几乎全都投入新的创业游戏中去。"

11

贾丝廷

帕洛阿尔托，20 世纪 90 年代

贾丝廷、埃隆和梅耶（上）；一家人合影，右数第二、第三人分别为埃罗尔和梅耶（下）

戏剧性浪漫

当马斯克缓缓坐上他那辆价值百万美元的迈凯伦的驾驶座时，他对正在现场录制节目的CNN记者说："对我来说，真正的回报是创造了一家公司的那种满足感。"这时，一位美丽婀娜的年轻女子用双臂搂住了他，这是他的女友。"没错，没错，不过这辆车也是哦，"她咕哝道，"就是这辆车，实话实说吧。"马斯克似乎略感尴尬地低下头，开始查看手机信息。

她叫贾丝廷·威尔逊，他在女王大学第一次见到她时，她还在用她更平凡的名字——詹妮弗。和马斯克一样，她小时候也是个书虫，尽管她喜欢的是黑暗奇幻类型的小说，而不是科幻小说。她在多伦多东北部的一座河边小镇长大，幻想自己未来会成为一名作家。贾丝廷秀发飘逸，笑容神秘，活力四射又风情万种，就像她希望有朝一日自己写出来的浪漫小说中的人物一样。

认识马斯克时，她读大一，他读大二。一次聚会上二人初见，马斯克约她出去吃冰激凌。她同意下周二和他一起去，但当马斯克来到她的房间时，她却不见踪影。他问她的闺蜜："她最喜欢吃什么冰激凌？"对方告诉他是香草巧克力碎的。于是他买了一个甜筒，在校园里满处找她，直到他发现她在学生中心里研究一本西班牙语课本。"我觉得你应该最喜欢这个口味了。"他说着，把已经开始融化的甜筒递给了她。

她说："他向来不会接受别人的拒绝。"

贾丝廷当时正在跟一个看起来更酷的家伙闹分手，那人是个作家，下巴上留着山羊胡子。"我觉得他的胡子把他暴露无遗——这人就是个傻货，"马斯克说，"所以我说服了她跟我约会。"他告诉她："你的灵魂里有一团火，我在你身上看到了自己。"

马斯克的远大志向给贾丝廷留下了深刻印象。她说："跟其他野心家不同，他从不谈赚钱的事。他觉得自己这辈子要么富可敌国，要么倾家荡产，没有第三种可能。真正能吸引埃隆的是他想解决的那些问题。"不管是他说你该跟我好时，还是他说我要造出电动车时，他那不可战胜的强大意志都让贾丝廷欲罢不能。她说："即使他有时口出狂言，你也会信以为真，因为他自己就深信不疑。"

在他离开女王大学前往宾夕法尼亚大学前，他们只是偶尔约会，但会保持联系，他有时还会送她玫瑰花。她在日本教了一年书，放弃了"詹妮弗"这个名字，"因为都烂大街了，很多啦啦队队员都叫这个"。她回到加拿大后告诉她姐姐："如果埃隆再给我打电话，我想我会去找他。我觉得我可能错过了他人生的一部分。"马斯克在纽约市与《纽约时报》洽谈Zip2合作时，给她拨去了电话，让她来找他。周末非常顺利，他邀请贾丝廷跟他一起飞回加利福尼亚，她欣然应允。

他当时还没有卖掉Zip2，所以他们住在他位于帕洛阿尔托的公寓里，有两个房客和一只没有经过训练的腊肠犬，名字叫"鲍伊"，是摇滚歌手大卫·鲍伊的姓氏。大部分时间她都闷在卧室里写作，不擅长与人交往。他说："朋友们都不愿意待在我家，因为贾丝廷太暴躁了。"金博尔都受不了她，他说："一个人如果没有安全感，可能就会非常刻薄。"埃隆问母亲怎么看贾丝廷这个人，梅耶直截了当地说："她这人一无是处。"

但情人眼里出西施，马斯克就喜欢"带刺的玫瑰"。贾丝廷回忆说，一天晚上吃饭时，他问她想生几个孩子。"一两个吧，"她回答道，"如果我有钱请保姆的话，我想要四个孩子。"

"这就是咱俩的不一样了，"他说，"我只考虑有保姆的情况。"然后他摇晃着手臂，做出怀抱着婴儿的姿势说："小宝贝。"他已经非常坚定地想要孩子。

此后不久，他卖掉了Zip2，买了迈凯伦。突然间，真的有钱请保姆了。贾丝廷很忐忑地开玩笑说，他应该不会甩了她，再去找一个漂亮的模特吧。出乎她意料的是，他在家门口的人行道上单膝跪地，掏出一枚戒指向她求婚，就像浪漫小说中的情节一样。

两个人都被生活中的戏剧性事件所激发，感情越吵越深厚。"我知道他对我热情似火，但我要是哪里做得不对，他会毫不犹豫地指出来。"贾丝廷说，"然后我就会回击他，我知道我什么话都可以跟他讲，他也不会因此感到害怕。"有一天，他们和一个朋友在麦当劳里，俩人大吵起来。她说："我朋友很难为情，但埃隆和我已经习惯在公共场合大吵大闹。他天性好斗，谁跟他在一起都一样，不吵是不可能的。"

一次去巴黎的旅行中，他们参观了法国国立中世纪博物馆的"淑女与独角兽"挂毯。贾丝廷开始描述这个作品中能打动她的东西，她给出了一种精神层面的解释，大意是独角兽象征着类似基督的人物。马斯克说她这么说"太蠢了"。他们开始就基督的象征意义展开激烈的争论。"他是那么固执和愤怒，说我胡说八道、疯疯癫癫、愚蠢至极，"她说，"就像他告诉过我的他父亲对他说的那些话一模一样。"

婚礼

"他跟我说要娶贾丝廷，我不能坐视不管。"金博尔说，"我跟他说的大概意思就是：'别娶她，一定别娶，她不适合你。'"纳瓦德·法鲁克在跟马斯克的聚会上第一次见到贾丝廷，他也想劝他分手。但马斯克不仅喜欢贾丝廷这个人，还喜欢对抗这种来自亲友的阻力。婚礼定在了2000年1月的一个周末，在加勒比海的圣马丁岛举行。

马斯克提前一天带着律师写好的婚前协议飞过来。他们二人在岛上开车，想找一个周五晚上仍办公的公证人，但他们没找到。她答应在回来时签署协议（她最终在两周后签署完成），但这次交涉过程中二人剑拔弩张。她说："我觉得在结婚前没能签好这个协议，闹得他整个人都忐忑不安。"结果可以预见，二人又吵了一架，贾丝廷下车去找她朋友了。那天晚些时候，他们回到别墅，又开始吵。"别墅是开放式的，所以我们所有人都能听到争吵声。"法鲁克说，"我们劝也不是，不劝也不是。"其间，马斯克径直走了出来，告诉母亲婚礼取消了。结果梅耶如释重负地说："你可算脱离苦海了。"但后来他又改变主意，回到了贾丝廷身边。

第二天，紧张局面继续上演。金博尔和法鲁克试图说服埃隆，他们可以带他火速赶往机场，这样他就可以溜之大吉。结果他们越是坚持，他反而越顽固不化，宣布说："不，我就要和她结婚。"

表面上看，在酒店游泳池边的婚礼仪式似乎很欢乐。贾丝廷穿着无袖白裙，戴着白花头饰，显得光彩照人，马斯克穿着合身的燕尾服，显得很潇洒。梅耶和埃罗尔都在场，他们甚至合了影。晚餐后，所有人都跳起了康茄舞，埃隆和贾丝廷领了第一支舞。他把两只手放在她的腰上，她用手臂环住他的脖颈，二人微笑着接吻。跳舞时，他低声对她耳语道："这个家里，我说了算。"

12

X.com

帕洛阿尔托，1999—2000 年

同 PayPal 联合创始人彼得·蒂尔在一起

一站式银行

1999 年年初，表弟彼得·赖夫来马斯克家发现他正在翻阅有关银行系统的书，马斯克解释说："我正在思考下一次创业该做什么。"他在加拿大丰业银行的经历让他相信颠覆这个行业的时机已经成熟——他是对的。1999 年 3 月，他与一位银行的朋友哈里斯·弗里克一起创办了 X.com。

马斯克对 CNN 记者描述的那种选择题，现在已经摆在他面前：像千万富翁一样生活，或者把筹码留在牌桌上，创办一家新公司。他选择了一个折中的方案：向 X.com 投资 1 200 万美元，剩下的税后约 400 万美元留给他自己。

他对 X.com 的构想很宏大：它将是一个能满足所有金融需求的一站式商店——银行、线上支付、支票、信用卡、投资和贷款。交易将被即时处理，无须等待付款结算。他的设想是，资金只是数据库的一个条目，他要设计一种方法，让所有的交易都能被实时地、安全地记录下来，有点儿像现在区块链能做的事情。"用户从银行取钱这个行为的背后有各种各样的原因，如果我能解决这个问题，"马斯克说，"那这家公司就变成了一个聚宝盆，成为一家汇聚数万亿美元的公司。"

他的一些朋友怀疑：如果给一家网上银行起的名字听起来像色情网站，能让人放心把钱存在这里吗？但马斯克喜欢"X.com"这个名字。不像"Zip2"那样自作聪明，"X.com"简单、好记，用键盘很快就能敲出来。这让他拥有了当时最酷的电子邮件地址：e@x.com。"X"将成为他为人和事物命名的首选字母——从公司到孩子都是如此。

马斯克的管理风格与 Zip2 时期相比没有变化，也不会有变化。他在深夜疯狂写代码，在白天又表现得粗鲁、不合群，导致他的联合创始人弗里克和当时为数不多的同事要求马斯克卸任首席执行官一职。有一次，马斯克用一封电子邮件做出回应，信中倒是体现出他很有自知之明。"我本质上就是个强迫症患者，"他写给弗里克，"对我来说，重要的是赢，而且不是小打小闹地赢。天知道我为什么是这样一个人……从精神分析的角度来说，可能有一些至今没有探明的领域左右了我的行为，或者干脆就是我的神经系统短路了。"

由于马斯克拥有控股权，他占了上风，弗里克和大多数员工集体辞职。尽管内部动荡，马斯克还是能够吸引到红杉资本有头有脸的负责人迈克尔·莫里茨对 X.com 进行重大投资。莫里茨随后还拉拢了巴克莱银行和科罗拉多州一家社区银行，三方成为合作伙伴，这样 X.com 就能够提供共同基金、拥有银行特许经营权，并且由联邦存款保险公司承保。28 岁时，马斯克已成为创业圈的名人。在一篇题为"埃隆·马斯克有望成为硅谷明日之星"的文章中，网络杂志《沙龙》称他为"当今硅谷的 IT 风云人物"。

从那时开始，马斯克的管理策略之一就是给一个任务设定几乎不可能完成的最后期限，然后鞭策同事们去实现。他在 1999 年秋就是这样，宣布将在感恩节周末向公众推出 X.com，一位工程师将之称为"浑蛋之举"。在这之前的几周里，包括感恩节在内，马斯克每天都在办公室里徘徊，他紧张兮兮的，大部分晚上都睡在桌子底下，还搞得大家也把心提到了嗓子眼儿。一位工程师在感恩节凌晨 2 点回家，上午 11 点就接到马斯克的电话，要求他回来上班，因为另一位工程师通宵工作，"已经不能全力以赴地向前推进了"。在公司内部，大家怨声载道，冲突不断，但结果是成功的。产品上线的那个周末，所有同事一起走到附近的一台自动取款机前，马斯克插了一张 X.com 的借记卡，现金呼啸而出，整个团队都在欢呼。

莫里茨认为马斯克需要成熟管理者的监督，于是想说服他在下个月让位，让财捷集团的前负责人比尔·哈里斯担任首席执行官。曾在 Zip2 发生的事情又重演了，马斯克仍然担任首席产品官和董事会主席，工作起来不要命的劲头也一如既往。在一次与投资者的会面结束后，他去了食堂，他在那里摆了一些街机。"我们几个人和埃隆一起玩《街头霸王》，"首席财务官鲁洛夫·博塔说，"他玩得满头大汗，你站在旁边都能感受到他整个人迸发出来的那股能量和热情。"

马斯克开发了病毒式营销技术，包括用户"拉新人"就可以得到返现。他的愿景是让 X.com 兼具银行服务和社交网络的属性。和乔布斯一样，在设计用户界面时，他喜欢简单的风格："我反复打磨用户界面设计，把开户需要点击鼠标的次数降到最少。"一开始用户得填写很长的表格，包括社会安全号码和家庭地址。"我们为什么要让用户填这些？"马斯克一直在念叨这一点，"删掉这项！"他们实现了一项微小却重要的突破，就是用户不需要用户名就能登录，因为电子邮件地址能发挥同等的作用。

实现增长的一大驱动力是一个起初他们认为没什么大不了的功能：通过电子邮件给别人转钱。用这项功能的人非常多，尤其是在拍卖网站 eBay 上，用户都想用简单的方式付款给陌生的卖家。

马克斯·列夫琴和彼得·蒂尔

有一次，马斯克在翻阅新注册用户时，一个人的名字引起了他的注意——彼得·蒂尔。蒂尔是 Confinity 公司的创始人之一，该公司曾与 X.com 位于同一栋大楼里，后来两家公司也只有一街之隔。蒂尔和他的主要联合创始人马克斯·列夫琴都是和马斯克一样的工作狂，但他们更自律。与 X.com 一样，他们公司也提供个人对个人的支付服务。Confinity 的软件名叫 PayPal。

到 2000 年年初，互联网泡沫的顶点初现，X.com 和 PayPal 开启了一场比拼新客户注册数量的竞赛。蒂尔说："这是一场疯狂的竞争，我们都有大把大把的美元能用来奖励注册、拉新用户。"正如后来马斯克所说："大家都在拼，谁最后一个耗尽资金，谁就赢了。"

马斯克在这场战斗中的表现就像他打游戏时一样亢奋。与他形成鲜明对比的是，蒂尔喜欢冷静地计算，控制好风险。他们很快就明白了网络效应会带来什么：哪家公司先做大，哪家公司就会发展得更快，这意味着最终只有一家公司能活下来。因此，更理性的选择是两家公司合并，而不是拼个你死我活，把商战变成血腥的《真人快打》游戏。

马斯克和新任首席执行官比尔·哈里斯在帕洛阿尔托的一家希腊餐厅 Evvia 的秘密房间里安排了一次与蒂尔和列夫琴的会面。双方透露了各自注册用户的数量，马斯克一如既往地夸大其词。蒂尔问他对合并的具体安排有什么想法，马斯克说："我们拥有合并后公司 90% 的股份，你们拥有 10%。"列夫琴没搞明白马斯克什么意思：他是认真的吗？两家公司的用户基数大体相同。列夫琴说："他脸上的表情极其严肃，不像是在开玩笑，但表述的内容过于讽刺。"正如马斯克后来承认的那样："我们这是在玩一个游戏。"

与 PayPal 团队的午餐会结束后，列夫琴对蒂尔说："该干什么干什么吧，搭理他没结果的。"然而蒂尔对人心洞察深刻，他告诉列夫琴："这只是一个开始，对埃隆这样的人，你要有耐心。"

这种相爱相杀的关系一直持续到 2000 年 1 月，甚至导致马斯克推迟了与贾丝廷的蜜月旅行。X.com 的主要投资人迈克尔·莫里茨在沙山路的办公室里安排了一次双方的会面。蒂尔坐上了马斯克的迈凯伦。

"那么，这辆车厉害在哪儿呢？"蒂尔问道。

"瞧这个。"马斯克一边回答，一边开上快车道，将加速踏板踩到底。

后轴突然断裂，车子打了个旋，撞到路堤，像飞碟一样飞了起来，车身一部分撕裂了。蒂尔没有系安全带，但他毫发无损，然后搭了个便车前往红杉资本的办公室。马斯克也没有受伤，原地待了半个小时，等车被拖走后再赶赴会议，却没有告诉哈里斯发生了什么事。后来，马斯克笑着说："至少它向彼得展示了我的冒险精神。"蒂尔说："是的，我意识到这家伙有点儿不要命的劲头。"

马斯克仍对合并持反对意见，虽然两家公司都有大约 20 万名注册用户在 eBay 上进行线上支付，但他认为 X.com 是一家更有价值的公司，因为它提供的银行服务范围更广。马斯克与哈里斯产生了分歧，后者一度威胁说，如果马斯克破坏这场谈判，他就要辞职。"如果他辞职，那可就糟了，"马斯克说，"因为当时正是互联网经济疲软的时候，我们还想筹集到更多的资金。"

马斯克在另一次午餐会上与蒂尔和列夫琴有了一次更深入的交流，这一次是在一家位于帕洛阿尔托的高档意大利餐厅 Il Fornaio。他们等了半天都没上菜，哈里斯闯进了厨房，看看有什么现成的菜。马斯克、蒂尔和列夫琴相互看了对方一眼，想说的话都在眼神里了。"哈里斯真是个外向型的商业奇才，简直就像胸口写着 S 的超人一样，而我们三个跟他比起来，全都是书呆子。"列夫琴说，"我们仨之间突然产生了某种共鸣，因为我们那一刻都发现自己干不出来比尔能做的事。"

他们同意了合并，其中 X.com 将获得合并后 55% 的公司股份，但马斯克不久后告诉列夫琴，他占了他俩的便宜，这差点儿搅黄了整件事。列夫琴怒不可遏，嚷嚷着要取消协议。哈里斯专程开车到他家，等他平静下来，其间还帮他叠衣服。他们再次修改了合同条款，双方占股比例大致是5：5，但 X.com 成为合并后的公司实体。2000 年 3 月，合并完成，最大的股东马斯克成为董事长。几周后，他与列夫琴一起逼走了哈里斯，于是他又当上了首席执行官，从此他再也不需要什么成熟管理者的监督了。

PayPal

两家公司的电子支付系统也合并了，以 PayPal 的品牌名进行推广，它成为该公司的主要产品并继续保持快速增长。但做一款小众产品满足不了马斯克的胃口，他想重塑整个银行业。因此，他回归初心，决定创办一个能颠覆整个银行体系的社交网络。他告诉团队："我们必须做个决定，是瞄准大目标还是小目标。"有些人觉得马斯克的这番构思是有缺陷的。里德·霍夫曼说："我们在 eBay 上的用户黏性很强。"霍夫曼是早期员工，后来是领英的联合创始人。"马克斯和蒂尔认为我们应该完全专注于这项业务，在这个交易细分市场做到龙头老大。"

马斯克坚持认为公司的名字应该是 X.com，PayPal 只是其附属品牌之一。他甚至想重新给这个支付系统起名为 X-PayPal。当时有很多人反对，列夫琴尤其反对。PayPal 已经成为一个用户信赖的品牌，就像一个能帮你挣钱的好朋友。焦点小组的访谈结果显示，X.com 这个名字会让人联想到色情网站，你既不会信任它，也不会在一家得体的公司里提到它。但马斯克就是不听劝，直到今天仍然如此。"如果你想成为一个小众的支付系统，PayPal 这个名字肯定更合适，"他说，"但如果你想接管全球金融体系，那么 X 就是一个更好的名字。"

马斯克和迈克尔·莫里茨去了纽约，看看他们是不是能挖到刚刚结束市长任期的鲁迪·朱利安尼，让他在政策方面给公司做一做规划，指导他们该怎么开一家正经的银行。但他们在走进他办公室的那一刻，就知道没戏了。"你就像走进了黑帮内部，"莫里茨说，"他身边的亲信都像暴徒一样，他本人对硅谷没有半点儿了解，但他和心腹们都迫不及待地想要搞钱。"他们还要求分走公司 10% 的股份，于是会面就这样草草结束了。"他跟我们就不是一个星球上的人。"马斯克告诉莫里茨。

马斯克对公司进行了重组，从此没有了独立的工程部门，工程师将与产品经理通力合作。他将这一理念贯彻到特斯拉、SpaceX 和推特当中。一家公司想要运转良好，就不要把产品的设计与工程化分开，否则就会机能紊乱。如果设计的东西难以工程化，设计师必须立刻挨板子才是对的做法。他还有一个推论，对制造火箭很管用，但对推特来说就不那么奏效了：让工程师领导团队，而不是让产品经理。

与列夫琴掰手腕

彼得·蒂尔渐渐不再过问公司事务，留下 Confinity 的联合创始人列夫琴——一个低调又超级敏锐的乌克兰裔软件奇才担任首席技术官，与马斯克抗衡。在一个听起来非常技术性的问题上，列夫琴和马斯克产生了分歧，但实际上这个问题还牵涉其他层面：到底应该用微软的 Windows 系统还是 Unix 系统来作为公司产品的主要操作系统？马斯克钦佩比尔·盖茨，喜欢 Windows NT，认为微软会是一个更可靠的合作伙伴。列夫琴和他的团队感到震惊，认为 Windows NT 不安全、有漏洞，也不够酷。他们倾向于使用各种类似 Unix 的操作系统，包括 Solaris 和开源的 Linux。

一天晚上，午夜过后，列夫琴正在会议室里独自工作，马斯克走进来，准备继续争论这个问题。"最终你也会看到我看到的东西，"马斯克说，"我知道接下来事情的走向会是什么。"

"不，你错了，"列夫琴用他平淡的语气回答道，"用微软的系统行不通。"

"这样吧，"马斯克说，"咱俩掰手腕决定。"

列夫琴认为，不管他俩怎么解决软件系统的分歧，掰手腕都是最愚蠢的一种，而且马斯克的块头几乎是他的两倍。但他因加班太过疲惫，所以同意速战速决。列夫琴用上整个身体的力量跟他较劲，但还是很快就输了。"说白了，"列夫琴告诉他，"你块头再大，跟我做技术决策也没半毛钱关系。"

马斯克笑着说："好的，我明白。"但他还是如愿了，他花了一年时间让自己的工程师团队重写列夫琴为 Confinity 编写的 Unix 代码。列夫琴说：

"我们浪费了一年折腾这些技术活，却没有开发新的功能。"重新编程投入过多，也让公司疲于应付支付过程中越来越多的线上欺诈活动。"我们还能继续保持领先的唯一原因是那段时间没有其他公司得到风投的资助。"

列夫琴发现自己搞不懂马斯克这个人。他掰手腕定输赢是认真的吗？他时而疯狂地专注，时而又充满幽默和戏谑，他是工于心计还是真的疯了？"他的一举一动都具有某种讽刺意味，"列夫琴说，"如果用游戏术语来说，他的讽刺能力可以达到11级，并且从未低于4级。"马斯克擅长的技能之一就是引诱其他人进入他的反讽语境，然后他们就可以讲内部梗。"他展现出对讽刺的巨大热情，就像喷射火焰一样讥讽连篇，向周围人传递出一种氛围感：'你们懂我，都是我埃隆俱乐部的专属会员。'"

这招儿在列夫琴身上并不奏效，他工作时一丝不苟的态度让他对这个圈子的爱好免疫。对于马斯克的夸张行为，他是十分敏感的。在两家公司合并的过程中，马斯克一直坚称X.com的用户数量接近对方的两倍，而列夫琴会向其工程师核实，获取真实的数字。列夫琴说："埃隆不仅夸大其词，还胡编乱造，就像他父亲一样。"

然而，马斯克身上另外一面的特质也让列夫琴深感震惊，比如他了解一些你以为他根本不了解的东西。有一次，列夫琴和工程师正在解决一个难题，涉及当时公司正在使用的甲骨文数据库。马斯克探个脑袋过来，虽然他的专长是Windows，而不是甲骨文，但他立即明白了列夫琴他们在说什么，并给出了一个精确的技术答案，然后不等他们确认可用就走了。列夫琴和团队翻开甲骨文手册，查阅了马斯克描述的内容。"我们一边一个个核对，一边不约而同地说：'天哪，他都说对了！'"列夫琴回忆说，"埃隆经常口出狂言，但每过一段时间，你就会对他刮目相看，他对你专业的理解比你自己还深刻。我认为他激励大家工作的方式，有很大一部分就来自他的锋芒毕露。很多时候你压根想不到他竟然知道这个，都误以为他就是一个胡说八道的大傻瓜。"

13

反抗者联盟

PayPal，2000 年 9 月

PayPal 黑帮（上，左起依次为为）：卢克·诺塞克、肯·豪厄里、戴维·萨克斯、彼得·蒂尔、
基思·罗普、里德·霍夫曼、马克斯·列夫琴和鲁洛夫·博塔；马克斯·列夫琴（左下）；
迈克尔·莫里茨（右下）

街头对决

到 2000 年夏末，列夫琴发现马斯克越来越难对付了。他给马斯克写了一份长长的备忘录，概述了线上欺诈对公司产生了多么严重的威胁，甚至可能导致公司破产（其中一份备忘录标题为"欺诈就是爱"，听上去很不搭调），但他得到的回应都是粗暴的拒绝。列夫琴开发出了第一个用于全自动区分计算机和人类的验证码技术，马斯克并不感兴趣。列夫琴说："他的冷漠反应对我打击很大。"他给女友打电话说："我觉得我受够了。"

列夫琴在帕洛阿尔托的一家酒店里参加会议时，把他的离职计划告诉了几个同事。他们希望他展开反击行动，因为大家都有类似的挫败感。他的好友彼得·蒂尔和卢克·诺塞克秘密委托第三方开展了一项研究，结果显示 PayPal 这一品牌比 X.com 更有价值。马斯克大发雷霆，下令将 PayPal 品牌从该公司的绝大部分网站上撤下来。到 9 月初，这三个人同里德·霍夫曼和戴维·萨克斯一起做出决定：是时候推翻马斯克暴政了。

八个月前，马斯克与贾丝廷结婚，但他当时没时间度蜜月。鬼使神差地，他决定 9 月去度蜜月，而此时同事们正在密谋推翻他。他飞往澳大利亚观看奥运会，还要在伦敦和新加坡停留，会见潜在投资者。

他刚出发，列夫琴就打电话给蒂尔，问他愿不愿意回来担任首席执行官，至少临时撑撑场面。蒂尔答应以后，反抗者联盟一致同意联手对抗董事会，并鼓动其他员工签署一份支持他们共同事业的请愿书。

就这样，蒂尔、列夫琴和同事们沿着沙山路浩浩荡荡地来到了红杉资本的办公室，向迈克尔·莫里茨陈述他们的诉求。莫里茨翻阅了一个文件夹，里面装有针对马斯克的请愿书和提案，然后他问了一些关于软件和线上欺诈情况的具体问题。莫里茨同意有必要做出改变，但表示除非只是临时接管，否则他不同意由蒂尔担任首席执行官，公司需要招聘一位经验丰富的高管。反抗者联盟同意了，前往当地的一个廉价酒吧"安东尼奥坚果屋"庆祝。

马斯克从澳大利亚打过来几个越洋的工作电话，他开始感觉到不对劲儿。他像往常一样发号施令，但平时胆小的员工开始反驳他。旅行的第四天，他发现了原因，当天他收到了一名员工发给董事会的电子邮件，该员工赞扬了马斯克的领导力，并谴责了他的反对者。马斯克感觉像是后背被人捅了一刀。"这件事让我感到极度难过，我无法用语言来形容，"他在邮件里写道，"我为这家公司殚精竭虑，公司账上几乎所有现金都来自我从Zip2挣的钱，我的婚姻也岌岌可危，他们却说我恶贯满盈，连申诉的机会都没给我。"

马斯克给莫里茨打电话，试图改变他的决定。"他形容这次内部政变是'令人发指的'。"莫里茨本人很在意词语运用，他说，"我记得这个，是因为大部分人都不用这个词。他给整件事贴了一个标签——'令人发指的罪行'。"但莫里茨拒绝让步，马斯克火速买了飞机票——当时他和贾丝廷能买到的只剩经济舱了，二人立即返程。当他回到X.com的办公室时，他与一些忠于他的同事挤在一间屋子里，想办法对抗这场政变。会议持续到深夜，他返回办公室的游戏机前，一个人一轮又一轮地玩《街头霸王》。

蒂尔警告高管们，不要接听马斯克的电话，要主动抵御他那强大的说服力和威慑力。但首席运营官里德·霍夫曼觉得自己欠马斯克一个解释。霍夫曼虎背熊腰，性格活泼，他知道马斯克那些花言巧语的套路："他有一种扭曲现实的力量，你会被他的愿景吸进去。"尽管如此，他还是决定与马斯克共进午餐。

午餐持续了三个小时，马斯克试图劝诱霍夫曼。"我把我所有的钱都投在这家公司了，"他说，"我有权利经营它。"他还反对公司只聚焦于电子支付的战略。"为了创办一家真正的数字银行，我们现在做的只是个开场。"他读过克莱顿·克里斯坦森的《创新者的窘境》一书，试图说服霍夫曼，让他相信死板的银行业是可以被颠覆的，但霍夫曼不同意："我告诉他，我觉得超级银行的愿景是一个有毒有害的想法，我们需要专注在eBay的支付业务上。"马斯克随后改变了策略，他试图说服霍夫曼成为首席执行官。霍夫曼急于结束午餐，同意考虑一下，但很快就说他不感兴趣。他是蒂尔的坚定支持者。

当董事会投票决定解除马斯克首席执行官的职务时，他以一种平静优雅的姿态做出回应。众人本想看他杀对方一个片甲不留，对这个结果感到很惊讶。"我决定现在是时候引入一位经验丰富的首席执行官了，请他将X.com带上新的高度。"他在给同事的电子邮件中写道，"在找到合适人选后，我的计划是休假三四个月，构思一些事情，然后创办一家新公司。"

虽然马斯克是个街头霸王，但他有一种能力出乎很多人的预料，就是在落败以后能做到实事求是。杰里米·斯托普尔曼是马斯克的信徒，后来创立了Yelp。当时他问马斯克，他和其他人是不是应该集体辞职以示抗议，马斯克说不要。"公司是我的孩子，我就像'所罗门智断亲子案'中不忍心将孩子劈成两半的母亲一样，我情愿放手，这样孩子才能活下来。"马斯克说，"我决定努力改善与彼得和马克斯的关系。"

最后一个容易引起冲突的点来自马斯克的个人愿望，正如他在电子邮件中所说，他要"做一些公关工作"。他已经被名人的光环笼罩，所以他想成为公司的公众代言人。在莫里茨办公室里召开的一次会议上，气氛剑拔弩张，他对蒂尔说："我就是公司的最佳代言人。"蒂尔拒绝了这个想法，马斯克就爆发了，他高喊道："我的名誉不能受损，对我来说，我的名誉比这家公司的价值更大。"蒂尔不太明白，为什么这是一个关乎个人名誉的问题。"他的确有一种表演型人格。"蒂尔回忆说，"在硅谷，大家一般不会用这种超级英雄式的，甚至是荷马史诗式的语调来讲话。"马斯克仍然是公司最大的股东和董事会成员，但蒂尔禁止他代表公司发言。

风险爱好者

三年来，马斯克第二次被人赶出公司。他是一个目光远大的人，但他不善于与人打交道。

他在PayPal的同事对他印象很深的一点，除了他粗暴无礼的管理风格，就是他渴望承担风险。鲁洛夫·博塔说："企业家实际上不是风险承担者，而是风险化解者。他们不会在风险中茁壮成长，也从不主动寻求放大风险。正相反，他们总是想找到可控的变量，把风险降到最低。"但马斯克不是这样的人。"他就喜欢扩大风险，破釜沉舟，让大家无路可退。"在博塔看来，马斯克的迈凯伦车祸就像一个隐喻：将加速踏板踩到底，看它到底能跑多快。

所以马斯克与彼得·蒂尔有着本质的区别，后者总是注重控制风险。蒂尔和霍夫曼曾计划把他们在PayPal的经历写成一本书，书中关于马斯克的章节名称是"不理解'风险'一词真正含义的人"。如果你需要激励人们去做一些看起来不可能的事情，那么"风险成瘾"可能是非常有用的特质。"他惊人的地方在于，他能成功地让大家行走在荒漠中。"霍夫曼说，"他对他把握分寸的界限十分自信，所以他能把所有筹码都按在牌桌上。"

这不仅是一个比喻。许多年后，列夫琴在一个朋友的单身公寓与马斯克玩牌。大家正在玩一局赌注很高的德州扑克。尽管马斯克不是行家里手，但他还是上了牌桌。"在场有很多聪明人和高手，他们都很擅长记牌、计算赔率。"列夫琴说，"埃隆所做的就是在每一手牌上全押，输个精光，再买更多的筹码，加倍下注。最后，他输了许多手牌以后，又一次全押，赢了，然后他说：'好，就这样吧，我不玩了。'"这样的举动也代表了他生活中的一个主题：不会轻易把筹码拿下牌桌，让它们继续跟着他一起冒险。

结果证明，这是一个好的策略。"看看他后来创办的两家公司——SpaceX 和特斯拉。"蒂尔说，"按照硅谷的投资和经营哲学，这两家公司的业务都是极其疯狂的赌注。但如果这样两家没人看好的公司都成功了，那么你就得跟自己说：'我认为埃隆对风险的理解超越了所有人。'"

PayPal 于 2002 年上市，当年 7 月以 15 亿美元的价格被 eBay 收购。马斯克得到的回报约为 2.5 亿美元。然后，他打电话给他的死对头马克斯·列夫琴，提议在公司的停车场见面。列夫琴很瘦小，有时候会隐隐担心马斯克有朝一日要揍他，所以他半开玩笑地回复说："你是想在学校外头给我一拳吗？"但马斯克很真诚，他坐在路边，满脸戚容地问列夫琴："你为什么要背叛我？"

"我是真的认为我这样做是对的，"列夫琴回答，"你完全搞错了，公司就要垮了，我觉得我别无选择。"马斯克点了点头。几个月后，他们在帕洛阿尔托共进晚餐。"生命太短暂了，"马斯克对他说，"我们继续携手前进吧。"他与彼得·蒂尔、戴维·萨克斯和其他一些政变领导人也握手言和了。

"一开始我很生气，"马斯克在 2022 年夏天告诉我，"我甚至都有过暗中报复的想法。但最终我意识到，我被他们搞下台其实是件好事，否则我还在 PayPal 苦苦挣扎。"然后他停顿了一会儿，咯咯笑了几下。"当然，如果我留下来呢，PayPal 就会是一家价值数万亿美元的公司。"

念念不忘，必有回响。进行这次谈话的时候，马斯克正在收购推特。我们走到他的星舰准备进行测试的装配大楼前，他又谈起了他针对 X.com 构思的宏伟愿景。"这就是推特未来可能要完成的使命。"他说，"你如果把社交网络和支付平台结合起来，就能创造出我心目中 X.com 应该成为的样子。"

疟疾

马斯克卸任 PayPal 首席执行官后终于有了一个真正的假期，他第一次彻底放下工作，开始了为期一周的假期，不过这也是最后一次。他就不是为休假而生的职场人。

他与贾丝廷和金博尔一起去里约热内卢看望表弟拉斯·赖夫——他与一个巴西女人结婚后搬到了那里。从那里出发，他们去南非参加了另一个亲戚的婚礼。马斯克 11 年前离开这里时只有 17 岁，这是他第一次回来。

贾丝廷与埃隆的父亲和祖母娜娜很难相处。在里约热内卢时，贾丝廷在腿上文了一个壁虎图案的海娜文身，还没有褪色。娜娜告诉埃隆，贾丝廷是一个"耶洗别"——《圣经》中的一个女人，她的名字与性滥交或控制欲强的女人联系在一起。"那是我第一次听到一个女人把另一个女人说成是耶洗别，"贾丝廷说，"我猜壁虎文身也给她留下了不好的印象。"他们尽快逃离了比勒陀利亚，到一个高端的野生动物保护区游玩。

2001 年 1 月，回到帕洛阿尔托后，马斯克开始头晕，他的耳朵嗡嗡作响，全身感觉一波波寒意袭来。他去了斯坦福医院的急诊室，到了医院就开始呕吐。脊髓穿刺显示他的白细胞计数很高，医生诊断他患有病毒性脑膜炎。这一般不是严重的疾病，所以他输液后就回家了。

接下来的几天，他感觉病情恶化，一度虚弱到几乎无法站立。于是他又打车去医院，医生测量他的脉搏，几乎诊不到脉。于是叫救护车把他送到雷德伍德城的红杉医院。一位传染病专家碰巧路过马斯克的病床，意识到他患的是疟疾，而不是脑膜炎。诊断结果的确是恶性疟，是最危险的一种，还好他们及时发现。很多病人的症状像他一样加重后，往往只剩下一天左右的抢救窗口期，此后恶性疟原虫就无法被根除了。他被送进了重症监护室，医生在他胸口扎了一针进行静脉输液，随后使用了大剂量的多西环素。

X.com 的人力资源总监去医院看望马斯克，整理了他的健康保险。"再晚几个小时抢救，他就活不过来了。"这位总监在给蒂尔和列夫琴的电子邮件中写道，"他的主治医生曾治疗过两例恶性疟，两个病人都死了。"蒂尔记得，当他得知马斯克以公司名义购买了一份价值 1 亿美元的企业要员人寿保险后，他与人力资源总监有过一次"丧心病狂"的谈话。"如果他死了，"蒂尔说，"我们所有的财务问题就都不成问题了。"马斯克买保额这么高的保险非常符合他自视甚高的性格。"我们很高兴他活下来了，而且公司的一切都逐渐步入正轨，所以我们不需要那份 1 亿美元的人寿保单了。"

马斯克在重症监护室里住了十天，此后五个月他都没有完全康复。他从这次濒死经历中吸取了两个教训："度假会要你的命，还有南非那个地方，它竟然还没有放过我。"

14

火星

SpaceX，2001 年

学习开飞机（上）；阿德奥·雷西（下）

飞行

从 PayPal 离职后，马斯克买了一架单引擎涡轮螺旋桨飞机，开始学习飞行驾驶，就像他的父亲和外祖父母一样。为了获得飞行员执照，马斯克需要接受长达 50 个小时的培训，他决定在两周内搞定。他说："我喜欢把事情安排得非常紧凑。"他轻松地通过了目视飞行规则测试，但没有通过他的第一次仪表飞行规则测试。"戴着防护面罩看不到外面，有一半的仪表被遮住了。"他说，"然后他们关掉一个引擎，你还必须让飞机降落。我着陆了，但教官说：'不够好，不通过。'"所以经过第二次测试，他才通过。

这为马斯克迈出疯狂的一步壮了胆——他买了一架捷克斯洛伐克制造的 L-39 教练机。他说："他们用它来训练战斗机飞行员，所以用它能玩很多花活，但它有点儿危险，即便是我也不放心。"有一次，他和教练开着它在内华达州上空低空飞行，马斯克说"就像电影《壮志凌云》里一样，离地面几百英尺，沿着山脉起伏的轮廓飞行。我们在一座山的侧面垂直拉升，然后整个翻转过来。"

开飞机能满足马斯克对于冒险的渴望，也帮助他更好地理解了空气动力学。"这可不仅是简单的伯努利原理。"他说着说着就开始解释机翼如何抬升移动中的飞机。在驾驶 L-39 教练机和其他飞机总共飞行了大约 500 个小时后，他有点儿玩腻了，但飞行对他的诱惑力仍在。

红色星球

2001 年的劳动节周末，他从疟疾中康复不久，便去汉普顿拜访他在宾夕法尼亚大学一起搞派对的伙伴阿德奥·雷西。随后，他们开车返回曼哈顿，行驶在长岛高速公路上，二人谈起了马斯克接下来的计划。"我一直想到太空中做一些事情，"马斯克告诉雷西，"但我想不到有哪些事是凭借个人力量就可以办到的。"当然，对个人来说，建造火箭的成本太高了。

但想一想，真的是这样吗？要满足的最基本物理条件是什么？马斯克认为，需要用到的只有金属和燃料，这些东西其实并不昂贵。"当我们开到皇后区中城隧道时，"雷西说，"我们就一致认为这是可能的。"

当晚回到酒店后，马斯克登录了美国国家航空航天局（NASA）的官网，阅读了他们关于前往火星的计划。"我想应该很快了，因为我们在1969年去了月球，所以肯定是要去火星了。"但他找不到相关的时间表，他就继续在网站上找，直到他意识到NASA根本没有火星登陆计划，他感到非常震惊。

在谷歌上搜索更多信息时，他偶然发现了一则在硅谷举办晚宴的公告，主办方是一个名为"火星学会"的非营利组织。听起来很酷，于是他告诉贾丝廷，他花1 000美元买了两张参会券。事实上，他最后寄过去的是一张5 000美元的支票，这就引起了火星学会主席罗伯特·祖布林的注意。祖布林让埃隆和贾丝廷与他同席而坐，身旁坐着的还有导演詹姆斯·卡梅隆，他曾导演过太空战题材的惊悚片《异形2》，以及《终结者》和《泰坦尼克号》。贾丝廷坐在卡梅隆旁边，她回忆说："我当时太激动了，因为我是他的铁杆影迷，但他主要在和埃隆谈火星，以及人类如果不殖民其他星球，为什么就注定会失败。"

马斯克发现了一个新使命——一个比打造互联网银行、推出线上黄页更崇高的使命。他去帕洛阿尔托公共图书馆阅读有关火箭工程的资料，开始给相关专家打电话，找他们借来旧的火箭发动机手册。

在拉斯维加斯举办的PayPal前同事聚会上，马斯克坐在泳池边的小屋里，捧着一本破破烂烂的俄罗斯火箭发动机手册。前同事马克·乌尔韦问他下一步打算做什么，他回答说："我要殖民火星。我的人生使命是让人类建立起跨行星的文明。"乌尔韦的反应并不出人意料，他说："兄弟，你疯了吧？"

另一位PayPal的老员工里德·霍夫曼也有类似的反应。在听完马斯克描述他向火星发射火箭的计划后，霍夫曼感到很困惑，他问："这怎么会是一门生意呢？"后来霍夫曼意识到，马斯克并不是这样想的。"我当时没能理解的是，埃隆是以使命为先导，过后再想办法填补财务方面的空缺，让项目在财务上变得可持续。"他说，"埃隆是在使命感的驱动下顺势而为，先行好事，后问前程。"

为什么呢

到这里我们需要暂停一下，请注意这个场面有多么疯狂：一个 30 岁的企业家被两家科技初创公司炒了鱿鱼，现在下定决心要打造可以飞往火星的火箭。我们知道，他厌恶假期，他对火箭、科幻小说和《银河系搭车客指南》有着赤子般的热爱。除此之外，还有什么东西驱使着他？面对那些为此感到困惑的亲朋好友，在随后几年的交谈中，他重复强调了三个缘由。

第一，他发现技术进步并不是必然的，戳穿这一点既令人感到惊讶，也让人心生恐惧——技术可能停滞，也可能倒退。美国人已经登上月球，但随后航天飞行项目搁浅，并无相关进展。他质问道："我们是想告诉下一代，我们做到登月就到头儿了，就不做了，是吗？"古埃及人学会了建造金字塔，但后来这些知识就遗失了。古罗马也出现了同样的情况，他们修建了水渠和其他了不起的建筑，却在黑暗时代失去了一切。这种情况是否会发生在美国？"人们错误地认为技术会自动进步，"几年后，他在 TED 演讲中说，"只有当很多人为此不懈奋斗，它才会至臻完善。"

第二，殖民其他星球有助于确保人类文明和意识的保留和赓续，以防我们脆弱的地球家园遭遇不测——有一天它可能会被小行星撞击、核战争或气候变化所摧毁。他对"费米悖论"非常痴迷，它是以意大利裔美国物理学家恩里科·费米命名的，他在讨论宇宙中的外星生命时说："可外星人都在哪里呢？"从数学上看，存在其他文明似乎是合乎逻辑的，但由于缺乏证据，一种令人不安的可能性大大增加——地球上的人类可能是唯一的生命意识范本。"我们这支火苗微弱的意识蜡烛在这里闪烁，它可能是宇宙中唯一的意识实体，所以我们必须保护好它。"马斯克说，"如果我们能到达其他星球，相比于小行星撞击地球或人类文明自毁可能带来的严重后果，人类意识可能延续的时间将会大大变长。"

第三，他的这一动机更加鼓舞人心，他出生在一个冒险者家族，继承了这个家族的精神内核，他在十几岁时就决定搬到一个以拓荒者精神为民族之魂的国家。马斯克说："美国实际上是一片淬炼出了人类探索精神的高地，这是一片冒险者的土地。"他认为，这种精神需要在美国被重新点燃，而实现这一点的最好方法是推进殖民火星的任务。"在火星上建立基地的困难程度超乎想象，可能会有人在途中死去，就像人们到新大陆定居时发生的那样。但它能极大地鼓舞人心，我们对这个世界必须抱有希望，必须有能够振奋人心的东西。"他认为，人生在世不能只是为了解决问题，人必须追求伟大的梦想。"那个值得追求的东西，是能让我们从睡梦中醒来去迎接崭新一天的东西。"

马斯克坚信，飞向其他星球会是人类这个物种发展历程中的重大进展。"真正的里程碑屈指可数：单细胞生命出现，多细胞生命出现，植物和动物的分化，生命从海洋走向陆地，哺乳动物出现，意识出现。"他说，"在这个尺度上，下一个重大进展是显而易见的：使地球生命成为多行星生命。"马斯克认为自己的奋斗目标具有划时代的意义，这既让人感到振奋，也令人产生些许的不安。正如马克斯·列夫琴所言："埃隆最了不起的一点就是能把他自己的愿景当作上苍的旨意。"

洛杉矶

马斯克认为，如果他想创办一家火箭公司，最好搬到洛杉矶，因为美国大多数航空航天公司都在那里，包括洛克希德·马丁和波音。"火箭公司的成功概率相当低，如果我不搬到南加州，那就更低了，因为那边有大量的航空航天工程人才储备。"他没有向贾丝廷解释他搬家的动机，不过她认为是这座城市名士风流的社交氛围吸引了马斯克。由于他们结了婚，他有资格成为美国公民，所以他于2002年年初在洛杉矶县立博览会与其他3 500名移民一道参加了公民宣誓仪式。

马斯克开始召集火箭工程师在洛杉矶机场附近的一家酒店开会。他说："我最初的想法不是创办一家火箭公司，而是号召公众为这项事业捐款，为NASA争取更多的资金。"

他的第一个计划是要建造一个小型火箭，把老鼠送上火星。"但我开始担心，我们最后目睹的只是一只小老鼠在小飞船上慢慢死去、让人哭笑不得的画面。"那可就不妙了。"所以后来我想到了把一个小型温室送到火星上去。"温室会降落在火星上，同时把火星上绿色植物生长的照片传回地球。他认为公众会为此感到非常兴奋，以至于他们会迫不及待地希望向火星发射更多飞船，完成更多任务。这个计划被称为"火星绿洲"，马斯克估计他只需花费不到 3 000 万美元就能完成这个任务。

他用手头的钱就足够了，最大的挑战是造出一枚可以将小温室带到火星的廉价火箭。事实证明，有一个地方可以让他以低廉的价格搞定一枚火箭——至少他当时是这么认为的。通过火星学会，马斯克听说了一位名叫吉姆·坎特雷尔的火箭工程师，他参与过美国和俄罗斯的导弹退役计划。马斯克与阿德奥·雷西在长岛高速公路上长谈的一个月后，他拨通了坎特雷尔的电话。

坎特雷尔当时正在犹他州开车，敞篷车的顶篷没有合上。"所以我只能听出来大概是一个叫伊恩·马斯克的人说他是互联网行业的百万富翁，要找我谈谈。"坎特雷尔后来这样告诉《时尚先生》杂志。当坎特雷尔回到家，能给马斯克回电话时，马斯克描绘了他的愿景。"我想改变人类的未来，让人类成为跨行星物种。"他说，"我们能在这个周末见面吗？"由于与俄罗斯当局打过交道，坎特雷尔一直过着隐居的生活，所以他想在一个无枪的安全环境中与这位神秘来电者见面，他建议他们在盐湖城机场的达美航空俱乐部见面。马斯克让雷西随行，他们想出了一个计划，去一趟俄罗斯，看看是不是真能买到一些发射槽或者火箭。

15

火箭人

SpaceX，2002 年

同阿德奥·雷西在火箭设施前（上）；在莫斯科同俄罗斯人共进晚餐（下）

俄罗斯

坐在莫斯科一家乏善可陈的餐厅后院里，马斯克一行人的午餐没吃多少东西，大杯大杯的伏特加却是没少喝。马斯克早上就与阿德奥·雷西和吉姆·坎特雷尔一起来到这里，想为他们的火星计划购买一枚二手俄罗斯火箭。然而在造访之前，他刚刚在巴黎短暂停留，聚会到深夜，已经疲惫不堪，再加上他没估算好自己的酒量，所以整个人东倒西歪。他回忆说："我还算了算吃了多少饭、喝了多少酒，重量几乎持平。"在频频为友谊干杯之后，俄罗斯人送给他们这些美国人的礼物是伏特加的酒瓶，酒瓶的标签上是火星的晕染图，上面印了每个人的头像。马斯克用手撑着脑袋，不一会儿就晕了过去，脑袋磕到了桌子上。他说："我觉得我没给俄罗斯人留下什么深刻的印象。"

当天晚上，马斯克和同伴们恢复了一些精神，就去见了莫斯科另一个据说能出售退役导弹的组织。那次会面结果听上去也很离谱。管事的俄罗斯人缺一颗门牙，每当他大声说话时，口水就会向马斯克的方向喷出，这种情况出现了很多次。其中有一次，马斯克开始谈到让人类成为多行星物种的必要性，这位俄罗斯人显然不高兴了。"这枚火箭从来就不是给资本家去执行什么狗屁火星任务的，"他喊道，"谁是你们的总工程师？"马斯克说他就是。就在这时，坎特雷尔回忆说，俄罗斯人向他们喷了口水。

马斯克问："他刚刚是向我们吐口水了吗？"

"是的，他吐了，"坎特雷尔回答，"我认为他不尊重我们。"

尽管第一次去的时候对方丑态百出，马斯克和坎特雷尔还是决定在2002年年初再去一次俄罗斯。这一次雷西没去，贾丝廷跟着去了，随行的还有团队的新成员、航天工程师迈克尔·格里芬，他后来成为美国航空航天局局长。

这一次，马斯克的主要目的是去买两枚第聂伯运载火箭，它是一种经过改装的老式弹道导弹。但他越跟人交涉，人家卖得越贵。最后他觉得自己已经谈下来了，为两枚第聂伯火箭支付1 800万美元，但后来对方说不行，是每枚1 800万美元。他回忆说："我当时表达的意思就是，你们疯了吧？"然后俄罗斯人就说：那我们可以涨到2 100万美元。"他们就是要他玩，"坎特雷尔回忆说，"他们说：'哦，小朋友，你没这么多钱吗？'"

应该说这一次谈崩了，对马斯克来说，是塞翁失马，他因此想得更远：他不只是要发射一枚二手火箭，在火星上放一个示范性的温室，他还要构思一场更大胆的冒险——我们这个时代最无畏的冒险之一，即通过私营公司来建造火箭，用它来发射卫星，将人类送入太空轨道，最终把人类送到火星和其他地方。马斯克说："我当时气不打一处来，但当我为此愤怒的时候，我就开始重新规划这个问题的解决方案。"

第一性原理

当他因俄罗斯人离谱的出价感到气愤时，他开始应用第一性原理进行思考，深入基础的物理学情境，一步步在头脑中构建火箭发射的模型。他因此发展出了一个概念，叫"白痴指数"，用来计算某个制成品的成本比其基本材料的成本高多少。如果一个产品的"白痴指数"很高，那么一定可以通过规划设计出更有效的制造技术来大幅降低它的成本。

火箭的"白痴指数"就非常高。马斯克开始计算其中的碳纤维、金属、燃料和其他材料的成本：采用目前的制造方法，成品的成本至少比材料的成本多出 50 倍。

人类如果要去火星，必须彻底改进制造火箭的技术。依靠二手火箭，特别是来自俄罗斯的二手火箭，无法推动航天技术发展。

因此，在返程的飞机上，马斯克拿出电脑，开始用电子表格拉清单，详细列出制造一枚中型火箭的所有材料和成本。坐在他后排的坎特雷尔和格里芬各自点了杯饮料，笑了起来。格里芬问坎特雷尔："你觉得咱们这位'白痴学者'在忙什么呢？"

马斯克转过身，给了他们答案。"嘿，伙计们，"他说着，向他们展示了电子表格，"我觉得我们可以自己制造火箭。"当坎特雷尔看到这些数字时，自言自语道："真该死，我终于知道他为什么没完没了地找我借书看了。"随后他又要了一杯饮料。

SpaceX

马斯克决定创办自己的火箭公司时，他的朋友们做了真朋友这时一定会做的事情：让他打消这个念头。

阿德奥·雷西说："兄弟啊，被俄罗斯人坑了不代表咱就得创办一家火箭发射公司啊！"雷西制作了一段数十枚火箭爆炸的精彩视频，然后他叫了一帮朋友飞到洛杉矶，同马斯克聚在一起，劝他不要这样做。马斯克说："他们让我看火箭爆炸的场景，因为他们想让我相信一件事：我会因此败光所有钱。"

关于这次创业风险的争论，反而坚定了马斯克创业的决心，因为他喜欢风险。"你说失败概率很大，想拿这个说服我，那没办法，我已经置身事内了。"他告诉雷西，"最有可能的结果无非就是，我会因此倾家荡产。但我有别的选择吗？眼睁睁看着太空探索没有丝毫进展？我们必须试一试，否则人类将永远被困在地球上。"

马斯克想的不是一己得失，而是把这次创业当成促进人类进步的神圣事业，为此他将听从上天的旨意，他感到责无旁贷。但就像马斯克许多听上去可笑的判断一样，其中包含了一个通向真理的内核。"我抱有这样一种希望，人类文明可以成为在星际遨游的太空文明。"他说，"除非我成立一家新公司，以革命性的方式制造火箭，否则这种希望将无从变为现实。"

马斯克的太空探险计划最初是一项非营利性的事业，目的是激发人们对火星任务的兴趣，但现在他怀揣着将这一事业转变为职业的各种动机。那个伟大计划支撑着他，去做一些胆大妄为的事。但他也希望这项事业能脚踏实地、有利可图，这家公司能自给自足。这就意味着他们将为满足商业目的和政府需要来发射一些卫星。

马斯克决定从一枚小型火箭开始，这样成本不会太高。他告诉坎特雷尔："我们可以试错，但不能大规模地试错。"马斯克不会像洛克希德·马丁公司和波音公司那样发射大型运载火箭，而是为小型卫星打造一种成本较低的火箭，因为微处理器的进步正在让卫星小型化成为可能。他盯住了一个关键指标：将每磅有效载荷送入轨道的成本。这个将单位成本推力最大化的目标指引着他，使他此后一直痴迷于增加发动机的推力，减少火箭的质量，同时让火箭可以重复使用。

　　马斯克想招揽曾陪同他去莫斯科的两名工程师，但迈克尔·格里芬并不想搬到洛杉矶。他当时在IQT电信工作，这是一家由中央情报局资助的风险投资公司，总部设在华盛顿特区，他期待着自己在科学政策方面的光明仕途。事实上，乔治·W. 布什总统在2005年任命他为美国航空航天局局长。吉姆·坎特雷尔考虑过加盟马斯克的公司，但他提了很多要求，马斯克不愿迁就他。所以马斯克最后自动成为公司的首席工程师。

　　马斯克于2002年5月成立了太空探索技术公司（Space Exploration Technologies）。起初，他用首字母缩写SET作为公司代称。几个月后，他又把他最喜欢的字母捡了回来，改成了一个更容易让人记住的名字——SpaceX。他在早年的一次演讲中说，公司的目标是在2003年9月前发射第一枚火箭，并在2010年前向火星发射一枚执行任务的无人火箭。这样他就成功延续了在PayPal的传统：先设定一个不切实际的时间表，然后"取法乎上得其中"——疯狂的想法原本不可能变成现实，结果是很多年之后最终实现了。

16

父父子子

洛杉矶，2002 年

埃罗尔、金博尔和埃隆

内华达宝宝

就在 2002 年 5 月，埃隆创办 SpaceX 时，贾丝廷生下了他们的第一个孩子，一个名叫内华达的男孩。他叫这个名字，是因为贾丝廷在内华达州举办的一年一度的火人节上怀上的他。内华达 10 周大的时候，全家人去洛杉矶南部的拉古纳比奇参加一个表妹的婚礼。在婚宴上，酒店的一位经理进来找马斯克夫妇，说他们的孩子出事了。

当他们回到房间，医护人员已经在为内华达插管，给他输氧。保姆解释说，他一直仰卧睡在婴儿床上，结果在某个时刻停止了呼吸。原因可能是婴儿猝死综合征，这是一种无法解释的疾病，是发达国家婴儿死亡的主要原因。贾丝廷后来说："医护人员抢救时，他已经很长时间没有吸入氧气，以至于他已经脑死亡。"

金博尔开车带埃隆、贾丝廷和内华达去了医院。尽管已被宣布脑死亡，但内华达仍依靠仪器维持了三天生命。当他们最终做出关闭呼吸机的决定时，埃隆感受到了他最后的心跳，贾丝廷把孩子抱在怀里，感受到了他临终的喉鸣。埃隆不由自主地抽泣起来。"他哭得像一匹呜咽的狼，"梅耶说，"哭得就像匹狼。"

埃隆说他不忍心回家，金博尔就安排他们住在比弗利威尔希尔饭店，经理给他们安排了总统套房。埃隆让金博尔把内华达的衣服和玩具扔掉，这些东西之前都带到酒店了。三周后，埃隆才调整好心态回了家，看了看他儿子曾用过的房间。

马斯克把他的悲痛都藏在了心底。他在女王大学的朋友纳瓦德·法鲁克在他搬回家后立即飞往洛杉矶与他同住。法鲁克说："贾丝廷和我想打开他的话匣子，让他谈谈孩子的事，但他什么也不说。"他们只是一直看电影，玩电子游戏。有一次，在长时间的沉默后，法鲁克开口问道："你还好吗？过得去那道坎儿吗？"马斯克还是不说话。"我认识他很久了，看他的表情，我就知道了，"法鲁克说，"他的脸上写着四个字：绝口不谈。"

与他不同的是，贾丝廷对自己的感情非常坦率。"他并不喜欢我表达自己对失去内华达的感受，"她说，"他说我直抒胸臆是在感情上操纵别人的想法。"她把马斯克的情感压抑归因于他在童年时期形成的心理防御机制。贾丝廷说："当他感觉到暗无天日的时候，会关掉自己所有的情感通道，我认为这是他保护自己的生存方式。"

埃罗尔来访

内华达出生时，埃隆邀请父亲从南非飞过来看看孙子。埃隆在离开南非13年后，迎来了一个父子和解的机会，或者至少能从他心里驱散一些阴霾。金博尔说："埃隆是家里的长子，也许他有些东西想向爸爸证明。"

埃罗尔带来了他的现任妻子，和他们两个年幼的孩子，以及他妻子在上一段婚姻中生下的三个孩子。埃隆支付了七张机票的全部费用。当他们从南非约翰内斯堡出发，抵达美国北卡罗来纳州首府罗利准备转机时，埃罗尔被达美航空的一位代表叫住，对方告诉他："有个坏消息要告诉您，您的儿子希望由我们向您转达，您的孙子内华达去世了。"埃隆想让航空公司的代表告诉父亲，是因为他不忍心自己说出这些话。

埃罗尔拨去电话时，接听的是金博尔，他解释了一番后说："爸爸，您别来了。"他试图说服父亲飞回南非，埃罗尔不同意："不，我们已经到美国了，我们要去洛杉矶。"

埃罗尔记得，他对比弗利威尔希尔饭店顶层套房的大小感到震惊："可能是我见过的最棒的地方了。"埃隆看起来精神恍惚，他非常需要亲人的情感支持，尽管不是常人需要的那种方式，而是一种非常隐晦复杂的方式。他感到很不舒服——让平时就喜欢虚张声势的父亲看到他如此脆弱的状态，但他又不希望父亲离开。埃隆最后明确地向父亲表示，希望他和他的新家人们留在洛杉矶。"我不希望您回去，"他说，"我会在这边给你们买一套房子。"

金博尔感到震惊，他对埃隆说："不，不，不，这主意可不行！你忘了，他就是一个具有黑暗人格的男人。千万不要这样做，不要这样对你自己。"但他越是努力劝哥哥，埃隆就越伤心。多年后，金博尔还在为此困惑不已，到底是什么样的渴望推动哥哥这么做。金博尔告诉我："我觉得，他眼睁睁看着自己的儿子死去，所以他希望父亲能走近他的生活。"

埃隆为埃罗尔和他的孩子们在马利布买了一栋房子，还购置了一辆他能找到的最大的路虎。他安排孩子们进入当地的好学校，每天由司机接送。但很快事情就开始不对劲了，当时已经 56 岁的埃罗尔对他 15 岁的继女贾娜格外殷勤，这让人觉得很不舒服，埃隆开始担心。

　　埃隆对父亲大发雷霆，因为他认为父亲的行为不妥，他已经对埃罗尔的继子继女产生了深深的同情，以及一种拉锯般撕扯的亲情，他知道这些孩子每天不得不忍受的是什么。所以他提出为埃罗尔买一艘游艇，停泊在离马利布 45 分钟车程的地方，如果他同意自己住在那里，他可以在周末来看家人。这个想法不仅诡异，也很糟糕，整个家庭的情况变得更加古怪。埃罗尔的妻子比他小 19 岁，她却开始对埃隆的安排言听计从。"她现在把埃隆看作她生活的物质来源，而不是我。"埃罗尔说，"这就成问题了。"

　　有一天，埃罗尔在船上收到了埃隆的消息，他说："这样下去不行。"他要求埃罗尔回南非，埃罗尔照做了。几个月后，他的妻子和孩子们也搬了回去。"我试着通过威逼、利诱、争辩等方式改变我父亲，让他变成一个更好的人。"埃隆后来说，"但他这个人……"埃隆沉默了很长一段时间，突然说："无可救药，事情只会变得更糟。"对埃隆来说，管理人际关系网络比管理数字网络要复杂得多。

17

加速启动

SpaceX，2002 年

汤姆·穆勒

汤姆·穆勒

作为一个在爱达荷州农村长大的孩子，汤姆·穆勒从小就喜欢玩火箭模型。"我自己做过几十个火箭。当然，总是玩不了多久就弄坏了，要么是撞坏的，要么是炸掉的。"

穆勒的家乡圣玛丽斯位于加拿大边境以南约 100 英里处，是一个居住着 2 500 人的伐木村，他父亲是一名伐木工。"小时候，我经常在伐木卡车上使用焊接机和其他工具帮父亲干活，"穆勒说，"自己上手才知道什么好用、什么不好用。"

穆勒身材颀长、肌肉发达、面带酒窝、头发乌黑，有一种新一代伐木工的粗犷气质，但他像马斯克一样好学，喜欢泡在当地的图书馆里，醉心于科幻小说。参加一个中学项目时，他把蟋蟀放进一个火箭模型，在他家后院发射了这枚火箭，想看看加速度会对蟋蟀产生什么影响。他没研究出这个结果：降落伞没打开，火箭坠地，把蟋蟀摔死了。

一开始，他通过邮购的方式买来火箭套件，后来他就开始自己从头制作火箭。14 岁时，他把父亲的焊枪改装成了发动机。"我把水注入其中，看看这样对焊枪的性能有什么影响。"他说，"结果挺刺激的，加水以后推力更大了。"

这一项目为他赢得了当地科学展会的二等奖，并入围了在洛杉矶举行的国际决赛。这是他第一次坐飞机出行。"我跟冠军的差距太大了，"他说，"别的小朋友有爸爸帮着做出来的机器人之类的，不过至少我的东西是我自己做的。"

穆勒在爱达荷大学学习期间，利用暑假和周末做伐木工。毕业时，他搬到了洛杉矶，在航空航天领域找工作。他的成绩不是很好，但他的热情极富感染力，这帮他得到了 TRW 公司的工作机会，该公司制造的火箭发动机曾将尼尔·阿姆斯特朗和巴兹·奥尔德林送上月球。周末，他会去莫哈韦沙漠与反应研究学会的成员一起测试自制的大火箭，该学会是一个成立于 1943 年的火箭爱好者俱乐部。在那里，他与同伴约翰·加维合作，打造了世界上最强大的非专业火箭发动机，重量达到 80 磅。

2002 年 1 月的一个周日，当他们在一个租来的仓库里鼓捣发动机时，加维向穆勒提到，一个名叫埃隆·马斯克的互联网大佬想见见他。当马斯克在贾丝廷的陪同下来到这里时，穆勒正用肩托着这台悬吊着的80磅重的发动机，想把它固定在一个框架上。马斯克开始提问：它有多大的推力？穆勒回答：1.3万磅。马斯克又问：你有没有制造过更大的东西？穆勒解释说，在TRW，他一直在研究TR-106发动机，有65万磅的推力。马斯克接着问：它的推进燃料是什么？穆勒最终放下了给发动机拧螺栓的活儿，这样他就可以集中精力回答马斯克连珠炮似的提问。

马斯克问：你能不能自己建造一个像TRW的TR-106那样大的发动机？穆勒说他自己设计了喷油器和点火器，对泵系统非常了解，可以通过团队协作一起想办法解决其他问题。马斯克问：这得花多少钱？穆勒回答说：TRW做这个东西要1 200万美元。马斯克又问了一遍：多少钱？穆勒说："天啊，这个问题不好回答。"穆勒对谈话推进到具体细节的速度感到惊讶。

这时，穿着一身皮衣的贾丝廷碰了一下马斯克，说他们该走了。马斯克又问穆勒，他们下周日能不能再见一面。穆勒不大乐意："那天是超级碗周日，我刚买了一台宽屏电视机，想和朋友一起看比赛。"但他感觉到反对无效，所以他答应让马斯克过来。

穆勒说："我们大概只看了一轮进攻，因为后来我们全都在讨论如何打造运载火箭。"当时其他几位工程师朋友也在场，他们为第一枚SpaceX火箭擘画了蓝图。他们决定，第一级火箭由使用液氧和煤油的发动机来推动。穆勒说："我知道怎么能轻松搞定这些。"马斯克建议将过氧化氢用于第二级火箭，穆勒认为这样很难处理，他反驳说应该使用四氧化二氮，但马斯克认为成本太高。他们最后对第二级火箭也使用液氧和煤油达成共识。超级碗已经被众人抛在脑后，因为制造火箭对他们来说更有意思。

马斯克希望穆勒来担任SpaceX推进部门的负责人，设计火箭的发动机。穆勒一直对TRW谨小慎微、规避风险的行事风格不满，于是他征求了妻子的意见。她告诉他："你要是没去做这个，早晚你得后悔死。"因此，穆勒成了SpaceX的第一个重要雇员。

穆勒坚持的一个要求是，马斯克要将穆勒两年的薪水交由第三方托管。穆勒不是互联网行业的有钱人，所以他不想万一有一天SpaceX失败的话，自己还要担着被老板拖欠工资的风险。马斯克同意了，不过这样做了以后，他就会认为穆勒是雇员，而不是 SpaceX 的联合创始人。他在 PayPal 就为这个问题跟人吵过架，后来在特斯拉也一样。他认为，如果你不愿意躬身入局，用你的金钱和智慧去投资一家公司，你就没有资格成为创始人。"你不能一边要求把两年的工资托管起来，一边还觉得自己是联合创始人。"马斯克说，"想成为联合创始人，必须在付出聪明才智、辛勤耕耘的同时勇于承担风险。"

点火

当穆勒和其他工程师加入 SpaceX 后，马斯克就需要一个总部和工厂了。"我们一直在酒店会议室开会。"马斯克说，"我开车穿过很多航空航天公司所在的街区，发现洛杉矶机场附近有一个旧仓库。"（SpaceX 总部和相邻的特斯拉设计工作室实际上位于霍索恩，这是洛杉矶县内紧邻机场的一个小镇，但我将该地点划归在洛杉矶范围内。）

在布置工厂时，马斯克遵循了他一贯的理念，即将设计、工程和制造团队全部集中在一起。"装配线上的人应该能立马逮到设计师或工程师，跟他们吐槽：你疯了吗？为什么要这么设计？"他向穆勒解释道，"如果炉子烫了你的手，你会立马收手，但如果炉子烫了别人的手，想让你做点儿什么可就得多花些时间了。"

随着团队不断壮大，马斯克开始向团队灌输：要容忍高风险，要服从于他那种能扭曲现实力场的强大意志力。"如果你老是摇头，说这个干不了、那个不可能，那你就没机会参加下次会议了。"穆勒回忆说，"他只想留下那些能做成事的人。"这是一个好方法，让更多的人去做那些他们原本认为不可能实现的事。但这样也有负面作用，就是你周围的人会害怕，不敢跟你说坏消息，也不敢质疑你的决定。

马斯克和其他年轻的工程师会工作到深夜，然后在台式机上玩多人射击游戏，比如《雷神之锤Ⅲ竞技场》，用手机开会，然后陷入一场可能持续到凌晨 3 点的死亡竞赛。马斯克在游戏里的名字是"Random9"，他（当然）是最具攻击性的。"我们会像一群疯子一样尖叫，冲对方咆哮，"

一名员工说，"而埃隆就活跃在我们当中。"他通常是胜利者。另一名员工说："他在这些游戏中的表现令人震惊，他的反应快得惊人，熟悉所有诀窍，也知道如何偷袭别人。"

马斯克将他们正在建造的火箭命名为"猎鹰1号"，以《星球大战》中的航天器来命名。他让穆勒给发动机起名，他想要一个很酷的名字，而不仅是字母和数字。其中一个承包商的一名员工是个驯鹰者，她列出了各种猛禽的名称让他们挑选。穆勒为第一级发动机选择了"灰背隼"[1]，为第二级发动机选择了"红隼"[2]。

1　猎鹰1号运载火箭第一级使用默林火箭发动机，英文名 Merlin 直译为"灰背隼"。——编者注
2　猎鹰1号运载火箭第二级使用 Kestrel 火箭发动机，英文名 Kestrel 直译为"红隼"。——编者注

18

火箭制造法

SpaceX, 2002—2003 年

位于得克萨斯州麦格雷戈的试验台

质疑每一项支出

马斯克对成本控制极为关注，这不仅是因为他要花他自己的钱（虽然那确实是一个理由），更是因为把每一分钱都花在刀刃上对实现他的最终目标（殖民火星）来说至关重要。航空航天领域的零部件供应商提供的部件价格不能让他满意，他质疑这些价格，因为这些部件的价格一般要比汽车行业的类似零部件高出 10 倍。

他对成本的关注，以及他天生的控制欲，让他产生了这样一种想法：尽量多在公司内部制造零部件，而不是从供应商那里购买，这是当时火箭产业和汽车行业的通行做法。穆勒回忆说，有一次 SpaceX 需要一个阀门，供应商要价 25 万美元。马斯克说他们心太黑了，并对穆勒说我们应该自己制造。他们在几个月内就以很低的成本完成了这项工作。另一家供应商负责提供一种能使上级发动机的喷管旋转的驱动器，报价 12 万美元。马斯克说这东西并不比车库门开关复杂多少，于是他要求手下的一名工程师以每个 5 000 美元的成本把它造出来。为穆勒工作的年轻工程师杰里米·霍尔曼发现，洗车系统里用于混合清洗液的阀门改造后就可以与火箭燃料一起工作。

还有一家供应商，交付了一批装在燃料箱顶部的铝制整流罩，随后就抬高了下一批产品的价格。"这就像油漆工给你的房子刷了一半漆后坐地起价，要你花 3 倍的价钱才肯刷完后一半，埃隆可不吃这一套。"马克·容科萨说道，他是马斯克在 SpaceX 关系最亲密的同事。马斯克说这样敲诈他的人跟在莫斯科卖火箭的家伙没什么区别，他对容科萨说："我们自己做。"于是装配设施中增加了一个新的部分来打造整流罩。几年后，SpaceX 在内部就完成了 70% 的火箭零部件制造工作。

当 SpaceX 开始生产第一批默林火箭发动机时，马斯克问穆勒这东西有多重，穆勒说大约 1 000 磅。马斯克说，特斯拉 Model S 的引擎重约 4 000 磅，制造成本约 3 万美元。"如果特斯拉的引擎重量是你的发动机的 4 倍，为什么你的发动机要花那么多钱？"

其中一个原因是，火箭零部件的制造受到军方和美国国家航空航天局规定的数百种规格与要求的制约。在大型航空航天公司，工程师们严格遵守这些金科玉律，马斯克则离经叛道，他要求工程师质疑这些规格要求，这后来成为他五步工作法当中的第一步，在公司内部这一步被称为"质疑"，这也是他开发产品时的口头禅。每当工程师把某项"要求"作为做某事的理由时，马斯克就会质问他们：谁提出的这个要求？如果工程师回答"军方要求"或"法律要求"，都不能让他满意，马斯克坚持要让他们说出提出这些要求的人员姓名。"我们讨论如何鉴别发动机的水平、如何判定燃料箱是否合格时，他会问大家：'为什么我们必须这样做？'"蒂姆·布扎说，他曾是波音公司员工，后来成为 SpaceX 负责发射与测试任务的副总裁，"我们会说：'军事规格标准里要求的。'他又会问：'谁起草的？为什么这么要求？'"他反复叮嘱大家，所有要求都应该被当成建议，不可变更的金科玉律只有那些物理学定律约束下的条件。

狂热的紧迫感

穆勒在研究默林发动机时提出了一个时间表，可以尽快实现发动机的其中一个版本。马斯克不认为这个计划称得上"尽快"。"怎么会花这么长时间？"他问道，"蠢透了，再给我砍掉一半时间。"

穆勒表示反对："你不能把我已经缩短一半的时间表再砍一半。"马斯克冷冷地看着他，让他会后留下来。二人独处时，他问穆勒还想不想继续负责发动机方面的工作，穆勒说他想，马斯克就说："那我要什么，你就得做到！"

穆勒同意了，然后干脆利索地把时间表砍半。"结果你猜怎么着？"他说，"我们最终开发出来的用时与我们最初的时间表基本一致。"有时马斯克疯狂的进度规划能把不可能变成现实，但有时也做不到。"我学会了一点，永远不要跟他说不。"穆勒说，"就说你要去尝试，如果不成功，以后再解释原因。"

马斯克坚持设定各种不切实际的最后期限，即使在没有必要的时候也是如此，比如他命令大家在几周内为尚未建成的火箭发动机搭建试验台。他反复宣称："服从于狂热的紧迫感才是我们的工作原则。"这种紧迫感就其本身而言是好东西，它让工程师必须按照第一性原理去思考。但正如穆勒指出的，这是把双刃剑。"如果你设定了一个跳一跳就能够得着的目标，大家会认为有可能完成，就会付出额外的努力。"他说，"但如果你塞给他们一个地球人根本达不到的目标，工程师都不傻啊，你从一开始就会让大家备受打击。这是埃隆最大的缺点。"

史蒂夫·乔布斯也做过类似的事情，他的同事说这是他的现实扭曲力场。他设定一个不切实际的最后期限，当大家还犹豫不决时，他眼睛眨都不眨地盯着他们说："不要害怕，你们可以做到的。"虽然这种做法会让大家士气低落，但他们最终完成了其他公司无法完成的事情。"尽管我们没能达到埃隆制定的大多数时间表和成本目标，但我们仍然打败了所有同行。"穆勒承认，"我们开发了史上成本最低、性能最棒的火箭，而且最终结果会让我们备受鼓舞，即便老大对我们并不总是很满意。"

从失败中学习

马斯克采取了一种迭代式的设计方法：迅速制成火箭和发动机原型，进行测试，炸毁，修改，再次尝试，直到最后做出能用的东西。快速推进，把试验品炸掉，然后重复这一过程。"你不需要完美地规避多少问题，"穆勒说，"关键是你能多快找出问题，然后解决它。"

比如有一套火箭军事规格要求，每个新版本的发动机需要在一连串不同的条件下进行多少小时的试射。"这个方法很烦琐，而且成本高昂。"蒂姆·布扎解释说，"埃隆告诉我们，只要制造一个发动机，在试验台上点火，如果它能工作，就把它装在火箭上，送上天。"由于 SpaceX 是一家私营公司，而且马斯克愿意藐视规则，所以他们可以冒任何愿意承担的风险。布扎和穆勒持续推进发动机，直到发动机解体，然后说："好，现在我们知道它的极限在哪了。"

这种对设计迭代的信念意味着 SpaceX 需要一个对试验要求宽松的测试场所。起初，他们考虑了莫哈韦航空航天港，但 2002 年年底，该县的一个委员会不断推迟对 SpaceX 的申请做出批准决定。"我们需要尽快离开莫哈韦这个鬼地方，"穆勒告诉马斯克，"留在加州很难成事。"

那年 12 月，马斯克在普渡大学发表演讲，该校有一个著名的火箭测试项目，随行的还有穆勒和布扎。在演讲现场，他们遇到了一位曾为比尔航空航天公司工作的工程师，该公司是众多已破产的私营火箭公司之一。他介绍了比尔公司在得克萨斯州麦格雷戈外的废弃试验场，位于韦科以东约 26 英里处，还留给他们一个仍住在该地区的前雇员的手机号码。

马斯克决定当天就飞过去考察。在路上，他们给这位前雇员乔·艾伦打了电话，联系上他时，他正在得克萨斯州立技术学院学习计算机编程。艾伦从未听说过马斯克和 SpaceX，但他同意在旧试验场的一个三脚架下与他们见面。当马斯克的飞机降落时，他们轻而易举地在沙漠中找到了那个三脚架，足足有 110 英尺高。艾伦站在它下面，靠着他那辆破旧的雪佛兰皮卡。

"天哪，"穆勒在经过现场时对布扎喃喃道，"我们要的东西几乎都在这里。"在灌木丛中，有测试台和供水系统，还有一个掩蔽用的木屋。布扎喜不自胜，说起这里的设施能派上多大用场。马斯克把他拉到一边，说："别夸了，越夸越贵。"马斯克最后当场雇用了艾伦，每年仅支付45 000 美元就租用了麦格雷戈的场地及其废弃的设备。

这样，SpaceX 兄弟连的故事就开始了：一帮对发射火箭抱有执着追求的火箭工程师，在穆勒和布扎的带领下，在马斯克间或造访的视察中，在得克萨斯州响尾蛇不时出没的贫瘠沙漠里，在一块由混凝土浇筑的地面上，点燃了火箭发动机并一次次引爆。在他们口中，这就叫"无须计划的快速拆卸"。

默林发动机的第一次试射是在 2003 年 3 月 11 日，穆勒生日当天的晚上。煤油和液氧注入推力室后只燃烧了半秒，而这就是他们需要的结果，确保这套机制能够运作。他们开了一瓶售价 1 000 美元的人头马干邑来庆祝，这是马斯克在一场太空主题会议发言后收到的礼物。他的助理玛丽·贝丝·布朗把它交给了穆勒，以便需要庆祝时助兴。他们用纸杯喝光了这瓶酒。

即兴发挥

穆勒和他的团队在麦格雷戈每天花 12 个小时测试发动机，在澳拜客牛排馆吃了晚饭后，深夜又与马斯克进行电话会议。马斯克向他们提出技术问题，当工程师答不上来时，他常常会怒火中烧，就像一台轰鸣的发动机。直到深夜，他们才想出改进办法。马斯克对风险容忍度奇高，所以他催促他们去找到替代性的解决方案。他们用上穆勒带到得克萨斯州的机床，试图在现场进行修复。

一天晚上，闪电击中了一个试验台，打坏了一个油箱的增压系统，导致油箱的一层膜出现鼓包和裂缝。换作一家正常的航空航天公司，那就应该更换油箱了，得花上几个月的时间。"不要换，修修就行。"马斯克说，"带着锤子上去，鼓包敲一敲，裂缝焊接好，然后接着弄。"布扎觉得这样做太疯狂了，但他已经学乖了，听老板的就好。于是他们走到试验台前，把隆起的鼓包敲回去。马斯克跳上飞机，飞了三个小时过来，亲自监督整个过程。"当他出现时，我们开始测试装有燃料的油箱，没有出什么问题。"布扎说，"埃隆相信逢山开路、遇水搭桥，出什么情况都有办法补救。这让我们获益匪浅，而且整个过程很有趣。"这样也为 SpaceX 省下了几个月的时间，可以测试火箭样机了。

当然，这样做也不是屡试不爽的。马斯克在 2003 年年底尝试过类似的非常规方法，当时发动机推力室内部的热扩散材料出现了裂缝。"先是一个裂缝，然后是两个、三个，第一批推力室里有好几个都裂开了，"穆勒回忆说，"简直惨不忍睹。"

当马斯克收到这个坏消息时，他命令穆勒想办法修复它们。他说："我们不能就这么把它们扔了。"

穆勒回答："没法修。"

马斯克一听就怒了，他让穆勒把这三个推力室装到他的飞机上，他带着它们飞到了洛杉矶的 SpaceX 工厂。他的想法是涂上一层环氧树脂胶，让胶水渗入并填补裂缝。当穆勒说这个想法很疯狂时，他们吵了一架。最后，穆勒妥协了，他告诉团队："他是老板，听他的。"

当推力室运抵工厂时，马斯克穿着精致的皮靴，本来打算去参加圣诞派对，结果他没去，花了一整夜时间帮着涂抹环氧树脂胶，靴子都弄脏了。

这场补救失败了。一旦施加压力，环氧树脂的粘接处就会松动。他们不得不重新设计推力室，发射的时间也推迟了四个月。但马斯克愿意在工厂通宵达旦地工作，实践创新的想法，鼓励他的工程师不要害怕尝试非主流的修复方法。

所以在 SpaceX，一种制造模式被固化了下来：不断尝试新的想法，然后随时准备炸掉做好的东西。当地的居民已经习惯了爆炸，但当地的奶牛还没适应。就像拓荒者围着马车转一样，每当发射场地发生大爆炸，奶牛们就会围成一圈，把小牛犊护在中间。麦格雷戈的工程师们还支起了一个"奶牛摄像头"，这样就可以观看奶牛绕圈的整个过程。

19
前往华盛顿

SpaceX，2002—2003 年

格温·肖特韦尔

格温·肖特韦尔

无论是在日常生活中，还是在工作中，让马斯克与人合作都不是顺理成章的事。在 Zip2 和 PayPal 时，他可能会激励你，会吓唬你，有时候还会欺负你，但与他人共同领导，或者服从他人的领导，都不符合他的本性。他不喜欢与人分享权力。

为数不多的一个例外是马斯克与格温·肖特韦尔的关系。她于 2002 年加入 SpaceX，并最终成为公司总裁。在位于洛杉矶的 SpaceX 总部，她就坐在他旁边的办公室里，与他共事了 20 多年，超过了 SpaceX 的其他人。

肖特韦尔说话直接、犀利、大胆，但她不会越线、冒犯他人，所以她为自己恰到好处的"口无遮拦"感到自豪。高中时，她曾经是篮球运动员，还是啦啦队队长，这份洋溢出来的乐观和自信一直是她性格的一部分。她很随和，又很果敢，这种特质让她能在不激怒马斯克的情况下对他直言相谏，当他做得很过分的时候，肖特韦尔又能适度回击。她几乎可以平等地对待他，却仍然能表现出遵从他的态度，从来没有忘记他是公司的创始人和老板。

结婚前，她的名字是格温·罗利，在芝加哥北部的一个郊区村庄里长大。她在读高二时跟随母亲一起去参加女性工程师协会的小组讨论，在那里她被一位衣着光鲜的机械工程师迷住了，那位工程师掌管着一家建筑公司。肖特韦尔说："我想成为她那样的人。"于是她决定申请家附近的西北大学工程学院。"我申请西北大学是因为它在各学科领域的资源十分丰富，"她后来对学弟学妹这样说，"我当时很害怕被人贴上'书呆子'的标签，但现在我为自己是个书呆子感到自豪。"

1986 年的一天，她正走在前往 IBM 芝加哥地区办事处面试的路上，忽然停下来观看商店橱窗里的电视，电视里正在播放"挑战者号"航天飞机的发射过程，克里斯塔·麦考利夫是航天员之一。这本应是一个鼓舞人心的时刻，结果"挑战者号"在起飞一分钟后爆炸，一切都变成了一场噩梦。她看完呆若木鸡，以至于她后来都没有得到参加面试的这份工作，她说："我在面试中表现得一定很差劲儿。"最后，她被底特律的克莱斯勒公司聘用，随后搬到加州，成为微观世界公司的空间系统销售主管，这是一家与 SpaceX 位于同一街区的初创咨询公司。

在微观世界公司，她与富有冒险精神、容貌粗犷的德国工程师汉斯·科尼格斯曼一起工作，后者在莫哈韦沙漠中的一次火箭发射爱好者周末聚会上认识了马斯克。马斯克随后去科尼格斯曼家里招募他，于是他在 2002 年 5 月成为 SpaceX 的第四名员工。

为了庆祝科尼格斯曼加入新公司，肖特韦尔带他去了他们平时在附近吃午饭时最喜欢去的餐厅——亮黄色调的奥地利餐厅"主厨汉尼斯"。随后载着科尼格斯曼驶过几个街区，送他来到了 SpaceX。"进来吧，"科尼格斯曼对肖特韦尔说，"见见埃隆。"

肖特韦尔发现马斯克关于降低火箭成本、在公司内部制造零部件的想法让她印象深刻。她说："这些事情的细节，他都很懂。"但她认为 SpaceX 团队对于该如何对客户销售其航天服务完全没有头绪，她直言不讳道："你们负责接触潜在客户的那个销售经理根本不行。"

第二天，肖特韦尔接到马斯克助理的电话，说他刚刚设立了一个商务拓展副总裁的职位，想跟她聊聊。肖特韦尔有两个孩子，当时她正在办理离婚，即将年满 40 岁。对她来说，加入一家高风险的创业公司并不是很有吸引力，更何况这家公司还有一个善变的老板。马斯克发出邀请后，肖特韦尔考虑了三周，随后得出一个结论：SpaceX 有潜力把已经僵化的火箭产业变成一项创新的事业。"我觉得过去的自己愚蠢透顶，"她告诉马斯克，"现在我要接受这份工作。"她成为 SpaceX 的第七名员工。

肖特韦尔有一种特殊的洞察力，在与马斯克打交道时，这一点对她颇有助益，因为她的丈夫患有通常被称为阿斯伯格综合征的孤独症谱系障碍。"像埃隆这样有阿斯伯格综合征的人，听人说话从来不听弦外之音，他们也不会考虑自己说的话会对其他人造成什么影响。"她说，"埃隆非常了解人格方面的知识，但只是出于研究目的，而不是为了理解那些与他性格不同的人。"

阿斯伯格综合征会让一个人看上去好像缺乏同情心。"埃隆不是一个浑蛋，但有时他会说一些非常浑蛋的话。"肖特韦尔说，"他只是没有考虑他说的话对别人的影响，他全部心思都扑在完成工作任务上。"肖特韦尔并不想改变他，她只想抚慰那些被他灼伤的人。她说："我工作的一部分就是照顾好那些觉得自己被他刺痛了的人。"

肖特韦尔是工程师出身，这一点也对她在 SpaceX 开展工作颇有助益。"我没有达到他那么高的水准，但我在这方面也不是一无所知，所以我理解他在说什么。"她说，"我努力倾听他，认真对待他，理解他的意图，努力帮助他实现愿望，即便他说的东西乍看上去都很疯狂。"肖特韦尔坚持告诉我"他往往是对的"，听起来就好像她是个溜须拍马之徒，但实际上她还真不是这样的人。肖特韦尔会对他说出自己的想法，对公司里那些不敢这样做的人感到非常不满。她直接点出了其中几个人的名字，说："他们工作起来很卖力，但一到埃隆身边就变成了缩头乌龟。"

"追求" NASA

2003 年肖特韦尔在加入 SpaceX 几个月后，和马斯克前往华盛顿。他们的目标是拿到国防部的订单合同，发射一种全新的小型战术通信卫星，即"战术卫星"（TacSat），能使地面部队的指挥官快速获取图像和其他数据。

他们去了五角大楼附近的一家中餐馆吃饭，其间马斯克咬坏了一颗牙。他一直用手捂着嘴，很尴尬，肖特韦尔觉得他的样子很好笑。"他捂着嘴躲躲闪闪、不让人看的样子，特别有意思。"他们在深夜找到一个牙医，帮他做了一个临时的牙冠，后来马斯克在第二天早上的五角大楼会议上表现得很好。他们顺利签订了合同，这是 SpaceX 的第一份合同，金额为 350 万美元。

为了提升公众对 SpaceX 的认知，2003 年 12 月，马斯克将猎鹰 1 号火箭带到华盛顿，在美国国家航空航天博物馆外举办公开活动。SpaceX 打造了一辆特殊的拖车，上面架了一个亮蓝色的吊篮，把这枚七层楼高的火箭平放着，从洛杉矶拖运到博物馆。马斯克下令抓紧生产，设定了一个听上去不可能完成的最后期限，让火箭原型为这次旅行做好各项准备。对该公司的许多工程师来说，这项工作牵扯了太多精力，但是当火箭在警察的一路护送下，在独立大道上缓缓驶过时，它给 NASA 的肖恩·奥基夫局长留下了深刻的印象。他派他的副手利亚姆·萨斯菲尔德前往加州，仔细评估这家生龙活虎的初创公司。"SpaceX 展现了优良的产品和扎实的潜力。"萨斯菲尔德在报告中表示，"NASA 投资这家公司是很有必要的。"

萨斯菲尔德非常钦佩马斯克的一点是，他对于利用知识来解决挑战性极大的技术问题有着巨大的热忱，这些问题从国际空间站的对接系统到可能导致发动机过热的原因，不一而足。很长一段时间里，他们就这些问题和其他问题通过电子邮件深入交流。但在 2004 年 2 月，NASA 未经竞标过程就将一份价值 2.27 亿美元的合同授予 SpaceX 的竞争对手、另一家私营火箭公司——基斯特勒航空航天公司时，邮件交流中的措辞变得火药味十足。该合同是关于为国际空间站提供补给的火箭，而马斯克认为SpaceX 完全可以胜任（事实也的确如此）。

萨斯菲尔德犯了一个错误，就是一五一十地对马斯克解释了这件事。他写道，基斯特勒不经过投标就得到了这份合同，是因为它的"财务状况不稳定"，NASA 不希望它破产。萨斯菲尔德向马斯克保证会有其他项目合同供 SpaceX 参与竞标。这一点激怒了马斯克，他主张 NASA 的工作应该鼓励创新，而不是扶持某些公司。

2004 年 5 月，马斯克会见了 NASA 官员，毫不理会肖特韦尔的建议，威胁要就基斯特勒的合同起诉他们。"每个人都劝我说，这可能意味着我们将永远无法与 NASA 合作。"马斯克说，"但他们的所作所为就是错误的，是违背市场道德的，所以我就起诉了。"他甚至把在 NASA 内部最支持他的萨斯菲尔德架在火上烤，在起诉证据中附上了萨斯菲尔德耐心向他解释事情原委的电子邮件——表明这份合同是为了保住基斯特勒公司。

SpaceX 最终在这场纠纷中获胜，NASA 被要求将该项目开放竞标。修订后的项目名称为"商业轨道运输服务"项目，SpaceX 凭实力赢得了其中很大一部分订单。"局面整个翻盘了。你想象一下，就像对比赛结果下注，赔率是 10^1，结果黑马真的赢了，让所有人都大吃一惊。"马斯克告诉《华盛顿邮报》的克里斯蒂安·达文波特。

1　赔率越高，说明越不被人看好。赔率为 10 时，如果押对，下注 1 元可以挣到 10 元。——译者注

固定价格合同

这场胜利不仅对 SpaceX，对整个美国的太空计划都至关重要，它加速了 NASA 和国防部对过去常用的成本加成合同进行替代。根据这些合同，政府会对项目保有控制权，比如打造一个新的火箭、发动机或者卫星，还会发布政府希望制造商落地执行的详细规格参数，然后就会跟一家大公司签合同，比如波音公司或者洛克希德·马丁公司，该公司得到的收入不仅能覆盖成本，还能保证利润。这种方法在第二次世界大战期间成为通行做法，政府完全控制武器的开发，还能避免让民众误认为军火承包商是在发战争财。

在华盛顿之行中，马斯克在参议院委员会做证，并推行了一种不同的方法。他认为成本加成制度的问题在于它阻碍了创新。如果项目花费超出预算，承包商就会得到更多的报酬。对成本加成合同承包商来说，他们几乎没有动力承担风险、发挥创造力、快速推进工期或削减成本。"波音公司和洛克希德·马丁公司只想稳稳当当地吃成本加成合同的老本。"马斯克说，"在这种体制机制下，人类不可能飞到火星去。这么难的事永远完不成，才是他们最希望营造的局面。如果一份成本加成合同你永远完不成，那么你就可以永远吮吸政府的乳汁。"

SpaceX 开创了另一种方式，由私营公司竞标执行特定的任务，比如将政府需要的有效载荷发射到轨道上。这些公司用自己的资金承担风险，只有当他们完成某些关键验收环节时才能得到报酬。这种基于发射结果的固定价格合同允许私营公司掌控火箭的设计和制造过程，其参数范围没有被规定死，而是更灵活、更宽泛。如果它打造的火箭具有成本效益，获得了成功，就可以赚很多钱，但如果失败了，就会损失很多钱。马斯克说："这种机制是结果导向的激励方式，而不是鼓励你在建造过程中浪费资源。"

20

联合创始人

特斯拉，2003—2004 年

JB. 施特劳贝尔和他脸上的疤痕（上）；马丁·艾伯哈德和马克·塔彭宁（下）

JB. 施特劳贝尔

杰弗里·布莱恩·施特劳贝尔（人称"JB"）是威斯康星州一个体格健壮、仪表堂堂的大男孩，有着花栗鼠般苹果肌饱满的笑容。13 岁时，他就是一个汽车怪咖，翻新了一辆高尔夫球车的电机，从此爱上了电动车。他还喜欢化学，在高中时做过一个过氧化氢的实验，结果炸毁了他家的地下室，在他天真无邪的脸上留下了一个永久的疤痕。

在斯坦福大学学习能源系统期间，他在企业家哈罗德·罗森那里实习。罗森出生于新奥尔良，为休斯飞机公司设计了地球同步卫星 Syncom。罗森和他的兄弟本想打造一辆带有飞轮的混合动力汽车，这样车辆可以产生电力。施特劳贝尔尝试做了一种更简单的东西：他把一辆旧保时捷改装成由传统铅酸电池驱动的全电动车。这辆车的加速度惊人，但续航只有 30 英里。

罗森的电动车公司破产后，施特劳贝尔搬到了洛杉矶。2003 年夏末的一个晚上，他接待了斯坦福大学太阳能车队的六名学生。这些孩子当时疲惫不堪、浑身酸臭，他们刚刚驾驶一辆由太阳能电池板驱动的车，完成了从芝加哥到洛杉矶的比赛。

他们最后聊到后半夜，讨论的重点转向锂离子电池，当时这种电池会用在笔记本电脑上，能量密度大，而且可以大量串联起来。施特劳贝尔问："如果我们把 1 000 块、10 000 块锂电池放在一起呢？"他们构想出一辆带有半吨重的电池的轻型车，它的续航可能正好可以横跨美国。黎明时分，他们带着一些锂离子电池来到后院，用锤子敲敲打打，直到电池爆炸。这是他们对未来事业的庆祝仪式，他们达成了一项约定。施特劳贝尔说："我们必须把这个东西做出来。"

不幸的是，没有人有兴趣资助他的项目，直到他遇见了埃隆·马斯克。

2003 年 10 月，施特劳贝尔参加了一个斯坦福大学举办的关于创业的研讨会，前一年刚创办了 SpaceX 的马斯克是会上的演讲嘉宾。他在演讲中大谈特谈"自由企业精神为主导"的创业性太空探索活动的必要性。施特劳贝尔在活动最后受此启发，提出要安排马斯克与哈罗德·罗森见一面。马斯克说："哈罗德是太空探索行业的传奇人物，所以我邀请他们来参观

SpaceX 的工厂。"

参观工厂的过程并不顺利。当时 77 岁的罗森愉快且自信地指出了马斯克设计中可能导致失败的部分，当他们在附近的麦考密克和施密克海鲜餐厅共进午餐时，马斯克回应说罗森这些新想法都是"愚蠢的"，也就是打造电动无人机来提供互联网服务。施特劳贝尔说："埃隆给出反馈意见的速度很快。"马斯克深情回忆起这场智识上的较量："这次对话整体上非常好，因为哈罗德和 JB 是非常有趣的人，虽然哈罗德的想法不靠谱。"

施特劳贝尔迫切地想让对话继续下去，他把话题转移到他用锂离子电池制造电动车的想法上。他说："我正在拉投资，基本上只要对方能投钱，我连脸都不要了。"当施特劳贝尔解释锂电池已经取得很大进步时，马斯克表示很惊讶。"我本来打算在斯坦福大学研究高密度储能，"马斯克告诉他，"我当时正在努力思考，什么东西会对世界产生最大的影响，储能和电动车在我的这份清单上名列前茅。"当施特劳贝尔计算资金需求时，马斯克在心里盘算着，眼睛忽然亮了起来。"算我一个。"他说，同时承诺提供 1 万美元资金。

施特劳贝尔建议马斯克与汤姆·盖奇和艾伦·科科尼谈谈，他们共同创办了一家小公司——AC 推进公司，也在实践同样的想法。他们已经打造了一个玻璃纤维原型车，并将其命名为"tzero"。施特劳贝尔打电话催促他们让马斯克坐上去试试，谷歌的联合创始人谢尔盖·布林也建议他们与马斯克谈谈。于是在 2004 年 1 月，盖奇给马斯克发了一封电子邮件。"谢尔盖·布林和 JB. 施特劳贝尔都提出说你可能对试驾我们的 tzero 跑车感兴趣。"他写道，"我们上周一与一辆道奇蝰蛇比赛，在 1/8 英里的赛道上比赛五次，我们赢了四次，输的一次是因为我车上坐着一个体重 300 磅的摄影师。我可以把它带过去，你有时间试驾一下吗？"

"当然，"马斯克回复说，"我真的很想见识一下。不过，我认为它目前还不能打败我的迈凯伦。"

"喔，迈凯伦啊，能赢它的话，我将荣幸之至。"盖奇回信说，"2 月 4 日可以比一比啊。"

马斯克被 tzero 彻底震撼了，尽管它还是一辆粗糙的原型车，没有车顶，也没有车门。"你必须把它变成一款真正的产品，"他告诉盖奇，"它真的可以改变世界。"但盖奇想从制造一辆更便宜、更方方正正、更慢一点儿的常规车起步，这对马斯克来说毫无意义。任何初始版本的电动车制造成本都很高，每辆至少要 7 万美元。马斯克说："没有人会为看起来像垃圾一样的东西掏钱。"让一家汽车公司正确起步的方法是先打造一辆高价值的车，然后再转向大众市场车型。"盖奇和科科尼是疯狂的发明家，"他笑着说，"但具体怎么把一家公司操办起来，他们还缺点儿经商的常识。"

几周来，马斯克一直缠着他们，让他们打造一款漂亮的跑车。他恳求道："每个人都认为电动车很糟糕，但你们可以证明它并不糟糕。"可是，盖奇拒绝了。马斯克问："好吧，如果你们不想把 tzero 商业化，那你们介意我这样做吗？"

盖奇没有意见，他还提出了一个后来被证明具有决定性意义的建议：马斯克应该与同一条街上有类似想法的两个汽车爱好者合作。就这样，马斯克与那两个人见了面，他们在 AC 推进公司有类似的经历，决定创办自己的汽车公司，公司的名字叫"特斯拉车辆"。

马丁·艾伯哈德

马丁·艾伯哈德是硅谷企业家，他身材颀长，脸颊瘦削，活力四射。2001 年，在经历了一次糟糕的离婚后，正如他自己所说，他觉得自己应该"像其他经历中年危机的男人一样，为自己买一辆跑车"。他能买得起好车，因为他创办并成功出售了一家公司，这家公司生产了世界上第一款便携式电子阅读器——火箭电子书，但他不想要燃油车。"气候变化对我来说已经成为现实。"他说，"另外，我觉得我们一直在中东打仗，是因为我们受到石油需求的约束。"

艾伯哈德做事一丝不苟，所以他做了一个电子表格，从初始燃料的来源开始，计算不同类型汽车的能源效率，他比较了汽油、柴油、天然气、氢气和各种来源的电力。他说："我研究了每一步能量转换效率的精确数字，从燃料地下开采到它们为汽车提供动力的每一步。"

他发现即使在用煤发电的地方，电动车也是对环境最友好的，所以他决定买一辆电动车。可是，加利福尼亚州刚刚取消了对汽车公司生产一部分零排放车辆的要求，通用汽车也放弃生产 EV1 车型。艾伯哈德说："这真的太让人震惊了。"

然后他就读到了汤姆·盖奇和 AC 推进公司的 tzero 原型车的消息。看过 tzero 之后，他告诉盖奇，如果他们能从铅酸电池转为锂离子电池供电，他将向该公司投资 15 万美元。结果是盖奇在 2003 年 9 月打造了一款 tzero 原型车，它可以在 3.6 秒内完成零到百公里加速，续航能力也达到 300 英里。

艾伯哈德试图说服盖奇和 AC 推进公司的其他人开始造车，或至少为他打造一辆，但他们没有这样做。"他们是聪明人，但我很快意识到，他们实际上没有能力真正造车。"艾伯哈德说，"就在那时，我决定自己开一家汽车公司。"双方达成的协议是，艾伯哈德将从 AC 推进公司获得电机和动力传动系统的授权许可。

艾伯哈德邀请了他的朋友马克·塔彭宁加入。塔彭宁是软件工程师，曾是艾伯哈德在火箭电子书的合作伙伴。他们制订了一个计划，从高端化、敞篷的两座跑车开始做，之后再为大众市场打造车型。艾伯哈德说："我想打造一款运动型跑车，颠覆人们对电动车的看法，然后用它来树立一个品牌。"

但这个品牌应该叫什么呢？一天晚上，艾伯哈德同恋人在迪士尼乐园共进晚餐时，一点儿浪漫的心思都没有，而是在纠结该给新公司取什么名字。由于新车会采用所谓的"感应电机"，他想到了以该设备的发明者尼古拉·特斯拉来命名公司。第二天，他与塔彭宁喝咖啡时征求了对方的意见。塔彭宁拿出笔记本电脑，上网注册了这个名字。2003 年 7 月，他们成立了特斯拉公司。

最具革命性的汽车公司

艾伯哈德面临一个问题：他有想法，有注册的公司名，但他没有资金。2004 年 3 月，他接到了汤姆·盖奇的电话。两人曾达成协议，他们不会争抢对方的投资者。当马斯克显然不再考虑投资 AC 推进公司时，盖奇把他介绍给了艾伯哈德。"埃隆投我们是没戏了，"盖奇说，"但你应该给他打个电话。"

艾伯哈德和塔彭宁早些时候见过马斯克，他们去听过他在 2001 年火星学会会议上的演讲。艾伯哈德回忆说："演讲结束后，我像粉丝一样追着他问问题，就是为了跟他打个招呼。"

艾伯哈德在写给马斯克的电子邮件中提到了那次活动，并提出了再次见面的请求。"我们很想和你谈谈特斯拉，尤其是如果你对投资机会感兴趣的话。"他写道，"我相信你已经驾驶过 AC 推进公司的 tzero，你应该知道制造高性能的电动车是可行的。我们想告诉你的是，我们可以做到，并让它成为一桩有利可图的生意。"

那天晚上，马斯克回复："见面当然没问题。"

那周，艾伯哈德从帕洛阿尔托来到洛杉矶，他的同事伊恩·赖特也陪同前往。会议在马斯克的 SpaceX 办公室里举行，原定会面时间是半个小时，但马斯克不断向他们提问，还偶尔向他的助理喊话，取消他的下一场会议。在两个小时里，他们分享了彼此对超级快充电动车的愿景，讨论了从动力传动系统、电机到商业计划的所有细节。会议结束时，马斯克说他会投资的。当艾伯哈德和赖特走出 SpaceX 大楼时，二人击掌相庆。在随后塔彭宁出席的一场会议结束后，他们同意让马斯克以 640 万美元的投资额入股特斯拉，让他来领投天使轮并成为董事会主席。

令塔彭宁印象深刻的是，马斯克关注的是量产电动车这项事业的重要性，而不是其作为业务的发展潜力。"他显然已经得出结论，为了让人类拥有可持续的未来，我们必须做到汽车电气化。"马斯克有几项要求：第一，相关文书工作必须迅速完成，因为他的妻子贾丝廷怀了双胞胎，一周后将安排剖宫产；第二，艾伯哈德要与 JB. 施特劳贝尔取得联系。马斯克分别投资过施特劳贝尔的公司和艾伯哈德的公司，他认为他们应该携手合作。

施特劳贝尔从未听说过艾伯哈德和他刚刚起步的特斯拉公司，他骑着自行车就过来了，对特斯拉的业务发展持怀疑态度。但马斯克给他打电话，催促他加入进来。"来吧，你一定要做这个。"马斯克对他说，"你们联手，大事可成。"

就这样，一块块拼图凑到了一起，组成了世界上最有价值的、最具革命性的汽车公司：艾伯哈德担任首席执行官，塔彭宁担任总裁，施特劳贝尔担任首席技术官，赖特担任首席运营官，马斯克是董事会主席和主要投资人。多年后，在许多次激烈争执和一场诉讼过后，他们最终达成共识：五个人应该被称为特斯拉的"联合创始人"。

21

Roadster

特斯拉，2004—2006 年

施特劳贝尔带着时任加州州长阿诺德·施瓦辛格试驾 Roadster

东拼西凑

埃隆·马斯克对特斯拉做出的最重要的一个决定，也是在特斯拉成功之路上起决定性作用、对汽车行业产生关键影响的一点，就是车企要尽可能自己生产关键部件，而不是采购独立供应商的数百个零部件后再组装成一辆车。特斯拉通过垂直整合来掌控自己的命运，把控车辆的质量、成本和供应链。打造一辆好车固然重要，更重要的是开发出相应的制造工艺，建设好能大规模量产的工厂。

但特斯拉一开始并不是这样做的，甚至可以说是背道而驰。

在制造火箭电子书时，马丁·艾伯哈德和马克·塔彭宁选择将制造过程外包。同样，在需要拿出制造第一辆特斯拉 Roadster 的解决方案时，他们决定用外部供应商生产的零部件进行组装。艾伯哈德决定，要从亚洲采购电池，从英国采购车身，从 AC 推进公司采购动力传动系统，从美国底特律或德国采购变速器，而这一决定将成为特斯拉步入正轨前的一块绊脚石。

当时这样做同汽车行业的普遍做法别无二致。行业发展早期，也就是亨利·福特和其他汽车制造业先驱打造供应链的年代，汽车制造商都是在公司内部完成大部分工作。但从 20 世纪 70 年代开始，这些公司逐渐剥离了零部件制造环节，对外部供应商的依赖与日俱增。1970—2010 年，汽车制造商在汽车生产中掌握的知识产权比例从 90% 降到约 50%，他们开始依赖世界各地的供应链来完成生产。

在艾伯哈德和塔彭宁做出决定，将车身和底盘的制造工作外包出去以后，他们去了一趟洛杉矶车展，走进了英国精品跑车制造商路特斯公司的展位，与其中一位高管攀谈。"他是一个有礼貌的英国人，没办法撵我们出去。"艾伯哈德说，"结果我们聊完以后，他表示很感兴趣，还邀请我们去英国。"他们最终达成了一项交易，路特斯公司将为特斯拉提供车身，这种车身是身形灵巧的路特斯 Elise 跑车经过略微修改后的车身，而后特斯拉会为其配备 AC 推进公司的电机和动力传动总成。

到 2005 年 1 月，特斯拉的 18 名工程师和机械工用手工方式组装成了所谓的"骡车"，这是一种可以在投入量产之前用来展示和测试的车辆。"为了制造一辆骡车，我们需要进行大量削足适履的工作，这样才能把电池和 AC 推进公司的动力总成塞进路特斯 Elise 的车身里。"马斯克说，"但至少我们有了一个看起来像真车的东西，它有车门，有车顶，与 tzero 不同。"

施特劳贝尔进行了第一次试驾，在他踩下加速踏板的瞬间，车像一匹受惊的马一样蹿了出去，连工程师都大吃一惊。接下来轮到艾伯哈德试驾了，当他手握方向盘时，泪水夺眶而出。轮到马斯克时，车辆迅疾却无声的加速令他惊叹不已，他同意向特斯拉再投资 900 万美元。

谁是一把手

初创公司，特别是有着多个创始人和出资方的初创公司，面临的一大问题就是到底谁说了算。有时候，最有权势的一方获胜，就像史蒂夫·乔布斯排挤斯蒂夫·沃兹尼亚克，还有比尔·盖茨排挤保罗·艾伦的做法一样。有时候，情况还会更混乱一些，特别是当不同的参与方都觉得自己是公司创始人的时候，就更麻烦了。

艾伯哈德和马斯克都认为自己是特斯拉的主要创始人。艾伯哈德认为是他提出了这个创业想法，招揽了他的朋友塔彭宁，注册了这家公司，选定了这个名字，还出去积极寻找投资者。艾伯哈德说："埃隆称自己是公司的首席建筑师，以及诸如此类的重要角色，但实际上他不是，他只是一位董事会成员和投资人。"而在马斯克看来，是他把艾伯哈德和施特劳贝尔聚到一起，还提供了创办公司所需的几乎全部资金。"当我遇到艾伯哈德、赖特和塔彭宁时，他们没有知识产权，也没有员工，什么都没有。他们有的只是一个空壳公司。"

起初，这种认识上的差异并不是大问题。马斯克说："我在经营 SpaceX，我并不想同时经营特斯拉。"至少在最初，他很乐意担任董事会主席，让艾伯哈德担任首席执行官。但作为拥有大部分股权的人，马斯克拥有最终决定权，而他的天性就是不会对他人言听计从，特别是涉及工程决策时，他的参与程度越来越高。特斯拉的领导集体因此开始变得不稳定。

在最初的一年左右，马斯克和艾伯哈德相处得很好。艾伯哈德在硅谷的总部处理特斯拉的日常管理事务。马斯克大部分时间都在洛杉矶，每个月只在董事会会议或重要的设计评审时来一次公司。他提出的往往是技术性问题，关于电池组、电机和材料的种种细节。他并不擅长发电子邮件，但在他们早期共事的一个晚上，在共同解决一个问题后，他给艾伯哈德发了一封邮件："世界上伟大的产品工作者凤毛麟角，我认为你是其中之一。"他们大部分时间都在交谈，晚上互写电子邮件，偶尔也会共同参加社交活动。艾伯哈德说："我从来都不是他的酒友，但我们时不时会去对方家里，也会出去吃饭。"

怎么说呢，他们两个人太像了，以至于这样和谐的故事难以为继。两人都是拼命工作、精神高度紧张、注重细节的工程师，对他们眼中的蠢货能粗暴地不屑一顾。于是裂痕出现了：一开始是艾伯哈德与创始团队成员伊恩·赖特发生了争执，他们之间的分歧愈演愈烈，以至于双方都试图说服马斯克把对方踢出局。艾伯哈德借此机会含蓄地向马斯克表明：你拥有最终决定权。"马丁和伊恩都跟我讲，对方是怎样的恶霸，公司应该赶走他，"马斯克说，"他们的意思就是：'埃隆，有我没他，有他没我。'"

马斯克打电话向施特劳贝尔征求意见，他问："唉，我们应该让谁走呢？"施特劳贝尔回答说谁走都不是好办法，但经不住马斯克一再追问，他建议："或许让赖特走是两害相权取其轻。"马斯克最终解雇了赖特，但这样做加深了他对艾伯哈德的怀疑，也促使他更多地参与到特斯拉的管理工作当中。

设计决定

随着马斯克开始投入更多精力关注特斯拉，他越发克制不住要参与设计和工程决策的冲动。每隔几周，他都会从洛杉矶飞过来，主持一次设计评审会议，检查模型，然后提出修改建议。但马斯克不认为他提出的想法仅仅是个"建议"，所以当他看到他的想法没有被落实，他就会大发雷霆。问题出现了，因为特斯拉的商业计划是要从路特斯和其他供应商那里采购零部件，然后组装出一辆车，不对各种零部件做重大改动。"我们计划过这件事，改动要尽可能地少。"塔彭宁说，"至少在埃隆参与程度越来越高之前都是这样计划的。"

艾伯哈德试图反抗马斯克的大部分建议，即便这些建议会让产品变得更好，因为他知道这些建议会增加成本，导致延期交付。但马斯克认为，特斯拉作为一个新品牌，在车市中登堂入室的唯一办法就是推出一款令客户惊叹的敞篷跑车。他对艾伯哈德说："发布第一款车，我们只有一次机会，所以我们希望它尽善尽美。"在一次评审会议上，马斯克脸色阴沉，目光冷峻，他宣称这辆车看起来既廉价又丑陋。后来他说："我们不可能做一辆看起来很蹩脚的车，还敢要价 10 万美元左右。"

尽管马斯克的专长是计算机软件，而不是工业设计，但他开始在跑车的设计美学方面投入大量时间。"我以前从未设计过汽车，所以我研究了每一辆伟大的汽车，试图了解它们的独到之处。"他说，"我为车上所有的细节殚精竭虑。我真的花了很多时间来确保设计上的美观，以及驾驶的乐趣。"他后来骄傲地指出，由于他在 Roadster 设计上的成果，他得到了加州帕萨迪纳艺术中心设计学院的嘉奖。

马斯克对 Roadster 进行的一项重大设计修改是坚持将车门扩大。"想钻进车里，只有矮小的登山者或柔术大师才能做到。"他说，"这太胡扯、太滑稽了。"身高 188 厘米的马斯克发现他必须先把他的大屁股塞进座位里，把自己几乎折成胎儿的姿势，再试着把腿塞进去。他问："如果要去约会，女士该怎么上车呢？"于是他下令将门框的底部降低 3 英寸[1]，这就需要重新设计底盘，意味着特斯拉不能复用路特斯公司的碰撞测试认证，导致生产成本增加了 200 万美元。这项修改同马斯克做出的许多改进一样：他做得没错，但代价高昂。

马斯克还下令将座椅设计得更宽。艾伯哈德说："我最初的想法是用路特斯公司同款的座椅结构，否则我们就不得不重新进行所有测试。但埃隆觉得座椅太窄了，不适合他妻子和其他人的臀部大小。但我的屁股很小啊，我就有点儿怀念那种窄座椅。"

马斯克还认为原来的路特斯大灯很难看，因为没有盖子和保护罩。"车灯看起来就像虫子的眼睛。"他说，"车灯可以说是汽车的眼睛，眼睛必须

---

1   1 英寸 = 0.025 4 米。——编者注

漂亮。"别人告诉他,这项改变会导致生产成本再增加 50 万美元,但他依然坚持。"如果你看中了一辆跑车,吸引你的首要因素就是它很美,所以车灯无小事。"他告诉大家。

马斯克决定,Roadster 车身要采用更坚固的碳纤维,而不是路特斯公司使用的玻璃纤维复合材料,这样整车的喷漆成本更高,但也会使车身更轻、更坚固。多年来,马斯克能够将他在 SpaceX 学到的技术迁移并应用到特斯拉上,反之亦然。当艾伯哈德反驳说碳纤维成本过高时,马斯克给他发了一封电子邮件,他写道:"兄弟,如果你采购了我们在 SpaceX 用的零重力烤箱,你每年至少可以制造 500 辆汽车的车身面板。如果有人告诉你这很难,那他们就是胡扯。你用家用烤箱就能制作出高品质的复合材料。"

马斯克的插手已经到了事无巨细的程度。Roadster 一开始用的是普通的门把手,就是那种按一下就能打开门闩的把手。马斯克坚持要用电动门把手,只要轻轻一碰就能开门。艾伯哈德争辩道:"不管是普通门把手还是电动门把手,想买特斯拉跑车的人都照样会下单的,没有人会冲着一个电动门把手来买跑车。"针对马斯克变更的大部分设计,艾伯哈德提出的反驳基本都是这个论点。但事实证明马斯克是对的,电动门把手成为一项很酷的特色功能,对于打造特斯拉的魅力起到了锦上添花的作用。但正如艾伯哈德警告的那样,它又增加了一项成本。

当设计接近尾声时,马斯克认为仪表盘很难看,艾伯哈德终于被逼到了绝望的境地。马斯克写道:"这是一个重大问题,我非常担心你没有充分认识到这一点。"艾伯哈德恳求他放一放,以后再处理这个问题。艾伯哈德说:"我看不到有什么好的办法,可以在启动量产之前解决这个问题,还能不对成本和进度产生影响,一点儿办法都没有。""我为此彻夜难眠,担心还能否在 2007 年投入量产……为了我和我的团队不至于为这个问题一意孤行,我决定不再反复纠结仪表盘的问题。"马斯克说。多年来,许多人都向马斯克提出过类似的请求,但成功者寥寥。可是这一次,马斯克选择了放弃,他同意改进仪表盘的事可以等到第一批车辆投产后再推进,但这对改善他们二人的关系于事无补。

改动了这么多元素,特斯拉已经失去成本优势。过去这种优势来自直接采用已通过碰撞测试的路特斯 Elise 车身。这些改动增加了供应链的复杂程度，特斯拉不再能依靠路特斯的现成供应商，而是要为数百个部件寻找新的供应来源，从碳纤维面板到大灯都是如此。"我快把路特斯公司的人逼疯了，"马斯克说，"他们没完没了地问我，为什么我对待这辆车上每一条细微曲线的设计都如此苛刻。而我会告诉他们：'因为我们必须让它惊艳世人。'"

筹集更多资金

Roadster 经过马斯克的改装变得更漂亮了，但也烧掉了公司的现金储备。另外，他还一再催促艾伯哈德招聘更多的人，这样公司才能更快地发展。到 2006 年 5 月，特斯拉有 70 名员工，它需要从投资者那里拿到新一轮融资。

塔彭宁担任公司的首席财务官，虽然他的专长是计算机软件而不是财务。他有一项不招人待见的工作，就是在董事会上告诉马斯克，钱快用完了。"烧钱的速度比我们预想的快，主要是因为埃隆一直让我们推进招聘工作，"塔彭宁回忆说，"所以我们已经花光了埃隆给的钱。"

在埃隆愤怒咆哮时，埃隆的弟弟金博尔（也是董事会成员之一）把手伸进了挎包，拿出前五次会议的预算报告翻看起来。"埃隆，"他悄悄地插话道，"如果把你鼓动他们招进来的六个新员工的工资预算去掉，他们实际上没有超支。"埃隆停顿了一下，看了看预算表格，随后承认了这一点，他说："好吧，我想我们是得想办法筹集更多资金了。"塔彭宁说，他当时特别想拥抱金博尔一下。

在当时的硅谷，有一个由年轻企业家和科技咖好友组成的社群，他们关系紧密，经常纵情狂欢。这些人都是创业公司的百万富翁，马斯克也是其中的明星人物。他曾争取一些这样的朋友来投资，包括安东尼奥·格拉西亚斯、谢尔盖·布林、拉里·佩奇、杰夫·斯科尔、尼克·普利兹克和史蒂夫·尤尔韦松。但董事会成员鼓励他扩大范围，向大型风险投资公司寻求融资，比如帕洛阿尔托沙山路上的那些有钱没处花的风投公司。如果能搞定他们，不仅可以解决融资问题，还能为特斯拉的创业前景背书。

他首先找到了红杉资本，该公司因为是雅达利、苹果和谷歌的早期投资方而成为硅谷风投之王。公司经营者是迈克尔·莫里茨，这位出生于威尔士的前记者曾帮助马斯克和蒂尔度过了PayPal的动荡时期，此人说话时善于讽刺、富有文采。马斯克开着一辆路特斯原型车带他去兜风。"埃隆驾驶着这辆没有悬架的小车，从零到百公里的加速只在眨眼之间，这次试驾让我终生难忘。"莫里茨说，"要是真做出来了，不知道还得有多吓人呢。"但等莫里茨回过神来，他给马斯克打电话说他不打算投资。"我真觉得这车很了不起，但我们不打算与丰田汽车正面开战。"他说，"胳膊拧不过大腿。"多年后，莫里茨承认："我没有欣赏到埃隆那股雄心的力量。"

马斯克随即找到了由艾伦·萨尔兹曼和吉姆·马弗领导的优点资本。他们在2006年5月完成的一轮4 000万美元融资中成为特斯拉的主要投资者。萨尔兹曼说："艾伯哈德和马斯克的双头管理模式让我感到担心，但我意识到他俩就是特斯拉这头野兽的灵魂所在。"

在宣布这轮融资的新闻稿发布之际，这一点体现得并不明显，因为马斯克在发布前都没有看到新闻稿，稿子里也没有把他列为公司的创始人之一。文中写道："特斯拉车辆公司于2003年6月由马丁·艾伯哈德和马克·塔彭宁创立。"文章引用了艾伯哈德的话，礼节性地感谢马斯克成为投资人："我们为马斯克先生一直对特斯拉车辆抱有信心这一点感到自豪，他对每一轮融资的鼎力参与，以及他领导董事会的过程都充分说明了这一点。"

声名鹊起

马斯克在被赶下PayPal首席执行官的位置以后，还极力想要争取继续担任公司发言人的机会。他对抛头露面热情很高，但他并不精于此道。他不会像李·艾柯卡或理查德·布兰森那样，在广播电视上介绍自家产品时滔滔不绝，他也不是那种热衷于接受电视采访的社会名流。他偶尔会出席一些大会，与杂志记者对坐而谈。但比起这些，在推特上畅所欲言，或者在一场播客中作为主导嘉宾发言，会让他感觉更自在。作为一个"造梗"大师，他有一种天赋，知道怎么在社交媒体上营造争议性话题，从而达到免费宣传的效果。不过面对批评的声音，他脸皮又很薄，面对他人的冷落轻视，他会耿耿于怀数年之久。

但他有一点是不变的，就是特别爱惜羽毛。如果有人说着说着，让他听出来言下之意是他的成功只是来自他继承的财富，或者说到某个他参与创办的公司，他不配被称为其创始人，那他一定会气血上涌。在 PayPal 就发生过这种事，如今又发生在特斯拉身上，结果两次都闹到了诉讼的地步。

2006 年，艾伯哈德已经小有名气，他有点儿飘飘然了。在很多次电视采访和会议上，他都被称作特斯拉的创始人。这一年，他在黑莓个人数字助理（智能手机的前身）的广告中出镜，其中提到他"创造了第一辆电动跑车"。

那年 5 月关于特斯拉融资的新闻稿里，只提到艾伯哈德和塔彭宁是公司的创始人，随后马斯克就采取了有力措施，确保他在公司发挥的作用不再被人轻视。他开始接受采访，而且事先没有与公司的公关负责人杰西卡·斯威策通过气——斯威策是艾伯哈德招来的人。她发现马斯克对公司的战略表述是有问题的。"为什么埃隆要接受这些采访？"有一天，他们坐车时，斯威策问艾伯哈德，"你才是首席执行官。"

艾伯哈德说："他想做就让他做，我不想跟他争论。"

揭开面纱

2006 年 7 月，当特斯拉准备推出 Roadster 原型车时，问题出现了。团队手工制作了黑色和红色各一辆，每辆车的百公里加速时间在 4 秒左右。他们没有修改马斯克讨厌的窄座椅和丑陋的仪表盘，除此之外，这两辆车与特斯拉计划投产的车型已经相当接近。

正如史蒂夫·乔布斯在苹果富有戏剧性的发布会中彰显的那样，发布新产品时，最重要的是会造势，把人们对发布会的热切关注转变为对新产品的殷切渴求。对电动车来说尤其如此，特斯拉必须甩掉人们对电动车只能做成高尔夫球车的刻板印象。斯威策想出了一个点子，在圣莫尼卡机场举办一个名人派对，让客人们乘坐其中一辆原型车。

艾伯哈德与斯威策一起飞往洛杉矶，向马斯克展示了这个计划。"结果我们聊得非常糟糕，"斯威策回忆说，"他深入了解每一个细节，包括我们计划在餐饮上花多少钱。当我反驳他时，他身体抽动了一下，随即起身走出房间。"正如艾伯哈德所说："他对她的想法一通狂喷，然后就叫我开了她。"

马斯克亲自接手了这次活动的策划工作，从嘉宾名单到菜单，甚至包括餐巾纸的成本和设计方案都由他监督审批。到场的名人包括加州州长阿诺德·施瓦辛格，施特劳贝尔带着他试驾了 Roadster。

艾伯哈德和马斯克都发了言。艾伯哈德的发言自信而精炼："你可以买到一辆速度很快的车，也可以买到一辆电动车，但谁能拥有一辆二者兼备的车，谁就将引领电动车的流行风潮。"马斯克不善于表达，具体体现在他有时试探性地重复一些词，有时还有轻微口吃的倾向，但他直截了当、毫不矫饰的发言风格迷住了在场的记者。他宣称："直到今天，所有面世的电动车都很糟糕。"他表示买一辆 Roadster 就是向特斯拉提供资金，让特斯拉终有一日能制造出面向大众市场的电动车。"特斯拉高管的工资并不高，我们也不给股东分红。公司全部自由现金流都完全投入技术发展当中，目的就是降低成本，让电动车的价格更低。"

这次活动在媒体上反响热烈。"这可不是父辈乘坐的那种电动车，"《华盛顿邮报》不吝溢美之词，"这款价值 10 万美元的车，拥有跑车的外观，更像是法拉利，而不是普锐斯。开上这辆车，人车一体所散发出的雄性荷尔蒙魅力尽显无遗，而它的受众绝不是那种吃着燕麦片、开着电动车、追求环保与健康生活的人。"

然而还是出现了一个问题：艾伯哈德几乎包揽了媒体所有的赞誉。"他着手打造了一款线条优美、电池驱动的高性能车。"《连线》杂志在一篇图文并茂的报道中对艾伯哈德赞不绝口。"在阅读了约翰·德洛雷安[1]和普雷斯顿·塔克[2]的人物传记后，他提醒自己：成立一家汽车公司是个多么疯狂的想法，但他还是去做了。"在文章中，马斯克只是作为艾伯哈德能争取

1　约翰·德洛雷安（John DeLorean）是通用汽车公司和德洛雷安汽车公司的创始人。——译者注
2　普雷斯顿·塔克（Preston Tucker）是"塔克 48"汽车的发明者。——译者注

到的众多投资者之一被提了一嘴。

马斯克给特斯拉负责宣传工作的副总裁发了一封措辞尖锐的电子邮件，这个人很倒霉，他从被解雇的斯威策手中接过了这份工作。马斯克写道："迄今为止，我在公司的角色仅仅被描述为'早期投资者'，这种提法令人愤怒，这就好比马丁被称为'早期雇员'一样。我对特斯拉车辆的影响，从大灯到车身造型，从门框到后备箱，我对交通电气化的强烈兴趣早于特斯拉公司诞生前十年。媒体报道里，马丁当然是核心人物，应该排在最前面，但迄今为止，对我在公司地位的轻描淡写简直是欺人太甚、令人发指。"他补充说，他"希望在合情合理的情况下与每家主要媒体再谈一次"。

第二天，《纽约时报》发表了一篇赞扬特斯拉的文章，标题是"4秒内从零加速到时速百公里"，文中甚至都没有提到马斯克。更糟糕的是，艾伯哈德被作者称为特斯拉的董事会主席，而文中唯一的插图是艾伯哈德和塔彭宁站在一起的照片。"《纽约时报》的文章简直是奇耻大辱，"马斯克写信给艾伯哈德和他们雇用的公关公司PCGC，"不仅对我只字未提，马丁还被称为董事会主席。如果再发生类似的事情，请考虑立即终止PCGC与特斯拉的合作关系。"

为了强调自己在公司的核心作用，马斯克在特斯拉官网上发表了一篇小文章，概述了公司的战略。文章标题戏称为"特斯拉的秘密宏图（你知我知）"，文中写道：

成立特斯拉车辆公司的首要目标（也是我投资该公司的原因）是要加快实现从开采和燃烧碳氢能源的经济模式转向太阳能电力驱动的经济模式……实现这一目标的关键是打造尽善尽美的电动车，这就是为什么特斯拉Roadster的设计宗旨是能在正面对决中击败保时捷、法拉利等燃油跑车……有些人可能会质疑：这真的对世界更有益处吗？我们真的需要多一种高性能跑车吗？它真的会对减少全球碳排放产生影响吗？好吧，答案是不需要，对碳排放的影响也不大。然而大家忽略了重点，除非你真正理解上面提到的"秘密宏图"。几乎任何一种新技术在一开始都有很高的单位成本，在这之后，优化工作才能启动，对电动车来说也不例外。特斯拉的战略是进入高端市场，这部分客户愿意支付溢价，随后我们接连推出的每款车都将尽快提高单款车型产销量，并尽快降低销售价格。

马斯克带演员小罗伯特·唐尼和导演乔恩·费儒参观 SpaceX 的工厂——当时他们正在拍摄超级英雄电影《钢铁侠》，从而将自己加入了名人的行列。马斯克开始变成钢铁侠托尼·斯塔克的原型[1]，他是一位著名的工业家和工程师，能够用他设计的机械战甲把自己变成一个"铁皮人"。唐尼后来说："我不是很容易被外界触动的那种人，但特斯拉这个地方和马斯克这个人都很了不起。"他要求将一辆特斯拉跑车放在《钢铁侠》电影中托尼·斯塔克的工作室里。马斯克后来在《钢铁侠 2》中以自己的真实身份短暂出镜。

2006 年亮相的 Roadster 原型车完成了马斯克目标的第一步：打破了人们对电动车注定是高尔夫球车的刻板印象。加州州长施瓦辛格和演员乔治·克鲁尼都下了订单，支付了 10 万美元定金。马斯克在洛杉矶的邻居、导演过《野性校园》系列影片的乔·弗朗西斯用一辆装甲车送来了 10 万美元定金。热爱汽车的史蒂夫·乔布斯向他的董事会成员之一、后来成为 J.Crew 公司首席执行官的米奇·德雷克斯勒展示了特斯拉 Roadster 的照片，乔布斯说："打造出如此优秀的工程技术是最美妙的部分。"

通用汽车当时停产了自家的电动车——难堪大任的 EV1。电影制片人克里斯·佩因推出了一部题为"谁消灭了电动车"的纪录片，对电动车产业的批判毫不留情。而马斯克、艾伯哈德和特斯拉团队正一往无前，准备着重新振兴电动车的未来。

一天晚上，艾伯哈德在硅谷开着他的 Roadster，一个开着豪华奥迪车的年轻人在红绿灯前停在了他的车旁，发动机轰鸣着，向他发起挑战。变成绿灯时，艾伯哈德一下就把对方甩在了后面。接下来的两个红绿灯处，他如法炮制。最后年轻人摇下了车窗，问艾伯哈德开的是什么车。"这是电动车，"艾伯哈德说，"你不可能超过它的。"

---

1 托尼·斯塔克这一漫威漫画人物真正的原型是 20 世纪的美国商业大亨霍华德·休斯。——译者注

22

夸贾林岛

SpaceX, 2005—2006 年

汉斯·科尼格斯曼和夸贾林环礁中的欧姆雷克岛

《第二十二条军规》

马斯克曾计划找一个最方便的地方发射 SpaceX 火箭——范登堡空军基地，这是加州海边靠近圣巴巴拉的一个占地 10 万英亩[1]的军事设施。他们可以很方便地将火箭和其他设备从洛杉矶的 SpaceX 总部和工厂运出来，向南行驶约 160 英里即可到达。

问题是该基地由美国空军管理，严格奉行各项规章制度，这与马斯克的价值观不符，他给 SpaceX 员工灌输的企业文化是要质疑每一条规则、预设每一项要求都很愚蠢，直到他们能证明事实并非如此。"空军这一套跟我们太合不来了，"时任 SpaceX 首席发射工程师的汉斯·科尼格斯曼说，"他们有一些规定，说出来能让埃隆和我狂笑不止，差点儿笑岔气。"经过片刻思考，他补充说："不过人家可能也是这样嘲笑我们的。"

更糟糕的是，当时范登堡计划发射一颗绝密的、价值 10 亿美元的侦察卫星。2005 年春，正当 SpaceX 的猎鹰 1 号准备就绪时，空军下令：在侦察卫星安全发射之前，SpaceX 不能使用其发射平台，他们也不能提供预计发射的时间表。

这些延误造成的损失都只能由 SpaceX 自己承担，因为公司没拿到过成本加成合同，只有当火箭成功发射或者达成某些交付节点时才会得到报酬。而洛克希德·马丁公司只要出现发射延误就能获得补偿。2005 年 5 月，在与空军长官的一次电话会议上，马斯克意识到 SpaceX 近期不会得到发射许可，于是他打电话给蒂姆·布扎，让布扎开始打包，他们要把火箭转移到另一个地方。幸运的是，他们的确找到了一个合适的地方。不幸的是，范登堡有多方便，这个地方就有多不方便。

格温·肖特韦尔在 2003 年为 SpaceX 赢得了一笔 600 万美元的订单：为马来西亚发射一颗通信卫星。问题是卫星太重了，必须在赤道附近发射，在那里，地球表面更快的自转速度会提供发射所需的额外推力。

肖特韦尔请科尼格斯曼到她的办公室来，她摊开一张世界地图，沿着赤道向西移动她的手指。指尖划过太平洋的一半，他们才发现一个适合发

1　1 英亩≈4 046.86 平方米。——译者注

射的地点：马绍尔群岛。它距离洛杉矶约 4 800 英里，靠近国际日期变更线，周围又没有其他东西。马绍尔群岛曾经是美国的领土，被用作核武器和导弹发射的试验场，现在已经成为一个独立的共和国，但仍然与美国保持着密切的联系，因为美国在那里设有军事基地。其中一个基地坐落在一串被称为"夸贾林环礁"的珊瑚沙岛上。

夸贾林岛是环礁上最大的一个岛屿，上面设有美国陆军基地，还有一家破烂不堪的酒店，品质接近宿舍水平，以及一条山寨版的飞机跑道。每周三天，有来自火奴鲁鲁的航班降落。如果计入中途停留时间，从洛杉矶到夸贾林岛需要近 20 个小时。

肖特韦尔在研究夸贾林岛时发现，这些军事设施的管理方是总部位于亚拉巴马州亨茨维尔的美国陆军太空与导弹防御司令部，负责人是蒂姆·曼戈上校。当她把这个人的名字告诉马斯克时，他哈哈大笑，他说："听起来就像《第二十二条军规》里写的，五角大楼的一个人决定挑一个叫曼戈[1]的上校来管理一个位于热带岛屿的基地。"

马斯克突然一个电话打给曼戈，解释说自己曾是 PayPal 的创始人，现在进入了火箭发射行业。曼戈听了几分钟就挂断了电话，后来他告诉科技博客媒体 Ars Technica 的埃里克·伯杰："我觉得他就是个疯子。"随后曼戈在谷歌上搜索了一下马斯克，看到他站在价值百万美元的迈凯伦旁边的照片，读到了一些文章说他创办了一家名为 SpaceX 的公司，这才开始相信马斯克说的话。曼戈浏览了 SpaceX 的网站，找到公司的电话号码拨了过去，电话另一头还是那个带着轻微南非口音的男人。"嘿，你刚才挂了我的电话吗？"马斯克问道。

曼戈同意到洛杉矶拜访马斯克。他们在他的办公室里聊了一会儿，马斯克邀请曼戈去一家不错的餐厅吃饭。曼戈向他的道德合规官员确认了一下，对方告诉他，他得付餐费，于是他们转头去了连锁餐厅苹果蜂。马斯克和他的一些团队成员在一个月后飞到亨茨维尔，与曼戈团队会面，以示与对方交往的诚意。这次他们吃得相对好些，去了一家当地的路边餐馆，那里的炸鲇鱼是不去头直接下锅的。马斯克吃了一条炸鲇鱼，还吃了一些

1　"曼戈"是英文名 Mango 的音译，Mango 直译为"芒果"。——编者注

油炸玉米球，他想把合作的事情定下来。

曼戈上校也正有此意。他所在的夸贾林岛的基地，像许多类似的军事设施一样，希望能争取一些商业合同来支付基地一半的日常开销。马斯克说："因此曼戈上校为我们的到来铺上了红毯，而范登堡的空军却对我们冷眼相待。"在从亨茨维尔起飞的飞机上，马斯克对他的团队说："我们去夸贾林岛吧。"几周后，他们坐着他的私人飞机来到了这处偏远的环礁，乘坐开放式休伊直升机参观，决定将他们的发射场搬到这里。

世外乐园的另一面

多年后，马斯克承认搬到夸贾林岛是一个错误的决定，他应该等到范登堡空闲的时候。但等待需要耐心，这正是他所缺乏的。"我没意识到这里的物流运输工作和空气中的盐雾会给 SpaceX 添多少麻烦。"他说，"简直就是给自己找罪受。你要是想降低发射成功的概率，那就一定要到鸟不拉屎的热带岛屿上搞火箭。"说完他就笑了。现在这一页已经翻篇，他意识到夸贾林岛的经历是一次难忘的历险。正如他的首席发射工程师科尼格斯曼所说："在夸贾林岛上的那四年锻炼了我们，让我们变得更加团结，也教会了我们怎样作为一个真正的团队去开展工作。"

一群吃苦耐劳的 SpaceX 工程师搬到了夸贾林岛的营房。发射场在20 英里外，位于环礁中一座更小的岛屿上，人称"欧姆雷克"。该岛宽约700 英尺，无人居住，乘坐 45 分钟的游艇即可到达，但日照强烈，即便在清晨穿着 T 恤也会被晒伤。在那里，SpaceX 团队弄好了一台相当于普通拖车两倍宽的拖车作为办公室，还为发射台浇筑了混凝土。

几个月后，一些团队成员认为睡在欧姆雷克岛上比每天早晚穿越礁湖更方便一些。拖车上配备了很多床垫、一台小冰箱和一个烤架。来自土耳其、长着山羊胡子的 SpaceX 工程师比伦特·阿尔坦在烤架上娴熟地烹饪着"碎牛肉混合酸奶炖菜"。这里的气氛介于情景喜剧《盖里甘岛》和真人秀《幸存者》之间，不同点在于这里有一个火箭发射平台。每当有一位新人加入，在这里过夜，他就会得到一件 T 恤，上面印着一句口号："Outsweat, Outdrink, Outlaunch."（汗要流，酒管够，火箭必须牛。）

在马斯克的坚持下，他们想尽办法节省资金。他们没有在机库和发射台之间铺设 150 码[1]的轨道，而是设计了一种带轮子的吊架来运输火箭。他们在地上铺上胶合板，推动吊架移动几英尺，然后移动胶合板，铺到车轮前方，为接下来的几英尺铺平道路。

夸贾林岛的火箭团队看上去实在不像一个正经做火箭的专业团队。2006 年年初，他们计划做一次静态点火试验，也就是火箭保持在发射台上，短暂地点燃发动机。但当开始测试时，他们发现没有足够的电力能支持二次点火。原来，由烹饪炖菜的工程师阿尔坦设计的电源箱，其电容器无法处理发射小组采用的高电压等级。阿尔坦很害怕，因为美国陆军留给他们的静态测试窗口就截止到四天后，他不顾一切地想要找出补救的办法。

明尼苏达州的一家电子用品商店出售电容器，得克萨斯州的一名实习生被派到那里采购。与此同时，阿尔坦从欧姆雷克的火箭上拆下电源盒，跳上一艘前往夸贾林岛的船，睡在机场外的水泥板上，等待清晨飞往火奴鲁鲁的航班，随后转机到洛杉矶，他的妻子开车送他到 SpaceX 总部。在那里，他与从明尼苏达州买来新电容器的实习生碰头。他把新产品换到有问题的电源箱中，在测试电源箱的两个小时内冲回家换衣服。然后，他和马斯克跳上了后者的私人飞机，赶回夸贾林岛，为了奖励实习生，还带他一起飞了过来。阿尔坦想在飞机上打个盹——他已经 40 个小时没合眼了，但马斯克还是穷追不舍地问他电路方面的各种细节问题。一架直升机将他们从夸贾林岛的简易机场送到了欧姆雷克。在那里，阿尔坦将修好的电源箱放到火箭上，结果真的奏效了。3 秒的静态发射测试成功了，猎鹰 1 号的首次完整发射测试定于几周后进行。

---

1   1 码 = 0.914 4 米。——译者注

23
两次发射

夸贾林岛，2006—2007 年

比伦特·阿尔坦在烹饪炖菜（上）；夸贾林岛上的汉斯·科尼格斯曼、

克里斯·汤普森和安妮·钦纳里（下）

第一次试射

"想去骑车吗？"早上 6 点，金博尔醒来时这样问他的哥哥。他们在预定的发射日，也就是 2006 年 3 月 24 日飞到了夸贾林岛，埃隆希望他四年来梦寐以求的猎鹰 1 号火箭能够创造历史。

"不骑，我得去控制中心。"埃隆回答道。

金博尔不死心，继续说："发射要到晚些时候才开始呢，我们去骑车兜兜风吧，可以放松放松。"

埃隆终于同意了，他们一路猛蹬，爬上了一个可以观赏日出的悬崖。埃隆在那里静静地站了很久，凝视远方，然后他去了控制室。他穿着短裤和黑色 T 恤，在政府部门提供的木质办公桌之间来回踱步。当马斯克感受到压力时，他就会躲避并将注意力转移到未来的事情上。当工程师们正在为即将到来的重大任务专心忙碌时，他却要没完了地询问他们一些多年后才会涉及的细节，比如火星登陆计划、没有方向盘的 Robotaxi、可以植入人脑并连接到电脑的芯片。在特斯拉，当 Roadster 生产过程面临巨大挑战时，他却开始问他的团队，他设想的下一款车的零部件准备得怎么样了。

现在，在夸贾林岛上，随着猎鹰 1 号首次发射进入倒计时最后一小时，马斯克却开始询问工程师猎鹰 5 号所需的部件，未来那款火箭会搭载 5 个默林发动机。他问坐在控制台前监督倒计时的克里斯·汤普森，他们有没有订购用于燃料箱的新型铝合金。作为 SpaceX 首批工程师之一的汤普森回答说没有，马斯克就很生气。"我们当时正在倒计时的紧张阶段，而他只想跟我在材料问题上寻根究底。"汤普森后来告诉埃里克·伯杰，"我整个人都蒙了，他好像没意识到我们正在试射火箭，而我是发射指挥员，基本上我们要执行的每条命令都是我来喊的。他这么做让我觉得匪夷所思。"

只有到发射的那一刻，马斯克才再次把注意力集中到眼前。当猎鹰 1 号升空，控制室的工程师们向空中挥舞拳头时，马斯克盯着从第二级火箭指向下方的摄像机上传回来的影像。发射 20 秒后，画面上显现了远处地面上欧姆雷克的原始海滩和蓝绿色的水面。"火箭发射了！"金博尔说，"真的发射了！"

然后，又过了5秒，汤姆·穆勒查看传来的数据时突然发现了一个问题。"哦，该死！"他说，"火箭正在失去推力。"科尼格斯曼看到发动机外侧有火苗闪动。"哦，该死！"他说的跟穆勒一模一样，"有火苗，说明有泄漏情况。"

有那么一刻，马斯克希望火箭能升到足够高的位置，这样大气层中不断减少的氧气能让火焰熄灭。但事与愿违，火箭开始坠落。从视频画面来看，欧姆雷克岛越来越大，随后画面变成了一片空白。燃烧的碎片掉进了海里。马斯克说："我当时五内俱焚。"一小时后，他和他的核心团队成员穆勒、科尼格斯曼、布扎和汤普森一起挤进一架军用直升机，开始搜寻残骸。

那天晚上，大家聚集在夸贾林岛的露天酒吧里，静静地喝着啤酒。几个工程师哭了起来。马斯克默默地沉思着，铁面如石，眼神迷离。随后他非常轻声地开口道："当我们开始这项任务时，我们都知道可能第一次任务会失败，但我们会打造出另一枚火箭，再次试射。"

第二天，马斯克和SpaceX团队的其他成员加入了当地志愿者的行列，他们走在欧姆雷克的海滩上，乘坐小船，收集碎片。科尼格斯曼说："我们把碎片放在一个机库里，把它们拼凑在一起，试图找出问题的根源。"金博尔是一个热情好客的美食家，在卖掉Zip2后，他上了厨艺培训课。当晚为了给大家鼓劲儿，他做了一顿户外大餐，用肉、白芸豆罐头和西红柿做了一锅炖菜，还准备了一盘面包、西红柿、大蒜和凤尾鱼做成的沙拉。

当马斯克和他的顶级工程师们乘飞机返回洛杉矶时，他们研究了当时传回的画面。穆勒指出了默林发动机上冒出火焰的那一刻，问题显然是由燃料泄漏引起的。马斯克沉思了一下，随即对穆勒发飙了，他质问："你知道有多少人告诉我，我应该炒了你吗？"

穆勒直接回击："那你为什么不直接开了我？"

"我还没解雇你呢！"马斯克继续开火，"你还在这儿呢！"随后，为了缓解紧张气氛，马斯克播放了古怪的恶搞动作电影《美国战队：世界警察》。正如马斯克经常做的那样，他用愚蠢的幽默来掩盖内心的阴云密布。

当天晚些时候，他发表了一份声明："SpaceX是为长跑而生的公司，不管是身处地狱还是水深火热之中，我们都会完成我们的使命。"

关于承担责任，马斯克制定了一条规则：每个零件、每个流程和每条规范都要落实到人。如果出错，他会迅速追责。导致发射失败的泄漏很明显源自一个小小的、用来固定燃料管线的 B 型螺母。马斯克指责工程师杰里米·霍尔曼，此人是穆勒第一批招进来的员工之一，他在发射的前一天晚上为了能够到一个阀门，就拆掉了螺母又重新装上。在几天后的公开研讨会上，马斯克描述了这个由"我们最有经验的技术人员"犯下的错误，而在座的都知道他指的是霍尔曼。

霍尔曼在夸贾林岛驻扎了两周来分析碎片。在从火奴鲁鲁飞往洛杉矶的航班上，他阅读了有关发射失败的新闻报道，看到马斯克指责他，他感到震惊。一落地，他就从机场驱车两英里来到 SpaceX 总部，径直走进马斯克的办公室隔间。二人爆发了激烈的争吵，肖特韦尔和穆勒都进屋劝架。霍尔曼希望公司撤回马斯克的声明，穆勒也希望公司能这样做。马斯克却说："我是首席执行官，我是与媒体打交道的人，所以你们不要插手。"

霍尔曼告诉穆勒，除非他永远不需要直接与马斯克打交道，否则他不会继续留在公司。一年后，他离开了 SpaceX。马斯克说他不记得这件事，但他补充说霍尔曼不是一个伟大的工程师。穆勒不同意："我们失去了一个优秀的人。"

事实证明，霍尔曼并没有过错。当他们找到燃料管线时，发现 B 型螺母的部分仍然保持连接状态，只是螺母已经被腐蚀，裂成了两半，所以夸贾林岛的海风才是罪魁祸首。

第二次试射

第一次试射失败后，SpaceX 变得更加小心谨慎。团队开始仔细测试，将火箭中数百个零部件的每个细节都记录在案。这一次，马斯克没有催促大家加快步伐，而是谨慎为先。

尽管如此，他也没想消除所有潜在的风险，因为那样做，SpaceX 的火箭就会同政府委托的、人浮于事的、成本加成定价的承包商建造的火箭一样昂贵、一样进度迟缓。因此，他要求大家提供一份图表，展现每个部件中的原材料成本、SpaceX 支付给供应商的成本，以及负责降低该项成本的工程师的名字。在会议上，他有时会表现得比做报告的工程师更了解这些数字，而这让大家感到很不舒服。审批会现场气氛会变得粗暴专横，但成本确实下降了。

所有这些都意味着他们要为精打细算承担相应的风险。比如正是因为马斯克亲自批准使用廉价的、轻质的铝来制作 B 型螺母，才导致了猎鹰 1 号首发时螺母被腐蚀、发射失败的结果。

另一个例子是防晃隔板。当火箭升空时，燃料箱中剩余的燃料会四处晃动。为了防止出现这种情况，可以将刚性金属环连接到油箱的内壁。工程师们在猎鹰 1 号的第一级火箭中做到了，但是给二级以上的火箭增加一大块东西就成了问题，因为必须带着它们一起进入轨道。

科尼格斯曼团队进行了各种计算机模拟，测试燃料晃动带来的风险。只有在极少数的模型中，晃动似乎才是问题。在他们列出的前 15 大风险清单中，排名第 1 的是他们用于火箭外壳的、薄薄的材料在火箭飞行过程中发生弯折的可能性，第二级火箭的燃料晃动在风险清单上排在第 11 位。当马斯克同科尼格斯曼和工程师们一起研究这份清单时，他决定承担其中的一些风险因素，包括燃料晃动。多数风险因素出现的概率不能仅仅通过模拟来确定。晃动的风险究竟有多大，必须在实际飞行中测试。

试射在 2007 年 3 月进行，和一年前一样，发射开始时很顺利。倒计时归零，默林发动机点火，猎鹰 1 号缓缓升空。这一次，马斯克在位于洛杉矶的 SpaceX 总部控制室里观看发射过程。"是的，是的！我们成功了！"穆勒边喊边拥抱他。当第二级火箭按计划分离时，马斯克咬了咬嘴唇，展现出了笑容。

"祝贺，"马斯克说，"这段视频我还要看很多遍。"

整整 5 分钟，足够打开好几瓶香槟的时间都过去了，现场一片欢腾。随后，穆勒注意到画面中出现了一些情况：第二级火箭开始摇晃。回传数据证实了他的担心，他说："我立马就知道是燃料晃动造成的。"

视频画面中的地球就像是一颗在烘干机中翻滚的球，但实际上是第二级火箭在打旋。一位工程师大喊："稳住！稳住！"但此时已经没希望了。发射后第 11 分钟，回传画面出现一片空白。第二级火箭和它的有效载荷从 180 英里的高空坠回地球。火箭已经到达外太空，但未能进入预定轨道。承担风险清单上的第 11 项风险，也就是不加入防晃隔板的决定，再一次为他们敲响了警钟。"从现在开始，"马斯克对科尼格斯曼说，"我们的风险清单不再是 10 项，而是 11 项。"

24

工业奇兵

特斯拉，2006—2008 年

安东尼奥·格拉西亚斯和蒂姆·沃特金斯

Roadster 的成本

马斯克常说，设计出一辆车很容易，难的是制造出一辆车。2006 年 7 月，Roadster 原型车亮相后，真正困难的部分开始了。

Roadster 的目标成本最初是 50 000 美元左右，但随后马斯克的设计方案变了，还有个大问题就是要找到合适的传动系统。所以到 2006 年 11 月，成本已经膨胀到 83 000 美元。

马斯克因此做了一件董事会主席一般不会做的事情：他飞往英国考察底盘供应商路特斯公司，但没有将此行告知首席执行官马丁·艾伯哈德。路特斯公司的一位高管在给艾伯哈德的邮件中这样写道："我发现情况相当尴尬，埃隆要求路特斯公司告知对生产时间的预估。"

马斯克在英国听到了一堆怨言。当时路特斯团队正在想办法适应特斯拉迅速迭代的设计规格，他们表示不可能在 2007 年年底前开工生产 Roadster 的车身，至少要比计划晚 8 个月。他们向他提交了一份包含 800 多个已知问题的清单。

比如已经与特斯拉签约的英国公司出现了问题，这家公司为其提供定制碳纤维面板、挡泥板和车门。一个周五，马斯克自作主张，要去拜访供应商。"我徒步穿过泥泞，来到这座大楼，在那里我看到了工厂的情况，路特斯公司的人是对的，车身模具坏了，"他说，"根本没法弄。"

到 2007 年 7 月底，特斯拉的财务状况又恶化了。第一轮生产所需的材料成本估计是每辆车 11 万美元，预计公司将在几周内耗尽现金。就在这时，马斯克决定请来一支"工业奇兵"。

安东尼奥·格拉西亚斯

安东尼奥·格拉西亚斯 12 岁时想要的圣诞礼物是"苹果电脑"，但他要的其实不是电脑，因为他已经拥有一台早期的苹果 II，他想要的是这家公司的股票。他母亲在密歇根州大急流城经营一家小型内衣店，只会说西班牙语，但她想办法用 300 美元给他买了 10 股。他至今仍然持有这些股票，现在的价值大约为 49 万美元。

格拉西亚斯在乔治敦大学读书时第一次创业，买了很多安全套，把它们运到俄罗斯的一个朋友那里出售。结果销售情况不好，所以他在宿舍里囤积了一大堆安全套。他把它们放在火柴盒里，把盒子表面的"版位"卖成了广告，在酒吧和兄弟会中分发火柴盒。

格拉西亚斯在纽约的高盛公司找到了一份工作，但随后辞职去了芝加哥大学法学院。大多数法学院学生，特别是在芝加哥这样的地方，会发现工作劳心耗神，格拉西亚斯却感到很无聊。他在外面创办了一只风险基金，开始收购小公司。其中一家公司看起来特别有潜力，位于加州，做的是电镀生意，结果却是一团糟。格拉西亚斯亲自前往加州，想帮工厂解决问题，他在法学院的朋友戴维·萨克斯在课上帮他做笔记。（记住这两个名字——安东尼奥·格拉西亚斯和戴维·萨克斯，他们将在推特的传奇故事中再次出现。）

由于格拉西亚斯和大多数工厂工人一样会说西班牙语，他能从他们口中了解到问题所在。他说："我意识到如果你投资了一家公司，你应该用全部时间泡在他们的工作场所。"当他问到如何加快工作进度时，一名工人解释说，用更小的桶来浸泡镍，可以使电镀工作进行得更快。这些想法，还有其他工人提出的想法都非常有效，工厂开始赢利，格拉西亚斯着手收购更多陷入困境的公司。

他从这些风险投资案例中吸取了一个非常重要的教训："让一家公司成功的不是产品本身，而是高效地制造产品的能力。这个问题其实就是，你怎么制造那些制造机器的机器。换句话说，你是怎么设计工厂的。"这是一个指导原则，后来马斯克把它内化成了自己的原则。

从法学院毕业后，戴维·萨克斯与马斯克一起成为 PayPal 的联合创始人。格拉西亚斯是一名投资人，他和马斯克都是 2002 年 5 月去拉斯维加斯出席萨克斯 30 岁生日会的百万富翁新贵。

六个参加聚会的人坐在一辆大型豪华轿车上，其中一位来自斯坦福的朋友在后座呕吐不止。当司机把他们送到酒店时，大多数人都离开了。格拉西亚斯回忆说："埃隆和我互相看了一眼，说我们不能让这个可怜的司机带着车里的呕吐物离开。"于是他们和司机一起骑车去了一家便利店，买了纸巾和喷雾清洁剂，把车内清理了一遍。"埃隆有阿斯伯格综合征，"

格拉西亚斯说，"所以他有时表现得好像漠不关心，但实际上他内心是会在乎别人的。"

格拉西亚斯和他的 Valor 风险投资公司参与了特斯拉早期的四轮融资。2007 年 5 月，他加入了董事会。那时候，马斯克正在摸索 Roadster 生产问题的棘手程度，他请求格拉西亚斯来找出问题所在。为了帮上忙，格拉西亚斯找来了一位古怪的合伙人，他是熟悉工业生产问题的奇才。

蒂姆·沃特金斯

在把电镀公司扶上正轨以后，格拉西亚斯收购了一些类似的公司，其中包括一家在瑞士有个小工厂的公司。当他飞往那里考察时，梳着马尾辫的英国机器人工程师蒂姆·沃特金斯在机场迎接他。当时沃特金斯穿着黑色 T 恤和牛仔裤，还系着一个黑色腰包。每当他接受一项新任务时，他都会去当地的连锁店买上 10 套一样的 T 恤和牛仔裤，在随后的差旅期间像蜕皮的蜥蜴一样一件件换掉这些衣服。

二人悠闲地吃过一顿晚餐，沃特金斯建议去工厂看看。格拉西亚斯知道工厂不安排夜班，所以当沃特金斯和工厂经理开车带他来到一个工业园区的后巷时，他很警惕。格拉西亚斯承认："我有那么一会儿在想，他们可能会对我实施抢劫。"沃特金斯天生就喜欢营造戏剧性场面，于是他推开了后门。灯没开，一片漆黑，但有高速冲压机器工作的声音。当沃特金斯开灯后，格拉西亚斯才发现机器是在自动运转，并没有工人在场。

瑞士法规规定，工人每天的工作时长不能超过 16 个小时。因此，沃特金斯制定了一个两班 8 小时的时间表，中间有两段 4 小时的间隔，机器可以自动运转。他设计了一个公式，预测流程中的每个环节何时需要进行人工干预。他说："我们可以用每天 16 个小时的劳动力达成 24 小时的生产。"格拉西亚斯让沃特金斯成为他公司的合伙人，他们成了一对灵魂伴侣，两人甚至住在一起，因为他们对于"如何杀入制造业，改造企业，让它们变得更有效率"达成了高度的共识。而这正是他们在 2007 年为马斯克和特斯拉所做的事情。

供应链问题

第一个任务是要处理英国供应商的碳纤维面板、挡泥板和车门的问题。马斯克访问该公司后,与公司经理激烈交锋。几个月后,他们打电话说不干了,他们满足不了马斯克的要求,取消了双方签订的合同。

马斯克一得到这个消息,就给身在芝加哥的沃特金斯打电话。他说:"我在私人飞机上,会到芝加哥接你,我们一起去解决这个问题。"在英格兰,他们把机器打包装上飞机,随后飞往法国,那里的索蒂拉复合材料公司已经同意承担机器改造的工作。马斯克担心法国工人没有他本人那么敬业,所以他给他们讲了一段鼓舞人心的话。"请不要现在罢工或者休假,否则特斯拉这家公司就完蛋了。"他恳求道。在卢瓦尔河谷的一个酒庄吃完晚餐后,他留下了沃特金斯来教工人如何使用碳纤维,让他们的生产线高效运转。

车身面板的问题导致马斯克开始担心供应链的其他部分,所以他要求沃特金斯通盘梳理整个系统,结果他发现这就是一场噩梦。生产过程始于日本,该国为锂离子电池包生产电池单元。70个电池单元粘在一起形成电池块,然后运到泰国丛林中的一个临时工厂,该厂曾经生产烧烤架。在那里,它们会被组装成一个电池包,其中附有管网作为冷却装置。这些电池包不能用飞机运输,所以必须走海路运抵英国,然后会被送到路特斯的工厂,在那里组装成跑车的底盘。车身面板来自法国的新供应商。随后,带有电池的车身将横跨大西洋,通过巴拿马运河运到位于帕洛阿尔托附近的特斯拉装配厂。在那里,有团队负责最后的组装,包括 AC 推进公司的电机和动力传动系统。当一个电池包最终组装到一辆消费者购买的新车当中时,它其实已经游历了世界各地。

这个过程不仅在物流上大费周章,而且给公司的现金流带来了问题。在这趟旅程开始时,每个电池单元的成本是 1.5 美元,加上人工费,一块由 9 000 个电池单元组成的完整电池包需要 15 000 美元。特斯拉必须预付这些费用,但这些电池包要在 9 个月后才能完成世界之旅被装到车上,再将车交付给消费者。其他供应过程漫长的零部件也同样烧钱。外包的确可能帮你省钱,但会吞噬公司的现金流。

让问题变得更复杂的是，这款车的设计已经变得过于复杂，一部分原因是马斯克改来改去。他后来承认："简直就是一堆垃圾的大杂烩，蠢透了。"底盘变重了40%，不得不对其进行重新设计才能适合装配电池包，这还导致他们不能复用路特斯公司所做的碰撞测试结果。马斯克说："回过头来看，如果设计从一张白纸开始，而不是试图对路特斯Elise做改型设计，那一定是更明智的做法。"至于动力传动系统，AC推进公司几乎没有一项技术对生产电动车来说是可用的。马斯克说："我们全都给搞砸了。"

沃特金斯前往特斯拉的帕洛阿尔托工程总部，与艾伯哈德一起收拾这一混乱局面。他震惊地发现，根本没有一张生产Roadster所用材料的清单。换句话说，关于生产车辆的每个零部件，以及特斯拉为每个零部件支付了多少钱，根本没有一份完整的记录。艾伯哈德解释说，他正试图把这些信息转移到系统分析程序来进行管理，但公司没有首席财务官，所以就很困难。"没有材料清单，你就没法生产。"沃特金斯告诉他，"一辆车有几万个零部件，当问题像潮水一样涌来，你会觉得生不如死。"

当沃特金斯把Roadster的真实成本拼凑出来时，他意识到事情甚至比他最悲观的预测还要糟糕。最初下线的Roadster，如果包括管理费用，每辆成本至少需要14万美元，在产量增加后也不会低于12万美元。即便每台以10万美元的价格出售，他们也会亏损。

沃特金斯和格拉西亚斯向马斯克提交了形势严峻的调查报告。全球化供应链这头吞金兽，以及新车高昂的成本，会让公司在开始大规模销售电动车之前耗尽全部资金，包括客户为预订Roadster支付的款项。沃特金斯说："那一刻真是不堪回首。"

格拉西亚斯后来把马斯克拉到一边。"这样下去不行啊，"他说，"艾伯哈德管不好这本账。"

25

亲自掌舵

特斯拉，2007—2008 年

马丁·艾伯哈德和 Roadster

艾伯哈德下台

在得知马斯克秘密的英国之行后不久，艾伯哈德邀请他在帕洛阿尔托共进晚餐。艾伯哈德说："我们来找一找能替代我的人吧。"马斯克对他进行粗暴无礼的批评都是以后的事了，至少那天晚上他是站在艾伯哈德一边的。马斯克说："你作为这家公司的创始人所做出的功绩，没有人能够否定它。"在第二天的董事会会议上，艾伯哈德阐述了他主动让位的计划，大家都表示同意。

寻找继任者的工作进展缓慢，主要是因为马斯克对所有候选人都不满意。"特斯拉的问题太多，想要找到一个像样的首席执行官几乎是不可能的。"马斯克说，"房子在着火，就很难找买家。"到 2007 年 7 月，招人的事没有眉目。这时，格拉西亚斯和沃特金斯带着他们的报告来了，马斯克的情绪发生了变化。

马斯克在同年 8 月初召开了特斯拉董事会会议。他问艾伯哈德："你对车辆成本的最佳估计是多少？"当马斯克这样盘问时，事情就很难愉快收场。艾伯哈德给不出准确的答案，而马斯克确信他在撒谎。"撒谎"是马斯克经常使用的一个词，其含义相当宽泛。马斯克说："他对我撒了谎，说成本不会有问题。"

"这是诽谤！"当我引用马斯克的指责时，艾伯哈德这样说，"我不会对任何人撒谎。我为什么要撒谎？成本到底是多少最终一定会真相大白的。"说这话时，他的声调流露出愤怒，但也夹杂着一种痛苦和悲伤的意味。他想不通为什么马斯克在事情过去 15 年后仍然热衷于贬损他，他说："这是世界上最富有的人在用言语攻击一个根本够不着他的人。"艾伯哈德原来的合伙人马克·塔彭宁承认，他们对 Roadster 的定价计算严重错误，但他为艾伯哈德辩护，反对马斯克关于"撒谎"的指控。塔彭宁说："当然，不是故意算错的，我们处理的是我们掌握的定价信息。我们没有撒谎。"

那次董事会会议结束的几天后，艾伯哈德正在前往洛杉矶参加会议的路上，电话响了，是马斯克打来的。马斯克告诉艾伯哈德，他将被立即免去首席执行官的职务。艾伯哈德说："那感觉就像脑门被人拍了一砖，我从来没遇到过这种情况。"不过他应该已经预见到了这一天的到来。即便他已经建议寻找新任首席执行官，他也没有料到在新人被找到前，他就被不客气地免了职。艾伯哈德说："他们在没有我出席的情况下召开了一次会议，投票把我赶下了台。"

他试图联系一些董事会成员，但没人愿意接他的电话。马斯克说："董事会一致同意艾伯哈德必须离开，也包括艾伯哈德在董事会中安排的成员。"塔彭宁很快也离开了。

艾伯哈德创建了一个小网站，名为"特斯拉创始人的博客"，在上面发泄对马斯克的不满，并指责该公司"试图摧毁每一颗可能还在跳动的心脏"。董事会成员要求他注意言辞，但他依然故我。随后特斯拉的律师威胁说要收回他的股票期权，这才让他收敛了一些。在马斯克心中，有一些人物盘踞在阴暗的角落里，他们会刺激他，让他的性格变得黑暗起来，唤醒他冷酷无情、怒不可遏的一面。他的父亲是这个角落里的头号人物，有点儿奇怪的是，这个并不知名的马丁·艾伯哈德排在第二位。马斯克说："与艾伯哈德共事是我职业生涯中犯下的最严重的错误。"

2008年夏，随着特斯拉生产陷入困境，马斯克对艾伯哈德展开了一连串的攻击，艾伯哈德以起诉他诽谤做出回应。诉讼开始时，"马斯克已着手重写特斯拉的历史"。艾伯哈德仍然对马斯克指责他撒谎感到震惊，他说："什么鬼玩意儿？我和马克一手创办的公司，最后让他成了世界上最富有的人。难道这还不够吗？"

他们最终在2009年达成了一项诉讼和解协议，但双方心里都不痛快。协议中，他们同意不再诋毁对方，并且今后两人都将被称为"特斯拉的共同创始人"，同时还包括 JB. 施特劳贝尔、马克·塔彭宁和伊恩·赖特。此外，艾伯哈德得到了一辆 Roadster，这是先前就承诺给他的。随后他们各自发表了一份关于对方的、言辞包容的声明，但彼此都不领情。

尽管有不诋毁对方的条款，但马斯克还是无法控制住自己，每隔几个月就要气血上涌一次。2019年，他在推特上说："没有艾伯哈德，特斯拉也活得好好的，但他居然还不断邀功，一群傻子还给他捧场。"2020年，他宣称："这个人是我合作过的人里最糟糕的一个。"2021年年底，他又说："艾伯哈德版本的特斯拉创业故事显然是假的，我真希望我从来没见过他。"

迈克尔·马克斯和"浑蛋问题"

马斯克此时应该已经知道，他不善于与首席执行官分享权力，但他仍然不想亲自出任这个职位。16年后，他将自己任命自己，成为五家大公司的首席执行官。但在2007年，他认为自己应该像几乎所有的首席执行官一样，坚持只做一家公司，对他来说那就是SpaceX。因此，他聘请了特斯拉的投资人迈克尔·马克斯担任临时首席执行官。

迈克尔曾是电子制造业服务公司伟创力的首席执行官，他通过推行马斯克喜欢的那种战略——垂直整合，把伟创力变成了利润颇丰的行业龙头。他的公司对生产流程中的很多步骤实行端到端的控制。

马斯克和迈克尔一开始相处得很融洽。马斯克有一个奇怪的习惯，他是世界上最有钱的人里最喜欢当沙发客的人，他到访硅谷时就住在迈克尔的家里。迈克尔说："我们会喝喝酒，吹吹风。"但后来，迈克尔犯了一个错误，他认为自己可以引导公司的发展，而不仅是贯彻马斯克的意志。

二人第一次发生冲突时，迈克尔认为马斯克坚持执行不切实际的生产进度安排不合理，因为得提前付款来订购生产物资，但是短时间内根本用不上这些东西。"我们为什么要把这些材料堆在公司里？"迈克尔在他初期参加的一次会议上问道。一位经理回答说："因为埃隆一直坚持说我们要在1月交货给消费者。"为了订购这些零部件，公司的现金流不堪重负，所以迈克尔取消了大部分零部件订单。

迈克尔还瞧不惯马斯克苛责他人的交流方式。迈克尔是一个天性和善的人，无论对方是保安还是高管，他待人接物都有礼有节，并因此广受赞誉。迈克尔说："埃隆确实脾气不太好，他不会在意善待他人这件事。"马斯克甚至没有读过他妻子贾丝廷的大部分小说，迈克尔对此感到震惊。这不是个无关痛痒的小问题，因为它会导致马斯克无法了解问题所在。"我告诉埃隆，大家不会告诉他真相，因为他老是威胁别人。"迈克尔说，"他可能就是个暴君。"

迈克尔仍然费尽心思地想要理解马斯克的脑瓜到底是怎么长的——他那种顽固不化的脾气秉性和他所谓的阿斯伯格综合征，这些是不是可以解释甚至让大家原谅他的一些行为。考虑到公司的经营问题，如果他的这些特质确实能推动大家完成工作任务，那么即便大家日常有点儿情绪，是不是也利大于弊呢？迈克尔说："他这种性格挺极端的，说实话，我觉得他根本就没有与任何人建立起真正的情感联系。"

马斯克反驳说，如果领导者的性格走向另一个极端，那可能会让他变得软弱。他告诉迈克尔，想要成为每个人的朋友，就会导致你过于关心眼前这个人的情绪，而不是关心整个公司的成功，这种做法会导致更多的人受到伤害。"迈克尔·马克斯不会解雇任何人。"马斯克说，"我会告诉他：'迈克尔，你不能跟同事们说大家要加把劲儿啊。'然后眼瞅着大家的工作毫无起色，他们却什么责任都不用承担。"

二人在战略上也出现了分歧。迈克尔决定，特斯拉要与一家有经验的汽车制造商合作，来解决 Roadster 的组装问题。这与马斯克凭本能就会给出的解决方案背道而驰，他希望建起一座巨型工厂，原材料从一端进入，车辆从另一端驶出。

当他们就关于外包特斯拉组装的建议展开辩论时，马斯克变得越来越愤怒。没有人教过他，即使是针锋相对，说话也要给人留三分情面。他在几次会议上说："这是我听过的最愚蠢的方案。"这句话也是史蒂夫·乔布斯经常挂在嘴边的，比尔·盖茨和杰夫·贝索斯也是如此。他们不留余地地直言批评可能会让人感到不安，甚至被冒犯。这句话产生的效果可能不是鼓励大家坦诚交流，而是会让对方噤若寒蝉。但它有时也很奏效，创造出乔布斯所谓的"由顶级球员组成的团队"，他们不屑于与懒虫和糊涂蛋为伍。

迈克尔当时已经功成名就，他无法忍受马斯克的行为。"他把我当小孩，可我不是小孩，"他说，"我比他大呢。我也经营过一家 250 亿美元的公司。"所以他很快就离开了。

迈克尔承认公司自己来控制制造过程的方方面面是有好处的，结果也证明马斯克是对的。但他内心更纠结了，他一直在思考关于马斯克这个人的核心问题：马斯克这些难以取悦他人的恶劣行为，与使他走向成功的全部内在动力能否分离。"我已经把他归入与史蒂夫·乔布斯一样的性格分类。有些人，他就是浑蛋，但他们取得了斐然的成就，以至于我不得不说：'他们这两面看起来就是一体的，分不开。'"于是我问他，那这是不是就可以为马斯克如此行事开脱呢？"也许吧，如果这个世界为人类取得这种成就所付出的代价，就是让一个真正的浑蛋来做这些事，那好吧，也许这种代价值得付出。反正我想了很久，最后得出来的就是这个结论。"随后，他停顿了一下，继续说："但如果有的选，我不希望世界是这样运行的。"

迈克尔离开后，马斯克招聘了一位他认为手段会更强硬的首席执行官——泽夫·德罗里。德罗里是一位经受过战斗考验的以色列伞兵军官，当时他已经是半导体行业的成功企业家。马斯克说："真正愿意担任特斯拉首席执行官的人只有一种，就是天不怕、地不怕的人，因为特斯拉创业过程中让人心生畏惧的困难太多了。"但德罗里的问题是他对造车一无所知。几个月后，以 JB. 施特劳贝尔为首的高管代表表示，他们很难继续为这位首席执行官工作，董事会成员艾拉·埃伦普赖斯说服马斯克自己来接任。"我必须亲自掌舵，"马斯克告诉德罗里，"特斯拉没法由我们两个人共同驾驶。"德罗里体面地退出了，马斯克在 2008 年 10 月正式成为特斯拉的首席执行官（也是一年当中第四位拥有这个头衔的人）。

26

离婚

2008 年

贾丝廷

在儿子内华达去世后，贾丝廷和埃隆决定尽快再要个孩子。他们去了一家人工授精诊所，于2004年诞下一对双胞胎——格里芬和泽维尔。两年后，也是通过人工授精，他们又生下了三胞胎——凯、萨克森和达米安。

贾丝廷回忆说，他们在硅谷的一个小公寓里开始了婚姻生活，他们与三个室友和一只没有经过训练的微型腊肠犬共同生活。现在他们住在洛杉矶贝莱尔山区一座6 000平方英尺的豪宅里，有五个奇特的男孩，还有保姆和管家共计五人的家政团队，以及一只仍未经过训练的微型腊肠犬。

尽管夫妻二人性格乖张，但他们在感情中也有温情脉脉的时刻。他们会走到帕洛阿尔托附近的开普勒书店，搂着对方的腰，把他们买的书带到咖啡馆，边喝咖啡边读书。"说起这个，我有点儿哽咽。"贾丝廷说，"有一些时刻我感受到的是十全十美的满足感，那一刻的人生没有一丁点儿遗憾。"

马斯克很不擅长社交，但他喜欢去参加名人云集的聚会，一直玩到天亮。"我们去参加非常正式的筹款活动，在好莱坞精英夜总会入席的是全场最好的一桌，帕丽斯·希尔顿和莱昂纳多·迪卡普里奥在我们身旁开派对。"贾丝廷说，"谷歌联合创始人拉里·佩奇在理查德·布兰森的加勒比海私人岛屿上举办婚礼时，我们也在场，与约翰·库萨克一起在别墅里闲逛，看着波诺与成群结队的女粉丝合影留念。"

但经历过这一切以后，他们开始争来吵去。马斯克沉迷于颠簸动荡的生活，贾丝廷则被卷入其中。在他们最激烈的争吵中，贾丝廷会表达对他深深的恨意，而他会回应类似这样的话："如果你是我的员工，我一定会炒了你。"有时他会叫她"笨蛋"和"白痴"，遣词用语仿佛是埃罗尔附体，令人不寒而栗。"当我和埃罗尔相处了一段时间后，"贾丝廷说，"我意识到这是埃隆从他身上习得的语汇。"

曾经与哥哥展开过肢体搏斗的金博尔，发现埃隆与贾丝廷发生口角的场面让他不忍直视。金博尔说："埃隆吵架的时候浑身较劲，看着真让人难受，贾丝廷也不甘示弱。你看着他俩吵架，你会觉得，我的天哪，太粗暴了。因为贾丝廷，我对马斯克也敬而远之了好几年。他俩在一起，我没法泰然处之。"

动荡的生活方式导致夫妻感情急转直下。贾丝廷说："基本上就是破罐子破摔，而且是大摔特摔。"她觉得自己变成了或者说被迫变成了一个花瓶一样的老婆，而且她说："我根本不擅长扮演这种角色。"马斯克催促她把头发染成浅色，他提出："染成白金色的。"但她抗拒这些，开始退缩。"我遇到他的时候，他根本没有什么家产。"贾丝廷说，"财富、名利的与日俱增打破了夫妻之间的那种平衡关系。"

　　正如他面对同事时那样，马斯克的心情可以从晴空万里变成阴云密布，随后再变成晴空万里，翻云覆雨只在转瞬之间。他会咒骂几句，停顿一下，随后绽放出一个有趣的笑容，还会开一些古怪的玩笑。"他顽固而强势，就像一头熊。"贾丝廷告诉《时尚先生》杂志的记者汤姆·朱诺德，"他可以跟你嬉戏打闹、愉快玩耍，但最后你面对的仍然是一头熊。"

　　当马斯克专注于一个工作问题时，他会进入某种意识状态，就像他在小学时那样，对外界毫无反应。后来，当我向贾丝廷讲述 2008 年 SpaceX 和特斯拉发生的所有灾难对他的打击时，她开始哭泣。"他没有让我分担这些事情。"她说，"我认为他没有想过跟妻子谈谈也许会对他非常有帮助。他与这个世界的关系是龙争虎斗、你死我活，但他其实完全可以向我倾诉啊。"

　　贾丝廷发现马斯克身上主要缺乏的东西就是同理心，她说："从很多方面来说，他都是一个了不起的人，但其同理心的匮乏总是让我踌躇不安。"有一天开车时，她试图向马斯克解释真正的同理心是怎样一个概念。他一直说同理心是头脑里的一种东西，他解释道由于他自知患有阿斯伯格综合征，他已经学会告诉自己要在心理上保持更加敏锐的状态。"不，它与思考、分析或读懂对方的意思无关，"贾丝廷说，"它涉及的是感觉，是你感受到了对方的感受。"马斯克承认这在人际关系中很重要，但他觉得自己这样的脑回路在掌管一家出色的公司时反而是一个优势。贾丝廷承认："他心智上的顽固和情感上的疏离让他很难做一个好丈夫，不过这也可能是他商业上取得成功的原因。"

　　当贾丝廷催促他尝试一下心理治疗时，马斯克就会很恼火。在内华达去世后，她开始去见心理治疗师，对该领域产生了浓厚的兴趣。她说这让她认识到，马斯克艰难的童年和他的脑回路会让他关闭情感通道。亲密关系对他来说是很难处理的。"当出身的背景环境让人的心智不能发挥正常的功能，或者有一个像他那样的脑回路，"她说，"剑拔弩张就取代了亲密无间。"

这么说并不完全正确。特别是面对他的孩子，马斯克会产生强烈的情感，也会产生情感需求。他渴望身边有人陪伴，甚至是前女友都可以。但是他在日常亲密关系中缺乏的东西，确实在剑拔弩张的紧张关系中得到了弥补。

贾丝廷对婚姻的不满让她陷入了深深的抑郁和愤怒。马斯克说："原来她还有一些情绪起伏，或喜或悲，后来就变成了每天都在生气。"他把这归咎于她的心理医生开的认知增强剂阿得拉。他在房间里到处翻找，找到药片就把它扔掉。贾丝廷也认为，她当时既抑郁又离不开阿得拉。"我被诊断为注意缺陷障碍，阿得拉对我有很大的帮助。"她说，"但这并不是我生气的原因，我生气是因为埃隆将我拒之门外。"

2008年春，先后发生了火箭爆炸和特斯拉的人事动荡，贾丝廷也遭遇了一场车祸。事后，她坐在床上，膝盖蜷缩到胸前，眼里噙着泪水。她告诉马斯克，他们的关系必须改变。"我丈夫的人生中有那么多价值连城的奇迹发生，而我只是一个旁观者。"贾丝廷说，"我想爱他，我也想被他疼爱，就像在他赚到成百上千万美元之前，我们过去那样相爱。"

马斯克同意接受心理咨询，但在一个月后，经历过三次咨询，他们的婚姻还是破裂了。贾丝廷的说法是，马斯克给她下了最后通牒：要么她接受这段婚姻的现状，要么他就要提出离婚。马斯克的说法是，她曾多次说过她想离婚，而他最后说的是："我愿意维持这段婚姻，但你必须保证不要一直对我求全责备。"当贾丝廷明确表示目前的状况是她所不能接受的，马斯克就提出了离婚。"我感到麻木，"她回忆说，"但奇怪的是，我心里却松了一口气。"

27

妲露拉

2008 年

与妲露拉·莱莉同游伦敦海德公园

2008 年 7 月，在与贾丝廷分手后，马斯克应邀在伦敦的皇家航空学会发表演讲。对他来说，这不是一个谈论火箭的好时机：当时他的两枚火箭都爆炸了，第三次试射本应在三周内进行，结果特斯拉沉重的供应链负担成了一头吞金兽，全球经济衰退的早期征兆让公司很难融到新的资金，再加上他与贾丝廷正在闹离婚，威胁到了他在特斯拉的控股权。尽管一大摊子烂事等着他处理，他还是去做了演讲。

他在演讲中表示，SpaceX 等私营航天公司的商业太空探险比政府主导的航天项目更具创新性。如果人类想要殖民其他星球，这些私营公司对整个社会来说就是不可或缺的。随后，他去拜访了阿斯顿·马丁公司的首席执行官，后者对电动车的勃兴大加挞伐，对于人们对气候变化的担忧嗤之以鼻。

第二天，马斯克在一阵胃痛中醒来，这并不是什么稀罕事。他本人可以假装喜欢压力大的生活环境，但他的胃很诚实。这次他是和一位成功的企业家朋友比尔·李一起出行的，于是李带他去了一家诊所。当医生确定他没有患阑尾炎或者更严重的疾病后，李坚持说他们应该找个地方发泄一下。他给他的朋友尼克·豪斯打电话，因为豪斯经营着一家人气火爆的夜店——Whisky Mist。李说："我想让埃隆甩掉心理包袱，轻装上阵。"马斯克待不下去，一直想离开，但豪斯说服他们走进地下的一个贵宾室。几分钟后，一位身穿晚礼服的女演员走了进来，她那身行头有着夺目的光彩。

妲露拉·莱莉当时 22 岁，在赫特福德郡一个风景如画的英国村庄长大。她遇到马斯克时已经小有名气，饰演过一些配角，但是演技不错。在由简·奥斯汀的小说《傲慢与偏见》改编而成的同名电影中，她扮演的是班纳特姐妹中不合群的妹妹玛丽，这是她当时最为人熟知的角色。她身材高挑、美丽动人、长发飘逸、头脑敏锐、个性鲜明，是马斯克非常喜欢的类型。

经过尼克·豪斯和另一位朋友詹姆斯·法布里坎特的引见，妲露拉终于与马斯克坐在了一起。"他看起来相当害羞，表情举止还有点儿尴尬。"她说，"他一直在聊火箭，一开始我都没意识到那是他的火箭。"聊着聊着，马斯克问道："我可以把我的手放在你的膝盖上吗？"妲露拉有点儿吃惊，但还是点头同意了。最后，马斯克对她说："我这方面很笨拙，但麻烦你告诉我你的电话号码，因为我还想再见到你。"

姐露拉当时刚从父母家搬出来。第二天早上，她打电话给父母，聊起她刚认识的这个男人。他们聊天时，她父亲在谷歌上搜索了一下。"这家伙已经结婚了，有五个孩子！"他边看网页边同姐露拉讲，"你被一个花花公子看上了。"姐露拉很生气，打电话质问她的朋友法布里坎特，对方让她先冷静冷静，向她保证马斯克已经和他前妻分手了。

"我们最后一起吃了早餐，"姐露拉说，"吃完了，他就说：'我真的很想和你一起吃午餐。'那天的午餐也一起吃完了，他说：'太好了，太美妙了。现在我想跟你一起吃晚餐。'"在接下来的三天里，他们几乎每顿饭都在一起吃，还一起去哈姆雷斯玩具店给他的五个孩子买礼物。李说："他们就是一对爱情鸟，手拉着手就没松开过。"购物结束时，马斯克邀请姐露拉跟他一起飞回洛杉矶，她没能成行，因为她必须去西西里岛为《尚流》杂志的一篇文章拍写真，宣传她刚刚拍摄的电影《新乌龙女校》，但她最后还是从西西里岛飞到了洛杉矶。

姐露拉没有和马斯克同居，因为她感觉那样不妥。她在半岛酒店开了一个房间，住了一周。行程即将结束时，马斯克向她求婚。他说："我真的很抱歉，我还没买戒指。"姐露拉建议说那就握个手吧，然后就真的握了个手。"我记得我和他在屋顶的游泳池里游来游去，兴奋冲昏了我们的头脑，我们说多不可思议呀，我们才认识了大概两周时间，现在都订婚了。"姐露拉说，她觉得车到山前必有路。她开玩笑说："我们最坏的情况能怎样？"马斯克突然认真起来，回答说："我们中的一个可能会死。"不知何故，在那一刻，她觉得这一切都非常浪漫。

几周后，姐露拉的父母从伦敦飞过来见到了马斯克。马斯克问姐露拉的父亲，可不可以娶她为妻。她父亲回答："我非常了解我的女儿，我相信她的判断力，所以你们想做什么就去做吧。"梅耶飞到了洛杉矶，这一次，她认可了儿子的新伴侣。"姐露拉绝对讨人喜欢，风趣，又有爱心，事业上也很成功。"梅耶说，"她父母人也很好，是一对恩爱的英国伉俪。"在金博尔的建议下，埃隆又征得了姐露拉的同意，决定二人相处几年再结婚。

28

第三次试射

夸贾林岛，2008 年 8 月 3 日

汉斯·科尼格斯曼与猎鹰 1 号

在偏僻的夸贾林岛经历两次发射失败后，猎鹰1号火箭的第三次试射将决定SpaceX的成败——至少包括马斯克在内，所有人都这么认为。他告诉团队，他的钱只够发射三次。"我相信，如果我们发射三次还搞不定，"马斯克说，"我们就活该倒闭关门。"

在第二次试射中，SpaceX没有把真正的卫星放在火箭顶部，害怕万一火箭坠毁了，连带失去宝贵的有效载荷。但对于第三次试射，马斯克全力以赴，抱着必胜的信念赌了一把。火箭将携带一颗昂贵的、180磅重的美国空军卫星，以及两颗来自NASA的、小一点儿的卫星，还有《星际迷航》中扮演斯科蒂的演员詹姆斯·杜汉的骨灰。

升空过程非常顺利。火箭升空时，马斯克正在洛杉矶的控制室里，现场爆发出欢呼声。2分20秒后，第一级火箭按计划从助推器上分离。有效载荷似乎正在朝预定轨道飞去。"好事多磨，三发必成！"一位工程师喊道。

但是很快，像往常一样坐在马斯克旁边那个位置的穆勒又一次倒吸一口凉气。助推器按预期开始朝着地球方向下降，仅1秒后，它突然向前冲刺了一下，撞上了第二级火箭。视频画面一片空白，马斯克和团队马上就知道了，两级火箭连同他们敬爱的"斯科蒂"的骨灰，现在正在经历坠毁阶段。

问题出在他们重新设计的默林发动机的冷却系统上，这套系统在关闭后还保有一点儿推力。穆勒的团队在地面上测试了新系统，它在海平面条件下工作正常，但是在太空的真空环境中，残余燃料燃烧时的微小喷发就让助推器上升了一英尺左右。

马斯克的钱已经花完了，特斯拉的现金流正在大出血，SpaceX的火箭也已经连续三次坠毁。但他还不打算放弃。恰恰相反，他将孤注一掷，他在发射失败几小时后宣布："SpaceX今后在执行过程中不会跳过任何一步。毫无疑问，SpaceX必将在抵达预定轨道方面取得成功。我永远不会放弃，我是说永远不会。"

第二天，在SpaceX的会议室里，马斯克与科尼格斯曼、布扎和夸贾林岛的发射团队举行了电话会议。他们查看了数据，想出了一些解决办法，要留出更多的火箭分离时间，这样就不会再次发生撞击。马斯克的心情很沉痛。他说："我的婚姻状况，还有 SpaceX 和特斯拉发生的事情，那是我人生中最黑暗的一段时期，我甚至连个房子都没有，房子归贾丝廷了。"团队担心他会像过去经常做的那样把锅甩给某个人，他们已经为他冷酷的爆发做好了准备。

但出乎意料的是，马斯克告诉大家，洛杉矶的工厂里放着第四枚火箭的零部件。他说，要造好它，还要尽快把它运到夸贾林岛。他给了他们一个几乎不可能实现的最后期限：在六周内发射第四枚火箭。"他让我们这么做，"科尼格斯曼说，"我大吃一惊。"

乐观的情绪在总部蔓延开来。"我想我们中的大多数人从那以后都会抄起防晒霜，跟着他蹚开地狱之门。"人力资源总监多莉·辛格说，"大楼里的气氛从绝望和失败的愁云惨淡，顷刻间变成了人声鼎沸和壮志雄心。"

《连线》杂志记者卡尔·霍夫曼曾与马斯克一起观看第二次试射的过程。霍夫曼找到马斯克，问他如何才能保持这样乐观的态度。"乐观，悲观，滚蛋吧！"马斯克回答，"我们会让这一切成为现实。上帝为我做证，我一心只想让它成功。"

处于崩溃边缘

特斯拉和 SpaceX，2008 年

在 SpaceX 的控制室工作

2008 年 2 月 1 日，特斯拉总部的员工收到了一封电子邮件，邮件中宣布："P1 正在抵达！"P1 代指的是第一台量产下线的 Roadster。马斯克发表了简短的讲话，然后开着 Roadster 在帕洛阿尔托绕行一圈，庆祝旗开得胜。

之前用来展出的少量 Roadster 都是手工组装的，那只是阶段性的小胜利。很多汽车公司都做过类似的事情，但它们早已破产，被世人遗忘。真正的挑战是不仅要量产车辆，还要实现盈利。在过去的一个世纪里，只有一家美国汽车公司（福特）成功地做到了这一点，并且至今没有破产。

在那一刻，人们还不清楚特斯拉能否成为下一个福特。次贷危机已经开始蔓延，将会导致自大萧条以来最严重的全球经济衰退。特斯拉的供应链很不稳定，资金也快用完了。此外，SpaceX 还没能将火箭送入预定轨道。马斯克说："尽管我现在有了一辆 Roadster，但这才是我人生中最痛苦的一年的开始。"

马斯克经常在法律的边缘游走。2008 年上半年，他抽取了客户为尚未交付的 Roadster 支付的定金，给特斯拉输血续命。特斯拉的一些高管和董事会成员认为，这些定金应该放在托管机构，而不是充当公司的运营费用，但马斯克坚持说："我们如果不这么做，就只剩死路一条了。"

2008 年秋，情况变得更加危急，马斯克恳求朋友和家人提供资金，帮特斯拉支付工资。金博尔在经济衰退中损失了大部分资金，和埃隆一样，已经接近破产。他一直坚持持有 37.5 万美元的苹果公司股票，他说他需要用这些股票变现来支付银行贷款。埃隆说："我需要你把这些钱投入特斯拉。"金博尔一贯支持他，所以卖掉了股票，按照埃隆的要求做了。金博尔随即接到了科罗拉多资本银行打来的电话，对方愤怒地警告说他正在破坏他的个人信用记录。"对不起，但我必须这样做。"金博尔回答说。几周后，当银行再次打来电话时，金博尔做好了大吵一架的准备。但对方言简意赅地告诉他，科罗拉多资本银行刚刚倒闭。金博尔说："2008 年就是这么糟糕。"

马斯克的朋友比尔·李投资了 200 万美元，谷歌的谢尔盖·布林投资了 50 万美元，甚至特斯拉的普通员工也给他签了支票。马斯克以个人名义借款来支付各种开销，其中包括每月支付他自己的离婚律师和贾丝廷的离婚律师的费用（加州法律要求较富裕的配偶支付），共计17万美元。"上帝保佑杰夫·斯科尔，他给埃隆送钱，帮他渡过难关。"妲露拉谈到马斯克的朋友时说道，斯科尔是eBay的第一任总裁。安东尼奥·格拉西亚斯也出手相助，借给马斯克100万美元。妲露拉的父母甚至也提供了帮助，她回忆说："我很不安，给爸爸妈妈打了电话，他们说会把房子重新抵押，帮着筹一些钱。"这个提议被马斯克拒绝了，他对妲露拉说："我的确是在倾我所有做这些事，但你父母不应该因我的处境而冒失去房子的风险。"

不知道有多少个夜晚，妲露拉惊恐地看着马斯克在睡梦中喃喃自语，有时还挥舞着手臂大喊大叫。"我一直以为他是心脏病要发作了。"她说，"他有睡惊症，只在睡梦中尖叫，有时候还像是在挠我。那真的很恐怖。我很害怕，而他当时也很绝望。"有时他冲进洗手间，开始呕吐。"呕吐物要是回流到他的胃里，他就会吼叫着干呕。"她说，"我会站在马桶边，扶着他的头。"

马斯克对压力的承受度很高，但2008年发生的一切几乎突破了他所能承受的极限。他说："我每天都在工作，不分昼夜，人们需要我变出戏法来，看着我从帽子里掏出一只兔子，那么我就再掏一只出来，然后再掏一只出来。"他的体重增加了很多，然后又突然全部减掉，甚至掉的比涨的更多。他开始驼背，走路时脚趾发僵。但他变得精力充沛，注意力高度集中。头顶悬着一把剑，所以他丝毫不能懈怠。

马斯克身边的每个人都认为，他将不得不做出一个决定。随着2008年接近尾声，他似乎必须在SpaceX和特斯拉之间做出取舍。如果他将其不断减少的资源集中在一个项目上，他就可以非常肯定这个项目能活下来。如果他还试图双线作战，最后将是竹篮打水一场空。有一天，他热情洋溢的灵魂伴侣马克·容科萨走进了他在SpaceX的办公室隔间。"伙计，你为什么还不肯放弃一家公司？"容科萨问道，"如果SpaceX合你的心意，那就把特斯拉弃了吧。"

"不！"马斯克说，"那样等于再次昭告世人'电动车不靠谱'，可持续能源驱动的世界将永远无法实现。"但他说自己也不能放弃SpaceX，"那样我们可能永远不会成为跨行星物种"。

人们越是逼他选择，他就越发抵触。马斯克说："对我来说，这就像你有两个孩子，快没吃的了，你可以给每个孩子分一半，但这样他们可能都会饿死，或者你把所有的食物给一个孩子，增加至少一个孩子存活的概率。但由我自己来决定一生一死，这种事我干不出来，所以我决定必须付出我的全部来拯救两个孩子。"

30
第四次发射

夸贾林岛，2008 年 8—9 月

马斯克同工程师们在控制室中（上、左下）；科尼格斯曼在夸贾林岛上倒香槟（右下）

合伙人救星驾到

马斯克的预算是为猎鹰 1 号的前三次发射准备的，但这三次都是在进入预定轨道前发生了爆炸。当时他面临着个人破产和特斯拉的财务危机，很难想象他到底还能怎样为第四次发射筹措资金。这时，一群不可思议的家伙赶来增援：PayPal 的联合创始人们，也就是八年前将马斯克从首席执行官的位置上赶下台的那群人。

马斯克面对被赶下台的那段经历已经能做到心如止水，他与当时推翻他的几位领导者，包括彼得·蒂尔和马克斯·列夫琴都保持着友好的关系。昔日的"PayPal 黑帮"，就像他们自己所说的那样，是一个联系紧密的群体。当前同事戴维·萨克斯制作讽刺题材电影《感谢你抽烟》时，他们为他提供资助，而萨克斯正是当年在法学院帮安东尼奥·格拉西亚斯做笔记的人。蒂尔与另外两位 PayPal 同事——肯·豪厄里和卢克·诺塞克合作，成立了创始人基金，主要投资互联网初创公司。

马斯克说，蒂尔对"清洁能源技术持明确的怀疑态度"，因此创始人基金没有投资特斯拉。与马斯克关系密切的诺塞克建议他们投资 SpaceX，蒂尔同意与马斯克举行电话会议，讨论这一想法。蒂尔说："有一次我问埃隆，我们是否可以和公司的首席火箭工程师对话。埃隆回答：'你现在就在和他讲话。'"这并没有让蒂尔放下心来，但诺塞克极力想促成这笔投资，他说："我跟他们强调，埃隆想做的事情很了不起，我们应该参与其中。"

最终蒂尔妥协了，同意创始人基金向 SpaceX 注资 2 000 万美元。蒂尔说："我内心的一部分想法是，我们可以通过这种方式再续 PayPal 传奇。"这笔投资是在 2008 年 8 月 3 日宣布的，就在第三次试射失败之后。也正是依托这笔投资，马斯克跨过了生死线，他宣布他将继续为第四次发射提供资金。

"用佛教的话来说，这是一场关于因果报应的考验。"马斯克说，"就像恺撒在元老院被刺死一样，我在 PayPal 被政变的领导者推翻后，本可以说'你们这些人，真是烂透了'，但我没有这么说。如果我同他们势同水火，创始人基金就不会在 2008 年注资 SpaceX，SpaceX 无疑会死掉。

我不喜欢类似占星术的烂玩意儿，但因果报应可能是真的。"

压缩时间

在 2008 年 8 月第三次试射失败后，马斯克就给团队设定了六周内将新火箭运到夸贾林岛的最后期限。这似乎是马斯克扭曲现实的一种伎俩。第一次和第二次试射间隔了 12 个月，第二次和第三次又间隔了 17 个月。由于不需要为纠正第三次试射出现的问题而对火箭做任何基础的设计调整，所以马斯克计算出六周的期限是大家可以办到的，而且这样做相当于给团队打了一针强心剂。另外，考虑到现金流正在快速消耗，他别无选择。

SpaceX 在洛杉矶工厂存有第四枚火箭的零部件，但通过海路将其运到夸贾林岛需要四周时间。SpaceX 的发射主管蒂姆·布扎告诉马斯克，满足最后期限的唯一方法是向空军租用一架 C-17 军用运输机。"好吧，那就租吧。"马斯克回答。此时布扎就明白了，马斯克已决定毕其功于一役。

20 名 SpaceX 员工与火箭一起，搭乘 C-17 运输机起飞，火箭被绑在机舱内壁的折叠座椅上。机上的气氛很欢快。这些员工都是工作狂，他们相信自己即将创造出他们心目中的硬核传奇。

当他们飞越太平洋时，一位名叫特里普·哈里斯的年轻工程师拿出吉他开始弹奏。他的父母是田纳西州的音乐教授，他们曾想让他成为古典音乐家，但有一年圣诞节，他在看《星际迷航》时决心成为一名火箭科学家。哈里斯说："我最后想明白了，怎么把自己从音乐人转变成工程师。"然而这个转变并不是他想象中的那种"过渡"。在普渡大学学习一年后，他渴望得到一个暑期实习的机会，但面试结果一直不理想。这时他已经认命，就留在当地的五金零售商 Ace 公司实习，但他的教授接到在 SpaceX 任职的朋友打来的电话，说他们需要实习生。结果没等 SpaceX 发出正式聘用文书，哈里斯第二天一早就丢下女朋友出发了，从印第安纳州开车直奔洛杉矶。

当运输机开始降落，要到夏威夷加油时，机上出现了巨大的爆裂声，紧接着又响了一声。"我们面面相觑，觉得很奇怪。"哈里斯说，"随后我们又听到一声巨响，看到火箭主体的侧面像被捏扁的可乐罐一样。"飞机快速下降致使舱内压力增加，而火箭主体的阀门流入空气的速度不够快，导致火箭内外压强不平衡。

工程师们手忙脚乱，掏出小刀，割开已经收缩的外包装，试图打开阀门。比伦特·阿尔坦跑到驾驶舱，试图阻止飞机下降。哈里斯说："这个土耳其大个子对美国白人空军飞行员大喊大叫，让他们拉升飞机高度。"令人惊讶的是，飞行员们没有意气用事，把火箭或者阿尔坦扔到海里。相反，他们同意提升高度，但警告阿尔坦，燃料只够再飞行30分钟，意味着10分钟后他们要再次开始降落。一名工程师爬进了火箭第一级和第二级之间的黑暗区域，找到了大型增压管，设法扭它，让空气流入火箭，在飞机再次下降时使内外压强达到平衡。金属开始回弹，接近原始形状，但损伤已然造成：外部出现凹陷，其中一个挡板被移位了。

他们给身在洛杉矶的马斯克打电话，告诉他发生了什么，建议允许他们把火箭带回来。"我们所有人站在那里，都听到了电话那头的停顿。"哈里斯说，"他沉默了1分钟，然后说：'不，你们把它弄到夸贾林岛去，在那里修复它。'"哈里斯回忆说，当他们抵达夸贾林岛时，他们的第一反应就是："伙计，我们完蛋了。"但一天后，他们的兴奋劲儿又回来了："我们开始告诉自己：'这次我们能做成。'"

布扎和火箭结构主管克里斯·汤普森在SpaceX总部把所需的部件凑在一起，包括防止燃料箱内液体晃动的新挡板，把它们装到马斯克的飞机上，从洛杉矶运往夸贾林岛。到了那里，他们发现一群工程师在半夜四处跑动，疯狂地研究着已经被拆散的火箭，就像一群急诊室里的医生，试图拯救一个病人的生命。

在SpaceX的前三次发射都失败后，马斯克开始重点抓质量控制和风险管理。布扎说："我们呢，现在已经习惯慢一点儿推进工作，文档变多了，检查动作也变多了。"布扎告诉马斯克，如果他们遵循所有的新要求，修复火箭要花上五周时间。如果他们放弃这些要求，就可以在五天内搞定。如他们所料，马斯克的决定是："好吧，能多快就多快。"

马斯克决定推翻他关于质量控制的各项命令，这让布扎领会到两点：马斯克可以在情况发生变化时改变心意，而且他比任何人都愿意承担更多的风险。布扎说："我们必须学会适应，埃隆会要求A，但后来时间一长，他就会意识到：'哦，不，我们可以换 B 方式来做。'"

当他们在夸贾林岛的骄阳下争分夺秒时，有一只硕大无比的椰子蟹注视着他们，这家伙接近 3 英尺长。他们给它取名为埃隆，就在它的注视下，他们在规定的五天内完成了检修。"这是航空航天产业中那些臃肿的大公司想都不敢想的，"布扎说，"有时候他设定疯狂的最后期限的确是有意义的。"

"好事多磨，四发必成"

如果第四次发射失败，SpaceX 就寿终正寝了，也有可能导致"民营企业家能引领太空探索领域"这一先锋理念走向终结，顺带着可能使特斯拉走向终结。"我们将无法为特斯拉筹集到新的资金，"马斯克说，"人们会说：'看看那个把火箭公司搞砸的家伙，他就是个失败者。'"

第四次发射定于 2008 年 9 月 28 日进行，马斯克计划在位于洛杉矶的 SpaceX 总部的指挥车上观看发射过程。为了舒缓紧张情绪，金博尔建议他们那天上午带孩子去迪士尼乐园玩。那是个周日，乐园里人挤人，他们没有买 VIP 快速通行证，但在长长的队伍中等待对埃隆来说反而是件好事，因为他在等待中渐渐平静下来。随后他们乘坐了"飞跃太空山"，对埃隆来说，这是一个非常应景的项目，隐喻过于直白，以至于如果 SpaceX 不能像过山车一样翻过"这座大山"，那么提起这件事情甚至都会让人觉得老套。

马斯克穿着他在迪士尼乐园里游玩时穿的米色 Polo 衫和褪色的牛仔裤，在下午 4 点发射窗口即将开启时登上指挥车，他可以在一个显示屏上看到猎鹰 1 号在夸贾林岛发射台的情况。控制室里一片寂静，只有一名女性负责报出倒计时。

当火箭飞出发射台时，欢呼声响起，但马斯克默默地盯着传输到他的电脑上的数据，以及墙上显示屏上火箭摄像机回传的视频。60 秒后，视频显示发动机的烟羽变暗。这是个好迹象：说明火箭到达了氧气更少、空气更稀薄的大气层。夸贾林环礁的小岛渐渐缩小，看起来就像海洋碧波中的一串珍珠。

2分钟后，到了两级火箭分离的时间节点。推进器发动机关闭了，这次在第二级火箭释放之前有5秒的延迟，以防止出现第三次试射时导致事故的碰撞。当第二级火箭慢慢升空时，马斯克终于释放出自己压抑许久的欢呼声。

第二级火箭上的Kestrel发动机表现完美。它的喷管因高温而发出暗红色的光芒，但马斯克知道这种材料白热化后依然可以正常工作。升空9分钟后，Kestrel发动机按计划关闭，其有效载荷进入预定轨道。此时，欢呼声震耳欲聋，马斯克高举双臂，站在他身旁的金博尔开始哭泣。

猎鹰1号创造了历史，成为第一个由私人制造的、从地面进入预定轨道的火箭。马斯克的团队只有500名员工（波音公司的同类部门有50 000人），他们从头开始设计整个系统，自己完成所有建造工作，几乎没有外包，而且资金也是私人提供的，主要来自马斯克本人。SpaceX签订了为NASA和其他客户执行任务的合同，但他们只在发射成功后才会得到报酬，没有补贴，也没有成本加成合同。

"帅呆了！酷毙了！"马斯克走到工厂车间里大喊。一些员工聚集在食堂附近欢呼，他当着大家的面跳了一小段舞。"好事多磨，四发必成！"当欢呼声再次响起时，他变得比平时更口吃了一些。"我脑子有点儿乱，所以说不出来什么。"他喃喃地说，但随后他给出了自己对未来的设想，"这只是我们庞大计划的第一步，我们将在明年把猎鹰9号送入轨道，龙飞船将开始运行，由它来接替航天飞机的工作。要做的事情还有很多，我们还要去火星。"

马斯克面容冷峻，在发射过程中，他的胃一直在绞动，几乎快要吐了。即使在成功之后，他也很少感到喜悦。"我的皮质醇水平，我的应激激素、肾上腺素都太高了，以至于我很难感到快乐。"他说，"我只是觉得如释重负，就像劫后余生的那种感觉，但其中不包含快乐。我当时压力太大了。"

"ilovenasa"

这次成功的发射挽救了私营太空事业的未来。"就像罗杰·班尼斯特实现了4分钟跑完1英里的最佳成绩，SpaceX让人们在谈论太空探索事业时解放了思想。"《硅谷钢铁侠》的作者阿什利·万斯写道。

这导致 NASA 做出了明显的方向性调整，他们结束了航天飞机计划，这意味着美国不再具备任何向国际空间站发送机组人员和货物的能力。因此，NASA 发起了一项名为"商业再补给服务合同"的竞标活动，中标者执行向空间站发送货物的任务。猎鹰 1 号第四次发射成功促使马斯克和格温·肖特韦尔在 2008 年年底飞往休斯敦，与 NASA 管理者会面，力争签下这个订单。

当他们走下马斯克的私人飞机时，马斯克在停机坪上把肖特韦尔拉到一边，告诉她："NASA 担心我必须在 SpaceX 和特斯拉之间分配时间，因此我需要一个合作伙伴。"他能说出这句话来可是不容易，因为他更擅长指挥而不是合作。随后马斯克问肖特韦尔："你想成为 SpaceX 的总裁吗？"如果她同意，他将继续担任首席执行官，他们一起分担责任。"我将专注于工程和产品开发。"马斯克说，"我希望你专注于客户管理、人力资源、政府事务和大量的财务工作。"肖特韦尔立马就接受了，她解释说："我喜欢与人打交道，而他喜欢与硬件和产品设计打交道。"

12 月 22 日，马斯克的手机响起，他接到一个电话，似乎也为可怕的 2008 年拉下了帷幕。NASA 的航天主管威廉·格斯滕迈尔（此人后来加入了 SpaceX）告诉他一个消息：SpaceX 将获得一份价值 16 亿美元的合同，在空间站和地球之间进行 12 次往返运输。"我爱 NASA，"马斯克回答，"你们真棒。"随后他把他的电脑登录密码改为"ilovenasa"。

31

拯救特斯拉

2008 年 12 月

近乎狂热地追求冒险刺激：在一次生日派对上，他勇敢地面对蒙住双眼的掷飞刀者

特斯拉融资

NASA 的巨额合同给马斯克带来的欢愉稍纵即逝，事实上，他身上的千斤重担丝毫没有减轻。SpaceX 确实能在圣诞节期间喘口气了，但特斯拉在 2008 年年底依然濒临破产，它的资金挺不到圣诞节。特斯拉公司和马斯克本人的现金储备不够支付下个月的工资。

在马斯克的积极奔走下，现有的投资者们只为新一轮股权融资提供了2 000 万美元，也就够特斯拉再支撑几个月。然而，就在马斯克认为这次融资已经要大功告成时，他发现还有一个投资方犹豫不决：艾伦·萨尔兹曼领导的优点资本。而发行新的股份必须征得所有现有投资者的同意。

过去几个月，萨尔兹曼和马斯克在公司战略上存在分歧，他们一度在特斯拉总部激烈争吵，员工们都听到了。萨尔兹曼希望特斯拉成为其他汽车公司（比如克莱斯勒）的电池包供应商，他说："若想为特斯拉的后续发展提供资金，这样做能帮上忙。"马斯克认为这个提议太疯狂了，他说："萨尔兹曼坚持想让我们搭传统车企的便车，而我的想法是他们那艘船可都要沉了啊。"让萨尔兹曼感到不安的是，特斯拉正在挪用 Roadster 的客户下的定金，而这些车还没造出来呢。萨尔兹曼说："人们认为他们付的是定金，而不是提供给公司的无担保贷款。从商业道德角度来分析，这种做法是不对的。"马斯克征求了外部律师的看法，对方称这是合法的。萨尔兹曼很反感马斯克的做法："他对人态度强硬、麻木不仁，这是刻在他骨子里的，令我感觉很不舒服。"

有一次非正式的董事会会议，金博尔也在线上，萨尔兹曼为日后解除马斯克的首席执行官职务先做了个铺垫。"这些恶棍、蠢货想对埃隆下手，他们的卑鄙行径让我火冒三丈。"金博尔说，"我开始大喊：'想得美！想得美！你们休想这么做！你们这群蠢货！'"安东尼奥·格拉西亚斯也在参加电话会："不，我们支持埃隆。"金博尔打电话给埃隆，让他阻止董事会的投票。结果埃隆当时有些出神，甚至都没有生气。

萨尔兹曼和他的合伙人坚持要求马斯克来一趟他们的办公室，详细说明特斯拉未来的资金需求。"他要给公司做一台大手术，而我们要做的是确保他输血的时候没有输错血型。"萨尔兹曼说，"当一个人大权独揽又感到压力极大的时候，公司就面临着很大的不确定性。"

马斯克还是生气了，他对萨尔兹曼说："我们必须马上完成融资，否则发薪日发不出薪水。"但萨尔兹曼坚持要求他们在下周见一面，他还把时间定在早上7点，这进一步激怒了马斯克。"我是个夜猫子。我心想，伙计，你存心整我啊！"他说，"萨尔兹曼故意这么做，因为他是个浑蛋。"马斯克觉得，萨尔兹曼如果能得到机会，一定很享受一边盯着他的眼睛一边拒绝他的感觉，而这一幕果然出现了。

马斯克肚里能撑船，他与PayPal合伙人能冰释前嫌就是一个证明。但总有那么几个人一定会让他怒发冲冠，几乎到了怒不可遏的程度。马丁·艾伯哈德算一个，艾伦·萨尔兹曼算第二个。马斯克认为萨尔兹曼是故意要让特斯拉破产，马斯克说："他就是个渣滓，我说他是人渣不是在贬低他，而是在形容他的本来面目。"

萨尔兹曼平静地否认了马斯克的指控，似乎对他的侮辱感到无奈。"我们没有任何想要接管公司或者迫使公司破产的计划，"萨尔兹曼说，"那太荒谬了。我们发挥的作用就是支持一家公司，确保他们明智地利用好资金。"尽管马斯克对他进行了人身攻击，但他还对前者表达了一些敬佩之情。萨尔兹曼说："这家公司其实是他一手支撑起来的，最后成功了，我承认功劳是他的，我向他脱帽致敬。"

为了绕过萨尔兹曼对新一轮融资的否决，马斯克马不停蹄地重新组织融资，使得这轮融资的途径不再是增发股份，而是承担更多债务。这场具有决定性的电话会议是在圣诞节前夕召开的，在SpaceX拿下NASA合同的两天后。埃隆和妲露拉·莱莉当时在位于科罗拉多州博尔德的金博尔家里。"我坐在地板上为孩子们包礼物，而埃隆在床上打电话，急不可耐地想把整件事情梳理清楚。"妲露拉回忆道，"圣诞节对我来说非常重要，所以我的首要任务是不要让孩子们的注意力被他的焦躁状态影响。我不停地跟他们说：'今天是圣诞节，会有奇迹出现哦。'"

结果她真的言中了，优点资本最终表示支持该计划，其他投资者在电话会上附议。马斯克流下了泪水，他说："如果没有走通这条路，特斯拉就完蛋了，也许我这么多年关于电动车的梦想也就灰飞烟灭。"当时，美国所有主流车企都已经放弃生产电动车。

政府贷款和戴姆勒的投资

多年来围绕着特斯拉，有一种批评的声音认为，该公司在 2009 年得到了政府的"救助"或者说"补贴"。事实上，特斯拉并没有从财政部的"问题资产救助计划"（TARP）中获得资金，即通常所谓的"紧急救助"。根据该计划，美国政府向通用汽车和克莱斯勒借出 184 亿美元，因为两家公司正在进行破产重组。特斯拉没有申请过 TARP 或经济刺激计划的资金救助。

不过在 2009 年 6 月，特斯拉确实得到了美国能源部项目提供的 4.65 亿美元有息贷款。先进技术汽车制造贷款项目向制造电动车和节油汽车的公司提供贷款，福特、日产、菲斯克汽车公司同样通过该计划获得了贷款。

能源部对特斯拉的贷款并不是立即注入现金，与救助通用汽车和克莱斯勒的资金不同，特斯拉的贷款资金与公司实际支出挂钩。马斯克解释说："我们必须先花钱，然后向政府提交发票。"所以能源部的第一张支票直到 2010 年年初才开出来。三年后，特斯拉偿还了贷款和 1 200 万美元的利息。日产在 2017 年偿还了贷款，菲斯克破产了，而截至 2023 年，福特还欠着这笔钱。

对特斯拉更为关键的一笔注资来自戴姆勒。2008 年 10 月，在特斯拉危机和 SpaceX 发射失败的当口儿，马斯克飞往这家德国公司位于斯图加特的总部。戴姆勒的高管们告诉他，他们对打造电动车很感兴趣，他们有一个团队计划在 2009 年 1 月访问美国，并且邀请特斯拉团队向他们展示电动版戴姆勒 smart 汽车的方案。

返回美国后，马斯克告诉 JB. 施特劳贝尔，在戴姆勒团队到访前，他们要抓紧时间组装一辆电动 smart 原型车。他们派了一名员工到墨西哥，那里有燃油版的 smart 汽车。员工在当地购买了一辆，把车开到了加州，随后在里面装上了 Roadster 的电机和电池包。

2009 年 1 月，当戴姆勒的一些高管到访特斯拉时，他们看上去有些恼火，因为他们觉得自己是屈尊与一家默默无闻、资金紧张的小公司举行会晤。马斯克说："我记得他们非常不耐烦，一分钟都不想多待，他们以为这一趟来只能看到一些蹩脚的 PPT。"随后马斯克问他们，想不想开开这辆车？"什么意思？"戴姆勒团队中的一位高管问道。马斯克解释说，他们已经做出了一辆可以开的原型车。

他们来到停车场，戴姆勒的高管们开始试驾，结果这辆车瞬间冲了出去，四秒内完成了百公里加速，这让他们大吃一惊。"那辆 smart 可有劲儿了，"马斯克说，"你甚至可以用它做后轮平衡特技。"结果很自然地，戴姆勒与特斯拉签订了 smart 汽车的电池包和动力总成供应合同——这与萨尔兹曼当初的建议并无二致。马斯克提出请戴姆勒考虑投资特斯拉。2009 年 5 月，美国能源部的贷款还没批下来，戴姆勒就同意根据特斯拉当时的估值，向特斯拉注资 5 000 万美元并获得相应的股权。马斯克说："如果当时戴姆勒没有投资特斯拉，我们就倒闭了。"

32

Model S

特斯拉，2009 年

德鲁·巴格里诺（左）；马斯克与弗朗茨·冯·霍兹豪森（右）

亨利克·菲斯克

有了 2008 年圣诞节期间的那轮融资、戴姆勒的投资和政府贷款，马斯克终于能放开手脚推进项目了。如果这个项目能成功，特斯拉将成为一家真正的电动车公司，引领行业进入电气化时代。这个项目就是推出一款面向主流市场的四门轿车，成本约为 6 万美元，能够大规模量产，也就是后来人们熟知的 Model S。

马斯克在 Roadster 的设计上花了很多时间，但是他发现打造一款四门轿车遇到的困难更多。他说："跑车的线条和比例就像一个超模，想要设计得好看相对容易，但轿车的身材比例就很难调整到让人满意。"

特斯拉一开始与南加州的设计师亨利克·菲斯克签订了合同，他出生于丹麦，曾为宝马 Z8 和阿斯顿·马丁 DB9 设计出视觉冲击力极强的车身造型。马斯克对菲斯克的设计理念却不以为然，在谈到菲斯克的一张草图时，他说这辆车"看起来就像四个轮子上顶了个蛋，必须降低车顶高度"。

菲斯克试图向马斯克解释这个问题，因为电池包会抬高车底板，所以只有车顶隆起才能为司乘人员提供足够的头部空间。菲斯克走到白板前，画出了马斯克喜欢的阿斯顿·马丁的设计草图，车身造型又矮又宽，但由于 Model S 的电池包藏在下面，所以不可能拥有同样流畅的线条。"想象一下，你在参加乔治·阿玛尼的时装秀，"菲斯克解释说，"一个身高 6 英尺、体重 100 磅的模特穿着裙子走了进来。你妻子坐在你身边，她身高 5 英尺、体重 150 磅。你对阿玛尼的设计师说：'给我老婆做一条那样的裙子吧。'两条裙子怎么可能一样呢？"

马斯克下令在设计上做了几十处改动，包括大灯的形状和前备箱盖的线条。菲斯克认为自己是艺术家，他告诉马斯克为什么其中有些地方他不想改。"我不关心你想要什么，"马斯克回复他，"我是在命令你做这些事。"菲斯克回忆起马斯克当时提出的各种混乱的要求和他发号施令的态度，语气中透露出一种不胜疲惫却又发自内心的苦笑："我跟马斯克不是一路人，我是个闲散随性的人。"九个月后，马斯克取消了同菲斯克签订的合同。

弗朗茨·冯·霍兹豪森

弗朗茨·冯·霍兹豪森出生于康涅狄格州，住在南加州，但人如其名，他有一种欧式的高冷气质。他时常穿着不使用动物毛皮的 Technik 皮革夹克和紧身牛仔裤，脸上永远挂着似笑非笑的表情，隐隐地透露出一种自信和礼貌的谦逊。从设计学院毕业后，他成为一名匠人，先后在大众汽车、通用汽车和加利福尼亚州的马自达公司工作，在这些地方他发现自己陷入了他所谓"周而复始的循环"，做一些不需要灵感创意的项目。

冯·霍兹豪森的一大爱好是开卡丁车。在 2008 年那个酷热的夏天，他的一位卡丁车友正在圣莫尼卡大道为特斯拉的第一个展厅开业而忙碌，这个人对马斯克提到了冯·霍兹豪森。在取消了与菲斯克的合约后，马斯克想在特斯拉内部成立一个设计工作室，正为此寻觅合适的设计师。马斯克给冯·霍兹豪森打电话，对方同意当天下午过来。马斯克带他参观了 SpaceX，这让他大吃一惊，惊叹道："天哪，他在向太空发射火箭，跟这个比起来，造车就容易多了。"

他们当晚在圣莫尼卡展厅的开幕式上继续交谈。在一个远离其他与会者的会议室里，马斯克给他看了一些照片，展示了菲斯克已经为 Model S 做过的一些工作。"这弄得真不怎么样，"冯·霍兹豪森表示，"我能给你做出来一些伟大的东西。"马斯克放声大笑。"好的，那我们来合作吧！"他说着，当场就雇用了冯·霍兹豪森。后来他们成为一个团队，就像史蒂夫·乔布斯和乔纳森·伊夫一样，这是马斯克在职业生涯和个人生活的重要关系中为数不多的能和谐相处的关系之一。

马斯克希望设计工作室能靠近他在洛杉矶 SpaceX 工厂的办公室隔间，而不要靠近特斯拉在硅谷的办公室，但他手头没钱打造这样一个工作室。因此，马斯克在 SpaceX 工厂后面的一个角落给冯·霍兹豪森安排了一块地方，他在靠近 SpaceX 组装火箭整流罩的区域搭了一个帐篷，给他的团队留了一些私密的工作空间。

2008 年 8 月，冯·霍兹豪森来到 SpaceX 的第二天，他站在格温·肖特韦尔身旁，在工厂食堂附近通过显示屏观看了 SpaceX 在夸贾林岛进行第三次试射的画面。那次发射失败了，因为助推器在分离后突然一蹿，撞到了第二级火箭。霍兹豪森猛然间意识到，他已经告别马自达那种舒适的工作，他正在为一个天才、一个狂人工作，而这个人沉迷于风险动荡和戏剧性事件。SpaceX 和特斯拉当时的经营状况似乎都在经历螺旋式下降，呼啸着奔向破产的境地。冯·霍兹豪森说："末日将近，有那么几天我在想，我们可能要撑不下去了，想展示一下我们心目中这款酷炫的新车，可能连机会都没有了。"

冯·霍兹豪森想招一个老伙计进来，他向他认识多年的汽车业老友戴夫·莫里斯递出了橄榄枝。莫里斯是一名油泥模型师、工程师，童年在伦敦北部度过，操着一口当地炸鱼薯条味的欢快口音。"戴夫，你不知道这家公司是怎么白手起家的，"冯·霍兹豪森对他说，"就像一个车库乐队。我们可能要破产了。"但当冯·霍兹豪森带着莫里斯穿过 SpaceX 工厂来到设计工作室区域时，莫里斯被迷住了。"如果他搞的火箭都这么硬核，他还想做电动车，"莫里斯想，"那我觉得我可以加入啊。"

马斯克最后买下了 SpaceX 工厂旁边的一个旧飞机库，用来安置冯·霍兹豪森和他的设计工作室。马斯克几乎每天都会过来聊聊，每周五都会花上一两个小时密集地召开设计审查会议。渐渐地，新版的 Model S 成形了。在展示了几个月的草图和规格参数表后，冯·霍兹豪森意识到马斯克最喜欢看的还是三维模型。因此，他和莫里斯与几位雕塑师合作，制作了一个全尺寸的模型，还时不时地对模型做出一些调整。周五下午，马斯克来参观时，他们会把模型推出工作室，放到外面阳光充足的停车场露台上，请他来评论一番。

电池包

为了让 Model S 显得不那么臃肿，马斯克要让电池包尽可能薄。他希望把电池包都放在车底板下面，不要像 Roadster 那样在两个座位后面再放一盒电池包。把电池放在低处可以让车更容易操控，几乎不可能翻车。马斯克说："我们花了很多时间，就为了把电池包削薄几毫米，这样我们就能确保司乘人员有足够的头部空间，又不会导致车身看起来像一个圆滚滚的大泡泡。"

他安排的电池环节负责人是刚毕业的斯坦福大学学生德鲁·巴格里诺。巴格里诺比一般工程师的个性更鲜明，笑起来很随和，多年来他在特斯拉不断升迁，直至成为核心领导层的一员，但他的这段职业生涯差一点儿就在与马斯克的第一次会面中断送了。马斯克问他："需要多少个电池单元才能实现我们的目标续航？"巴格里诺和动力总成团队的其他成员已经将这个问题分析了几周，他说："我们打造了几十个模型，研究空气动力学上的最优解，让动力传动系统的效率发挥到极致，计算每个电池单元的能量密度最大能到多少。"在此基础上他们得出的答案是，电池包需要大约8 400个电池单元。

"不，"马斯克回复道，"做成7 200个电池单元。"

巴格里诺认为这是不可能的，但他话到嘴边又咽了回去。他听说过马斯克感受到来自他人的挑战时就会发怒的故事。即便巴格里诺没有当面顶撞他，仍发现之后好几次马斯克还是会对他的工作成果百般挑剔。巴格里诺回忆说："他真的很严厉，只要某件事令他不满意，那么这件事是他从谁口里得知的，他就针对谁，这样真的不太好。他甚至开始攻击我。"

巴格里诺告诉他的上司、特斯拉的联合创始人JB. 施特劳贝尔，他有多么沮丧："我再也不想参加有埃隆在场的会议了。"施特劳贝尔经历了许多次这样的会议，他说巴格里诺来找他，找得"太对了"。"我们就需要这样的反馈。"施特劳贝尔说，"你要学会如何处理他提出的要求：弄清楚他的目标到底是什么，持续向他提供信息。这就是他在工作中取得最佳成果的手段。"

电池单元的这件事，最终巴格里诺被震惊到了，他说："最疯狂的是，我们最后真的做出了7 200个电池单元的电池包。他是凭直觉提出来的要求，但在他的推动下，我们真的搞定了。"

一旦电池数量得以削减，马斯克就开始关注电池包的位置可以降到多低。把电池包放在车底，就得保护它不被路上的石头和碎片刺穿。结果他与团队中一些谨慎的成员就这个问题多次争执不下，他们希望在电池包下加一块厚的保护板。有时会上的争吵十分激烈。"埃隆的火力会冲着工程师个人去，搞得大家都崩溃了，"施特劳贝尔说，"他们会觉得这是逼他们去做一些明明会造成危险隐患的事情。"他们想坚持自己的立场，结果那场面就像斗牛士在公牛面前挥舞红色斗篷。"埃隆是一个好胜心极强的人，谁敢在会上挑战他，那会议就会变成一场噩梦。"

马斯克聘用风度翩翩的英国人彼得·罗林森担任 Model S 的首席工程师，他曾在路特斯和路虎负责汽车车身方面的工作。他们一起想出了一个办法，不仅是将电池包放在车底板下方，他们还重新设计了一番，让电池包变成了车辆结构的一个部分。

这是很典型的马斯克式做法，给新车绘制造型设计图纸的设计师应该与那些能决定车辆制造工艺的工程师携手合作。冯·霍兹豪森说："在我工作过的其他公司里，有一些设计师的状态就是当甩手掌柜，他们有了设计思路，然后就把它发给工程师，对方可能在另一幢大楼里工作，甚至在另一个国家工作。"而马斯克会让工程师和设计师共处一室，冯·霍兹豪森说："这样做希望达成的目标就是，我们要培养出一群像工程师一样思考的设计师，再培养出一群像设计师一样思考的工程师。"

这与史蒂夫·乔布斯和乔纳森·伊夫在苹果公司贯彻的设计法则是一致的：设计不仅是美学问题。真正的工业设计必须将产品的外观与它的工程问题联系在一起。乔布斯曾经解释说："在大多数人看来，设计就是徒有其表，但实际上没有什么工作能比设计的意义更深入。设计是人造产品的灵魂内核，它最终体现在人造物由表及里的所有层次当中。"

对用户友好的设计

还有一个设计原则来自苹果的设计工作室。当乔纳森·伊夫在 1998 年构思一款糖果色的 iMac 时，他希望能做到对用户友好，在设计中加入了一个凹陷的把手。虽然这个设计的实用性并不强（因为 iMac 是台式机，有了它也不意味着电脑可以随身携带），但它传递出了一个对用户友好的信号。"有了这个把手，产品就可能同用户建立起一种联系。"伊夫解释说，

"它不再是冷冰冰的，它允许你去触摸它。"

与伊夫的设计理念类似，冯·霍兹豪森设计了一种开门方式，让门把手的表面与车门齐平，当司机拿着车钥匙走近时，门把手会弹出并亮起，就像一次愉快的握手。这没有给车增加任何了不起的新功能，因为一个普通的按压式门把手也能起到同样的作用，但马斯克立刻接受了这个想法，它会向司机传递一个活泼又友好的信号。他说："门把手感应到你正在接近它，它就亮了起来，还弹出来迎接你，看上去就很神奇。"

工程师和制造团队就这个想法展开了博弈。车门里面几乎没有空间容纳实现这一功能的装置，而这些装置还必须在各种天气条件下正常工作数千次。其中一位工程师用马斯克最喜欢的一个词——"愚蠢"——回敬他，但马斯克依然坚持保留这个设计。他命令道："不要再和我争论这个问题了。"这最终成为新车的标志性特征，与车主建立起了一种情感联系。

马斯克对规章制度心怀抵触，他不喜欢按别人的规矩行事。Model S接近完成时，有一天他坐进车里，拉下副驾驶一侧的遮阳板，指着政府强制要求粘贴的、关于安全气囊的警告标签，还有儿童在副驾驶位上如何禁用安全气囊的标签，质问道："这是个什么东西？"戴夫·莫里斯解释说，都是政府的硬性要求。"去掉它们，"马斯克命令道，"谁都不是傻子，这些贴纸太蠢了。"

为了绕过这些规定，特斯拉专门设计了一个系统，如果检测到有儿童坐在副驾驶座上，就不让安全气囊弹出来。这不符合政府要求，但马斯克没有退缩。多年来，特斯拉与美国高速公路安全管理局来回交涉，该部门偶尔会对没有张贴警告标签的特斯拉车辆发出召回通知。

马斯克希望 Model S 装有一块大尺寸触摸屏，可以让驾驶员触手可及。他和冯·霍兹豪森花了几个小时讨论屏幕的大小、形状和位置。结果这些讨论后来改变了汽车行业的游戏规则。大屏让驾驶者可以更方便地控制灯光、温度、座椅位置、悬架水平，除了打不开杂物箱（出于某种原因，政府规定需要有一个物理按钮），车内的几乎所有东西都可以用大屏控制。大屏还给司乘人员带来了更多的乐趣，包括视频游戏、乘客座位上的放屁音效、多种多样的喇叭声，以及隐藏在交互中的彩蛋玩笑[1]。

最重要的是，将车视作一个软件实体，而不仅是一个硬件实体，就能让车不断地迭代升级。新增功能可以通过无线网络推送给车辆。"我们当时惊喜地发现，可以经年累月地给车增加大量功能，包括提高车辆加速度。"马斯克说，"这样一辆车日后可以变得比你买下它的时候更厉害。"

1　特斯拉的软硬件系统中设置有用户可以自行探索的很多隐藏功能，被称为"彩蛋"。——译者注

33

私营太空事业

SpaceX，2009—2010 年

2010 年同时任美国总统奥巴马在卡纳维拉尔角

猎鹰9号、龙飞船和40号发射台

SpaceX 在赢得了 NASA 向国际空间站运送货物的合同以后，迎来了一个新的挑战：他们需要打造一枚比猎鹰1号强大得多的火箭。

马斯克最初的计划是，这枚下一代火箭将配备5个发动机，而不再是1个，因此被称为"猎鹰5号"。它还需要一款更强大的发动机，但汤姆·穆勒担心制造新发动机需要很长时间，于是他说服马斯克接受了一个稍作修改的想法：新火箭将配备9个与之前一样的默林发动机。就这样，猎鹰9号诞生了，这枚火箭将成为 SpaceX 此后10多年的主力火箭。它有157英尺高，比两台猎鹰1号摞起来还要高，推力比后者大10倍，重量比后者重12倍。

除了新火箭，他们还需要一个太空舱，也就是在火箭顶部发射的模块，将有效载荷中的货物（或宇航员）送入预定轨道，与空间站对接，并返回地球。马斯克与工程师们在周六上午召开了一系列会议，从一张白纸开始设计了一个太空舱，他将其命名为"龙"，取自歌曲《神龙帕夫》。

最后，他们还需要找个地方——这次可不能再选夸贾林岛了！他们需要一个可以定期发射新火箭的地方。如果还要让大型火箭猎鹰9号漂洋过海，把它运到太平洋的另一端，那就太费劲了。所以这次 SpaceX 与新场地——位于卡纳维拉尔角的肯尼迪航天中心签订了使用合同。该航天中心在佛罗里达州靠近大西洋的东海岸上，占地超过14.4万英亩，其中有700多座建筑物、发射台和发射场，SpaceX 租赁的是40号发射台。自20世纪60年代以来，该发射台一直用于发射美国空军的大力神号运载火箭。

为了修葺这个发射台区域，马斯克聘请了工程师布莱恩·莫斯戴尔，他曾在洛克希德·马丁与波音成立的合资公司"联合发射联盟"工作。求职者被马斯克面试时可能会感到不安，因为他可能会一心多用，有时面无表情地盯着求职者，有时又默不作声，停顿至少整整一分钟（人事会提前告知求职者只要坐在那里就好，不要试图插话打破沉默）。但是如果求职者完成了破冰，让马斯克提起了兴趣，他想要真正了解求职者时，就会与其深入地探讨技术问题，从科学角度分析，为什么应该用氦气而不是氮气？做泵轴密封的最佳方式是什么？设备里面错综复杂的通道最好怎么清洗？马斯克说："只用几个问题就能准确评估一个人的真实水平，我在这方面挺有天赋的。"莫斯戴尔通过面试，得到了这份工作。

在马斯克的定期催促下，莫斯戴尔用 SpaceX 典型的方式修葺了这片发射区域。莫斯戴尔和他的上司蒂姆·布扎到处翻找可以低成本再利用的零部件。在卡纳维拉尔角的路上开车时，布扎看到一个旧的液氧罐。"我问那位部队领导，我们可不可以买下它，"布扎说，"然后我们就得到了一个价值 150 万美元的废旧压力容器。现在它还放在 40 号发射台呢。"

马斯克省钱的另一个高招就是质疑团队提出的购置需求。他问手下为什么要花 200 万美元造一对吊车来吊起猎鹰 9 号，同事向他展示了空军规定的安全条例，这些条例大多数都是过时的。莫斯戴尔成功说服军方修改了它们，所以最后起重机这一项只花了 30 万美元。

几十年来，成本加成合同让航空航天业对成本控制问题漠不关心。火箭上的一个阀门比汽车上用的类似阀门要贵 30 倍，所以马斯克不断要求他的团队多从航空航天领域以外的公司采购零部件。NASA 在空间站中使用的门闩，一个就要 1 500 美元。SpaceX 的一名工程师改造了浴室隔间门上使用的插销，做出了一种闭锁机构，成本只要 30 美元。一名工程师走到马斯克的办公室隔间，告诉他猎鹰 9 号有效载重舱的空气冷却系统要耗资 300 多万美元，他就扯着嗓子问旁边隔间的格温·肖特韦尔：家用的一套空调系统成本要多少钱？她回答说大约 6 000 美元。随后 SpaceX 团队就买了一些商用空调设备，改造了其中的泵，然后就把它用在了火箭顶部。

莫斯戴尔为洛克希德·马丁公司和波音公司工作时，曾在卡纳维拉尔角为德尔塔Ⅳ型重型火箭重建了一个发射台综合体。他为猎鹰 9 号建造类似设施的花费只相当于当时的 1/10。SpaceX 不仅用私有化产权的方式进入了航空航天领域，还彻底颠覆了这个行业的成本结构。

奥巴马在 SpaceX

"有人跟我说，我们应该延长航天飞机计划的期限，这种说法有道理吗？"2008 年 9 月初，贝拉克·奥巴马这样问他在太空问题方面的竞选顾问洛丽·加弗。

"不，"她回答，"应该让私人部门来做这个。"这是一个危险的提议。当时 SpaceX 发射卫星进入预定轨道的尝试已经连续失败三次，正准备第四次发射——可能也是最后一次。

加弗是 NASA 的老员工，她想说服这位民主党新晋总统候选人，美国制造火箭的方式需要变一变了。NASA 正计划停止航天飞机计划，希望用一个新的太空探索计划取而代之，新项目被命名为"星座计划"，该计划当时正在以传统方式运行：NASA 为了制造大部分零部件，同洛克希德·马丁和波音成立的合资公司联合发射联盟签订了成本加成合同，但该计划的预计成本已经增加了一倍多，而且完工遥遥无期。加弗建议奥巴马取消该计划，转而允许私营公司开发火箭，比如 SpaceX，让它们把宇航员送入太空。

这就是为什么她和马斯克一样，从 2008 年 9 月猎鹰 1 号在夸贾林岛的第四次成功发射中获益良多。成功后，她收到了来自奥巴马团队核心高层的祝贺电话，奥巴马最终任命她为 NASA 副局长。

对加弗来说，坏消息是奥巴马任命查尔斯·博尔登做她的上司。博尔登之前是海军陆战队飞行员，也是 NASA 的宇航员，他不像加弗那样热衷于与商业部门合作。博尔登说："我跟我身边的很多人不一样，我不是空想家。他们都觉得 NASA 应该把预算、把所有用于载人航天的资金都交给埃隆·马斯克和 SpaceX。"

除了要应付上司，加弗还得同国会中那些在本州坐拥波音相关产业设施的议员展开斡旋。尽管他们是共和党人，他们却反对由私营公司接管他们心目中本该由政府机构运营的事业。"航空航天这种高端产业的从业者和政府官员都以嘲笑 SpaceX 和埃隆为乐。"加弗说，"埃隆比他们年轻，比他们富有，拥有硅谷那种创新颠覆者的心态，面对传统行业的桎梏，初生牛犊不怕虎，然而这些都不足以让那些人对他高看一眼。"

2009 年年底，加弗在这场争辩中胜出。奥巴马的科学顾问和预算主管说 NASA 的"星座计划超出预算、执行滞后、方向偏离、无法落地"后，奥巴马就取消了该计划。NASA 的保守主义人士，包括备受尊敬的宇航员尼尔·阿姆斯特朗，谴责了这一决定。亚拉巴马州参议员理查德·谢尔比说："总统提出的 NASA 预算规划是把美国载人航天的未来往火坑里推。"NASA 前局长迈克尔·格里芬七年前曾与马斯克一起前往俄罗斯，他指责说："美国这样搞下去，我们就不会成为人类太空事业的重要参与者了，这基本上已成定局。"然而他们错了，在接下来的十年里，美国主要依靠 SpaceX，送上太空的宇航员、卫星和货物比其他国家都多。

奥巴马决定在 2010 年 4 月前往卡纳维拉尔角，意在彰显美国依靠 SpaceX 等私营公司并不意味着美国放弃了太空探索。"有些人说，以这种方式与私人部门合作是不可行的、不明智的。"奥巴马在演讲中说，"我不同意这种说法。通过采购太空运输服务，而不是购买航天载具，我们可以继续确保太空项目的落地执行遵循严格的安全标准。我们也将加快创新的步伐，因为参与其中的公司，无论是年轻的初创公司，还是成熟的领军企业，都在设计、建造方面不断展开竞争，在把宇航员和物资送出大气层这件事上不断地发挥着创造性。"

总统团队做出安排，总统将在演讲后视察一个发射台，在火箭前与大家合影。接下来发生的事，其中一个故事版本是总统想去联合发射联盟所用的一个发射台，而他们当时正准备发射一颗秘密情报卫星，所以这个提议被否决了。洛丽·加弗说真实情况并非如此："我们在白宫的所有人都一致同意，大家都想去看 SpaceX 的发射台。"

对奥巴马和马斯克来说，这个电视画面是无比珍贵的：这位年轻的总统在约翰·肯尼迪承诺美国将载人登月的那一年出生，他与这位敢于冒险的企业家并肩而行，他们绕着熠熠生辉的猎鹰 9 号走着，随意地交谈着。马斯克喜欢奥巴马，他说："我认为他是一个温和派，但他也是一个愿意以强力推动改变的人。"马斯克后来觉得那天奥巴马正在心里打量着他，他说："我觉得他想了解我，到底是个靠谱的人，还是个疯疯癫癫的家伙。"

34

猎鹰 9 号升空

卡纳维拉尔角，2010 年

（位于正中的）马克·容科萨带领大家庆祝猎鹰 9 号升空

进入轨道

马斯克证明自己不是"疯癫之人"的机会来了，或者说他至少可以证明自己是个靠谱的人。两个月后，2010 年 6 月，猎鹰 9 号尝试了首次不载人的试验性入轨飞行。猎鹰 1 号在发射成功前失败了三次，而这次的新火箭要大得多，也复杂得多，马斯克认为第一次试射不太可能成功，但现在压力更大了，因为总统已经将这种商业发射模式定为美国发展航天事业的政策。正如《华尔街日报》所写的那样："白宫的新政本就步履蹒跚，一次看点十足的发射失败可能会进一步削弱新政的说服力——他们试图说服国会花费数十亿美元来帮助 SpaceX，可能还要加上 SpaceX 的另外两家竞争对手，为 NASA 即将退役的一批航天飞机开发商用替代品。"

一场暴风雨袭来，打湿了火箭，这可没给发射成功创造有利条件。布扎回忆说："我们的天线被淋湿了，遥测信号不好。"他们把火箭从发射台上放下来，马斯克和布扎一起检查损坏情况。夸贾林岛上会炖肉的英雄比伦特·阿尔坦爬上梯子，看了看天线，确认它们太湿了以至于无法正常工作。典型的 SpaceX 修复方案随即登场：他们取来一个吹风机，阿尔坦挥舞着它对着天线猛吹，直到天线干透。马斯克问阿尔坦："你觉得明天飞，这样能行吗？"阿尔坦回答说："应该可以了。"马斯克默默地盯着他看了一会儿，思忖着阿尔坦和他的答案，随后说："好吧，那就继续吧。"

第二天早上，无线电频率检查结果仍然不尽如人意。布扎说："这不是那种正确的频率模式。"所以他告诉马斯克，可能还得推迟。马斯克看了看数据，像往常一样，他愿意比其他人承受更多的风险，他说："这样已经很好了，我们发射吧。"布扎同意了。"跟埃隆一起工作，这一点很重要。"他说，"如果你告诉他风险有哪些，向他展示工程数据，他就会做出快速评估，这样责任就从你这里转移到他那里了。"

发射过程非常顺利。在可可比奇的长堤上，马斯克同欢呼庆祝的团队一起通宵开派对，称他们"吹散了总统国策头顶上的一片乌云"。同样，SpaceX 也打了一个漂亮的翻身仗。成立不到八年，其中有两年深陷濒临破产的境地，而如今它成了世界上最成功的私营火箭公司。

随后返回

下一场重大考验定于 2010 年晚些时候进行，意在证明 SpaceX 不仅可以将无人太空舱发射到预定轨道上，还可以把它安全地送回地球——没有私营公司做到过这一点。事实上，只有三个国家成功过——美国、俄罗斯和中国。

马斯克愿意承担风险，那种 NASA 绝对不会承担而他愿意承担的风险，而且他对风险的高容忍度让他再次表现出一种近乎不计后果的偏执。在计划于 12 月发射的前一天，在最后的发射台检查中，他们发现第二级火箭的发动机裙边有两条小裂缝。"NASA 的每个人都认为发射将推迟几周进行，"加弗说，"一般这种情况会更换整个发动机。"

"如果我们直接剪掉裙边呢？"马斯克问他的团队，"比如说，就是沿着边剪掉它？"换句话说，为什么不把有两条裂缝的底部剪掉一丁点儿呢？一位工程师警告说，裙边缩短以后，发动机的推力会略微减少。但马斯克计算过，剪掉以后的推力足够完成任务。做出这个决定用了不到一个小时，他们用一把大剪子修剪了裙边，火箭在第二天按计划完成了关键的发射任务。加弗回忆说："NASA 除了接受 SpaceX 的决定、难以置信地看着这一切发生，其他什么也做不了。"

正如马斯克预判的那样，火箭真的能将龙飞船送入轨道。随后，它执行了预定的机动动作，发射了制动火箭以便返回地球，轻轻地降落在了加州海岸附近的水面上。

尽管做到这一切很了不起，但马斯克对此的认识很清醒。水星计划早在 50 年前就完成了类似的壮举，当时他和奥巴马都还没有出生呢。美国只是追上了当年自己的脚步。

SpaceX 一再证明它可以比 NASA 更灵活。一个例子是，在 2013 年 3 月的一次空间站任务中，龙飞船的一个发动机阀门被卡住了，SpaceX 团队七嘴八舌地讨论如何中止这次任务，在它坠毁前安全返回，随后他们有了一个大胆的想法：或许可以将阀门前部的压力提到非常高的水平，随后如果他们突然释放压力，阀门可能会像"打嗝"一样弹开。马斯克后来告诉《华盛顿邮报》的克里斯蒂安·达文波特："对待航天器问题的这种办法，就像对待病人的海姆利希手法一样。"

NASA 的两位高级官员站在控制室后面，看着 SpaceX 年轻的工程师们制订了这个计划。一名软件工程师编写了让太空舱提高舱压的代码，随后发送了代码，就像是特斯拉车辆的软件更新推送一样。

砰！啪！成功了！阀门真的"打了个嗝"就打开了。龙飞船与空间站完成对接，随后安全返航。

这为 SpaceX 的下一次巨大挑战铺平了道路，那个挑战更宏大，甚至更危险。在加弗的促成之下，奥巴马政府决定，一旦航天飞机退役，美国将依靠私营公司，尤其是 SpaceX，不仅要发射货物，还要将人类送入轨道。马斯克对此早有准备，他早就告诉 SpaceX 的工程师，在龙飞船里做一个货物运输过程中根本用不到的东西：一扇窗户。

35
迎娶妲露拉

2010 年 9 月

同妲露拉在肯塔基州德比

"我愿意走这条难走的路"

2008 年夏，马斯克刚认识妲露拉·莱莉几周后就向她求了婚，但他们二人都认为应该等上两年再正式结婚。

对待一份感情，马斯克有时冷酷无情，有时孤独无助，有时热情洋溢，最后一种状态在他坠入爱河时表现得最为明显。2009 年 7 月，妲露拉回到英国，出演《新乌龙女校 2》。两年前她拍摄了这部女孩寄宿学校题材的喜剧，此时拍摄的是续集。进组的第一天，她在伦敦北部童年住所附近的一个庄园里，收到了马斯克送来的 500 朵玫瑰。"他要是发火，那就是真生气了；他要是高兴，那真是开开心心的。他情绪外露得像个孩子。"妲露拉说，"有时候他可能会非常冷漠，但那时他会以一种非常纯净的方式感受事物，那种感受的深度是大多数人所不及的。"

这段关系里最震撼妲露拉的是她所谓的"男人心里住着的小男孩"，马斯克高兴时，这种孩子般的状态会以一种疯狂的方式表现出来。妲露拉说："我们去看电影的时候，他会被一部荒唐的电影吸引，陶醉地盯着屏幕，嘴巴微微张着，傻笑着，然后他真的会笑得躺在地板上，抱着肚子打滚。"

但她也注意到，马斯克心里的小男孩还会有另一种呈现方式——一种更暗黑的方式。在他们交往的早期，他会睡得很晚，跟妲露拉讲他父亲的情况。她说："我记得有一个晚上，他说着说着就开始哭，那段经历对他来说真的是噩梦。"

在二人谈话时，马斯克有时会陷入一种恍惚的状态，讲述他父亲曾经说过的事情。妲露拉回忆说："他讲述这些时，他的意识几乎已经飘走，反正已经不在房间里了。"听到埃罗尔训斥埃隆使用的措辞，她感到震惊，因为这些话不仅听着就很残忍，而且她也曾听到埃隆生气时说过同样的话。

这个来自英国乡村的女孩恬静安然、知书达理，她意识到同马斯克的婚后生活对她来说是个不小的挑战。他会让人激动、让人着迷，但也会让人忧心忡忡，他的人格中包裹着太多复杂的层次。"和我在一起不容易，"马斯克告诉她，"感情的这条路并不好走。"

妲露拉决定顺其自然，有一天她对马斯克说："没关系，我愿意走这条难走的路。"

2010 年 9 月，他们在建于 13 世纪、位于苏格兰高地的多诺赫大教堂举办婚礼。妲露拉说："我是基督徒，埃隆不是，但他很痛快地就同意了在大教堂结婚。"她穿了一件王薇薇设计的非常棒的公主裙，还给马斯克配了一顶高帽和一根手杖，这样他就可以像弗雷德·阿斯泰尔那样跳舞——她给他看过这位演员的电影。马斯克的五个儿子穿着量身定制的燕尾服，本应该承担一些婚礼上的职责，比如帮着拿戒指、招待来宾，但他患有孤独症的儿子萨克森拒绝出席，其他男孩又在现场打架，只有格里芬真的陪他们走到了婚礼通道的尽头。但妲露拉不介意，她回忆说这种打打闹闹的花絮给婚礼平添了乐趣。

婚礼后的派对在附近的斯盖波城堡举办，这座古堡同样建于 13 世纪。妲露拉问马斯克想要什么，他回答说："应该有气垫船和鳗鱼。"这是巨蟒剧团一个短剧里的梗，约翰·克里斯在其中扮演一个匈牙利人，他想借助一本内容有误的短语手册来说英语，他告诉一个店主："我的气垫船里全是鳗鱼。"（短剧里的效果比我讲出来要好笑。）"这可不容易做到，"妲露拉说，"因为在英格兰和苏格兰之间运输鳗鱼需要许可证，但最后我们确实在现场安排了一艘水陆两用的小气垫船和一些鳗鱼。"现场还有一辆装甲输送车，马斯克和朋友们用它轧扁了三辆报废车。纳瓦德·法鲁克说："我们都得到了一个重新做回小男孩的机会。"

东方快车

妲露拉喜欢举办富有创意的聚会，而马斯克尽管在社交方面不太开窍（也许正是这个原因），却对这些聚会有一种奇怪的热情。他可以在聚会中放纵自己，特别是在他紧张的时候——对他来说，大部分时间都很紧张。妲露拉说："所以我当时经常举办那种风格夸张又盛大的聚会，只是为了让他开心。"

最奢华的一次是在 2011 年 6 月，他们结婚不到一年，为了庆祝马斯克 40 岁生日，他们夫妇俩同 36 个朋友一起租了几节从巴黎开往威尼斯的东方快车的车厢。

他们住在旺多姆广场附近豪华的海岸酒店，其中几个人在埃隆和金博尔的带领下去了一家高级餐厅。他们正准备返回酒店时，决定租几辆自行车，在镇上"飙飙车"。一行人骑车骑到了凌晨2点，随后他们给酒店工作人员塞了些钱，请他开放了酒吧。喝了一个小时的酒，他们又骑上自行车，最后来到一个叫"壮丽"的地下酒馆，在那里一直待到清晨5点。

直到下午3点他们才起床，正好赶上了东方快车。他们穿着燕尾服，在东方快车上吃了一顿正式的晚餐，其中有鱼子酱和香槟，随后是他们的私人娱乐活动，观看光束马戏团的演出。这是一个蒸汽朋克风格的表演艺术团，演出中有前卫的音乐、空中艺术和火焰表演，有点儿像太阳马戏团，但色情意味更浓。"表演者吊在天花板上，"金博尔说，"在非常传统的东方快车车厢里，这个场景挺奇怪的。"妲露拉有时会私下里给埃隆唱一首歌，歌名是"我的名字叫妲露拉"，出自电影《龙蛇小霸王》。他说他的生日愿望就是妲露拉能对所有参加派对的人演唱这首歌。她说："我不怎么会唱歌，所以一直挺怯场的，但为了埃隆，我还是唱了。"

马斯克的人生中，没有很多稳定扎实的人际关系，也没有度过多少平稳顺遂的时期。毫无疑问，这二者之间存在相关性。在他为数不多的稳定关系中，从2008年相遇到2016年离婚，他与妲露拉一起度过的这段岁月，最终成为他人生中一段最长的保持相对稳定的时期。如果他喜欢稳定的生活，而不是跌宕起伏的戏剧性生活，妲露拉就是他人生路上完美的伴侣。

36

制造业

特斯拉，2010—2013 年

2010 年 6 月，同格里芬、妲露拉和泽维尔共同敲响纳斯达克的开市钟（上）；

同马克斯·布朗利在特斯拉弗里蒙特工厂（下）

弗里蒙特

从 20 世纪 80 年代开始，主流舆论将全球化捧上神坛，首席执行官和投资人为了削减成本，不遗余力地推动美国公司纷纷关闭国内工厂，将制造业转移到海外的离岸工厂。这一趋势在 21 世纪初愈演愈烈，而当时特斯拉正处于起步阶段。2000—2010 年，美国失去了 1/3 的制造业工作岗位。通过把工厂搬到国外，美国公司节省了劳动力成本，但他们丧失了对于如何优化、打磨产品的真实体验感。

马斯克逆潮流而动，主要是因为他希望把对制造过程的控制权紧紧地攥在自己的手里。他认为，设计一个造车的工厂就是打造"制造机器的机器"，这件事与设计车辆本身一样重要。特斯拉的"设计—工程—制造"反馈循环让它的竞争优势凸显出来，因为这里每天都在开展创新活动。

甲骨文创始人拉里·埃里森只加入了苹果和特斯拉两家公司的董事会，他与乔布斯和马斯克是亲密的朋友。他说这两个人都有强迫症，但是是好的那种。埃里森说："强迫症是他们成功的原因之一，因为他们执着于解决一个问题，不达目的不罢休。"马斯克与乔布斯的不同之处在于，他的这种习惯不仅体现在产品设计方面，还体现在他对基础科学、工程和制造的问题研究当中。"史蒂夫只需要把设计理念和软件工程做好，制造环节是外包的。"埃里森说，"而埃隆承担起了制造、供应链和巨型工厂等各个方面。"乔布斯喜欢每天走进苹果公司的设计工作室看看，但他从未去过苹果在中国的工厂。相比之下，马斯克泡在装配线上的时间比他在设计工作室里的时间还多，他说："与设计一家工厂所需的脑力劳动相比，设计车的脑力劳动不值一提。"

马斯克设计工厂的方法论是在 2010 年 5 月形成的，当时丰田正要出售一家工厂，该厂位于加州弗里蒙特，在硅谷的边缘地带，距离特斯拉的帕洛阿尔托工程总部有半小时的车程，丰田曾与通用汽车共用该厂。马斯克邀请丰田汽车公司总裁丰田章男来到他在洛杉矶的家里，还开着 Roadster 跑车带他参观了一番。他以 4 200 万美元的价格买下了这座一度价值 10 亿美元却已经停产的工厂。此外，丰田还同意向特斯拉投资 5 000 万美元。

在重新设计这座工厂时，马斯克将工程师的隔断式工位放在了装配线的角落里，所以每当他们做出来的某个设计元素拖延了生产进度，他们就会看到闪烁的灯光，听到工人的抱怨声。马斯克经常召集工程师同他一起在生产线上走来走去。他自己的开放式办公桌就放在装配线中间，四周没有墙壁，桌子下面有一个枕头，他想过夜时就可以用上。

特斯拉买下工厂后的一个月，公司上市了，这是自 1956 年福特公司上市以后第一家美国汽车制造商完成首次公开募股。他带着妲露拉和他的两个儿子在时代广场的纳斯达克证券交易所敲响了开市钟。上市首日收盘，大盘下跌，但特斯拉股价上涨超过 40%，为公司融到了 2.66 亿美元。当天晚上，马斯克飞往美国西部的弗里蒙特工厂，在那里他言简意赅地说了一番祝酒词。他说："再见吧石油。"2008 年年底，特斯拉已经濒临破产倒闭，而此时，仅仅过去 18 个月，它已经成了美国最受人追捧的新锐公司。

生产质量

2012 年 6 月，第一批 Model S 从弗里蒙特装配线上正式下线，包括加州州长杰里·布朗在内的数百人出席了庆祝活动。许多工人挥舞着美国国旗，有些人流下了激动的泪水。这曾是一家破产的工厂，解雇了所有的工人，而如今拥有 2 000 名员工，他们正引领着电动车的未来。

几天后，马斯克拿到了属于自己的 Model S，却高兴不起来。更确切地说，他认为车子很糟糕。他请冯·霍兹豪森来到他家，二人花了两个小时仔细检查了这辆车。"天哪，我们最好也就只能做成这样吗？"马斯克问道，"面板缝隙处理得很糟糕，油漆质量也很糟糕。为什么我们的生产质量比不上奔驰和宝马？"

马斯克发火，有人就得"中枪"了，他接连解雇了三位生产质量主管。那年 8 月的一天，在马斯克的私人飞机上，冯·霍兹豪森问他，自己能帮他做点儿什么。冯·霍兹豪森说这话之前应该多考虑一下。马斯克请他搬到弗里蒙特待一年，担任生产质量主管。

冯·霍兹豪森和陪同他到弗里蒙特的副手戴夫·莫里斯有时会在工厂的装配线上忙活到凌晨2点，对设计师来说，这个经历还挺特别的。冯·霍兹豪森说："从此我就明白了，我在画板上挥洒的创意是怎么影响到装配线、影响到生产这一端的。"马斯克每周有两三个晚上跟他们一起，他喜欢寻根究底：生产线上出的纰漏到底应该归咎于设计中的什么问题？

马斯克最喜欢的一个词或者说概念就是"硬核"。他在创办Zip2时用"硬核"来描述他想要营造的职场文化。近30年后，他在重塑推特温和、人性化的文化时也会提到这个词。随着Model S生产线的产能爬坡，他在写给员工的一封电子邮件中非常具有代表性地阐明了他的宗旨，邮件标题就是"超级硬核"，正文写道："请大家做好准备，迎接超高的工作强度，这种强度，你们大多数人此前从未承受过。心理素质不够强大的人是没法颠覆一个行业的。"

到底是不是真硬核，2012年年底就见了分晓。《汽车趋势》杂志评选出了年度最佳汽车，文章标题写道："特斯拉Model S，令人震惊的冠军之作：它证明了美国仍然可以制造出（伟大的）东西。"该杂志丝毫不吝溢美之词，连马斯克自己都有点儿受宠若惊。"Model S开起来就像一辆跑车，动如脱兔，反应迅捷，却又像劳斯莱斯一样，操纵起来流畅自如，大容量储物空间可以装下的东西几乎和雪佛兰探界者一样多，还比丰田普锐斯更高效。哦对了，它还能像超级名模在巴黎的T台上走秀一样，在豪华酒店的代客泊车处出尽风头。"文章最后提到了"Model S代表一个惊人的拐点"——这是该奖项有史以来首次颁给一款电动车。

特斯拉内华达超级工厂

马斯克在2013年提出了一个大胆的想法：在美国建造一个巨大的电池工厂，其产量比世界上其他电池工厂的总和还要大。"这是一个古怪的想法，"特斯拉的联合创始人、电池专家JB.施特劳贝尔这样说道，"就像科幻小说里的情节一样疯狂。"

对马斯克来说，这个问题涉及第一性原理。Model S使用的电池约占全球电池总量的 10%。特斯拉正在计划中的新车型——名为 Model X 的 SUV 和面向大众市场的轿车 Model 3——会导致特斯拉的电池需求增至此前的 10 倍。"一开始这个问题就是块绊脚石，"施特劳贝尔说，"后来就成了一个非常有趣的问题，乍一想不切实际，仔细经过一番头脑风暴才发现：'哇，这个产业化的机会很特别啊！'"

施特劳贝尔回忆说，当时有一个问题："我们不知道怎么打造一座电池工厂。"

因此，马斯克和施特劳贝尔决定与电池供应商松下公司建立合作关系，共同建立一座工厂，由松下生产电池单元，然后由特斯拉将其组装成电池包。打造这座占地 1 000 万平方英尺的工厂将耗资 50 亿美元，松下需要出资 20 亿美元。但松下高层对此犹豫不决，他们从未有过类似的合作关系，而且（可以理解的是）他们觉得马斯克并不是一个容易相处的合作方。

为了促成合作，马斯克和施特劳贝尔想出了一个"忽悠"对方的招数。在内华达州里诺附近的一个地方，他们弄得灯火通明，让推土机开始工作，为施工做准备。随后施特劳贝尔邀请松下的伙伴们和他一起在一处观景台上观看施工过程。这样做释放的信息很明确：特斯拉正在推进工厂的建设，松下是想加入呢，还是想被甩在后面？

这一招奏效了，松下年轻的新任社长津贺一宏邀请马斯克和施特劳贝尔到访日本。施特劳贝尔说："这次双方得亮底牌了，我们必须让他做出正式承诺：双方将一起打造这座听上去不可思议的超级工厂。"

晚宴在一家传统的日本餐厅举行，宴会规格正式，用的是日式矮桌，上的是日本料理。施特劳贝尔很担心马斯克的表现，他说："埃隆平时开会时可能剑拔弩张，言行举止不可预测，但我也见过他的另一面，当他意识到场合很重要时，他会突然变成一个言简义丰、魅力十足、情商极高的商界领袖。"在同松下高层会面的晚宴中，这个迷人的马斯克又登场了，他勾勒出一幅宏伟的蓝图，宣称将推动全球交通领域向电动车转型，还阐述了为什么两家公司应该携手共创这番事业。"我感到有点儿震惊，对他刮目相看。天哪，他平时真不是这副样子啊！"施特劳贝尔说，"他平时说话东拉西扯的，你也不知道他接下来要说什么、要干什么。结果突然间，他讲得绘声绘色、头头是道。"

在晚宴上，津贺一宏同意在超级工厂项目中出资 40%，成为特斯拉的合作伙伴。有人问津贺一宏松下为什么决定合作，他回答说："我们太保守了，松下是一家有着 95 年历史的公司，必须做出一些改变了。我们必须像埃隆那样去思考一些问题。"

37

马斯克和贝索斯

SpaceX，2013—2014 年

2004 年，与贝索斯共进晚餐

杰夫·贝索斯

亚马逊创始人杰夫·贝索斯是个精力旺盛的亿万富翁，拥有爽朗的笑声和大男孩般的热情，在实现梦想的道路上意气风发，做事情却又有条不紊、充满活力。和马斯克一样，他小时候也是科幻小说爱好者，泡在当地图书馆的科幻区，如饥似渴地阅读艾萨克·阿西莫夫和罗伯特·海因莱因的作品。

1969 年 7 月，5 岁的贝索斯观看了阿波罗 11 号任务的电视报道，看到尼尔·阿姆斯特朗在月球上行走。贝索斯说，对他而言，这是"一个有着重大意义的时刻"。后来，他资助了一系列从大西洋打捞并修复阿波罗 11 号飞船发动机的任务，随后他把它摆放在他位于华盛顿特区的家中，布置在客厅外的一个壁龛里。

贝索斯对太空事业的钟爱让他成为《星际迷航》的硬核粉丝，对每一集的剧情都如数家珍。高中毕业时，他作为优秀毕业生代表发表毕业演讲，他的演讲主题就是关于如何殖民其他星球、建造太空旅馆、寻找其他地点来实现工业生产活动，以拯救我们的星球。演讲的最后，他说："太空，人类最后的边疆，我们在那里见！"

2000 年，在把亚马逊打造为全球在线零售行业的龙头后，贝索斯悄悄创办了一家名为"蓝色起源"的公司，以人类起源的这颗淡蓝色星球命名。与马斯克一样，他专注于打造可重复使用的火箭这一想法。"2000 年与 1960 年有什么区别？"贝索斯说，"不同的是，我们有了计算机传感器、照相机和各类软件，这为火箭垂直降落提供了技术支持，但 1960 年这些技术还不存在。"

与马斯克一样，在开展太空事业的初期，他们将其视为使命而不是逐利的工具，毕竟还有很多种方式更容易挣到钱。贝索斯认为，人类文明很快就会让我们这颗小小星球上的资源变得紧张，我们将面临一个选择题：是接受静态增长模式，还是把领地扩展到地球以外的地方？"我不认为静态增长能与人类的自由发展相容，"他说，"我们完全可以用一种方式来解决这个问题：向太阳系外发展。"

他们相识于 2004 年，当时贝索斯接受了马斯克的邀请，参观了

SpaceX。后来当他收到马斯克发来的看起来有些唐突的电子邮件时，他很惊讶，马斯克在信中抱怨贝索斯没有邀请他去西雅图参观蓝色起源的工厂，他感到很生气，于是贝索斯立马就邀请了他。马斯克与贾丝廷飞过去参观了蓝色起源，随后与贝索斯和他当时的妻子麦肯齐共进晚餐。马斯克看完工厂有一肚子的建议，像往常一样，他一股脑儿都说了出来。马斯克警告贝索斯，他的想法正带领蓝色起源走上错误的道路："兄弟，我们试过了，这样根本行不通，所以我跟你说，别重蹈我们的覆辙。"贝索斯回忆说，当时马斯克还没能成功发射火箭，所以他觉得马斯克有点儿过于自信了。第二年，马斯克请贝索斯安排亚马逊对贾丝廷的新书做一番点评，那是一本关于恶魔与人类混合体的城市恐怖惊悚小说。贝索斯解释说，他没有指定亚马逊要评论什么，但他说他会亲自发布一篇读者评论。马斯克的回信一点儿都不客气，但贝索斯还是发表了一篇赞赏那本书的个人评论。

39A 发射台

从 2011 年开始，SpaceX 拿下了 NASA 的一系列合同，开发一种可以将人类送往国际空间站的火箭，因为航天飞机退役了，所以这项任务变得至关重要。为了完成这一任务，SpaceX 需要为卡纳维拉尔角 40 号发射台添置设施，而马斯克相中了那里最负盛名的发射设施——39A 发射台，他想把它租下来。

39A 发射台一直是承载美国太空时代梦想的舞台中心，它深深烙印在一代电视观众的记忆中，倒计时喊"10，9，8……"的时候，他们会集体屏住呼吸。贝索斯小时候观看尼尔·阿姆斯特朗执行登月任务，其火箭正是 1969 年从 39A 发射台升空的，1972 年的最后一次载人登月任务也是在这里。1981 年第一次由航天飞机执行的太空任务，还有 2011 年的最后一次都是在这里升空。

但到了 2013 年，随着航天飞机计划被搁置，美国延续了半个世纪的太空梦像空中绽放的烟花，砰的一声，随后遁入沉寂的黑夜。39A 发射台上的锈迹日渐斑驳，导焰槽里的藤蔓肆意生长。NASA 也着急想把它租出去，马斯克是租赁意向很明确的客户，他的猎鹰9号火箭已经在附近的40号发射台执行过多次货运任务，奥巴马也到访过这座发射台。但是当39A发射台公开招标租赁时，杰夫·贝索斯出于个人对这座发射台的感情，也出于一些实际的考虑，决定同马斯克竞标。

当NASA最终将租约授予SpaceX时，贝索斯提起了诉讼。马斯克大发雷霆，宣称蓝色起源对招标提出异议是很荒谬的，"他们连根牙签都没送入过轨道"。他嘲笑贝索斯的火箭，说它们只能弹到大气层边缘，然后就会掉下来，因为它们没有能力挣脱地球引力，更没有进入预定轨道所需的强大推力。"如果在未来五年内，他们真能做出来一个符合NASA载人评级认证的飞行器，还能与空间站成功对接，让39A发射台物尽其用，我们很乐意满足他们的需求。"马斯克说，"说实话吧，我觉得他们做的火箭很可能在发射时火花四溅，火苗像跳舞的独角兽一样四处乱窜。"

从小因读科幻小说而在心里埋下种子的太空大亨们已经开战。SpaceX的一名员工真的去买了几十个充气的独角兽玩具，把它们塞到39A发射台的导焰槽里拍了个照。

贝索斯最终还是在卡纳维拉尔角租了39A发射台附近的36号发射台，这里曾是火星和金星探索任务的起点。因此，这两个像孩子一样赌气的亿万富翁注定要把这场太空竞赛进行下去。这些意义非凡的发射台易主了，无论是在象征意义上还是在实际意义上，都代表着约翰·肯尼迪时代太空探索事业的衣钵已经从政府部门传给了私人部门，从曾经辉煌而如今体制僵化的NASA传递给了新一批敢为人先的企业家，他们的内心正被一种使命感强烈地驱动着。

可重复使用的火箭

马斯克和贝索斯都有一个远见：要实现人类的太空旅行，必须打造可重复使用的火箭。贝索斯非常关注引导火箭返回地球软着陆的传感器和软件的制造，但这只是挑战的一部分，更大的困难在于将这些功能集成在火箭上，还能让火箭保持较轻的重量，使得发动机有足够的推力将其送入预定轨道。马斯克对这个物理问题疯狂着迷。他喜欢半开玩笑地说，我们地球人生活在一个类似游戏的模拟器里，这个模拟器是由一个具有幽默感的智慧领主创造的，因为他让火星和月球上的重力加速度足够小，所以把火箭送入轨道就很容易，但地球上的重力加速度比较大，把火箭送入轨道要颇费一番周折。

就像登山者给背包减负一样，马斯克痴迷于给火箭减重。减重能产生连锁反应：拿掉一个零件、用上更轻的材料、进行更简单的焊接，每一项都能减少一点儿重量，进而减少火箭所需的燃料，以进一步减少发动机必须推动的质量。当马斯克走过 SpaceX 的装配线，他会在每个工位停下来，静静地盯着，跟团队辩论，拿掉或者精简一些零件。几乎在每一次这样的接触中，他都反复强调一个要点："有了完全可重复使用的火箭，人类就具备了从单行星文明一跃成为多行星文明的重要条件。"

在纽约市具有百年历史的探险家俱乐部举办的 2014 年年度晚宴上，马斯克被授予总统奖，在发表感言时他再次分享了他的观点：可重复使用的火箭对人类文明的未来走向至关重要。这次他与贝索斯同台，贝索斯得奖是因为他的团队打捞到尼尔·阿姆斯特朗乘坐的阿波罗 11 号飞船的发动机。晚宴上的菜肴就是为这些大冒险家准备的，比如蝎子、蛆虫覆盖的草莓、糖醋牛鞭、羊眼马天尼，还有烹制好的整条短吻鳄。

主办方在介绍马斯克时播放了一段他成功发射火箭的视频。"你们太善良了，没有把前三次试射的视频放出来，"马斯克说，"以后我们得给前三次剪一个花絮出来。"然后他就开始大谈为什么要打造完全可重复使用的火箭，他说："这样我们就能在火星上建立一个生态系统。我们即将进行的发射将首次在火箭上安装着陆腿。"可重复使用的火箭有朝一日可以把单人抵达火星的费用降至 50 万美元。马斯克承认，即便如此，大多数人也不会去火星，"但我觉得这个房间里有一些人会愿意去的"。

贝索斯鼓起了掌，但在当时，他正悄悄地对马斯克发起一场进攻。他和蓝色起源公司申请了一项名为"太空运载火箭在海上着陆"的美国专利，并在晚宴结束后几周获得了专利许可。这份 10 页的专利申请描述了"在海上平台降落并回收某级助推器和当中其他部分的方法"。马斯克看完这份专利，脸色铁青。他说，在海上着陆的想法"已经被讨论了半个世纪，在虚构的电影里，在很多相关提案中出现过，但是我们现在可用的技术这么多，还要老调重弹，那就是疯了。为一个人们已经讨论了半个世纪的东西申请专利，太荒谬了"。

第二年，在 SpaceX 起诉后，贝索斯同意撤销该专利，但这一场争端加剧了两位火箭企业家之间的竞争。

38

猎鹰听到了驯鹰人的呼唤

SpaceX，2014—2015 年

视察着陆助推器

蚱蜢火箭

马斯克一心想要打造可重复使用的火箭，于是 SpaceX 开发了猎鹰 9 号的实验性原型——蚱蜢火箭。蚱蜢火箭有着陆腿和可转向的栅格翼，能在得克萨斯州麦格雷戈的 SpaceX 测试设施中缓慢地上下跃动，幅度达到约 3 000 英尺。马斯克对他们取得的进展感到兴奋，于 2014 年 8 月邀请 SpaceX 董事会成员到现场视察接下来要推进的工作。

这一天是哈佛大学毕业生萨姆·特勒走马上任的第二天，他是一个精力充沛、干劲十足，也愿意承担风险的人。在 SpaceX，他事实上已成为马斯克的幕僚长。经过精心修剪的胡须衬托出他灿烂的笑容和机敏的眼神，他有着老板马斯克缺少的那种共情能力和渴望取悦他人的意愿。作为《哈佛讽刺》的前商务经理，他知道如何应对马斯克的幽默、紧张和狂躁（甚至在他们共事后不久，他就把马斯克带到了在《哈佛讽刺》的城堡内举办的一场聚会上）。

在麦格雷戈测试场举办的一场会议上，SpaceX 董事会讨论了该公司正在开发的太空服设计方案，虽然开展载人航天对他们来说还需要数年。"他们坐在一起认真地讨论着，在火星上建造城市的计划，人们在火星上要穿什么，"特勒后来惊叹道，"每个人似乎都觉得这场对话的内容再寻常不过了。"

董事会这次来的主要任务是观看猎鹰 9 号的着陆测试。8 月，得克萨斯沙漠阳光灿烂的一天，大蟋蟀成群结队地飞过，董事会成员聚在一个小帐篷里观看测试。如果一切顺利的话，火箭本应上升到约 3 000 英尺的高度，开启用于重返大气层的火箭，在发射台上空徘徊一阵，随后保持直立状态着陆，但实际情况并非如此，升空后不久，3 个发动机中的 1 个出现故障，火箭随即爆炸。

沉默片刻后，马斯克的冒险天性再次显现，他让场地管理人员把厢式货车开过来，这样他们就可以开到焖烧的废墟附近。"你不能这样！"场地管理人员说，"太危险了！"

马斯克说："我们要去，如果它还要爆炸，我们还能走过那些燃烧的碎片，机会难得啊！"

每个人都紧张地笑着，跟着一起过去。这就像雷德利·斯科特电影中的场景：地面上有弹坑，灌木丛在燃烧，到处是烧焦的金属碎片。史蒂夫·尤尔韦松问马斯克，他们能不能捡些碎片作为纪念品。"当然可以！"他说着，自己也捡拾了一些碎片。安东尼奥·格拉西亚斯想给大家打打气，他说人生中失败带来的经验教训都是最宝贵的。"如果有的选，"马斯克回应道，"我宁愿从成功中学习这些经验。"

对 SpaceX 及整个行业来说，这只是一段低谷期的开始。有一次，轨道科学公司的一枚火箭向空间站运送货物时爆炸了，随后俄罗斯的一个货运任务也失败了，空间站上的宇航员面临着食物、补给短缺的风险。所以 SpaceX 定于 2015 年 6 月 28 日——马斯克 44 岁生日那天，开展猎鹰 9 号的货运任务，这承载了太多人的期许。

升空两分钟后，第二级火箭的一根用来支撑氦气罐的支柱倒下了，随后火箭爆炸。在连续七年保持成功发射后，猎鹰 9 号首次出现发射失败的情况。

在此期间，贝索斯取得了一些积极的进展。2015 年 11 月，他发射了一枚火箭，历时 11 分钟，火箭上下跃动 62 英里，抵达外太空的起点高度。在 GPS 系统和栅格翼的引导下，火箭返回地球，助推器发动机重新点燃，减缓了降落速度。随着着陆腿徐徐展开，火箭在地面上空盘旋，不断调整其位置坐标，随后轻轻落地。

贝索斯在第二天的新闻电话会上宣布了这次胜利，他说："完全可重复使用的火箭改变了太空行业的游戏规则。"随后他发布了个人的第一条推文："世界上最稀有的猛兽——一枚二手火箭。受控着陆过程并不容易，但只要掌握方法，一切看上去都轻而易举。"

马斯克很恼火，他认为这只是一次在亚轨道范围内实现的火箭回收，同他心目中将有效载荷发射到预定轨道上的真正成就无法相提并论。所以他在推特上发表了反驳意见："@JeffBezos 这算不上什么'最稀有'。SpaceX 的蚱蜢火箭三年前就做了六次亚轨道飞行，现在也依然在做。"

事实上，蚱蜢火箭只飞到了大约 3 000 英尺的高度，是蓝色起源火箭抵达高度的 1%。但马斯克所说的已有成就没什么问题，一枚火箭可以摸到外太空的边，对太空旅客来说可能足够有趣，但要想真正完成发射卫星和抵达国际空间站等重要任务，就需要猎鹰9号这样的火箭，它如果能够着陆并二次使用，那就将"秒杀"蓝色起源这一次取得的成就。

"猎鹰已着陆"

马斯克的机会出现在2015年12月21日，就在贝索斯的火箭完成亚轨道飞行四周后。

为了挣脱地心引力的束缚，马斯克不懈奋斗着，他把猎鹰9号重新设计了一番，新版火箭注入了更多液氧燃料，液氧温度下降至零下350华氏度[1]，这样能大大增加其物质密度。马斯克一如既往地寻找着各种解决办法，在不大幅增加火箭尺寸或质量的前提下为火箭提供了更多的动力。"埃隆一直在催促我们，不断地降低燃料温度，只为了把火箭供能效率一点点提上去。"马克·容科萨说，"这种想法很有独创性，但确实弄得大家苦不堪言。"有时容科萨会反驳马斯克，燃料温度过低会给阀门和泄漏方面带来风险隐患，但马斯克依然故我，他说："按照第一性原理，这么做没有理由不成功。当然过程是艰苦卓绝的，这我知道，但你们必须咬牙坚持下去。"

容科萨说："倒计时期间，我紧张得要尿裤子了。"突然，他注意到视频画面中第一级和第二级火箭的级间出现一个令人担忧的状况，有一些液滴冒了出来。他不知道这些是液氮（那就没问题），还是来自超低温的液氧罐（那可能就是个问题了）。容科萨回忆说："我吓得要死，如果公司是我开的，我一定会取消这次发射。"

"你得叫停啊！"当倒计时进入最后一分钟时，容科萨告诉马斯克。

马斯克停顿了几秒，两级火箭间存在一些液氧会带来多大风险？有风险，但很小。"别管它，"他说，"发射继续。"

多年以后，容科萨观看了马斯克做出这一决定时的录像，他说："我以为他为了做出决定，做了一些快速而复杂的计算，但事实上他只是耸了耸肩就下了命令。他在物理学方面有一种先验的直觉。"

1　零下350华氏度≈零下212摄氏度。——译者注

马斯克是对的，整个升空过程完美无缺。

随后是一段 10 分钟的等待，要观察助推器是否会返回并安全降落在距离 39A 发射台 1 英里远的着陆平台。第二级火箭分离之后，助推器的推进器随即成功点火，助推器调转方向，朝卡纳维拉尔角飞来，随后助推器底部朝下，缓缓下降。在 GPS 和传感器的引导下，在栅格翼的帮助下，它朝着着陆点缓缓降落。（请大家暂停一下，想想这一切是多么神奇。）

马斯克猛地冲出控制室，跑到公路对面，盯着黑色的天幕，等着看火箭重新出现。"下来吧，慢慢地下来吧。"他双手叉腰站在公路旁，喃喃自语道，随后就听到一声轰响。"哦，糟了！"他说着，转过身，垂头丧气地走回公路对面。

事实上，控制室里爆发出响亮的欢呼声。监视器显示火箭竖立在着陆平台上，发射播音员的播报呼应着当年尼尔·阿姆斯特朗在月球上说过的话："猎鹰已着陆。"事实证明，刚才那声巨响是火箭重返大气层时发出的音爆。

一名飞行工程师带着这个消息从控制室里跑了出来，她喊道："助推器正竖立在着陆平台上！"马斯克转过身又快步朝平台走去。"见鬼！"他不停地对自己说，"真是见鬼了！"

那天晚上，他们去了一家叫"鱼唇"的海滨酒吧聚会庆祝。马斯克举起一杯啤酒，向 100 多名员工和其他表情惊讶的围观者喊道："我们刚刚成功发射了世界上最大的火箭，并让它成功降落了！"人群高喊着"美国，美国"，马斯克跳了起来，向空中挥舞着拳头。

"祝贺 @SpaceX，猎鹰在亚轨道级别的助推器成功着陆了。"贝索斯在一条推文中写道，"欢迎加入着陆俱乐部！"他这条推文是明褒暗讽，把 SpaceX 着陆的助推器划到了"亚轨道"级别，这样就与蓝色起源成功着陆的助推器处于同一水平。从技术角度讲，他说的没错，SpaceX 的助推器本身没有进入预定轨道，只是成功助推了一个进入轨道的有效载荷。但马斯克火冒三丈。他认为能将有效载荷送入预定轨道，已经决定了 SpaceX 与蓝色起源的火箭完全分属于不同水平的阵营。

39

婚变

2012—2015 年

与相扑选手展开较量（左上）；同姐露拉在一起（右上）；同纳瓦德·法鲁克在一起（下）

2010 年，妲露拉·莱莉与马斯克结婚后就搬到了加利福尼亚，也几乎放弃了她的演艺事业。作为独生女，她曾梦想着自己有很多孩子。她画的画中总有一对金发的双胞胎男孩。"当我遇到埃隆时，他有五个孩子，其中年龄最大的是一对金发的双胞胎，我感觉他们就像是从我想象的画面中跳出来的一样。"但是对待夫妻关系，妲露拉很谨慎，她决定不跟马斯克生孩子。

她继续为马斯克组织各种派对，就像她在苏格兰为婚礼办的派对和在东方快车上为他 40 岁生日办的派对一样。在他 41 岁生日时，她在英国乡村租了一座恢宏的建筑，用"飞到里约"作为派对主题，该主题根据1933 年弗雷德·阿斯泰尔和金格尔·罗杰斯主演的同名电影而来，电影的高潮是一段在飞机机翼上的舞蹈表演。她为派对请来了百年灵空中漫步飞行队，参加派对的宾客在现场还可以体验如何在双翼飞机的翼上行走。

但整场派对的大部分时间，马斯克都没参与，而是在房间里打电话，处理特斯拉和 SpaceX 的各种事务。他喜欢专注于工作的状态，有时他把生活的其他部分视为对工作的打扰，令他感到不悦。马斯克承认："我花在工作上的时间太多了，以至于任何关系都很难维持下去。SpaceX 和特斯拉都在艰难度日，同时兼顾两家公司的我举步维艰，所以我只能把所有时间都放在工作上。"

梅耶·马斯克很同情妲露拉，她说："她会邀请我去吃饭，但埃隆不在，因为他要加班。她爱他，爱到了极点，但她已经厌倦他的缺席，我觉得这是可以理解的。"

当马斯克的心思都放在工作上的时候，也就是生活中的大部分时间里，妲露拉不知道该如何与他沟通。他似乎总是在为一些问题殊死搏斗，这与她家乡英国村庄的生活形成了鲜明对比：在那里，酒吧和教堂里的每个人都友好和善。"我觉得这不是我该过的生活，"妲露拉说，"我讨厌洛杉矶，我非常想家，想英格兰。"

因此，2012 年妲露拉提出离婚，在他们的律师拟定离婚协议期间，她搬进圣莫尼卡的一间公寓。但当他们四个月后在法庭上签署协议时，故事发生了戏剧性的转折。"我看到埃隆站在法官面前，他问：'我们到底在做什么？'然后我俩就开始接吻。"妲露拉说，"我想法官一定觉得我们疯了。"马斯克请求她回家来看看孩子们："他们一直都想知道你在哪里。"于是，她回去了。

他们办理了离婚手续，但妲露拉最后还是搬回了马斯克家。为了庆祝，他们带着五个孩子，开着一辆新的 Model S，开启了一场公路旅行。马斯克还带她与《时尚先生》杂志的记者汤姆·朱诺德共进午餐。妲露拉告诉朱诺德，她的主要工作是防止马斯克变成一个"疯王"。"你没听说过这个词吗？"她问，"疯王就是一个人当上了国王，然后他就疯了。"

2013 年 6 月，为庆祝马斯克的 42 岁生日，妲露拉在纽约市北部的塔里敦租下一座城堡，邀请了 40 位朋友。这次的主题是日式蒸汽朋克，马斯克和其他男士都打扮成武士。还有一场吉尔伯特与沙利文剧作的表演，是稍作改编的《日本天皇》，由马斯克扮演日本天皇，剧中还有一个飞刀炫技表演。马斯克从不回避风险，即便是那些不必要的风险：他把一个粉红色气球放在他的腹股沟下面，让表演者蒙住双眼扔飞刀扎破气球。

派对的高潮是相扑演示。最后，受邀团体的冠军——一个体重 350 磅的相扑选手邀请马斯克上场切磋。"我拼尽全力，试图用柔道的摔法来对付他，因为我觉得他对我放水了。"马斯克说，"我想试试看我能不能摔掷这个家伙，结果我做到了，但我颈根部的一块椎间盘也受伤了。"

经此一战，马斯克的背部和颈部剧痛，做了三次手术来修复他颈椎 C5-6 椎间盘。那段时间在特斯拉和 SpaceX 工厂开会，他有时会平躺在地板上，在脖子底下放一个冰袋。

2013 年 7 月，在塔里敦派对几周后，马斯克和妲露拉决定再婚。这一次他们只是在家里的餐厅举办了非常低调的庆祝活动。然而，并非所有王子和公主的童话都能有一个幸福圆满的结局，马斯克对工作的痴迷继续困扰着他俩的夫妻关系。妲露拉说："于是同样的事情再次发生，我想回家。"她重新开启了她的电影生涯，自编、自导、自演了喜剧《苏格兰贻贝》，讲述了一个倒霉的罪犯决定从河流中偷捞珍珠贻贝的故事。在拍摄期间，马斯克和儿子们来探望她时，妲露拉告诉他，她想留在英国，同他再次离婚。

有过些许犹豫，有过几次和解，2015 年 9 月，她终于在 30 岁生日那天做出了最后的决定。她在洛杉矶完成了 HBO 电视网剧集《西部世界》

的拍摄，随后永远搬回了英国。但她向他做出了一个承诺，她说："你是我的罗切斯特先生。"她指的是夏洛蒂·勃朗特的小说《简·爱》中女主人公忧郁的丈夫。"如果桑菲尔德庄园被烧毁，你失明了，我会去找你，我会照顾你的。"

40

人工智能

OpenAI, 2012—2015 年

同山姆·阿尔特曼对谈

PayPal 的联合创始人、SpaceX 的投资人彼得·蒂尔每年都会与他的创始人基金投资的公司的领导人一起开个会。在 2012 年的会面中，马斯克认识了戴密斯·哈萨比斯，他是一位神经科学家、电子游戏设计师和人工智能研究者。在他彬彬有礼的举止之下，掩藏着一颗争强好胜的心，他在 4 岁时就是一个国际象棋神童，夺得过五届国际智力奥林匹克竞赛冠军，竞赛项目包括国际象棋、扑克、珠玑妙算和双陆棋。

在哈萨比斯现代风格的伦敦办公室里，有一份艾伦·图灵 1950 年发表的富有开创性的论文《计算机器与智能》的初版，文中提出了一个"模仿游戏"的思想实验：让一个人与另一个人类对话，还让他与一个类似 ChatGPT 的机器对话。图灵认为，如果这个人发现他无法分辨出人类和机器的不同，那么我们就有理由说这台机器能够"思考"。受图灵观点的影响，哈萨比斯同他人共同创办了一家名为"DeepMind"的公司，想要设计出一种基于计算机的神经网络，从而实现通用人工智能。换句话说，DeepMind 试图打造一种能像人类一样学习如何思考的机器。

哈萨比斯说："埃隆同我一拍即合，我到他的火箭工厂去拜访他。"二人坐在食堂里，俯视着火箭装配线。马斯克对哈萨比斯解释说，他之所以要打造可以飞往火星的火箭，是因为在发生世界大战、小行星撞击或人类文明崩溃时，这是一种可能保存人类意识的方式。哈萨比斯又补充了另一种潜在威胁——人工智能，机器可能进化为超级智能，超越我们这些凡人，甚至可能做出决定把我们干掉。马斯克在心里琢磨这种可能性的时候，静静地停顿了近一分钟。他说，在他出神的时候，他对多年来很多种影响因素可能如何发挥作用的方式做过视觉模拟，他认为哈萨比斯对人工智能风险的认识可能是对的，所以他决定向 DeepMind 投资 500 万美元，这样他就可以实时跟进相关领域的进展。

在与哈萨比斯对谈几周后，马斯克向谷歌的创始人拉里·佩奇描述了 DeepMind 在做的事情。他们已经相识 10 多年，马斯克经常住在佩奇位于帕洛阿尔托的家里。在他们深夜的促膝长谈中，马斯克近乎痴迷地一次次谈起人工智能的潜在风险，但佩奇对此不屑一顾。

2013 年，马斯克的生日派对在纳帕谷举办，卢克·诺塞克和里德·霍夫曼也来了。当着现场宾客的面，马斯克和佩奇展开了一场激烈的辩论。

马斯克认为，除非我们建立防火墙，否则人工智能可能会取代人类，让我们这个物种变成蝼蚁草芥，甚至走向灭绝。

佩奇反驳说，如果有一天机器的智力，甚至机器的意识，都超过了人类，那又有什么关系呢？这只不过是进化的下一阶段罢了。

马斯克却说，人类的意识是宇宙中宝贵的一缕烛光，我们不应该让它熄灭。佩奇认为那是多愁善感的人在胡说八道，如果意识可以在机器中复制，为什么它不配具有同等的价值？也许有一天，我们甚至能够将自己的意识上传到机器中。佩奇指责马斯克是"物种主义者"，只偏袒自己这个物种的生存。"嗯，没错，我是支持人类优先的。"马斯克回应道，"我就是热爱人类啊，兄弟。"

因此，当马斯克在 2013 年年底听说佩奇和谷歌正计划收购 DeepMind 时，他感到非常沮丧。他和朋友卢克·诺塞克试图凑钱给 DeepMind 融资，以此来阻止这笔交易。在洛杉矶的一场聚会上，他们到楼上的一个盥洗室里与哈萨比斯通了一小时的 Skype 电话。马斯克告诉他："人工智能的未来不应该让拉里说了算。"

但他的努力还是失败了，谷歌于 2014 年 1 月宣布收购 DeepMind。佩奇最初同意创建一个"安全委员会"，马斯克也位列其中。这个委员会的第一次也是唯一一次会议是在 SpaceX 举行的，佩奇、哈萨比斯和谷歌董事会主席埃里克·施密特出席，里德·霍夫曼和其他一些人也在场。"埃隆在现场领会到的是，这个委员会基本上就是一个空架子。"马斯克当时的幕僚长萨姆·特勒说，"谷歌的这些人根本不想关心人工智能的安全问题，也无意做出任何限制人工智能权力范围的事。"

马斯克继续公开警告人工智能的危险，他在 2014 年麻省理工学院的一次研讨会上说："我们最大的生存威胁可能就是人工智能。"同年，亚马逊发布了语音助手 Alexa，随后谷歌也推出了类似的产品。马斯克警告众人，当这些软硬件系统变得比人类更智能时会发生什么：它们可能会超越我们，然后把我们当宠物一样对待。他说："我不喜欢当谁的宠物猫。"预防问题出现的最好办法就是确保人工智能与人类保持紧密的配合与协作。马斯克说："当人工智能与人类的意志脱钩时，危险就会降临。"

于是，马斯克开始主办一系列晚餐讨论会，参会者包括"PayPal 黑帮"成员彼得·蒂尔和里德·霍夫曼等人，他们讨论如何对抗谷歌，提升人工智能的安全系数。马斯克甚至联系了奥巴马总统，总统同意在2015年5月与他进行一对一的会谈。马斯克解释了人工智能存在的风险，建议对其进行监管。马斯克说："奥巴马明白了我在说什么，但我意识到他还没有警惕到会为此做点儿什么的程度。"

马斯克随后把目光投向山姆·阿尔特曼，这个人的身份是三位一体的——软件公司的企业家、跑车爱好者和生存主义者[1]，三者难舍难分。他光鲜亮丽的外表掩盖了一种与马斯克类似的紧张感。阿尔特曼几年前见过马斯克，在参观 SpaceX 工厂时与他交谈了三个小时。"很有趣的是，一些工程师看到埃隆走过来就会散开或者看向别处。"阿尔特曼说，"他们害怕他，但他了解火箭上每个小部件的细节，这一点让我印象深刻。"

在帕洛阿尔托的一场小型晚宴上，阿尔特曼和马斯克决定创办一个非营利性的人工智能研究实验室，他们将其命名为"OpenAI"。实验室的软件是开源的，实验室将努力对抗谷歌在这一领域日渐强大的主导地位。蒂尔和霍夫曼与马斯克一起投入了资金。"我们希望有一种类似于 Linux 版本的人工智能，不受任何个人或公司的控制。"马斯克说，"我们的目标是提升人工智能安全发展的概率，人类将从中受益。"

他们在晚餐时讨论的一个问题是，由大公司控制的少量人工智能系统更安全，还是大量独立系统更安全。他们的结论是，大量彼此竞争的系统能相互制衡，这样会更好。就像人类集体协作能抵御人类恶霸一样，一大批独立的人工智能机器人也会努力阻止邪恶机器人的行径。对马斯克来说，让 OpenAI 真正开放的原因就是要让许许多多的人能根据其源代码建立各自的系统。他对《连线》杂志记者史蒂文·利维说："我认为，防止人类滥用人工智能的最佳防火墙就是让尽可能多的人都拥有人工智能。"

马斯克和阿尔特曼详细讨论了一个目标，名为"人工智能对齐"——它在 2023 年 OpenAI 推出一款聊天机器人 ChatGPT 后成为热门话题，这一目标是让人工智能系统与人类的目标和价值观保持一致，就像艾萨

1　生存主义者积极准备应对紧急情况，比如自然灾害，以及政治或经济危机引起的对社会秩序的破坏。生存主义者强调自力更生、储备物资、主动获取生存知识和技能。——译者注

克·阿西莫夫在他的小说中设定的那些预防机器人伤害人类的规则一样。想想《2001：太空漫游》中大开杀戒的计算机哈尔直接与创造它的人类开战。在人工智能系统中，人类可以设置哪些防火墙和自毁开关，让机器的行动与我们的利益保持一致？谁又有资格决定这些攸关人类的利益是什么？

马斯克认为，确保"人工智能对齐"的一个方法是将机器与人类紧密联系起来。它们应该是个人意志的延伸，而不是一个可能叛变并形成自己的目标意图的系统。后来这就成为 Neuralink 公司存在的原因之一，马斯克创立这家公司就是为了打造一种芯片，能将人类大脑直接与计算机相联。

马斯克还意识到，一个人工智能系统能否成功，取决于它能不能从真实世界获得大量数据供机器学习。他当时意识到，特斯拉就是这样一个"金矿"，它每天收集数百万帧司机处理各类情况的视频。他说："特斯拉可能比世界上其他公司拥有更多的真实世界数据。"他后来意识到，另一个真实世界数据的宝库就是推特：截至 2023 年，推特每天要处理 5 亿条人类发出的帖子。

与马斯克和阿尔特曼共进晚餐的人中有一位谷歌的研究工程师，他就是伊尔亚·苏茨克维。他们用 190 万美元的工资和保底奖金把他挖了过来，让他担任新实验室的首席科学家。佩奇对此很愤怒，他昔日的好友、房客不仅成立了一个同他展开竞争的实验室，还挖走了谷歌的顶级科学家。在2015 年年底 OpenAI 启动之后，佩奇和马斯克几乎没再说过话。"拉里感觉自己被背叛了，他对我亲自挖走伊尔亚感到非常生气，他也拒绝再和我一起出去玩。"马斯克说，"我告诉他：'拉里啊，当时你但凡对人工智能的安全问题上点儿心，我们都没必要搭个台子跟你唱对台戏。'"

马斯克对人工智能的兴趣让他启动了一系列相关项目：Neuralink，其目标是在人类大脑中植入微芯片；Optimus，它是一种人形机器人；Dojo，它是一种能使用数百万条视频训练人工神经网络来模拟人类大脑的超级计算机。这种兴趣还让他痴迷于推动特斯拉车辆的自动驾驶进程。这些不同方向的项目起初是相当分散的，包括他后来又成立了一家名为"X.AI"的聊天机器人公司，但后来马斯克还是把它们汇聚到了一起，共同推动通用人工智能事业的发展。

马斯克决意在其各家公司中发展人工智能能力，这直接导致了2018年他与OpenAI的决裂。他试图说服阿尔特曼，OpenAI既然还是落后于谷歌，那就应该并入特斯拉发展。OpenAI团队拒绝了这个想法，此时阿尔特曼已经是实验室的一把手，成立了一个能够筹集股权基金的营利性部门。

因此，马斯克决定继续打造一支能与之抗衡的人工智能团队，专注于实现特斯拉的自动驾驶。尽管他要同时应付内华达工厂和弗里蒙特工厂遭遇的生产危机，他还是从OpenAI挖来了深度学习和计算机视觉方面的专家安德烈·卡帕斯，由此人来领导特斯拉的人工智能项目。"我们意识到特斯拉将成为一家人工智能公司，并将与OpenAI争抢同类人才。"阿尔特曼说，"这让我们团队中的一些人很生气，但我完全理解这是怎么回事。"阿尔特曼在2023年扳回一局：当卡帕斯被马斯克折腾得筋疲力尽时，他抛出了橄榄枝，把卡帕斯重新挖了回来。

41

推出自动驾驶系统

特斯拉，2014—2016 年

弗朗茨·冯·霍兹豪森与早期版本的 Robotaxi

雷达

马斯克曾与拉里·佩奇讨论过特斯拉和谷歌合作打造自动驾驶系统的可能性，但他们在人工智能问题上的失和促使马斯克加快了特斯拉自行建立这一系统的计划。

谷歌的自动驾驶项目最终定名为 Waymo，它使用了一种激光雷达设备，名为"光学雷达"（LiDAR），也就是"光探测与测距"（light detection and ranging）的首字母缩写。马斯克反对使用光学雷达和其他类似雷达的仪器，他坚持认为自动驾驶系统应该只使用摄像头的视觉数据。这也是一个要用第一性原理来思考的案例：人类开车时只采集视觉数据，所以机器开车也应该如此。而且，这里面还有成本问题。同过去其他项目一样，马斯克不仅关注产品设计，也关注大规模量产的问题。"谷歌采取的方法，问题就在于传感器系统太贵了。"马斯克在 2013 年这样说，"最好能有一个光学系统，主要就是一个内置软件的照相机，它能通过观察事物弄清楚车辆周围的情况。"

在接下来的 10 年里，马斯克与他的工程师们展开了一场拉锯战，其中许多人都希望在特斯拉的自动驾驶车辆中加入某种形式的雷达。来自孟买的年轻工程师达瓦尔·史洛夫 2014 年从卡内基·梅隆大学毕业后加入了特斯拉的自动驾驶团队，他还记得自己与马斯克的第一次会面。"那时我们在车上装了雷达硬件，我们告诉埃隆，从安全角度来讲，用上它是最好的。"史洛夫说，"他同意让我们保留雷达，但很明显，他认为我们最终应该做到只依靠摄像头的视觉信息就可以完成自动驾驶的数据采集。"

到 2015 年，马斯克每周都要花几个小时与自动驾驶团队一起工作。他从位于洛杉矶贝莱尔社区的家中开车前往机场附近的 SpaceX 总部，然后在总部讨论自动驾驶系统遇到的问题。特斯拉的高级副总裁德鲁·巴格里诺说："每次会议开始时，埃隆都会说：'为什么不能让车自行从我家开到公司呢？'"

结果马斯克和特斯拉团队有时候就像无能的警察一样笨拙，折腾半天却一无所获。405 号州际公路上有一个弯道，因为车道标记已经褪色，总是给马斯克惹事，他的自动辅助驾驶系统会把车开出车道，差点儿撞上对面开过来的汽车，所以马斯克到办公室后无数次大发雷霆。他不停地提要求："把程序给我搞好。"结果团队试图改进自动驾驶软件，一弄就是好几个月。

无奈之下，萨姆·特勒和同事们想出了一个更简单的解决方案：要求交通部门重新粉刷该路段的车道线。他们没有得到回应，就想出了一个更大胆的计划：自己租一台划线机，凌晨3点开出去，封闭高速公路入口一个小时，重新画好车道线。当时同事们已经看好一台道路划线机，与此同时，一个同事终于与交通部门的一位工作人员取得了联系，此人是马斯克的粉丝。他同意重新画线，条件是他和部门的几个同事想参观一下SpaceX。特勒带他们参观了公司，双方合影留念，随后车道线被粉刷一新。此后，马斯克的自动辅助驾驶系统就能很好地沿着车道线驾驶车辆了。

巴格里诺是希望继续使用雷达来为摄像头视觉做补充的特斯拉工程师之一，他说："在埃隆的目标和可能达到的水平之间存在巨大的差距，他对这些挑战的认识还不够充分。"有一次，巴格里诺的团队分析了自动驾驶系统在一些情况下所需的距离感知：车辆左右分别要"看"到多远的距离，才能知道它什么时候可以安全通过。"我们想同埃隆谈谈这些，来明确传感器都需要做些什么。"巴格里诺说，"但讨论这些真的挺费劲的，因为他反复强调这样一个事实：人类只有两只眼睛，照样可以开车。但问题是人眼下面有个脖子，脖子可以转动，眼睛就可以看到四面八方了。"

马斯克终于暂时同意了雷达方案，他同意让每辆新的Model S配备8个摄像头、12个超声波传感器，以及一个能透过雨、雾感知前方道路情况的雷达。特斯拉网站在2016年宣布："这套系统提供了驾驶员无法全面感知到的世界景观，它可以同时看到各个方向，可以感知到的光的波长范围远远超出人类感官。"但是即便马斯克做出了这一让步，很明显，他也不会放弃推动只采用摄像头的纯视觉感知技术路线。

事故

马斯克在追求自动驾驶车辆的理念时，固执地一再强调特斯拉的自动驾驶能力。这样的宣传有时被人误解，一些司机真的以为坐上特斯拉就不用多花心思留意路况了。马斯克在 2016 年做出重大承诺时，特斯拉的摄像头供应商 Mobileye 决定与特斯拉终止合作，Mobileye 的董事长表示特斯拉正在"挑战交通安全的极限"。

过去没有自动驾驶系统时，人类开车会遭遇致命的事故，此时有了自动驾驶系统也无法避免这一点。马斯克坚持认为，评判该系统的标准不应该是它能否杜绝所有事故，而应该看它能否降低事故发生率。这个立场在理性上是站得住脚的，但它忽略了一个感性的现实因素：1 个被自动驾驶系统害死的人和 100 个死于司机操作不当的人，前者更令人不寒而栗。

据报道，在美国，涉及自动驾驶的第一起致命事故发生在 2016 年 5 月。在佛罗里达州，一辆半挂式卡车在特斯拉面前左转，特斯拉随即撞了上去，司机在事故中身亡。特斯拉在一份声明中说："在光线强烈的情况下，自动辅助驾驶系统和司机都没有注意到半挂车白色的一面，所以没有采取刹车措施。"调查人员在残骸中发现的证据表明，在车祸发生时，司机正在仪表盘上方支起的电脑上观看《哈利·波特》系列电影。美国国家运输安全委员会发现"司机在车祸发生前无意对特斯拉实施完全控制"。特斯拉夸大了它的自动驾驶能力，司机想当然地以为他不必再集中精力。有报道称，2016 年早些时候，在中国发生了另一起严重事故，事故车辆可能处于自动驾驶模式。

佛罗里达事故的消息传出时，马斯克正在南非，他得知消息后立即飞回美国，但没有发表公开声明。他有工程师般的头脑，但对人之常情知之甚少，他无法理解每年有 130 多万人死于交通事故，为什么特斯拉自动驾驶车辆造成一两起死亡事故就会引起公众的强烈不满。没有人统计自动驾驶预防了多少事故的发生、挽救了多少人的生命，也没有人评估过使用自动驾驶系统是不是比人类司机开车更安全。

在 2016 年 10 月一场与记者的电话会议上，马斯克被问到的第一个问题就与这两起致死事故有关，所以他很生气。如果记者的报道最后让人们不愿意使用自动驾驶系统，或者会导致监管机构不批准这类系统上路，"那么你们就是在杀人"。他停顿了一下，然后喊道："下一个问题。"

承诺

马斯克的宏伟愿景是让特斯拉打造出一辆在没有任何人类干预的情况下能够完全自动驾驶的车辆，然而这个愿景有时候就像水中月、镜中花。他相信这一愿景的实现将改变我们的日常生活，会让特斯拉成为全球最有价值的公司。特斯拉开始称之为"完全自动驾驶"（Full Self-Driving, FSD）的技术，按照马斯克的承诺，它不仅适用于高速公路，也适用于有行人、骑行者的城市街道，以及复杂的交叉路口。

当年想让火箭飞往火星，他就对规划完成的工作进度做出过荒谬的预测，这一次也像过去一样，他痴迷的工作任务会驱使他做出不切实际的计划安排。在 2016 年 10 月与记者的对话中，他宣称到 2017 年年底，特斯拉电动车就能从洛杉矶开到纽约，"其间不需要用手触摸方向盘"。"如果你想让车自己开回来，就在你的手机上点一下'召唤'（Summon）。"他说，"即便你在美国这头儿，车在美国那头儿，它最终也能回到你身边。"

本来这种说法当个奇思妙想听一听就过去了，但马斯克真的开始推动特斯拉 Model 3 和 Model Y 的工程师设计出一个既没有方向盘也没有加速踏板和制动踏板的车辆版本。冯·霍兹豪森选择对这一命令"阳奉阴违"。从 2016 年年底开始，每当马斯克走过设计工作室，他总能看到 Robotaxi 的图片和实物模型。冯·霍兹豪森说："他相信等我们把 Model Y 投入量产，它将是一款能完全自动驾驶的 Robotaxi。"

几乎每过一年，马斯克都会再预测一遍：完全自动驾驶还有一年左右就会实现。克里斯·安德森在 2017 年 5 月的 TED 演讲中问他："我们什么时候能买到一辆你做出来的车？就是那种手不用碰方向盘、在车上睡着大觉、醒来发现已经到目的地的车。"马斯克回答："大约还需要两年。"在 2018 年年底的代码大会上，面对科技记者卡拉·斯维什尔的采访，他说特斯拉"有望在明年做到这件事"。2019 年年初，他又着重强调了一遍。"我认为我们将在今年实现完整的完全自动驾驶。"他在与方舟投资一起录制的播客中宣布，"我想说我对此深信不疑，这一点很确定，没什么好怀疑的。"

"如果他松口承认实现这个需要很长时间，"冯·霍兹豪森在 2022 年年底说，"那么就没人会围着这件事忙活，我们也不会设计出一款自动驾驶车辆。"在当年与分析师的财报电话会议上，马斯克承认，这个过程比他在2016年预期的要艰难。"最后归根到底，"他说，"要搞定完全自动驾驶，实际上必须先解决现实世界的人工智能问题。"

42

太阳能

特斯拉能源，2004—2016 年

林登·赖夫和彼得·赖夫

火人节

"我想开创一项新的事业，"2004年夏末，一行人开着房车，前往内华达沙漠中一年一度的艺术与技术领域盛会——火人节，途中马斯克的表弟林登·赖夫说，"我想做一个能帮助人类解决气候变化问题的项目。"

"去做太阳能吧。"马斯克回答道。

林登回忆说，听到这个答案时他就像拿到了一张"行军令"。他和哥哥彼得着手创办了一家公司，也就是后来的SolarCity。"我们自己投了一些钱，但埃隆提供了大部分初始资金。"彼得回忆道，"他给了我们一个明确的指引：尽快提高产能，对行业产生影响。"

林登、彼得和拉斯是梅耶·马斯克的双胞胎姐姐的儿子，他们与埃隆和金博尔一起长大，一起骑自行车，一起打架，一起谋划着赚钱的方法。与埃隆一样，他们在能离开南非时就立刻前往美国追求创业梦想。彼得说，整个家族都恪守着同一句格言："冒险是生活的燃料。"

林登在几个兄弟中最年轻，也格外顽强。他的爱好是打水下曲棍球，这可能是一种考验人类毅力的终极运动，而他是作为南非国家队的成员来到美国的。林登住在埃隆的公寓里，感受着硅谷的氛围，牵头与他的哥哥们成立了一家为计算机提供支持服务的公司。他们会踩着滑板在圣克鲁斯市周围滑行，拨打一通又一通业务推广电话。最终，他们做出了一款自己的软件，将许多工作任务自动化处理，这样他们能把公司卖给戴尔电脑公司的概率会更大。

在埃隆建议他们做太阳能板的生意后，林登和彼得想搞明白为什么美国买这个东西的人那么少，其实答案很简单，彼得说："我们意识到，过去这一行的消费体验很糟糕，前期投入费用高，无形中给客户设立了过高的门槛。"所以他们想出了一个简化购买过程的办法：客户可以拨打免费电话，销售团队就会用卫星图像测量屋顶的大小和日照水平，然后公司提供一份合同，说明布设的成本、能帮客户省下的电费和收费目录。如果客户同意，公司将派遣一个身穿绿色制服的团队来家里安装太阳能板，帮客户申请政府退税。SolarCity的目标是打造一个面向消费者的全国知名品牌。马斯克投资了1 000万美元，作为公司的启动资金。2006年7月4日，就在特斯拉即将发布 Roadster 的时候，他们正式成立了 SolarCity，马斯克是该公司的董事会主席。

买下 SolarCity

有一段时间，SolarCity 的业绩蒸蒸日上。到 2015 年，美国非公用事业公司安装的太阳能设备当中，SolarCity 的市场份额占了 25%，它仍一直努力在商业模式上寻求突破。起初，它将太阳能板租给客户，不收取任何预付费用，结果公司的债务规模不断扩大，股价也从 2014 年每股 85 美元的高点跌至 2016 年年中的每股 20 美元左右。

马斯克对该公司的一些做法感到越来越失望，特别是它过于依赖销售团队的积极性，为了刺激销售业绩，公司采取返佣的方式。马斯克说："他们的销售策略跟那些挨家挨户推销刀具套装或者其他类似玩意儿的模式没什么两样。"他的本能告诉他，好东西不应该这么卖。马斯克从来都没在销售和营销方面投入过太多精力，因为他相信如果你做出来一款伟大的产品，订单会自己找上门来，根本不用发愁销售的事。

马斯克开始不停地追问他的表弟："你们是一家销售公司，还是一家产品公司？"表弟们并不能完全理解他对于产品的执念。"我们在抢占市场方面非常厉害，"彼得说，"但埃隆会从美学角度质疑产品，比如夹子好不好看，还会因其外观太丑而生气。"马斯克大失所望，一度威胁说要辞去 SolarCity 董事会主席一职，金博尔劝他退出。没想到 2016 年 2 月，马斯克打电话给他的表弟，告诉他们，他希望由特斯拉收购 SolarCity。

特斯拉在内华达州开设电池工厂后，开始为家庭用户生产一种冰箱般大小的电池，名为"Powerwall"，它可以与太阳能板相连——就像 SolarCity 安装的那些组件一样。打破两家公司的边界帮马斯克避免了很多企业领导者犯过的错误，即对公司业务的定义过于狭窄。他在 2015 年 4 月宣布推出 Powerwall 时说："特斯拉不仅是一家电动车公司，它更是一家能源领域的创新型公司。"

将屋顶的太阳能板连接到家用储能电池和车库里的特斯拉电动车上，这样人们就可以摆脱对大型公用事业公司和石油公司的依赖。这些产品结合起来可以让特斯拉在应对气候变化方面比世界上任何一家公司，甚至可能比任何实体的组织或个人做得都多。然而马斯克想要推行他的综合能源构想存在一个问题：他表弟的太阳能公司不属于特斯拉的一部分。特斯拉收购 SolarCity 能帮他实现两个目标：一是将家用能源业务整合起来，二是拯救 SolarCity。

起初，特斯拉的董事会表示反对。这种情形很反常，因为他们一般对马斯克言听计从。拟议的这笔交易看上去是向马斯克的表弟和马斯克本人对 SolarCity 的投资实施救助，而此时特斯拉自己还面临量产的问题。但过了四个月，SolarCity 的财务状况恶化后，董事会批准了收购计划。特斯拉将为购买 SolarCity 的股票提供 25% 的高溢价，马斯克是该公司的最大持股人，董事会进行几轮投票时，他都回避了，但他在 SolarCity 与表弟私下里沟通过很多次。

当马斯克在 2016 年 6 月公布这项交易时，他称其过程"不费吹灰之力"，"既合法又合情理"。这项收购符合他最初为特斯拉制订的"总体规划"，正如他在 2006 年写下的："特斯拉车辆公司的首要目标是要加快实现从开采和燃烧碳氢能源的经济模式转向太阳能电力驱动的经济模式。"

这也是马斯克的本性使然：对他名下的所有事业开展"端到端"的控制。"埃隆让我们意识到，必须把太阳能板和储能电池结合起来，"彼得说，"我们真的想提供二者集成在一起的产品，但是两家公司的工程师各自为政的话就很难办到。"

这笔交易得到了特斯拉和 SolarCity 双方 85% 的"无利害关系"股东（意味着马斯克不能投票）的批准。虽然如此，特斯拉的一些股东还是提起了诉讼。他们指控说："埃隆导致特斯拉董事会以明显有失公允的价格批准收购了无力偿债的 SolarCity，其目的就是挽救他（和其家庭成员）的初始投资。"2022 年，特拉华州衡平法院做出了有利于马斯克的裁决。法院认为："这次收购标志着一家公司迈出了重要的一步，其多年来都试图向外部市场和公司股东表明，公司旨在从一家电动车制造商扩展成为一家新能源公司。"

"这就是狗屎"

在 2016 年 8 月与 SolarCity 投资者的电话会议上，也就是在股东最终投票同意 SolarCity 与特斯拉合并之前，马斯克暗示将推出一款改变行业格局的新产品。他说："如果我们给你提供的屋顶比普通屋顶更好看，使用寿命更长呢？那行业的玩法可就不一样了。"

他和赖夫兄弟正在研究的想法是做出一个太阳能屋顶，而不仅是在普通屋顶上安装一块块太阳能板。屋顶将由内嵌太阳能电池的瓦片构成，太阳能瓦片可以取代现有的屋顶，也可以铺设在普通屋顶上。无论采用哪种方式，太阳能屋顶都是真正的屋顶，而不再是一堆摆放在屋顶上的太阳能板。

这个项目在马斯克和他的表弟之间引起了巨大的摩擦。2016 年 8 月，也就是他在 SolarCity 投资者电话会上含糊不清地提及新产品的前后，彼得·赖夫邀请马斯克去视察该公司在客户屋顶上布设的一种太阳能屋顶：这是一种立缝金属屋顶，太阳能电池被嵌入了金属板而不是瓦片中。

马斯克开车过去的时候，彼得同 15 个人站在房前等他。"但就像平时经常上演的那样，"彼得回忆说，"埃隆到得很晚，还坐在车里看手机，我们所有人都战战兢兢地等着他下车。"一下车，他的脸上就写满了"愤怒"二字。"这就是狗屎！"马斯克说，"完全是狗屎！太可怕了！你们怎么想的？"彼得解释说，短时间内他们最好也只能做成这样，这是一个安装过程可行的屋顶版本，所以他们不得不在美学设计上做出妥协。马斯克命令他们专注于太阳能瓦片，不要再去搞金属屋顶了。

经过夜以继日的奋战，赖夫兄弟和 SolarCity 团队能仿制出一些太阳能瓦片了，而马斯克将面对公众的揭幕仪式安排在 10 月。揭幕仪式在好莱坞环球影城举行，太阳能屋顶被布设在拍摄美剧《绝望主妇》时使用的房屋上。有一种屋顶的瓦片看起来像法国板岩，有一种瓦片形似托斯卡纳酒桶，还有一种就是马斯克讨厌的金属屋顶。马斯克在揭幕活动的两天前到场查看，看到金属版本时，他就爆发了，问道："'我恨透了这个东西'这句话，你是哪个词听不懂？"其中一位工程师反驳说，他认为这款产品看起来还不错，而且是最容易安装的。马斯克把彼得拉到一边，告诉他：

"我认为这个人不应该再留在团队中。"于是，彼得解雇了这位工程师，并在揭幕活动前拆除了金属屋顶。

有200人在环球影城参加了这次活动。马斯克开场首先谈到了二氧化碳浓度的上升和气候变化对人类造成的威胁。"救救我们，埃隆！"有人喊道。这时，马斯克指向他的身后，他说："周围的房子都是用太阳能供电的，你们注意到了吗？"

每个车库里都放有升级版的特斯拉 Powerwall 和一辆特斯拉，太阳能瓦片产生的电力可以储存在 Powerwall 和车辆的电池中。"这就是综合能源的未来，"马斯克说，"我们给出了让可再生能源发电、储电、用电实现供需匹配的解决方案。"

这是一个崇高的愿景，却是以公司创始人的个人前途为代价换来的。此后不到一年，彼得和林登兄弟二人都离开了 SolarCity。

43

Boring Company

2016 年

2016 年年底，马斯克去了香港，有一天的日程排满了会议。他中间需要休息几分钟，换换脑子，看看手机，发会儿呆，就像平时工作中的间隙一样。正在他放空的时候，特斯拉销售和营销总裁乔恩·麦克尼尔走了过来，把他的注意力拉了回来。马斯克终于开口道："你有没有注意到，城市建设是三维的，道路建设却是二维的？"麦克尼尔露出困惑的表情。马斯克解释说："你可以在城市下面挖通隧道，这样就能建出三维的道路。"马斯克给史蒂夫·戴维斯打电话，这是一位很靠谱的 SpaceX 工程师。当时加州正是凌晨 2 点，但戴维斯同意研究一下如何快速、低成本地修建隧道。

"好的，"马斯克说，"过三个小时我再给你打电话。"

当马斯克再次来电时，戴维斯已经想出一些办法：用一台标准的隧道掘进机钻出直径 40 英尺的圆洞，不用混凝土来加固。马斯克问："这种机器要多少钱？"戴维斯告诉他要 500 万美元。马斯克说："那买两台吧，出差回来我要见到它们。"

几天后，马斯克回到洛杉矶时，他被堵在了路上，于是他开始发推文，他写道："交通拥堵真让人头大！我打算搞一台隧道掘进机，然后就开挖。"他天马行空地给新公司起了各种名字，包括"隧道如我们"（Tunnels R Us）和"美国管道与隧道"（American Tubes & Tunnels），但后来他想到了一个颇具幽默感的名字，这种幽默风格同他喜欢的巨蟒剧团的造梗方式如出一辙。一小时后，他在推特上宣布："这家公司应该叫 Boring Company[1]，因为挖洞就是我们的工作。"

几年前，马斯克提出过一个更大胆的想法，就是建造一个类气动管道，在其中对列车舱室进行电磁加速，使之以接近音速的速度在城市之间提供客运服务，他称之为"超级环路列车"。但在这个想法上，马斯克一反常态地克制，他认为最好不要轻易下厂尝试，而是要为学生们举办一场设计比赛。他在 SpaceX 总部旁边建造了一个 1 英里长的真空室管道，供学生展示他们的想法。第一届超级环路列车学生大赛定于 2017 年 1 月的一个

---

1 英文单词 boring 用作动词意为"钻、挖"，用作形容词意为"无聊的"，所以这家公司又被叫作"无聊公司"。——编者注

周日举行，从荷兰和德国远道而来的学生团队计划来展示他们的试验客舱。

市长埃里克·贾西堤和一些官员届时会出席活动，所以马斯克认为在现场宣布他关于隧道挖掘的想法是个好时机。在当周周五上午的会议上，他问在超级环路列车实验管道旁边的地段开始挖掘隧道需要多长时间。有人告诉他大约需要两周。"今天就开始吧，"他命令道，"我想在周日前挖出一个尽可能大的洞来。"他的助理艾丽莎·巴特菲尔德忙不迭地让特斯拉员工们把私家车开出停车场，不到三个小时，戴维斯买的两台隧道掘进机就开始工作。到周日那天，他们已经挖出一个直径 50 英尺通向隧道起点的大洞。

马斯克自掏腰包投资了 1 亿美元，让 Boring Company 运作起来。在接下来的两年里，他经常会穿过 SpaceX 的园区通道，来查看一下 Boring Company 的进展。我们怎么才能更快？还存在哪些障碍？"他花了很多时间给我们上课，告诉我们删繁就简的重要性。"来自芝加哥的年轻工程师乔·库恩这样说道，此人设计出了让车辆通过隧道的方式。举个例子，他们一开始想在隧道的起点钻一口垂直井，然后把掘进机吊下去。马斯克说："我院子里的地鼠可不会这么干的。"他们最终重新设计了隧道掘进机，使其可以保持机头朝下的姿势钻入地下。

2018 年 12 月底，1 英里长的隧道原型基本完工。一天深夜，马斯克带着两个儿子和他的女友格莱姆斯来到这里。他们挤进一辆带有定制轮胎的特斯拉，一部大型电梯把他们降到地下 40 英尺的隧道中。他对开电梯的库恩说："能降多快，降多快！"格莱姆斯有点儿不乐意了，要求他们放慢速度。马斯克拿出了一本正经的工程师姿态，解释为什么"发生纵向撞击的概率极低"。于是库恩开始加速，马斯克赞叹道："这太疯狂了！这个东西会改变一切！"

事实上，它并没有改变一切，还成了马斯克的想法被过度炒作的一个证明。2021 年，Boring Company 在拉斯维加斯建成了一条 1.7 英里长的隧道，特斯拉的驾驶者和乘客可以从机场直达会议中心，此后又开始在其他城市洽谈项目落地，但直到 2023 年，这些项目都没有开工。

44

关系动荡

2016—2017 年

与艾梅柏·希尔德在一起（左上），她在他的脸颊上留下吻痕（右上）；埃罗尔（左下）；

同唐纳德·特朗普在一起（右下）

特朗普

马斯克从来都不是一个特别爱讲政治的人，像许多搞技术的人一样，他在社会问题上秉持着自由主义的立场，但对于规章制度和政治正确抱有一定的抵触情绪。他先后为奥巴马和希拉里·克林顿的总统竞选活动提供过政治献金。在2016年的总统竞选中，他公开批评唐纳德·特朗普。他告诉美国消费者新闻与商业频道（CNBC）："特朗普似乎并不具备能展示出美国良好形象的那种品格。"

但在特朗普获胜后，马斯克变得谨慎乐观起来，认为特朗普的执政人格可能会是那种离经叛道的特立独行者，而不是愤懑的右翼分子。他说："我想也许他在竞选期间说的一些疯话只是在作秀，他在行事上将采取更明智的立场。"因此在他的朋友、特朗普的支持者彼得·蒂尔的敦促下，马斯克同意出席2016年12月在纽约举办的科技公司首席执行官与当选总统的会见活动。

会见当天上午，马斯克先去拜访了《纽约时报》和《华尔街日报》的编辑部，而后因为交通过于拥堵，他与萨姆·特勒一起乘坐IRT莱辛顿大道线地铁前往特朗普大厦。除蒂尔外，参加会见的二十几位科技领域的首席执行官还包括谷歌的拉里·佩奇、微软的萨提亚·纳德拉、亚马逊的杰夫·贝索斯和苹果的蒂姆·库克。

会见后，马斯克留下来与特朗普举行了私人会谈。特朗普说，有个朋友送了他一辆特斯拉，但他从没开过。这让马斯克感到困惑，但他没说什么。特朗普随后宣称，他"真的很想让NASA重新扬帆起航"。这让马斯克更加困惑了，因为NASA当时非常活跃。他力劝特朗普要设定一个大目标，最主要的目标就是要将人类送上火星，还要让各公司通过竞争的方式来帮助美国实现这些目标。特朗普似乎对把人类送上火星的想法感到很惊讶，然后重申了一遍他想"让NASA重新扬帆起航"。这次会面让马斯克觉得很古怪，但他发现特朗普倒是很友好。"他看起来有点儿疯疯癫癫的，"马斯克事后说，"但他可能也会保持一个正常人的状态。"

后来，特朗普告诉CNBC的主持人乔·克南，他对马斯克印象深刻。"他喜欢火箭，顺便说一下，他在火箭领域做得也很不错，"特朗普对克南说道，随后就陷入了特朗普式的胡言乱语，"我从来没有见过发动机降落的时候，飞行器没有翅膀，没有装任何东西，它就降落了，我是说'我以前从来没见过这样的情况'，我很担心他，因为他是我们国家伟大的天才之一，我们必须保护好我们的天才，你知道我们必须保护爱迪生，我们必须保护好这些创造出灯泡、车轮和各种东西的发明家。"

朱莉安娜·格洛弗是一位人脉很广的政府事务顾问。这些企业家聚集在特朗普大厦时，她帮他们安排了其他一些会面活动，包括与时任副总统迈克·彭斯、时任国家安全事务助理迈克尔·弗林和K.T.麦克法兰德的会晤。唯一让马斯克印象深刻的是纽特·金里奇，他是一位太空爱好者，对于让私营公司竞标航天任务的制度抱有同马斯克一样的热忱。

在特朗普担任总统的第一天，马斯克去白宫参加了头部公司首席执行官的圆桌会议，两周后他又去参加了类似的会议。他的结论是，特朗普作为总统与作为候选人的时候没什么不同，他的小丑行为不仅是一种表演。"特朗普可能是世界上有史以来最牛的胡扯大师之一，"马斯克说，"就像我父亲一样，他胡扯的时候会让旁人摸不着头脑。但如果你把特朗普的发言权当成一个骗子在演戏，那他的行为差不多就说得通了。"当这位总统宣布美国退出《巴黎协定》时，马斯克就退出了总统的顾问委员会。

艾梅柏·希尔德

马斯克的性格与和和美美的家庭生活并不兼容，他的大多数恋爱关系都会给他带来心理上的动荡与混乱。其中最令他痛苦的是与女演员艾梅柏·希尔德的关系，她把他拽进了一个黑暗的旋涡。这种状态持续了一年多，那种痛苦是根深蒂固的，直到今天依然余波未了。他说："那种感情真的很残酷。"

他们的关系始于她在2012年拍摄的动作电影《弯刀杀戮》，这部电影的主角是一位想在轨道空间站上创造一个人类社会的发明家。马斯克同意担任电影顾问，因为他想认识希尔德，但二人真正相识是他担任顾问一年以后的事了，那时她问马斯克可不可以去参观SpaceX。"我觉得别人叫我辣妹的同时，我也可以当一个极客呀。"希尔德开玩笑说。马斯克带她坐上了一辆特斯拉，希尔德觉得他作为一个火箭工程师来说还是很有魅力的。

希尔德第二次见到马斯克是在 2016 年 5 月，他们在纽约大都会艺术博物馆的晚宴上排队走红毯。当时 30 岁的希尔德正处在同约翰尼·德普离婚的边缘，二人的纠葛闹得满城风雨。她和马斯克在晚宴上聊天，在典礼之后的聚会上继续谈天说地。她觉得她与德普的紧张关系给她带来了巨大的精神负担，而马斯克的出现像是一股清流滋润了她的心田。

几周后，她正在迈阿密工作，马斯克前来探访。他们住在他从迈阿密海滩德拉诺酒店租来的带游泳池的别墅里，随后马斯克带着希尔德和她的妹妹飞到卡纳维拉尔角，观看了一场猎鹰 9 号的预定发射活动。她认为这是她经历过的最有趣的约会。

随后的 6 月，马斯克的生日越来越近了，当时希尔德正在意大利工作，但她决定前往弗里蒙特的特斯拉工厂给他准备一个惊喜。她快到的时候，把车停在路边，摘了一些野花。在马斯克的安保团队的配合下，她躲在了一辆特斯拉的后面，当他走近时，她拿着野花跳了出来。

他们的关系在 2017 年 4 月更进一步。马斯克飞到澳大利亚去找她，当时她正在那里拍摄电影《海王》，她在其中扮演了一个试图拯救世界的超级英雄的爱人、一位公主战士。他们手拉着手走过野生动物保护区，参加了树上穿越课程，之后希尔德发布了一张他们在一起的照片，能看到他的脸颊上有一个唇印。马斯克告诉希尔德，她让他想起了电子游戏《守望先锋》中他最喜欢的角色——天使，所以她花了两个月时间设计并委托第三方制作了一套从头到脚的"天使"服装，这样她就可以在他面前扮演这个角色。

然而，与她的嬉嬉闹闹如影随形的是那种吸引着马斯克的骚动与混乱。他的弟弟和朋友们对她恨之入骨，甚至让他们对贾丝廷的厌恶都成了小巫见大巫。"她就是一个有毒的女人，"金博尔说，"她是一个噩梦。"马斯克的幕僚长萨姆·特勒将她比作漫画书中的恶人，他说："她就像《蝙蝠侠》里的小丑，除了制造混乱，她没有第二个目的。她以破坏一切稳定状态为乐。"希尔德和马斯克会通宵达旦地吵架，吵完直到第二天下午他才会起床。

他们在 2017 年 7 月分手，但随后复合，又共同度过了动荡不安的五个月。那年 12 月，他们与金博尔、金博尔的妻子和孩子们一起去里约热内卢的野外旅行，他们的关系也随之走到了终点。当他们到达酒店时，埃隆和艾梅柏又一次大吵大闹起来。金博尔说，她把自己锁在房间里，开始大喊大叫，说她害怕会遭人攻击，还说埃隆拿走了她的护照。保安和金博尔的妻子都试图劝说她：她很安全，护照就在她的包里，她随时可以离开，而且当时那种情形下她也应该离开。"她真的是一个非常好的演员，所以她会说一些事情，让你觉得'哇，也许她说的是真的'，但实际上她在撒谎！"金博尔说，"她能创造出一套她自己眼中的现实，这种方式让我想起了我的父亲。"（这句话可以细品一下。）

艾梅柏承认他们发生了争执，承认她那天的表现有点儿夸张，但她说他们在那天晚上化解了矛盾。那天是新年前夜，他们去了一场派对，站在阳台上俯瞰整个里约热内卢，庆祝新年的到来。艾梅柏穿着低胸的白色亚麻裙，埃隆穿着半开襟的白色亚麻衬衫。金博尔和他的妻子也在场，还有表弟拉斯·赖夫和他的妻子。为了表明他们当时已经和好如初，艾梅柏给我发了当晚的照片和视频。在其中一张照片里，埃隆祝她新年快乐，并热情地亲吻了她的嘴唇。

她总结出的一个观点是，马斯克性格中对戏剧性冲突的迷恋潜滋暗长，是因为他需要大量的外部刺激来保持精力充沛。即便在他们最后一次分手以后，他们依然余情未了。她说："我非常爱他。"[1] 她也很懂他，她说："埃隆喜欢火，而有时他也会被火灼伤。"

埃隆被艾梅柏吸引，从某种程度上来说，他是在重复着一种亲密关系的模式。"他爱上了这些对他非常刻薄的人，真的是一种悲哀。"金博尔说，"她们的确很美，这是毫无疑问的，但她们的内心有着非常阴暗的一面，埃隆心知肚明，这种感情是有毒的。"

那他为什么还要投身其中呢？我把这个问题抛给了马斯克，他哈哈大笑起来。"因为我在感情里就是个傻瓜，"他说，"我经常犯傻，在爱情里尤其如此。"

1　原文使用的是现在时（I love him very much.），而非过去时。——译者注

埃罗尔和贾娜

2002 年年底，埃罗尔和他的家人在婴儿内华达去世后来访，从那以后埃隆就没再见过父亲。在那次逗留期间，埃隆对埃罗尔喜欢他当时 15 岁的继女贾娜感到很不舒服。埃隆向他施压，要他回南非去。

但在 2016 年，埃隆和金博尔计划与家人一起去南非旅行，他们觉得应该去看看父亲，埃罗尔当时已经离婚，而且心脏一直有一些问题。埃隆与父亲谈了谈心，至于谈了多少，可能比他愿意承认的要多，其中就包括一场 6 月 28 日的庆生活动。他们安排了一次午餐，试图在他们的生日——埃隆 45 岁生日和埃罗尔 70 岁生日那天和解，至少来一场短暂的和解。

他们在开普敦的一家餐厅见面，埃罗尔当时就住在开普敦。贾丝廷要求他们的孩子在旅途中不要接触埃罗尔，所以他们在埃罗尔来到餐厅前就离开了。午餐时金博尔和他的新婚妻子克里斯蒂安娜，还有埃隆和他偶尔约会的女演员娜塔莎·巴塞特在场。安东尼奥·格拉西亚斯当时也在场，他问自己是否应该离开，他回忆说："埃隆把手放在我的腿上，说'请留下来'，那是我唯一一次看到他的手在颤抖。"当埃罗尔走进餐厅时，他高声对埃隆称赞娜塔莎真漂亮，弄得大家很不舒服。"埃隆和金博尔完全不说话，沉默不语。"克里斯蒂安娜说。一个小时后，他们觉得是时候离开了。

埃隆原本计划带金博尔、克里斯蒂安娜、娜塔莎和孩子们去比勒陀利亚，看看他长大的地方。但在与父亲会面后，他就没这个心情了。他突然缩短了行程，飞回了美国，告诉他们，他需要回去处理佛罗里达州特斯拉发生交通事故的事——他也是用这个借口说服自己离开的。

这次拜访虽然短暂，但似乎预示着埃隆与父亲的关系即将缓和，也许可以帮助他驯服一些内心仍困扰着他的恶魔。但事实的走向并非如此，2016 年晚些时候，在埃隆离开后不久，当时 30 岁的贾娜怀上了埃罗尔的孩子。"我们都是孤独而迷失方向的人，"埃罗尔后来说，"生活就是顺水推舟——你也可以说这是神的旨意，是大自然的规律。"

当埃隆和他的弟弟妹妹发现这件事以后，感到毛骨悚然、怒不可遏。"事实上我正在慢慢试着同父亲和解，"金博尔说，"但后来他与贾娜有了一个孩子，我心想：'算了吧，还和解什么呀，我再也不想跟你说话了。'从那以后，我就真的再也没有和他说过一句话。"

就在 2017 年夏，马斯克得知这个消息后，他为了《滚石》杂志的封面报道接受了记者尼尔·斯特劳斯的采访。斯特劳斯首先问了一个关于特斯拉 Model 3 的问题。结果一如平时经常出现的情况，马斯克只是静静地坐在那里，他对艾梅柏·希尔德及他父亲的事情耿耿于怀。没做过多解释，他就起身离开了。

五分钟以后，特勒去把他找了回来。马斯克回到采访的房间，向斯特劳斯解释说："我刚刚和女朋友分手了。我真的很爱她，这让我很伤心。"后来在采访中，他心里放下了关于父亲的事，没有提到埃罗尔刚让贾娜怀上孩子。"他这个人太可怕了，"他说着说着，就开始哭泣，"我父亲的邪恶计划都是经过精心策划的。事情还在酝酿的时候，他就一肚子坏水。几乎所有你能想到的罪行，他都犯过；几乎所有你能想到的恶行，他都做过。"在马斯克介绍他父亲时，斯特劳斯发现他不会谈及具体的细节。"显然有一些东西，马斯克是想分享的，但这些事情让他难以启齿。"

45

堕入黑暗

2017 年

同奥米德·阿夫沙尔（左一）检查电池包（上）；

2008 年，在弗里蒙特工厂的木星会议室观看 SpaceX 的发射任务，同时查看特斯拉的生产数据（下）

你有双相障碍吗

与艾梅柏的分手，还有他父亲与继女有了孩子的消息，让马斯克心力交瘁。他的精神状态开始了一段在抑郁、恍惚、眩晕和狂躁之间颠来倒去的时期。他情绪十分低落，几乎因紧张性神经症而恍惚，因抑郁而崩溃。随后，就像有人按动了一个开关一样，他变得晕头转向，一次次重放巨蟒剧团过去的短剧，剧中愚蠢的踱步和古怪的辩论惹得他发出一阵阵断断续续的笑声。2017年夏到2018年秋，于公于私都是他人生中最接近地狱的一段经历，甚至比2008年的那段危机还要糟糕。"那是我有史以来痛苦体验最为集中的时期，"马斯克说，"18个月无休无止的精神错乱状态，那是一种令人难以置信的痛苦。"

2017年年底的一天，公司安排他参加特斯拉与华尔街分析师沟通的财报电话会议。时任特斯拉总裁的乔恩·麦克尼尔发现他躺在会议室的地板上，关着灯。麦克尼尔走过去，在角落里挨着他躺下。"嘿，伙计，"麦克尼尔说，"我们要开财报电话会啦。"

"我开不了。"马斯克说。

"你必须参加。"麦克尼尔回答。

麦克尼尔花了半个小时才说动他起身。"他从昏昏沉沉的状态中苏醒过来，走到了一个能让他安坐在椅子上的地方，随后我们安排其他人进入房间，让他完成开场陈述，接下来我们替他打掩护。"麦克尼尔回忆道。会议一结束，马斯克就说："我得躺下，得关灯。我只是需要一些独处的时间。"麦克尼尔说，同样的情景上演了五六次，其中有一次在会议室里，他不得不躺在马斯克身旁的地板上，只是为了让马斯克批准一个网站设计的新方案。

大约在那时，推特上一个用户问马斯克是不是患上了双相障碍。"是的。"他回答道，但他又补充说自己还没有在临床上被确诊。"感觉糟糕就是跟坏事有关，所以可能真正的问题是我太沉溺于现在这些破事了，不能自拔。"有一天，麦克尼尔和马斯克坐在特斯拉的会议室里，马斯克刚刚念完一段"咒语"，麦克尼尔就直截了当地问他是不是患有双相障碍。马斯克说可能有，麦克尼尔把他的椅子从桌子旁推开，转过身来，盯着他的眼睛。"听着，我有个亲戚是双相障碍患者，"麦克尼尔说，"我有过这方面的亲身经历。如果你能积极治疗，用上合适的药物，你就能找回原来的状态。这个世界需要你。"这次他们谈得很好，马斯克似乎明显流露出一种愿望，要摆脱这种脑子里乱七八糟的状态。

但事实并非如此。马斯克说，他处理自己精神问题的方式就是"默默承受痛苦，确保自己真正关心着正在做的事情"。

"欢迎来到量产的地狱！"

2017年7月，Model 3开始正式投产下线，奇迹般地实现了马斯克先前设定的那张丧心病狂的进度表。特斯拉在弗里蒙特工厂热热闹闹地举办了一场庆祝活动。在上台前，公司安排马斯克在一个小房间里接受几名记者的采访，但他状态不对劲，一整天都处于一种病恹恹的情绪当中，为了提神醒脑还给自己灌了几瓶红牛，做了做冥想——他以前从来没有正儿八经地冥想过。

弗朗茨·冯·霍兹豪森和JB. 施特劳贝尔想给马斯克鼓鼓劲儿，让他从半梦半醒的状态中清醒过来，但他似乎毫无反应，面无表情，情绪低落。"过去几周，我一直在经历情感上极大的痛苦，"他后来说，"真的很严重。为了能够参加Model 3的活动、显得不那么沮丧，我真是打起了十二分精神。"最后，他振作起来，走进了新闻发布会现场，但他显得很烦躁，一副心不在焉的样子。"对不起，我有点儿语无伦次，"他告诉记者们，"我现在脑子里装的事情太多了。"

随后马斯克需要面对现场200名尖叫的粉丝和特斯拉的员工。他想给大家奉献一场精彩的见面会，至少一开始他是这么想的。他开着一辆崭新的红色Model 3上台，从驾驶室里一跃而出，向天空挥舞手臂。"这家公司存在的全部意义就是要制造一辆真正伟大的、能让大家买得起的电动车，"他说，"而我们终于做到了这一点。"

但他说着说着，语调就低沉了下来，即便是在场的观众也能看出来，尽管他试图挤出一个笑脸，但他的内心阴云密布。他没有对这次取得的成就表示祝贺，而是警告大家未来要度过一段困难时期。"未来6～9个月，我们面临的主要挑战是如何大规模量产这款车。"他迟疑不决地说道，"坦率地讲，我们将置身于量产的地狱。"随后他开始有点儿疯狂地傻笑起来："欢迎！欢迎！热烈欢迎大家来到量产的地狱现场！那就是我们下一站要去的地方，至少要在地狱里待上六个月呢。"

当他描绘出这一前景，黑暗的能量似乎充满了他的胸膛。"我期待着与你们并肩而立，穿越地狱。"他告诉现场满脸错愕的观众，"俗话说，如果你正在经历地狱，那就继续走下去。"

他说到做到。

内华达超级地狱

每当马斯克陷入阴沉沉的心理状态，他就会让自己疯狂地工作。在2017年7月Model 3启动量产的活动之后，他就是这种状态。

当时他的核心关切是：提高产量，让特斯拉每周生产出5 000辆Model 3。他计算了公司的成本、管理费用和现金流，如果能达到这个生产速度，特斯拉就能活下去；如果做不到，公司就会耗尽资金。他像念咒一样对每个高管重复这句话，还在工厂里安装了显示屏，实时显示车辆和零部件的相关情况。

每周生产5 000辆车是一个巨大的挑战。到2017年年底，特斯拉的车辆生产速度只达到了这个目标的一半。马斯克决定搬进工厂车间带大家一起大干一场。这是一种战术：亲自挂帅，带着一群疯狂的小伙伴每周7天、每天24小时保持集体冲锋的状态，努力去实现这个目标，正好体现了马斯克在公司要求大家达到的那种"不要命"的工作强度。

他从内华达州生产电池的超级工厂开始。生产线的设计者告诉马斯克，每周生产5 000个电池包太疯狂了，他们最多能生产1 800个。"我要是认可你说的话，特斯拉就死定了。"马斯克告诉他，"我们要么每周生产5 000辆车，要么就连生产成本都覆盖不了。"这位主管说生产线扩产还需要一年时间，马斯克立刻就把他调走了，找来了新的负责人布莱恩·道，他身上有马斯克喜欢的那种"大刀阔斧向前冲"的劲头。

马斯克开始主抓工厂车间工作，成了一个狂热的"大元帅"。"那真是疯起来不要命，"他说，"我们当时每天只睡四五个小时，还经常打地铺。我记得当时我就在想：'我正在保持理智的边缘疯狂试探。'"他的同事们表示同意。

马斯克叫来了援军，包括他最忠诚的副手：他在 SpaceX 工程方面的老伙计马克·容科萨，还有 Boring Company 的负责人史蒂夫·戴维斯。他甚至还招揽了他的堂弟詹姆斯·马斯克，他是埃罗尔弟弟的儿子，刚从加州大学伯克利分校毕业就加入了特斯拉自动驾驶团队，担任程序员。"我接到埃隆的电话，他让我一小时后到范奈斯机场的飞机跑道上。"詹姆斯说，"我们飞到里诺后，我在那儿待了四个月。"

"问题数不胜数，"容科萨说，"1/3 的电池单元没法用，1/3 的工位陷入瘫痪。"他们各自分工，在电池生产线的不同环节工作，从一个工位跑到另一个工位，对所有拖慢生产进度的环节进行故障排除。容科萨说："如果我们太累了，就去汽车旅馆睡上四个小时，然后再回去干活。"

奥米德·阿夫沙尔是一名大学时辅修诗歌的生物医学工程师，刚刚加入萨姆·特勒的团队，成为马斯克的助手。在洛杉矶长大的他是拎着公文包上小学的，因为他想成为他父亲那样的人——一位出生于伊朗的工程师。他为一家医疗设备制造商做工厂设施搭建方面的工作，做了几年后他加入了特斯拉，很快与马斯克建立了工作关系。他俩说话时都带有轻微的口吃，与他们清晰准确的工程思维形成反差并起到了一定的缓冲作用。他入职的第一天，在特斯拉硅谷总部附近租了一间公寓，而后就被卷入这股量产冲刺的大潮。在接下来的三个月里，他在内华达超级工厂工作，在附近一家汽车旅馆住了下来，每晚 20 美元。每周 7 天，他清晨 5 点起床，与深谙工厂制造的蒂姆·沃特金斯一起喝杯咖啡，在工厂里一直干到晚上 10 点，然后在睡前再与沃特金斯一起喝杯酒。

有一次，马斯克注意到装配线上有一个工位的节奏跟不上，这个工位上是一个又贵又拖拉的机器人，负责把玻璃纤维条粘到电池包上。机器人的吸盘一直拿不住玻璃纤维条，而且胶水涂得太多。马斯克说："我意识到当初犯下的第一个错误就是要把这个生产过程自动化，这个事情赖我，是我力主推动了大量的生产环节自动化。"

在尝试调整了许多次都失败以后，马斯克终于问了一个最基本的问题："这些玻璃纤维条到底是干什么用的？"他想不出在电池和车底板之间为什么需要玻璃纤维部分。工程团队告诉他，这是降噪团队要求的，目的是减少振动。于是马斯克打电话给降噪团队，得到的回复是，这一规定来自工程团队，目的是减少电池起火带来的风险。马斯克说："这就像《呆伯特》漫画里画的一样。"于是他命令团队对比有无玻璃纤维条的情况下车内的声音并做记录。他问大家："你们能分辨出区别吗？"结果答案是否定的。

"干活的第一步就应该是质疑你接到的任务要求。"马斯克说，"因为所有要求或多或少都包含着愚蠢和错误的成分，所以一定要砍掉它们、砍掉它们、砍掉它们。"

这套方法论甚至在细枝末节的环节也能起作用。比如内华达工厂做好电池包以后，会在电池包嵌入车辆的尖头上装一些小塑料帽。当电池包送到弗里蒙特工厂时，塑料帽会被拆下来扔掉。内华达工厂的塑料帽有时不够用了，就会耽搁电池包的运输。马斯克问为什么要放这些塑料帽，员工告诉他这项规定是为了确保电池包的触点不会弯折。他又问："谁规定的？"大家七嘴八舌地问来问去，最终没人说得出来是谁。马斯克说："那就删掉这项。"他们照做了，事实证明，此后也从来没出现过触点弯折的问题。

虽然团队精神的确存在于马斯克带领的队伍中，但他待人的态度依然可能是冷漠的、粗暴的。一个周六的晚上 10 点，有一个机械臂的任务是为电池安装散热管，结果机械臂对不准，耽误了安装进度，他勃然大怒，叫来了年轻的制造工程师盖奇·科芬，科芬原本想着能有机会见到马斯克，还挺兴奋的。他已经在特斯拉工作了两年，之前的 11 个月里一直带着行李箱上班，每周在工厂工作 7 天。这是他的第一份全职工作，他也很喜欢这份工作。当他到达现场时，马斯克大声嚷嚷道："嘿，这机器瞄得不准，是你干的吗？"科芬嗫嚅着问马斯克具体指的是什么：是代码问题、设计问题，还是工具问题？马斯克不停地质问他："这是不是你做的？！"科芬蒙了，心里很害怕，支支吾吾地想弄清楚到底是哪方面的问题。马斯克见他这样更来劲了，他继续对科芬喊叫："你就是个白痴！滚出去，别再让我看见你！"几分钟后，科芬的项目经理把他拉到一边，告诉他，马斯克已经下令解雇他。他很快就收到了解聘书。"带我的经理在我走后一周也被解雇了，又过了一周他的上司也被解雇了。"科芬说，"至少埃隆还知道他们的名字。"

"埃隆不高兴的时候，就会大发雷霆，经常对新人和基层员工发火。"乔恩·麦克尼尔说，"他对盖奇的态度相当常见，太典型了，他总是这种反应，其实只是因为他找不到一种有效的方法应对他的挫败感。"联合创始人 JB. 施特劳贝尔比马斯克更温和友善一些，而他也畏惧马斯克的这类行为。"回想起来，你可能会觉得这是一场伟大战役中微不足道的小插曲。"施特劳贝尔说，"但当你身处其中，你才能体会到跟他直接打交道的工作环境真的挺吓人的。他让我们解雇的那些人都是我们这么长时间私交甚好的朋友，开除他们真的是一件特别痛苦的事。"

关于这类情况，马斯克表示，施特劳贝尔和麦克尼尔等人都太舍不得辞退员工了。厂里的那个工作区，生产问题一直捋不顺，零件堆积在工位旁，生产线一动不动。"你要是想对这些人好一点儿，"马斯克说，"那你实际上就是对其他员工不负责任，他们干得很好，而我如果不处理好这个工作区的问题点，大家都会受连累。"

那一年，马斯克和儿子们是一起在工厂里过的感恩节，因为他要求工人们当天都来加班。电池停产一天，会直接影响特斯拉能生产出来的电动车数量。

去自动化

自 20 世纪初有了流水线以来，大多数工厂的设计都分两步进行：第一步，搭建生产线，工人要在每个工位上完成特定的任务；第二步，生产线跑通以后，机器人和其他设备陆续进场，渐进式地替代一部分工人的工作。然而，马斯克把这两步颠倒了过来。他有一个愿景，打造一种现代化的"外星人无畏舰"工厂，第一步就是要尽可能自动化地完成每一项工作。"我们有一条自动化程度极高的生产线，用了大量的机器人，"施特劳贝尔说，"但有一个问题——它不好使。"

一天晚上，马斯克与他的团队核心成员，包括奥米德·阿夫沙尔、安东尼奥·格拉西亚斯和蒂姆·沃特金斯，一起走进内华达电池工厂。他们注意到一个工位上的生产进度被耽搁了，一个机械臂正在把电池粘在一根管子上，但机器在抓取材料和对准过程中出现了问题。沃特金斯和格拉西亚斯走到一张桌子前，试着手动完成这个过程，结果发现他们手动过程的可靠性更强。他们把马斯克叫了过来，计算出换掉这台机器需要增加几个工人，于是工人们取代了这台机器人，装配线的生产速度随之提高。

马斯克从一个自动化的信徒摇身一变，突然以同样高涨的热情开始追求新的目标：找出生产线上每一个存在自动化障碍的环节，看看去掉自动化后是不是能完成得更快。施特劳贝尔说："我们开始把一台台机器人从生产线上拆下来，然后把它们扔到停车场。"有一个周末，他们走遍工厂，在那些要扔掉的机器人身上画了标记。马斯克说："我们在厂房侧面开了个洞，就是为了拆掉所有这些设备。"

这件事让他长了一个教训，从此去自动化成为马斯克"量产方法论"的一部分：务必要等到设计过程的其他部分都做完以后，在你质疑了所有要求、去掉了所有不必要的部分以后，再引入自动化设备。

到 2018 年 4 月，内华达工厂的运转情况得到改善。天气已经有点儿转暖，所以马斯克决定睡在工厂的屋顶上，不再开车去汽车旅馆。他的助理给他买了几顶帐篷，他的朋友比尔·李和萨姆·特勒也加入了屋顶露营计划。一天晚上，检查完电池模块和电池包的装配线，已经接近凌晨 1 点，他们爬上屋顶，点燃了一个小型便携式火盆，开始讨论要应对的下一个挑战。马斯克已经准备好把主要精力投入弗里蒙特工厂。

46

弗里蒙特工厂地狱

特斯拉，2018 年

在弗里蒙特工厂的装配线上（左上、左下、右下）；在办公桌下休息（右上）

做空者

随着内华达电池工厂的生产瓶颈问题在 2018 年春得到缓解，马斯克将注意力转移到了弗里蒙特整车装配厂，该厂位于硅谷的工业边缘地带，与帕洛阿尔托之间隔着旧金山湾。到 4 月初，它每周还是只能生产 2 000 辆 Model 3。似乎没有什么可行的办法能让工厂奇迹般地实现每周生产 5 000 辆车的目标，而马斯克此时已经向华尔街承诺在 6 月底之前达成这一目标。

马斯克告诉所有主管，订购的零件和材料一定要足够实现这一目标，所以这次是下了破釜沉舟的决心。这些物料都必须先付款再提货，但如果它们没有变成成品车，就会导致特斯拉陷入现金流紧张的状态，从而加速公司进入"死亡螺旋"。所以马斯克不会坐以待毙，他又搞了一场名为"产量激增"的行动，试图像消防演习一样找到并消灭量产环节的所有问题。

特斯拉的股价在 2018 年年初徘徊在历史高位，市值超过了通用汽车，尽管通用汽车在前一年卖出了 1 000 万辆车，获利 120 亿美元，而特斯拉只卖出了 10 万辆车，还亏损 22 亿美元。这些数字之间的鲜明对比，再加上投资者对于马斯克每周生产 5 000 辆车的承诺持怀疑态度，使得特斯拉股票对做空者的吸引力大大增强，如果股价下跌，他们就能从中牟利。到 2018 年，特斯拉已成为史上空头最多的股票。

这种情况激怒了马斯克。他认为，做空者不仅是在质疑他，而且用心十分险恶。他说："他们是吸附在企业脖子上的水蛭。"做空者公开攻击特斯拉和马斯克本人。马斯克浏览着他推特上的信息，因这些虚假信息而震怒，更糟糕的是他还看到了被曝光的真实信息。他说："他们获取了来自公司内部的最新数据。还有无人机在我们工厂上空飞过，可以给他们提供实时数据。他们组织起一支小规模的地面力量和一支小规模的空中力量。他们刺探出来的内部信息之深入，简直是丧心病狂。"

这些做空者处心积虑，却是在自取灭亡。他们掌握的数据"铁证"显示了弗里蒙特两条装配线可能生产出多少辆车，于是他们得出结论：特斯拉的产量不可能在 2018 年中期达到每周 5 000 辆。"我们认为特斯拉这么欺骗下去就是作茧自缚，"做空特斯拉的戴维·艾因霍恩写道，"埃隆·马斯克反复无常的行为表明他也是这么觉得的。"著名的空头詹姆斯·查诺斯甚至公开宣称，特斯拉的股票基本上没有任何价值。

大约就在那一时期，马斯克公开同这些空头较劲。特斯拉董事会给他提供了一份美国历史上最激进的薪酬方案：如果股价没有大幅上涨，他将得不到任何报酬；如果公司实现了一系列非常激进的目标，包括产量、营收和股价方面的飞跃，他则有可能得到1 000亿美元甚至更多的报酬。人们普遍怀疑他能否实现这些目标。安德鲁·罗斯·索尔金在《纽约时报》上写道："基于公司的市值和运营情况，只有当马斯克先生达成一系列令人瞠目结舌的里程碑时，他才会得到报酬，否则他将一分钱都得不到。"索尔金认为，要想让报酬登顶，"马斯克先生必须以某种方式将特斯拉的市值提升到6 500亿美元，而许多专家都认为这个数字是不可能实现的"。

来到红灯前

在弗里蒙特工厂的中央区域是一间名叫"木星"的主会议室。马斯克把它作为他的办公室和议事厅，也当作他逃避精神折磨的避风港，有时也是他睡觉的地方。屋里有一排屏幕，界面像股票行情图一样闪烁着、更新着，实时显示整个工厂和每个工位上的总产量。

马斯克认识到，设计一个好的工厂就像设计一款微型芯片，重要的是设计出合理的工位密度、工序安排和工作流程。因此，他最关注的是其中一个显示屏：上面可以看到各装配线上的工位情况，红绿灯表明该工位运行得是否顺畅无碍。而且各个工位上本身也装有真实的绿红灯，马斯克就可以在车间里走来走去，一次次去锁定那些故障点。他的团队称这个过程为"来到红灯前"。

弗里蒙特工厂的"产量激增"行动开始于2018年4月的第一周。那个周一，马斯克像熊一样在厂房里快速移动，走向他看到的每一个红灯。出了什么问题？一个零件不见了。谁负责那个零件的事？把他叫到这里来。有个传感器一直跳闸。是谁校准的？找个能打开控制台的人。我们能调整设置吗？我们为什么要用那个该死的传感器？

一直到当天下午，这一过程才中止，因为 SpaceX 正在完成一项向空间站运送货物的关键任务，所以马斯克回到木星会议室，用其中一个显示屏观看发射。即便如此，他的眼睛还是不停地瞟向显示着特斯拉生产线数据和生产瓶颈的那块屏幕。萨姆·特勒点了泰餐外卖，饭后马斯克继续在厂房里穿梭，寻找下一个红灯亮起的工位。凌晨 2 点 30 分，他盯着一辆正在装配线上移动的车，值班人员正在车底安装螺栓。为什么我们要在那儿装四颗螺栓？谁定的这个规格？我们可以只用两颗吗？试一试。

2018 年的整个春天和初夏时节，马斯克都在厂房里来回走动，就像在内华达工厂一样，临时做出各种决定。容科萨说："埃隆完全疯了，一个个工位地跑。"马斯克统计过，情况好的时候，他一天在厂房里能下 100 道命令。"至少有 20% 的命令是错的，我们过后又要改正。"马斯克说，"但如果我不做出这些决定，特斯拉就完蛋了。"

有一天，高管拉斯·莫拉维正在几英里外的特斯拉帕洛阿尔托工程总部上班，突然接到奥米德·阿夫沙尔的紧急电话，要他到工厂来。到了之后，他发现马斯克盘腿坐在高架传送带下面，把车身整个搬下了生产线。马斯克再一次被螺栓的数量震惊了，他指着螺栓问："为什么这里装了六颗？"

莫拉维回答："为了让车身在碰撞中保持稳定。"

"不，主要的碰撞载荷是经过这条横档的。"马斯克解释说，他头脑里把所有压力点的位置过了一遍，飞快地报出了每个点的公差值。莫拉维把它们记下来交给了工程师，让他们完成重新设计和测试工作。

在另一个工位上，有一个半成品车身被螺栓固定在一块滑动垫木上，借助垫木在装配过程中转移车身。马斯克觉得拧紧螺栓的机械臂移动得太慢了，他说："我都比它动作快。"他让工人们看看螺栓驱动器是怎么设置的，但是没有人知道怎么打开控制台。"好吧，"他说，"在找到能打开控制台的人之前，我就站在这儿不走了。"他们终于找到了一个知道怎么操作机械臂控制台的技术员。马斯克发现，机械臂的移动速度被设置为其最大速度的 20%，而且默认设置在向前旋转拧紧螺栓之前，手臂要向后转动两次。他说："出厂设置总是很笨的。"所以他迅速重写了代码，删除了向后转动的部分。然后，他将速度参数设置为 100%，但速度太快了，拧螺栓的时候螺纹开始剥落，他又把速度调到70%，结果机械臂工作得很好，这道工序的时间至少缩短了一半。

喷漆过程的一个环节是电泳，这一步需要将车辆外壳浸入一个水箱。车辆外壳的一些部位有小孔，方便车身在浸泡后通过孔洞排水。而后要用合成橡胶制成的补丁堵住这些孔，这种东西叫"丁基胶补丁"。"我们为什么要弄这些？"马斯克问其中一位生产线经理。对方回答说，这是车辆结构部门的规定。马斯克于是叫来了该部门的负责人，质问道："这些到底是干什么用的？你没看到它们拖慢了整条生产线吗！"对方告诉他，如果遭遇洪水，水位高于车辆底板，丁基胶补丁有助于防止底板过于潮湿。"愚蠢而荒唐！"马斯克回答，"这种洪水十年一遇。就算遇到了，底板垫早就湿了。"于是这些补丁就被拿掉了。

安全传感器一旦被触发，生产线就会停止工作，这种情况反复出现。马斯克认为传感器太敏感了，还没遇到真正的问题就中止运行。他测试了其中一些传感器，看看拿张纸片这样的小东西通过传感器是不是就会引发暂停，结果这掀起了一场在特斯拉整车装配线和SpaceX火箭生产线上剔除传感器的运动。"除非必须装一个传感器来启动发动机，或者要在发动机爆炸前让它安全停止工作，否则该拿掉的传感器都必须拿掉。"马斯克在给SpaceX工程师的电子邮件中写道，"今后任何人，如果敢在发动机上放一个起不到关键作用的传感器（或者任何东西），立即给我卷铺盖走人。"

一些管理人员表示反对，他们认为马斯克为了赶工正在违反安全和质量规定。负责生产质量的高管离开了，一批前员工和现任员工告诉CNBC，他们"被逼着抄近道，就是为了达到Model 3激进的生产目标"，他们还说自己被逼着做了一些修修补补的工作，比如用电工胶带修复破裂的塑料支架。《纽约时报》报道说，特斯拉的工人每天工作10个小时，压力很大。一名工人告诉《纽约时报》："这种压力就像悬在脑袋上的一把剑，不停被问'到目前为止，我们生产了多少辆车'，在你的头顶挥之不去。"这些怨言并非无病呻吟，特斯拉当时的工伤事故率比同行业其他公司高出30%。

换掉机器人

在推动内华达电池工厂提升产量的过程中，马斯克已经了解到，有一些任务（有时是非常简单的任务），人类可以比机器人做得更好。我们可以环顾房间，找到所需的工具，然后走过去拿起它，再观察一下要在哪个位置使用它，用手臂引导工具移动。很简单吧？对机器人来说可就不一样了，不管它的摄像头多高级。在弗里蒙特工厂，每条装配线上都有1 200个机器人设备，马斯克认为这里存在与内华达工厂一样的问题——过度自动化是危险的。

在装配线的末端，有一些机械臂负责调整窗户四周的小密封条，但是它们总做不好。有一天，马斯克静静地站在这些笨重的机器人面前看了几分钟，随后试着自己动手完成这项任务——这对人来说很容易。于是他发布了一项指令，与他在内华达发布的指令相似，他宣布："你们有72小时时间，搬走所有不必要的机器。"

工人们紧张严肃地开始了机器人拆除工作，但随后拆除行动就演变成了一场游戏。马斯克沿着传送带走，手中挥舞着一罐橙色的喷漆。他问负责工程的副总裁尼克·卡拉吉安等人："留，还是拆？"如果答案是"拆"，那么这台机器就会被喷上一个橙色的"×"，工人们将把它从生产线上拆下来。卡拉吉安说："很快他就笑了起来，像个孩子。"

马斯克主动承认自己应该为过度自动化负责，他甚至发推文说："特斯拉搞自动化搞过头了，这是一个错误。准确地说，是我本人的错误，我低估了人类的工作能力。"

完成了去自动化和其他改进措施后，到2018年5月下旬，弗里蒙特工厂每周能够生产3 500辆Model 3。这个成绩让人眼前一亮，但它仍然远低于马斯克承诺的6月底产量达到每周5 000辆。做空者通过商业间谍活动和无人机侦查得以确定，这个拥有两条装配线的工厂不可能实现这个目标。他们还知道，至少在一年内，特斯拉都不可能再建一个工厂，甚至都拿不到开工许可证。"那些做空者认为他们掌握的信息非常全面，"马斯克说，"他们都在网上幸灾乐祸地讲：'哈哈，快看，特斯拉要完蛋啦。'"

帐篷

马斯克喜欢军事史，特别是战斗机研发的故事。5 月 22 日，在弗里蒙特工厂的一次会议上，他讲述了一个关于二战的故事。当时美国政府需要赶制轰炸机，就在加州的航空航天公司的停车场里搭建了生产线。马斯克与杰洛姆·谷利安讨论了这个想法，并很快将谷利安提拔为特斯拉的车辆业务总裁，他们二人觉得特斯拉可以效仿美国政府当年的做法。

在弗里蒙特区划法中，有一条叫作"临时车辆维修设施"的规定，它的作用是允许小型加油站搭建帐篷，方便车辆更换轮胎或消声器，但并没有规定帐篷的最大尺寸。"去办一个许可证，然后咱们搭一个巨大的帐篷出来，"马斯克对谷利安说，"以后我们再补交罚款。"

当天下午，特斯拉的工人开始清理覆盖在工厂后面旧停车场上的碎砖瓦砾。他们没有时间在开裂的混凝土上铺路了，所以就简单地铺了一个长条，开始在长条周围搭建帐篷。马斯克手下顶级的基础设施建设者罗德尼·威斯特摩兰飞来特斯拉工厂协调施工，特勒还找来一些冰激凌车，给烈日下工作的工人发放甜品。只用了两周时间，他们就搭建帐篷，完成了一处长 1 000 英尺、宽 150 英尺的生产设施，足够容纳一条临时的装配线。每个工位上都安排工人上岗，没有采用机器人。

但有一个问题，他们没有传送带能将未完工的车辆送到帐篷那头。他们手头只有一个用于移动零部件的老旧系统，但它的传送能力不足以移动车身。马斯克说："我们把它放在一个小斜坡上，靠重力作用就能有足够的推力，保持标准的传送速度来移动车辆。"

6 月 16 日下午 4 点刚过，就在马斯克提出这个想法三周后，新的装配线将 Model 3 从临时搭建的帐篷中推出。《纽约时报》的记者尼尔·鲍德来到弗里蒙特工厂，报道马斯克的这次"帐篷行动"，他能够看到停车场里搭建好的帐篷。马斯克告诉他："如果常规思维无法完成一项任务，那么就有必要使用非常规的思维手段。"

庆祝生日

2018 年 6 月 28 日是马斯克的 47 岁生日，他承诺每周生产 5 000 辆车的截止期限迫在眉睫。他在主厂区的喷漆车间度过了这一天的大部分时间。每当出现生产进度拖延，他都会问："哪儿拖后腿了？"然后他就会走到被卡住的工位旁，站在那，等着工程师来解决这个问题。

艾梅柏·希尔德打来电话祝他生日快乐，随后他的手机掉到地上摔坏了，所以他心情不是很好。但萨姆·特勒还是想办法让他过了下午 2 点就去休息了一下，在会议室里快速地庆了个生。"Enjoy year 48 in the simulation!"（在高阶生物模拟器里享受人生的第 48 年！）特勒买的冰激凌蛋糕上这样写着。没有刀叉，他们就用手抓着吃了起来。

12 个小时后，次日凌晨 2 点 30 分刚过，马斯克终于离开了工厂车间，回到了会议室，但又过了一个小时他才睡着。在这一个小时里，他在其中一个显示屏上观看了 SpaceX 火箭在卡纳维拉尔角的发射任务。火箭上载有一个机器人助手，以及为国际空间站上的宇航员带去的 60 包"死亡之愿"咖啡，这是世界上"最猛"的一种咖啡。发射过程完美无缺，SpaceX 顺利完成了为 NASA 执行的第 15 次货运任务。

6 月 30 日是马斯克承诺实现每周生产 5 000 辆车的最后期限，那天是周六，马斯克早上在会议室的沙发上醒来，看着显示屏，他意识到他们就要成功了。他在喷漆线上工作了几个小时，随后从工厂出发径直冲上飞机，连套袖都没摘，只为及时赶到西班牙，在加泰罗尼亚一个中世纪风格的村庄里，在金博尔的婚礼上做他的伴郎。

7 月 1 日，周日，凌晨 1 点 53 分，一辆黑色的 Model 3 下线，挡风玻璃上挂着一条纸质横幅，上面写着"第 5 000 辆车"。当马斯克在手机上收到现场照片时，他向所有特斯拉员工发送了一条信息："我们成功了！……我们创造了一种突破不可能的全新解决方案，在帐篷里全力以赴地拼搏。无论如何，我们成功了……我认为这标志着我们刚刚成为一家真正的车企。"

五步工作法

无论是在特斯拉还是在 SpaceX，在所有生产会议上，马斯克都会抓住机会，像念咒一样念叨他所谓的"五步工作法"。他之所以这样做，是因为内华达工厂和弗里蒙特工厂的"产量激增"行动让他经历了极其艰难的试炼，整个人蜕了一层皮，所以他想把经验传授给更多的人。高管们有时也会一副振振有词的样子，就像跟着牧师一起诵读祷告文。"每次一谈到五步工作法，我就像老和尚念经一样，"马斯克说，"但我觉得把大家耳朵磨出茧子来是有好处的。"工作法包含了五大步骤：

1. 质疑每项要求。提出任何一项要求时，都应该附上提出这一要求的人。永远不要接受一项来自某个部门的要求，比如来自"法务部门"或者"安全部门"的要求。你必须知道提出这项要求的人的名字。接下来你应该质疑它，不管这个人有多聪明。聪明人提出的要求才是最危险的，因为人们不太可能质疑他们。这件事要一直做下去，即便这项要求来自我马斯克本人。质疑后，大家就要改进要求，让它变得不那么愚蠢。

2. 删除要求当中所有你能删除的部分和流程，虽然你可能还得把它们加回来。事实上，你如果最后加回来的部分还不到删除部分的 10%，那就说明你删减得还不够。

3. 简化和优化。这应该放在第 2 步之后，因为人们常犯的错误就是简化和优化一个原本不应该存在的部分或者流程。

4. 加快周转时间。每个流程都可以加快，但只有遵循了前三个步骤之后才能这么做。在特斯拉工厂，我错误地把很多精力花在加快生产流程上，后来我才意识到有些流程原本就应该被拿掉。

5. 自动化。在内华达工厂和弗里蒙特工厂犯下的一个大错就是我一开始试图将每个步骤进行自动化改造。我们本应该先质疑所有要求，删除不必要的部分和流程，把问题筛出来、处理掉，然后再推进自动化。

这套工作法有时还衍生出一些推论，包括：

• 所有技术经理都必须有实战经验，比如说软件团队的管理人员必须至少花 20% 的时间进行编程，太阳能屋顶业务的经理必须花时间在屋顶上亲自做安装工作。否则光说不练，他们就像是不会骑马的骑兵队队长、不会舞刀弄枪的将军。

- "你好，我好，大家好"是很危险的，人们会因此不再质疑同事的工作成果。人们天然有一种倾向是不想把要好的同事踢下船，而这种危险倾向一定要避免。
- 犯错没关系，但错了还不肯低头就不行。
- 永远不要要求你的团队做你自己都不愿意做的事。
- 每当有问题需要解决时，不要只与你直接管理的相关负责人聊。深入调研就要跨层级沟通，去跟你属下的属下直接交流吧。
- 招聘要招态度端正的人。技能是可以教的，但要扭转一个人的工作态度可就太费劲了，得给他"换个脑子"。
- 疯狂的紧迫感是我们公司运作的法则。
- 唯一要遵守的规则就是物理学定律能推导出来的规则，其他一切都只是建议。

坐在装配线旁

47

开环警告

2018 年

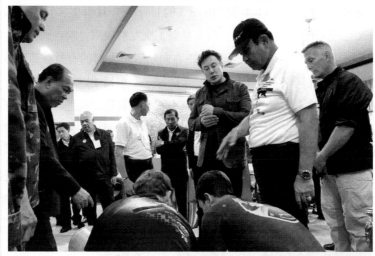

同时任泰国总理检查迷你潜艇（上）；准备进入洞穴营救受困者（下）

恋童癖者

2018 年 7 月初，金博尔·马斯克正在度蜜月，突然收到了埃隆多年来的好友、董事会成员安东尼奥·格拉西亚斯的电子邮件。格拉西亚斯说："对不起兄弟，我知道你想和老婆待在一起，但你必须马上回来，埃隆就要崩溃了。"

推动量产水平跃升的马斯克本应为取得这样的成就感到高兴。特斯拉已经实现每周生产 5 000 辆 Model 3 的目标，并且有望实现季度盈利。SpaceX 已经完成 56 次成功的发射，只有 1 次发射失败，现在助推器也在定期回收，以便重复使用。SpaceX 正在向轨道中发射的有效载荷质量已经超过世界上任何一家公司和任何一个国家——包括中国和美国在内。马斯克如果能够停下脚步、享受成功，就会注意到自己已经把世界带入了电动车时代、商业太空飞行时代和火箭可重复使用的时代——每一项都堪称划时代的成就。

但对马斯克来说，好日子一定不是风平浪静的。他开始针对一些芝麻大的小事大发雷霆，比如内华达电池工厂的一名员工泄露了弃置废弃物的数量情况，这件事直接成为马斯克心态失控的导火线。从 2018 年 7 月到 10 月，面对自己不可遏制的冲动和对冲突的渴求，他情愿听之任之、被其淹没。金博尔说："这再次说明了他本人就是一块能吸引'戏剧性'向他靠近的磁铁。"

这次戏剧性的一幕发生在特斯拉达成每周量产 5 000 辆车的里程碑之后。马斯克在浏览推特时，偶然看到了一个粉丝很少的不知名用户的消息。对方留言："嗨，先生，如果有可能，你有什么办法能协助将 12 名泰国男孩和他们的教练从洞穴中救出来吗？"他提及的新闻事件是十几名泰国足球运动员在探索洞穴时被洪水围困的事。

马斯克在推特上回复说："我猜测泰国政府已经着手解决这个问题，但如果我能想出好办法的话，我很乐意帮忙。"

然后他逞英雄的那股劲儿就上来了。他与 SpaceX 和 Boring Company 的工程师合作，开始打造一个类似吊舱的迷你潜艇，他认为可以把这个东西送进被水淹没的洞穴，救出这些男孩。萨姆·特勒找到一个朋友帮忙，批准他们在那个周末用学校的游泳池进行测试，马斯克开始在推特上发布该设备的照片。

这个传奇的小故事很快成为全球性新闻，一些人批评马斯克哗众取宠。7月8日，周日清晨，他向泰国救援队的一位领导核实情况，确保他正在打造的这种装备可以派上用场。他给泰方发去电子邮件："我有世界上最好的工程团队，他们日常设计宇宙飞船和宇航服，每天24小时都在研究这些东西。如果已经不需要我们帮忙，或者派不上用场了，那我们也会感到很欣慰。"救援队队长回答说："你们做得很有价值，请你们一定要继续帮助我们。"

当天晚些时候，马斯克和7名工程师，带上迷你潜艇和一大堆设备，一起挤进了他的私人飞机。在安克雷奇加油后，他们在晚上11点半抵达泰国北部，泰国总理亲自迎接，总理还戴上了印有SpaceX标识的帽子，带着他们穿过森林走进山洞。凌晨2点后不久，马斯克、他的安保人员还有工程师们戴着头灯，涉过齐腰深的水域，进入黑暗的山洞。

迷你潜艇顺利潜入涉事洞穴后，马斯克又忙不迭地飞往上海，他签署了一项合作协议，要在上海建设一座全新的特斯拉超级工厂。当时，水肺潜水员开展的救援行动正在进行中，最终救援成功了，也就没用上马斯克的潜艇。男孩们和教练都平安获救。这个故事原本可以结束了，但在现场提供救援建议的63岁的英国洞穴探险家弗农·昂斯沃思接受CNN采访时说，他认为马斯克的努力"只是一个公关噱头"，他们"绝对插不上手"。昂斯沃思咯咯笑着说："他的潜艇扎到哪儿，哪儿就不爽。"

诋毁马斯克的人并不少见，不管是无名之辈还是有头有脸的人物，你方唱罢我登场，偶尔会有那么一个人受到马斯克的"重视"。他发了一连串的推文，激烈回应昂斯沃思，其中一条推文的结尾是："对不起你这个恋童癖者，你可真是自找的。"当一位用户问马斯克是不是说昂斯沃思为恋童癖者，他回应说："我跟你赌一美元，我说的是真的。"

特斯拉股价当日下跌3.5%。

马斯克没有证据证明他的指控。特勒、格拉西亚斯和特斯拉的法律总顾问轮番上阵想要说服马斯克收回他的话，公开道歉并暂停使用推特。特勒给他发了一封电子邮件，附上了一份道歉声明，马斯克反驳道："我对你的提议不满意……我们不要自乱阵脚。"但几小时后，特勒等人一起说服了他，他在推特上发表了一份撤回声明："我的话是在昂斯沃思先生说了几句不实之词并用迷你潜艇暗示我涉性行为后说的，打造这艘潜艇是善意之举，也是根据潜水救援队队长的要求完成的。尽管如此，他针对我的言辞举止并不能证明我针对他的言辞举止就是正当的，为此我向昂斯沃思先生道歉。"

这是这件事发展的第二个节点：如果马斯克就此罢休，那么事情可能会到此为止。但在 8 月，他回应了一位推特用户，对方责备他称昂斯沃思为恋童癖者的言辞不当，他回应道："你不觉得他没有起诉我很奇怪吗？他要是起诉我，连律师费都不用出哦。"他在推特上最大的粉丝之一约翰娜·克赖德都来建议他："嘿，埃隆，不要煽风点火了，看戏的人就想看你火上浇油呢。"

此时，昂斯沃思已经聘请了律师林·伍德（此人后来炮制阴谋论，试图推翻 2020 年美国总统选举结果，并因此声名狼藉）。伍德发来一封信函，警告说他正在代表昂斯沃思提起关于马斯克诽谤的诉讼。当美国新闻聚合网站 BuzzFeed 的记者瑞安·马克要求马斯克对此事进行评论时，马斯克在回复邮件的一开始就说"不要公开"这封邮件，但 BuzzFeed 从未表示过同意，所以刊登了这封邮件。"我建议你给你在泰国认识的人打电话，了解一下情况，别再为这个儿童强奸犯辩护了，你们这群该死的浑蛋！"马斯克"开炮"了，"他是一个来自英国的单身白人老头，在泰国旅居了三四十年，主要在芭堤雅海滩活动，直到为了娶一个当时只有 12 岁左右的小女孩才搬到了清莱。人们去芭堤雅海滩只有一个原因，你不会去那边寻找洞穴探险的，你只是为了寻找其他乐子：清莱以儿童性交易而闻名。"关于昂斯沃思妻子的说法是不真实的，马斯克的断言对于支撑他所谓"恋童癖"的说法毫无帮助，"恋童癖者"只是随口一说的侮辱性词汇，而不是实打实的指控。[1]

特斯拉的主要投资者表示担忧。美国普信集团的乔·法思说："他有

1　包括 BuzzFeed 电子邮件在内的诽谤诉讼于 2019 年在洛杉矶开庭。马斯克在证词中道歉，他说他不相信这位洞穴探险家是恋童癖者。陪审团认为马斯克没有责任。

点儿失控了。"法思在有关恋童癖的推文发布后打电话给马斯克，告诉他："必须到此为止。"他把马斯克的行为与林赛·罗韩相提并论，这位女演员曾完全失控。法思警告说："你正在严重损害公司的品牌声誉。"这次交谈持续了45分钟，马斯克似乎听进去了，但他的破坏性行为仍在继续。

金博尔认为，马斯克折腾来、折腾去，一部分原因是他与艾梅柏·希尔德分手后近一年还没有走出来，还在心痛。"我坚定地认为，2018年的混乱局面绝不只是与特斯拉当时的情况有关，"金博尔说，"更是因为他还没有从跟艾梅柏分手的巨大悲痛中走出来。"

马斯克的朋友开始把他的这场危机称作他处于一种"开环状态"。这是一个专业术语，指的是一个物体没有可以为其提供指导的反馈机制，比如跟一枚制导导弹比起来，手枪的子弹就处于开环状态。金博尔说："每当我们有朋友进入开环状态，就意味着他们没有收到不断迭代、更新的反馈，他们似乎也并不关心结果怎样，这时我们会主动让其搞清楚现在到底怎么回事。"因此，在恋童癖者推文事件升级后，金博尔对哥哥说："好吧，我得给你个开环警告了。"四年后，当埃隆要收购推特时，金博尔再次说出了这句话。

私有化风波

7月底，马斯克在弗里蒙特工厂的木星会议室会见了沙特阿拉伯主权财富基金的领导人。对方告诉他，他们悄悄买入了特斯拉近5%的股份。正如他们以前见面时聊过的那样，马斯克和该基金总监亚西尔·鲁马扬讨论了将特斯拉私有化的可能性。这个想法对马斯克很有吸引力，他不喜欢让公司的价值由投机者和做空者来决定，而且他对证券交易所的交易规定也感到不满。亚西尔·鲁马扬将球踢给了马斯克，说他"想多听一听"，并且表示他会支持一个"合理的"公司私有化计划。

两天后，特斯拉宣布第二季度业绩良好，而且产量已经实现每周5 000辆，特斯拉股价随即暴涨16%。马斯克担心，如果股票继续上涨，公司私有化的成本会越来越高，所以那天晚上他给董事会发了一份备忘录，他希望尽快将公司私有化，并提出以每股420美元的价格完成私有化。他最初计算的价格是 419 美元，但他喜欢 420 这个数字，因为在俚语中这是"抽大麻"[1] 的意思。"每股 420 美元的价格似乎比 419 美元更好，"马斯克说，"但要说清楚，我不抽大麻。大麻并不能提高人的生产力，'因吸毒而精神恍惚'（stoned）这个词可不是白来的。"他后来向美国证券交易委员会（SEC）承认，拿毒品的梗来确定私有化股价不是明智之举。

董事会在考虑马斯克建议的过程中没有做出任何公开声明。但在 8 月 7 日上午，当马斯克乘车前往洛杉矶的私人航空站时，他发布了一条决定性的推文："我考虑以每股 420 美元的价格将特斯拉私有化。资金已经到位。"

在美国证券交易所工作人员暂停股票交易前，特斯拉股票已经大涨 7%。上市公司必须遵守的一条规则是，高管必须在发布任何可能引起市场波动的公告前 10 分钟对证券交易所发出预警。马斯克并没有注意到这条规则，于是 SEC 迅速展开调查。

特斯拉的董事会和高管都被打了个措手不及。投资者关系主管看到马斯克的推文后给萨姆·特勒发信息问道："发这条推文是合法的吗？"安东尼奥·格拉西亚斯给马斯克打电话，正式表达了董事会的担忧，并要求他在共同讨论此事之前停发推文。

马斯克对他的推文引起的骚动不以为然。他飞往内华达超级工厂，在那里与经理们开玩笑说"420"指的就是关于大麻的梗，他还在电池装配线上工作了一天。晚上，他飞往弗里蒙特工厂，在那里一直开会到深夜。

此时，沙特人表达了他们的不安，因为马斯克在推文里把双方关于特斯拉私有化的讨论夸大成了"资金已经到位"。鲁马扬告诉彭博新闻社，他们正在与马斯克"商讨此事"。马斯克看到这篇文章后给鲁马扬发了条信息："你们对外发布的口径也太软弱无力了，没有反映出我们的谈话进展。你跟我说你确定对特斯拉私有化感兴趣，而且从 2016 年开始就想这么做，可你对外那套说辞是背信弃义。"他补充说，如果鲁马扬不发表一份更强有力的公开声明，"你我此生就永远不要再对话了，永无可能"。

---

1 420、4:20 或 4/20，英文中读作"four-twenty"，是大麻文化中的俚语，用来指代吸食大麻，特别是在下午 4 点 20 分左右吸食大麻的行为。同时，该词也指每年 4 月 20 日在各地举办的大麻主题庆祝活动。——译者注

"一个巴掌拍不响，"鲁马扬回应说，"我们什么都没收到呢……我们如果没有收集到足够的信息，就不能做出参与特斯拉私有化的决策。"

马斯克威胁说与沙特人的讨论就到此为止了。"我很抱歉，但道不同不相为谋。"他告诉鲁马扬。

面对机构投资者的强烈反应，马斯克于8月23日撤销了将公司私有化的提议。他在一份声明中说："鉴于我所收到的反馈，很明显，特斯拉的大多数现有股东认为我们还是做一家上市公司比较好。"

撤销私有化引起的舆论反应是很尖锐刺耳的。"这是冒天下之大不韪，是极端典型的双相障碍行为。"CNBC的主持人吉姆·克拉默在直播中这样评价，"我说的是许多精神科医生都会认可的那种症状，那种典型的不计后果的冒险行为，这可不是一个首席执行官应该做的。"在《纽约时报》上，专栏作家詹姆斯·斯图尔特写道："发布有关私有化消息的推文是如此冲动，信息披露也不够准确——措辞不当、考虑不周，对他自己、特斯拉及其股东可能造成的影响十分恶劣。董事会现在必须追问一个重要的问题，即便这个问题很敏感，那就是马斯克先生是以怎样的心态写下了这篇推文？"

为了避免因误导投资者而遭到联邦诉讼，马斯克的律师与SEC达成协议，化解了这些指控带来的负面影响。马斯克将继续担任特斯拉的首席执行官，但会卸任董事长一职，并将支付4 000万美元的罚款，还要在董事会中安排两位独立董事。但协议的另一条款注定会激怒马斯克：在没有得到公司监事的许可之前，不允许马斯克对任何重大信息发表公开评论或推文。格拉西亚斯、金博尔和特斯拉首席财务官迪帕克·阿胡贾极力劝说马斯克接受这些条款，并将他引起的轩然大波（或许还有他这几个月来的糟糕状态）抛诸脑后。但马斯克突然拒绝了该协议，这让他们大吃一惊。9月26日晚，SEC提起诉讼，要求终身禁止马斯克管理特斯拉或其他上市公司。

第二天，坐在特斯拉的弗里蒙特工厂，马斯克攥着一瓶水，盯着一个巨大的显示屏，上面播放着CNBC的节目。字幕这样写道："SEC指控特斯拉创始人兼首席执行官埃隆·马斯克犯有欺诈罪。"屏幕上出现了一张很大的图表，显示"特斯拉股价正在暴跌"，的确是大跌了17%。那一整天，马斯克的律师、安东尼奥、金博尔和迪帕克联合起来一直催促他改变主意，主动和解。无奈之下，马斯克同意采取务实的做法，接受了与 SEC 的协议，股价随即回升。

马斯克认为他没有做错什么。他说他签的是城下之盟，不然特斯拉就会破产。"这就像有人用枪抵着你孩子的头。我是被迫向 SEC 认输的，这不合法，他们这帮浑蛋！"他开始拿 SEC 的名字开玩笑，说中间那个"E"就是个缩写，意思是"埃隆的"（Elon's）。

2023 年，一群股东发起集体诉讼，声称他们因马斯克的推文损失了资金，但最终陪审团一致决定马斯克不用对他们的损失负责。马斯克胜诉了，他也因这场胜利得以扬眉吐气。帮马斯克打官司的律师亚历克斯·斯皮罗向陪审团辩解道："埃隆·马斯克只是个冲动的大男孩，他发推文的习惯很不好。"这是一个很有效的辩护策略，因为这么说他们起码做到了一点，就是实事求是。

48

余波未了

2018 年

在《乔·罗根秀》节目中（上）；金博尔（下）

"你还好吗"

《纽约时报》的商业记者戴维·盖利斯是追踪报道马斯克2018年戏剧性事件的众多记者之一，他告诉一个与马斯克共事的人："他必须和我们谈谈。"8月16日，周四下午晚些时候，盖利斯接到一个电话，马斯克在电话那头儿问他："你想知道什么？"

"你发那条推文的时候是不是吸毒了？"

"没有。"马斯克回答。他说他确实曾用过处方安眠药安必恩，有一些董事会成员还担心他用药过量。

盖利斯听得出马斯克已经疲惫不堪，他没有向他抛出棘手的问题，而是试着引导他畅所欲言。"埃隆，最近怎么样？"他问，"你还好吗？"

谈话持续了一个小时。

马斯克说："事实上不太好，我有朋友来看我，他们真的很担心我。"随后他停顿了很久，情绪有点儿不能自已。"有一段时间，我经常三四天都不离开工厂，那些日子完全足不出户，"他说，"我牺牲了去看孩子的时间。"

有人向《纽约时报》透露，马斯克曾与声名狼藉的金融家杰弗里·爱泼斯坦合作过，爱泼斯坦后来因涉嫌组织未成年少女性交易而被羁押。马斯克否认了他们之间的合作关系。事实上，他与爱泼斯坦没有任何联系，唯一的"联系"是爱泼斯坦的帮手吉丝兰·马克斯韦尔曾经出现在大都会艺术博物馆的晚宴上，现场的一张照片中她意外出现在马斯克身后，实际上二人并不相识。

盖利斯问他最近感觉好些了吗。马斯克说，是的，对特斯拉来说情况在好转。"但就我个人的痛苦程度而言，最糟糕的情况还没有到来。"他哽咽起来，当他试图恢复镇定时，又出现了长时间的停顿。正如盖利斯后来指出的那样："在我多年来与商业领袖的所有对话中，与埃隆·马斯克的这通电话是第一次有高管展露出如此脆弱的一面。"

最后，《纽约时报》的文章标题是"埃隆·马斯克详细讲述特斯拉动荡时期'痛苦'的个人代价"，报道称他在采访中一度哽咽。"马斯克先生的情绪在笑声和泪水中跌宕起伏，"盖利斯和他的同事这样写道，"他说，他最近每周工作时间长达120小时……（并且）自2001年以来，他连续休息时长从没有超过一周，而有一年之所以休息时间长，是因为当时他因感染疟疾卧床不起。"其他机构也报道了这个故事，彭博社的标题是"马斯克接受《纽约时报》采访时心绪不定，引发了人们对特斯拉首席执行官健康状况的担忧"。

第二天早上，特斯拉股价暴跌9%。

《乔·罗根秀》

这些曝光他心理状态不稳定的文章刊登之后，马斯克的公关顾问朱莉安娜·格洛弗建议他接受一次深度采访来澄清这个问题。她写道："我们只需要把这种围绕你精神状态的无端猜测遏制住就行。"格洛弗说她会想出"详细呈现你本人哪些方面，包括你作为公司领导者负责任、幽默且富有自知之明的良好形象"。她补充警告了一句："但是无论如何，你侮辱了那位洞穴探险家的性取向，这件事怎么说都是不对的，不要再越描越黑了。"

马斯克选择接受深度采访的媒体是乔·罗根的视频流媒体播客。罗根是一位知识渊博、思维敏锐的评论家、喜剧演员，也是终极格斗冠军赛中绘声绘色的解说员（他太合适干这个了）。他喜欢和接受他采访的人一起在敏感话题领域漫谈，鄙视所谓的政治正确，也因此引起过争议。罗根总能让受访嘉宾打开话匣子，马斯克那天也是如此，访谈时间超过了两个半小时。他讲述了在挖掘隧道时如何打造一种类似蛇的外骨骼的隧道支架，他反思了人工智能带来的威胁、机器人是不是会报复我们，以及Neuralink公司会怎样在脑机之间直接建立高带宽连接。他们还讨论了人类的生存境况有可能就是在更高智慧生物设计的视频游戏模拟器中成为一种对此境况毫不知情的化身。

对马斯克来说，这些思考出来的成果可能并不能说服机构投资者相信他已经无可置疑地回归日常现实，但这次采访至少看起来不会让情况变得更糟。可是接下来，罗根点燃了一大根"大麻烟卷"，还递给马斯克让他抽一口。

"要是顾忌到股东的话，你是不是不能抽这个？"罗根说着，给马斯克找了个台阶下。

"我是想说，在这儿抽是合法的吧？"马斯克回答。他们正身处加利福尼亚州。

"完全合法。"罗根说着，把大麻烟卷递了过去。马斯克调皮地、试探性地吸了一口。

片刻之后，当他们谈论"天才在推进文明方面的作用"时，马斯克转过去瞥了一眼他的手机。"女朋友给你发信息了吗？"罗根问。

马斯克摇了摇头说："我收到朋友的信息说：'你抽什么风呢，还抽大麻！'"

第二天，《华尔街日报》头版看起来跟平时的头版不太一样：一张硕大的照片上，马斯克眼神迷离、歪头傻笑，左手夹着很粗的一卷大麻，头顶飘着一团烟雾。记者蒂姆·希金斯写道："特斯拉股价周五跌到今年的最低点附近，这家电动车制造商已经有不少高管离职，首席执行官埃隆·马斯克接受采访时似乎吸食了大麻。"

马斯克可能没有违反加州法律，但此举进一步激怒了投资者，另外他似乎还违反了联邦法规，NASA 也开始介入调查。"SpaceX 是 NASA 的承包商，是法律的忠实拥护者，"马斯克说，"所以我不得不在几年内接受随机药物测试。还好我真的没兴趣碰毒品。"

火焰喷射器

马斯克来到乔·罗根的工作室，为播客主持人带去了一份礼物：一个印有 Boring Company 标识的塑料喷火器。他们一起把玩这个玩具，在萨姆·特勒和演播室工作人员的躲闪和欢笑中，嬉嬉闹闹地用它喷射出短促的丙烷火焰。

对马斯克来说，火焰喷射器是一个很好的比喻，他以脱口而出令人大跌眼镜的评论为乐。Boring Company 公开发售印着公司标识的帽子，还卖出了 15 000 顶，随后他又冒出了一个新想法，马斯克问："下一款卖什么好呢？"有人建议做玩具喷火器。"哦，我的天哪，来吧，我们就做这个。"

马斯克答应了。他是电影《太空炮弹》的影迷，这部电影是梅尔·布鲁克斯对《星球大战》的戏仿，其中有一幕是一个类似于尤达大师的角色正在兜售电影中的商品，那一幕的最后一句台词是："把喷火器带回家。"马斯克的孩子们非常喜欢这句台词。

经营 Boring Company 的史蒂夫·戴维斯找到了一个相对安全的火焰喷射器原型，可以融化积雪、烧掉杂草，但从技术上讲，它达到的温度还不足以作为正式的火焰喷射器被纳入监管。他们开始推销这款产品，并将其称为"这不是火焰喷射器"，以规避触犯法律法规的风险。它的销售条款和使用条件中写明：

我不会在室内使用；

我不会把它对准我的配偶；

我不会以不安全的方式使用它；

最好的用途是烤制焦糖布丁；

…………

以我们押韵的能力只能写出这么多了。[1]

他们给火焰喷射器定价 500 美元（现在在 eBay 上的价格炒到了定价的两倍），并在四天内卖出了两万件，总收入达到 1 000 万美元。

马斯克的呆萌模式同他的"恶魔模式"是他的一体两面。当他处于"恶魔模式"时，他也经常在怒不可遏和放声大笑之间来回转换。

他的幽默分为多个层次。最低一级是他像个幼稚的孩子一样喜欢用便便的表情符号、给特斯拉软件系统加入放屁声，还喜欢其他跟厕所有关的笑料。对特斯拉车辆的控制台说一句"打开充电端"（Open Butthole[2]）的语音指令，它就会打开充电端口。

除此之外，他还有一种尖酸讽刺的幽默，比如在他 SpaceX 的办公室隔间墙上有一张海报，上面有星光闪烁的深蓝色天空和一颗流星划过。"传说当你向一颗坠落的星星许愿，你的梦想就会成真。"海报上写道，"可如果它真的是一颗飞向地球的流星，它将摧毁所有的生命。那么这意味着无

1　第一句原文结尾是"house"，第二句结尾是"spouse"，第三句结尾是"way"，第四句结尾是"brulee"。——译者注

2　Butthole 原意是肛门。——编者注

论你许的是什么愿，愿望都不会实现，除非你的愿望是被陨石砸死。"

他的几类幽默中最深入骨髓的是一种科学极客式的聪明滑稽，带有形而上的色彩。这是他在反复阅读道格拉斯·亚当斯的《银河系搭车客指南》时吸收的技能点。在2018年的危机中，他决定将他老款的樱桃色Roadster发射到深空轨道上，飞行4年后它就能接近火星了。他在新款猎鹰重型火箭的首次发射中实现了这一想法，这枚火箭由3个猎鹰9号助推器捆绑而成的27个发动机共同推动。这辆Roadster的杂物箱里有一本《银河系搭车客指南》，仪表盘上有一个标识，上面写着小说中的命令："不要惊慌！"

断交风波

金博尔经常与埃隆激烈地争吵打斗，无论是在他们备尝艰辛的童年生活中，还是在Zip2做合伙人时，都是如此。但经历过这么多风风雨雨，金博尔一直都是埃隆最亲密的战友，是那个理解他、支持他的人，即使是对他直言相谏、令他不快时也是如此。

7月，在安东尼奥·格拉西亚斯将他从蜜月旅行中叫回来以后，金博尔几乎全职在特斯拉工作，忽略了他在科罗拉多州的创业项目——"从农场到餐桌"的餐厅业务。在SEC危机期间，金博尔发出了敦促埃隆同意和解的最强音。当埃隆担心某些董事会成员可能正在密谋反对他时，金博尔立刻飞到洛杉矶，与他并肩作战。一个周六，埃隆家开了一场气氛紧张的会议，金博尔为了缓解气氛亲自掌勺。他这样做过很多次，就像在夸贾林岛猎鹰火箭发射失败后做的一样，这次他做了三文鱼配豌豆和土豆洋葱煲。

但金博尔陪在哥哥身边，挫败感也与日俱增，矛盾爆发的临界点在10月出现了。他的餐饮公司遇到了融资难题，需要筹集更多资金。"所以我打电话给埃隆，我说：'我的生意需要钱，你得帮我一把。'"这轮融资大约是4 000万美元，金博尔要向埃隆借款1 000万美元。埃隆起初同意了，金博尔说："我记得，我在日记里写下：'对埃隆无条件的爱。'"但是当金博尔伸手来拿钱的时候，埃隆变卦了。他的私人财务助理杰瑞德·伯查尔查看了金博尔公司的账目，向埃隆指出金博尔的业务是不可持续的。"伯查尔告诉我：'埃隆，你要是给了钱，那就是肉包子打狗。'"所以埃隆告诉金博尔一个坏消息："我让我的财务助理看了一下，这些餐馆经营得半死不活的，我认为应该关门大吉。"

"你说什么?!"金博尔吼道，"浑蛋！你上次不是这么说的！"他言辞激烈地提醒埃隆，特斯拉的财务状况陷入困境时，他曾来到哥哥身边工作，为他提供资金。"你当时要是瞅一眼特斯拉的财务情况，你就知道它也应该关门了，"金博尔说，"所以话不能这么说。"

埃隆最终还是同意了借款。金博尔说："我基本上是生拉硬拽地让他投了 500 万美元。"餐馆是保住了，但这一事件还是在兄弟间造成了裂痕。"我对埃隆的反应怒不可遏，我不搭理他了。"金博尔说，"我觉得我就像失去了哥哥一样。特斯拉的那段经历已经让他失去理智。那一刻我心里在想：'我们兄弟情谊到此为止了。'"

两个人有 6 周时间都没说过一句话，随后还是金博尔主动弥合裂痕。他说："我决定不能就这么割袍断义，因为我不想失去他，我想哥哥了。"我问金博尔，当他向埃隆抛出橄榄枝时，埃隆作何反应。金博尔说："他就像什么都没发生过一样，埃隆就是这么个人。"

JB. 施特劳贝尔退出

2018 年的量产地狱和随之而来的各种动荡，让马斯克的许多高管都离他而去，这并不稀奇。乔恩·麦克尼尔是特斯拉销售和营销部门主管，他曾帮助马斯克度过那段精神痛苦的时期，包括跟他一起躺在会议室的地板上。麦克尼尔说："那段经历弄得我也是心力交瘁。"他在 2018 年 1 月去找马斯克，敦促他向心理治疗师寻求帮助。他说："作为朋友，我真的很关心你，但我有点儿撑不下去了。"

工程部高级副总裁道格·菲尔德曾被视作特斯拉未来的首席执行官人选，但在量产地狱时期，马斯克在"产量激增"行动之初就对他失去了信心，剥夺了他监督生产活动的职责。菲尔德离职以后去了苹果公司，然后又去了福特。

离职的人当中最重要的一位是 JB. 施特劳贝尔，无论在公司创始文化的象征意义上，还是在与马斯克的私人关系方面，他都是离职者中最重要的那个。这位性格开朗的联合创始人在马斯克身边坚持工作了 16 年，自从他们在 2003 年共进晚餐后，施特劳贝尔就对使用锂离子电池制造电动车的可能性大加赞赏。2018 年年底，施特劳贝尔休了一个长假，这是他 15 年来第一次真正地休假。他说："我的幸福指数很低，而且每况愈下。"他自己搞了一项副业，创办了一家电池回收公司——红木材料。他从中找到了更多的乐趣，这家公司的主营业务是回收车用锂电池。施特劳贝尔想离职的另一个原因是马斯克当时的心智状态不佳，他说："他的内心十分挣扎，情绪与正常人相比，更加阴晴不定。他让我觉得有些可怕，我作为朋友想帮助他，但我真的无能为力。"

多数时候，马斯克对一些人的离去并不会感伤，他喜欢有新鲜血液加入公司。他更担心的是一种被他称为"富裕了就不再事必躬亲"的现象，马斯克觉得有些人在公司工作了很长时间，挣够了钱，也买了几处度假小屋，所以就再也不怀念在工厂里打地铺的日子。不过施特劳贝尔不一样，马斯克在同他的关系中感受到了战友般的情谊，也对他的职业素养赋予高度的信任，他们二人之间是"英雄惜英雄"。"埃隆不愿意让我走，我还挺惊讶的。"施特劳贝尔说。

2019 年年初，他们谈了好几次，施特劳贝尔能够感受到马斯克频繁变化的复杂情绪。"一般来说，毫无征兆的情况下，他的情绪可以 180 度大转弯，有时候特别动情、特别有人情味，有时候突然就冷若冰霜。"施特劳贝尔说，"有时他会表现得对你极其热情、关怀，那个场面令人震惊，你会想：'哦！我的天哪，真的是，我们一起经历了这么多风风雨雨、艰难险阻，我们的感情如此深笃。兄弟，我爱你！'但随后你就会看到这种感情渐渐与他那种茫然的凝视混合在了一起，那感觉就像他一眼看穿了你，其中根本不夹杂任何情感。"

他们商量得出的计划是在特斯拉 2019 年 6 月的年度会议上宣布施特劳贝尔离职的消息，会议将在帕洛阿尔托附近的计算机历史博物馆举行，这个场地也适合重温一下特斯拉的发展史，从 16 年前的一个梦想到如今它成为电动车时代已实现盈利的开路先锋。他们随后将介绍施特劳贝尔的继任者德鲁·巴格里诺，他是在特斯拉任职了 12 年的老员工。施特劳贝尔和巴格里诺有着相同的瘦高身材，谦逊的肢体语言风格也很类似，他们二人之间的感情也很深厚。

就在活动开始前的休息室里，马斯克对于宣布施特劳贝尔离职的消息有了一个新想法。他说："我有一种不好的预感，我认为我们今天不适合宣布这个。"施特劳贝尔暗自松了一口气。在感情上接受他要离开这件事是很不容易的。

马斯克独自完成了演讲的第一部分。"这是地狱般的一年。"他开场时说，这句话所言不虚。当时，在豪华车类别中，Model 3 的销量超过了所有竞争对手的总和，无论是燃油车还是电动车，而且它是美国所有车型中销量最高的。"10 年前，没人相信我们能做到这些。"说着说着，他让人无语的幽默感突然闪现了片刻，谈到"放屁"应用程序时开始傻笑：安装了这个软件，特斯拉的司机点击一个按钮，当有人坐在副驾驶座上时，副驾驶座就会发出放屁声。马斯克说："这可能是我最好的作品。"

他还一如既往地承诺自动驾驶版本的特斯拉就要面世。"我们预计在今年年底前实现自动驾驶功能，"他说着，在承诺上又加了个年份——2019 年，"它应该能在没有干预的情况下，把车从你家的车库一路开到你上班地点的停车位。"一位观众走到麦克风前，质疑说他以前关于自动驾驶的承诺都没有兑现。马斯克笑了笑，他知道提问者说的没错。"是的，我承认自己有时对进度有点儿过于乐观，"他说，"但我要是不乐观点儿，我还会搞这个东西吗？是不是啊？"观众鼓起了掌，他们对这番话表示满意。

当马斯克邀请施特劳贝尔和巴格里诺上台时，现场响起了热烈的欢呼声。在特斯拉粉丝心目中，他们是备受喜爱的明星。施特劳贝尔感情真挚地说："德鲁在公司成立几年后就加入了我的团队，当时我们还是一个只有 5 ~ 10 人的小团队，他一直是我的得力助手，参与了我在公司提出的几乎所有关键性议题。"施特劳贝尔计划宣布退休的时刻到来了，但他没有立马说出口，而是利用这个机会同马斯克一道话起了当年。"特斯拉的往事，我可以追溯到 2003 年，JB、我和哈罗德·罗森共进午餐。"马斯克说，"没错，那次我们相谈甚欢。"

"我们并没有完全想明白未来的每一步应该怎么走。"施特劳贝尔补充说。

"我当时认为我们注定会失败,"马斯克说,"那是 2003 年啊,所有人都觉得电动车是最蠢的发明,各方面都很糟糕,就像高尔夫球车一样。"

"但还是要有人把它给做出来的。"施特劳贝尔补充说。

在几周后的财报电话会上,马斯克随口说出了施特劳贝尔要离开的消息,但马斯克对施特劳贝尔的敬重从未因此削减分毫。2023 年,他邀请施特劳贝尔加入特斯拉的董事会。

49

格莱姆斯

2018 年

克莱尔·鲍彻（艺名"格莱姆斯"）准备登台演出中（左）；同格莱姆斯一起参加

大都会艺术博物馆慈善晚宴（右）

EM+CB

每隔一段时间，我们这台人生模拟器的创造者，那个用魔法变幻出现实世界却又时不时给我们捣乱的家伙，往往会在局面最复杂的时候丢进来一个闪闪发光的新元素，在旁逸斜出的分支剧情中制造出新的混乱。因此，在 2018 年春马斯克与艾梅柏·希尔德分手所引发的情感海啸中，出现了一个身材娇小、弱不胜衣的混合风格音乐人——格莱姆斯，她是一个聪慧迷人的表演艺术家，和马斯克生了三个儿女，二人过着"三天打鱼，两天晒网"的家庭生活，还同一个精神不太正常的说唱歌手掀起了一场公开论战。

格莱姆斯出生于温哥华，在她开始与马斯克约会前，已经制作了四张专辑。她借鉴科幻小说的主题和模因[1]，将人声的质感与梦幻流行音乐和电子音乐的元素结合在一起，产生了一种令人着迷的魔力。她对于知识领域有一种喜欢探索和冒险的好奇心，对不拘一格的想法很感兴趣，比如有一个思想实验的名字叫"罗科的蛇怪"，这个思想实验设想一个失控的人工智能会折磨所有没帮它获得力量的人类。这是她和马斯克都会担心的事情。有一次马斯克想在推特上用"罗科的蛇怪"这个典故发一个双关梗，他通过谷歌搜索找到了一张图片，发现格莱姆斯已把它作为 2015 年音乐录影带《无血之躯》当中的一个元素。她和马斯克在推特上用前卫的方式做了一些交流，随后就开始互发私信和信息。

其实他们以前见过面，有点儿讽刺的是，当时马斯克与艾梅柏·希尔德正在电梯里。"还记得那次在电梯里的会面吗？"一天深夜，在我同格莱姆斯和马斯克对谈中，她这样问他，"我觉得那次感觉超级奇怪。"

马斯克同意："我们每一次见面，你都非常专注地盯着我。"

"不，"她纠正道，"是你给了我一个奇怪的眼神。"

通过在推特上交流"罗科的蛇怪"，他们再次相遇了。马斯克邀请她飞到弗里蒙特来参观他的工厂，他觉得这样约会挺不错的。那是 2018 年

1　模因（meme）是一种思想、行为或风格，通过模仿在人与人之间传播，通常具有代表特定现象或主题的象征意义，利用好模因可以打造出"神曲"，形成作品的病毒式传播。——译者注

3月底，他正在疯狂推动公司实现每周生产5 000辆车的目标。格莱姆斯说："我们整晚都在厂房里走来走去，他修理东西，我在旁边看着。"第二天晚上，马斯克开车送她去一家餐厅，路上给她展示了一下特斯拉加速有多快，还把手从方向盘上拿开，捂住眼睛，让她体验了自动驾驶。"我当时心想，这家伙肯定疯了！"她说，"那辆车自己打信号灯、自己换车道，感觉就像漫威电影里的场景。"在餐厅里，他在墙上刻下了一行"EM+CB[1]"。

当格莱姆斯将马斯克的能力同甘道夫相提并论时，马斯克给她做了一个关于《指环王》的快速小测试，想看看她是不是《指环王》的铁杆粉丝，结果她通过了测试。马斯克说："这对我来说很重要。"作为礼物，格莱姆斯送给他一盒她收集的动物骨头。晚上，他们一起听丹·卡林的播客《硬核历史》，还有其他历史播客和有声读物。"我要是认认真真地想和一个人在一起，那我的约会对象必须得过的一关就是，他也能在睡前听一个小时有关战争史这类题材的播客。"格莱姆斯说，"埃隆和我一起听完了很多战争题材的节目，比如古希腊、拿破仑和第一次世界大战中的军事战略故事。"

这一切都发生在2018年马斯克精神动荡和事业危局期间。"我感觉你心里装了这么多难事，挺不好过的。"格莱姆斯对他说，"你希不希望我把我做音乐的设备都带过来，在你家里工作？"马斯克说他愿意，他不希望孑然一身。格莱姆斯想，她会陪他待上几周，直到他波动的情绪稳定下来。"但狂风骤雨就这样持续着，一直没有停下来的意思，我就坐在这艘船上，没有离开他。"

当马斯克处于战斗状态时，有一些晚上格莱姆斯会陪他一起去工厂。她说："他总是在注意车有什么问题，引擎、隔热罩、液氧阀有什么问题。"有一天晚上，他们出去吃饭，马斯克突然沉默了，陷入了思考。过了一两分钟，马斯克问她有没有笔。她从皮包里拿出一支眼线笔。他接过来，在餐巾纸上画出了一个修改引擎隔热罩的想法。格莱姆斯说："我意识到即便是和我在一起，有时他的思绪也会飘到别处，一般是在思考工作

1　"埃隆·马斯克＋克莱尔·鲍彻"的英文姓名首字母缩写。——译者注

中的问题。"

5 月，马斯克短暂地从特斯拉工厂的量产地狱中抽身而出，同她一起飞往纽约，参加大都会艺术博物馆的年度晚宴。这是一场星光璀璨的盛会，以先锋前卫的时装为特色。马斯克为格莱姆斯走秀的服装提供了一些建议，她穿上了一套中世纪朋克风格的黑白套装，配有硬化玻璃胸衣和一条形似特斯拉标志的尖头项链，马斯克甚至让特斯拉设计团队协助置办了这套行头。他穿了一件牧师领的白衬衣和一件纯白的燕尾服，上面绣有模糊的"novus ordo seclorum"，这句拉丁语的意思是"时代新秩序"。

音乐素材

尽管格莱姆斯想帮马斯克渡过难关，但实际上她自己在生活里也不是一个平心静气的人。保持前卫风格的艺术家，生活方式也比较混乱，她晚上大部分时间都不睡觉，白天大部分时间都用来睡觉。她对马斯克的家政人员要求很高，不信任他们，而且她与马斯克的母亲关系也很不好。

马斯克对生活中的戏剧性如痴如醉，格莱姆斯这一点倒是跟他"臭味相投"：她就是一块吸引戏剧性事件的磁石。无论是不是有意为之，她都会对这些事件产生吸引力。就在 2018 年 8 月泰国洞穴事件和将特斯拉私有化的风波逐渐失控时，格莱姆斯邀请说唱歌手阿泽莉亚·班克斯到马斯克家和她同住，二人合作创作了一些音乐作品。格莱姆斯忘记了她和马斯克曾计划去博尔德的金博尔家聚会。格莱姆斯告诉班克斯，她周末可以待在客房。那个周五的早上，也就是"私有化"推文发布的三天后，马斯克起床后锻炼了一会儿，打了几个电话，匆匆瞥了一眼班克斯。当他专注于其他事情时，就不会太留意周围的人事物。他不太清楚她是谁，只知道她是格莱姆斯的朋友。

在班克斯看来，格莱姆斯为了在周末陪马斯克，取消了她们的录音计划。粉丝颇多的班克斯就在社交平台 Instagram 上大放厥词以表达不满，她说："我整个周末都在等待，格莱姆斯却对她的男友呵护有加，因为他太傻了，竟然不知道嗑迷幻药的时候不要上推特。"这句描述是假的（马斯克从不服用迷幻药），但可以想见，这个帖子不仅激发了媒体的兴趣，也引来了 SEC 的关注。班克斯发了一个脏话连篇、满是诋毁和谩骂格莱姆斯和马斯克的帖子，一通胡言乱语引发的关注度越来越高。

当商业内幕网对班克斯进行电话采访时，她将这些与马斯克承诺将特斯拉私有化的事联系起来，结果她在法律层面把事情弄得更糟了。"我看到他在厨房里神情严肃，发完那条推文就想尽办法找投资人给他擦屁股。"班克斯说，"他压力很大，脸都涨红了。"

不过，围绕着马斯克的这则离奇古怪的故事激起的浪花很快就平静下来，在小报上炒作了大约一周后，班克斯贴出了一封道歉信，事情就平息下来。格莱姆斯把这个故事变成了她的音乐素材，在 2021 年发布了一首歌，名为"100% 的悲剧"，她说这首歌讲的就是"当阿泽莉亚·班克斯想要毁掉我的生活时，我必须打败她"。

马斯克的多重人格阴影

尽管惹来了一堆麻烦，格莱姆斯可以说还是马斯克的好拍档。虽然同艾梅柏·希尔德（和马斯克）一样，格莱姆斯也喜欢制造混乱，但与艾梅柏不同的是，她制造的混乱是以善良甚至甜蜜为基础的。格莱姆斯说："拿《龙与地下城》里的阵营来划分，我的阵营就是'混乱善良'，而艾梅柏的阵营可能就是'混乱邪恶'。"她意识到艾梅柏对马斯克的诱惑也正在于此："他会被混乱邪恶所吸引。他的父亲、他的成长经历都指向于此，他一次次重新陷入难以被人善待的境地，他把爱与刻薄、虐待联系在一起。从埃罗尔到艾梅柏，他的亲密关系史上有一条线索一以贯之。"

格莱姆斯欣赏马斯克身上的激情。一天晚上，他们去看 3D 电影《阿丽塔：战斗天使》，但他们入场时已经没有 3D 眼镜了，马斯克坚持要留下来看，即便不戴眼镜看 3D 影片完全是模糊一片。当格莱姆斯为她在动作角色类游戏《赛博朋克 2077》中的半机械人流行歌手配音时，马斯克挥舞着一把有 200 年历史的古董枪出现在音乐工作室里，坚持要求分给他一个客串角色。格莱姆斯说："工作室的小伙伴紧张得都开始冒汗了。"马斯克补充说："我告诉他们，我有武器，但不危险。"他们终于同意了。游戏中的机械植入物正是他在 Neuralink 公司打造的产品的科幻版本。他说：

"游戏里这东西很贴近生活啊。"

格莱姆斯对马斯克的基本看法就是，他的思维方式与其他人不同。"患上阿斯伯格综合征的人的确不好相处，"她说，"他不善于察言观色，对情感的理解能力也异于常人。"格莱姆斯认为，世人臧否他时应该考虑到他的心智结构，"如果有人患了抑郁症、焦虑症，我们会表示同情，但一个人如果患有阿斯伯格综合征，我们就会说他是个浑蛋"。

格莱姆斯学会了驾驭马斯克的各种性格，她说："他的心智模式繁多，兼具各种独特的个性。他在不同心智模式和个性之间切换的速度非常快。当你觉得房间里的气氛突然发生了变化，其实就是他切换到了另一个状态。"格莱姆斯注意到，马斯克在不同性格当中的品味都是不一样的，甚至包括音乐和装饰方面的审美。"我最喜欢的是'E 版本埃隆'，是那个愿意参加火人节、愿意睡在沙发上、吃着罐头汤、能保持放松状态的埃隆。"而她最讨厌的是处于"恶魔模式"的埃隆，"'恶魔模式'指的是他变得暗黑起来，整个人聚焦于自己头脑中卷起的风暴"。

一天晚上，当他们同一群人一起吃饭时，天空乌云密布，他的心情也随之转变。格莱姆斯马上躲得远远的，她后来解释说："我们出去玩的时候，我要确保我是和'好埃隆'待在一起。他有一些人格出现时会不喜欢我，而我也不喜欢'他们'。"

有时，埃隆的某个人格似乎记不住另一个人格都做了什么。"你对他说了些什么，过后他就完全记不得你说过，因为他完全沉浸在脑中世界。"格莱姆斯说，"如果他专注于某件事，外界刺激对他就无效，他不会接收外部输入的任何信息。一个东西可能就放在他眼前，但他看不到。"就像他上小学时那样。

2018 年特斯拉状况百出让他心神不宁，格莱姆斯想哄他放松放松。"不如意事常八九嘛，但也不是事事都糟心啊，"有一天晚上她对马斯克说，"你也不用把每件事都弄得火急火燎的。"但格莱姆斯心里也清楚，旁人不会明白，马斯克的不安恰恰是推动他走向成功的驱动力之一。他的"恶魔模式"也起到了相同的作用，尽管她花了更长时间才理解了这一点。格莱姆斯说："'恶魔模式'造成了很多混乱，但确实能帮他把破事儿都搞定。"

50

上海建厂

特斯拉，2015—2019 年

同任宇翔在上海

出生于上海的任宇翔是第22届国际物理奥林匹克竞赛冠军，也曾是马斯克在宾夕法尼亚大学的实验室伙伴。但任宇翔对汽车的了解并不多，可以说，他知道的那一点儿也几乎都来自他与马斯克1995年毕业完成跨国公路旅行时聊过的内容。马斯克曾教他如何修理一辆坏了的宝马车，以及如何操纵变速杆。后来任宇翔在戴尔电脑公司生产闪存盘的子公司担任首席技术官后，这些技能也就没用上，所以不难理解为什么毕业20年以后，马斯克突然提出在帕洛阿尔托请他吃午饭时，任宇翔会感到特别惊讶。

在中国销售电动车，这是特斯拉拓展全球市场的关键，但进展并不顺利。马斯克已经接连解雇了两位中国区经理。当得知特斯拉有一个月在中国只卖出120辆车后，马斯克准备解雇特斯拉在中国的整个高管团队。他在午餐会上问任宇翔："特斯拉怎么才能在中国打开市场？"任宇翔表示他对汽车产业一无所知，所以只是简单地提了一些怎么在中国做生意的看法。"我下周要去中国拜访政府官员，"马斯克在他们起身准备走出餐厅时说，"你能和我一起去吗？"

任宇翔不大乐意，他刚从中国出差回来，但他心里感受到一种不可抗拒的吸引力，他想参与马斯克制订的特斯拉中国商业计划，所以在第二天早上他发邮件告诉马斯克说他已经准备好同行。他们与相关部门官员亲切交谈，随后又会见了一些专家。他们告诉二人，如果想在中国好好卖车，特斯拉必须在中国生产车，而且根据相关要求，他们需要与一家中国公司成立一个双方各自占股50%的合资公司。

马斯克一听合资公司的事情就有些抵触，因为他非常不想同其他合作方分享控制权，所以他那股"憨傻幽默"的劲头又上来了，表示特斯拉并不想跟人"联姻"。他说："特斯拉太年轻了，我们现在也就是个小宝宝，这就要结婚了吗？"他说着就站起身来，模仿两个蹒跚学步的小孩走在婚礼的舞台上，同时发出他标志性的"咯咯"的笑声。在场的其他人都笑了起来，而中方表示出有些犹豫不决。

在乘坐私人飞机返回美国的途中，马斯克和任宇翔回忆起大学生活，分享了有关物理学的趣事。飞机落地后，他们走下舷梯时，马斯克终于抛出了那个问题："你愿意加入特斯拉吗？"任宇翔说没问题。

任宇翔面临的最大挑战就是如何在中国生产特斯拉。2017年4月，中国工业和信息化部、国家发展和改革委员会、科学技术部联合印发了《汽车产业中长期发展规划》。马斯克再次来到中国,与国务院副总理会面。任宇翔说:"我们一直在努力介绍特斯拉在中国建厂对中国的汽车产业发展会有哪些好处,哪怕它不是一家合资公司。"

2018年2月,任宇翔飞往美国,计划与马斯克详细讨论特斯拉在中国的发展情况。但不凑巧的是,当时马斯克正在内华达电池工厂经历量产地狱阶段,他在厂房里跑来跑去,亲自督阵,任宇翔基本堵不住他。那天深夜他们一起飞回洛杉矶,但直到他们着陆后,任宇翔才有机会与他交谈。任宇翔给他展示了幻灯片,上面显示了区位地图、融资承诺和交易条款,但马斯克连看都没看。他盯着飞机窗外凝视了几乎整整一分钟,然后直视着任宇翔的眼睛问:"你认为我们这步棋能走对吗?"任宇翔大吃一惊,停顿了好几秒,才回答说能。"好,那我们就开始干吧。"马斯克说完就下了飞机。

最终,在中国政府吸引外资和大力发展新能源汽车市场的背景下,特斯拉被批准在上海独资建厂。2018年5月10日,特斯拉(上海)有限公司在上海成立。当年7月10日,马斯克抵达上海,与上海市政府签署了纯电动车项目投资协议。当天,马斯克为营救受困的足球小将,打造了那艘迷你潜艇并交付给泰方后,直接从泰国洞穴中齐腰深的水里走出来,随后乘机飞往上海。他换上一套深色西装,在一个铺着红毯的宴会厅里,僵直地站在原地,与宾客们举杯相庆。

2018年10月17日,特斯拉(上海)有限公司成功拿到上海临港装备产业园一块200多英亩的土地,准备推进超级工厂建设。

2019年10月,第一批特斯拉从中国工厂下线。在这之后不到两年的时间内,中国将制造出全球超过一半的特斯拉。

51

Cybertruck

特斯拉，2018—2019 年

2018 年，同弗朗茨·冯·霍兹豪森探讨 Cybertruck 的设计问题

不锈钢造车

自 2008 年创办特斯拉设计工作室以来，几乎每周五下午，马斯克都会与他的首席设计师弗朗茨·冯·霍兹豪森举办产品审查会议。这些会议通常是在 SpaceX 洛杉矶总部后面安静的设计工作室展示间里举行的，展示间铺有白色地板。对马斯克来说，在这里开产品会权当休息了，在动荡不安的那几周中尤其如此。马斯克和冯·霍兹豪森会在机库一样的房间里慢慢踱步，抚摸着他们为特斯拉未来设想出的原型车和油泥模型。

从 2017 年年初开始，他们翻来覆去地讨论特斯拉皮卡的想法。冯·霍兹豪森从传统设计起步，以雪佛兰索罗德为参照，还把一辆索罗德放在了工作室正中间，供他们研究车型比例和零部件。马斯克说，他想做一款更令人兴奋甚至能惊艳众人的皮卡。所以他们研究了汽车史上出现过的酷炫车辆，其中最引人注目的是雪佛兰在 20 世纪 60 年代打造的复古未来主义轿跑 El Camino。冯·霍兹豪森设计了一款具有类似气质的皮卡，但当二人绕着模型走来走去时，他们一致认为它风格"太软"了。"曲线玲珑的样子，"冯·霍兹豪森说，"不像皮卡那样敦实厚重。"

马斯克随后补充了另一个启发过他的设计做参考：20 世纪 70 年代末的楔形尖头的英国跑车——路特斯 Esprit。具体来说，他特别迷恋 1977 年詹姆斯·邦德系列电影《007 之海底城》中出现过的一款路特斯 Esprit。马斯克以近 100 万美元的价格买下了电影拍摄时用过的那辆车，放在特斯拉的设计工作室里做展示。

头脑风暴的过程很有趣，但还是没有碰撞出一个让他们激动的概念原型。为了汲取灵感，他们参观了彼得森汽车博物馆，在那里有些发现出乎他们的意料。冯·霍兹豪森说："我们意识到，皮卡的外形和制造工艺在长达 80 年的时间里基本没有变化。"

这导致马斯克把注意力转移到了更基础的问题上：特斯拉应该用什么材料打造卡车车身？通过对材料的反思，甚至是对车辆结构物理学的反复研究，特斯拉可以为全新设计开辟出可能性。

冯·霍兹豪森说："最初我们考虑的是铝，还考虑过钛，因为耐用性真的很重要。"但在那时，马斯克开始着迷于探索用富有光泽的不锈钢制作火箭飞船的可能性。他意识到，这种材料可能也适用于皮卡。不锈钢车身不需要喷漆，而且可以承担车辆的一些结构性负荷。这个想法真正做到了不落俗套，重新思考了车辆的可能性。经过几周的讨论，在一个周五的下午，马斯克走进来，简明扼要地宣布："我们要用不锈钢造皮卡。"

查尔斯·柯伊曼是特斯拉和 SpaceX 负责材料工程的副总裁。马斯克具备的一个优势是他的几家公司可以彼此分享工程知识。柯伊曼开发了一种"冷轧"的超硬不锈钢合金，不需要做热处理，特斯拉还为此申请了专利。这种材料足够结实，也足够便宜，可以用于制造卡车和火箭。

在特斯拉 Cybertruck 上使用不锈钢的决定对车辆的工程设计有重大影响。钢制车身可以作为车辆的承重结构，而过去是底盘在发挥这一作用。马斯克建议："我们可以把强度都放在外圈，让车身成为车辆的外骨骼，然后把其他东西都搭在它里面。"

用上了不锈钢，也给卡车外观引入了新的可能性。与使用冲压机器将碳纤维雕琢成曲线玲珑的车身面板相比，不锈钢更适合做直线和锐角设计。这就让设计团队有机会——某种程度上也是被逼无奈——探索出更多未来主义的、前卫的甚至是乍一看不太和谐的设计想法。

"不要反对我"

2018 年秋，马斯克刚从他自称"人生中最痛苦的一年"的精神动荡中脱身：内华达工厂和弗里蒙特工厂的量产地狱、恋童癖者推文事件，还有私有化推文风波。在面对挑战时，他的一处精神避难所就是专注于打造一个面向未来的项目。10 月 5 日他在设计工作室这个宁静的避风港里所做的正是这些，当时他把周五的例行会议变成了一场关于皮卡设计的头脑风暴会议。

雪佛兰索罗德还放在展厅中供大家参考。在它前面有三块大展板，上面有各种各样的车辆图片，包括电子游戏和科幻电影中的车辆，从复古风到未来主义的车，从光滑圆润到棱角硬朗的车，从曲线玲珑到尖锐刺眼的车，不一而足。冯·霍兹豪森的双手随意地插在口袋里，他的状态就像一个正在寻找合适浪头的冲浪者一样随性。马斯克双手叉腰，像一只寻找猎物的熊一样来回转圈。过了一会儿，戴夫·莫里斯和其他几位设计师走了进来。

看着展板上的图片，马斯克倾心于那些具有未来主义、赛博风格外观的作品。他们最近刚敲定了 Model Y 的设计，这是 Model 3 的跨界车版本，大家说服马斯克放弃了一些更激进的、不合传统的想法。在 Model Y 做了求稳的设计之后，马斯克不希望在皮卡设计上再来一次。他说："我们大胆一点儿，去惊艳世人吧。"

每当有人指向一张风格更传统的车辆图片时，马斯克就会反驳，然后指向电子游戏《光环》中的汽车，或者当时即将推出的游戏《赛博朋克2077》预告片中的汽车，或者雷德利·斯科特导演的电影《银翼杀手》中的汽车。马斯克的儿子萨克森是孤独症患者，他提出了一个不同寻常的问题，引起了大家的共鸣："为什么未来看起来不像未来？"马斯克反复引用萨克森的这个问题，正如他在那个周五对设计团队说的："我希望未来看上去的确来自未来。"

内部有一些反对的声音，认为未来主义设计感的东西做出来没人买账，毕竟这是一辆皮卡。"我不在乎有没有人买。"马斯克在会议结束时说，"我们不做传统的、无聊的皮卡，这种车我们随时都可以做。我想打造的是酷炫的东西，比如你可以说'不要反对我'，这就很酷啊。"

到 2019 年 7 月，冯·霍兹豪森和莫里斯打造了一款全尺寸的模型：未来主义、风格凌厉、赛博设计，带有尖角和钻石切面。一个周五，他们把它放在展厅中间，放在他们一直都在参考的更传统的模型旁边，结果让此前从来没见过该车全尺寸模型的马斯克惊艳不已。当他穿过 SpaceX 工厂，走进设计室大门的那一刻，他瞬间做出反应，大叫："就是它！我喜欢它！我们要做这个！没错，这才是我们要做的东西！对，是的，搞定了。"

这就是后来世人所熟悉的 Cybertruck。

"设计室里的大多数人都讨厌它。"冯·霍兹豪森说，"大家说：'你不是认真的吧？'他们不想做这个玩意儿，长得太古怪了。"一些工程师开始秘密研发另一个替代版本。马斯克这个人有多直率，冯·霍兹豪森就有多委婉，他耐心倾听着大家的担忧。冯·霍兹豪森说："你如果没得到身边人的支持，就很难把事情做好。"马斯克没有那么多耐心。一些设计师催促他至少用 Cybertruck 现有的设计去做一些市场测试，马斯克回答说："我不搞什么焦点小组。"

当 Cybertruck 的设计方案在 2019 年 8 月完成时，马斯克告诉团队，他希望在当年 11 月公开披露一个产品原型，一般来说这需要忙活九个月，但他只给大家三个月。冯·霍兹豪森说："11 月做不出来能真正驾驶的原型车。"马斯克回答说："不，能做出来。"马斯克不切实际的最后通牒一般无法实现，但在某些情况下也能如他所愿。冯·霍尔兹豪森说："结果大家不得不全力以赴，每天工作 24 小时，每周 7 天连轴转，都是为了赶在最后期限前完成。"

2019 年 11 月 21 日，这辆皮卡开到了设计工作室的舞台上，向媒体和受邀嘉宾展示。现场一片惊呼。"人群中有很多人显然无法相信这确实是他们此行要来见证发布的车辆。"CNN 这样报道，"Cybertruck 看起来像一个带轮子的大型金属梯形车，它更像一件艺术品，而不是一辆皮卡。"当冯·霍兹豪森向大家展示车身强度时，发生了一件他们谁都没料想到的事。他用一把大锤抡向车身，没有任何凹痕出现。随后他为了证明"装甲玻璃"不会破裂，向其中一个车窗扔金属球，结果玻璃竟然裂了，他大吃一惊。"天哪！上帝啊！"马斯克说，"好吧！也许用力猛了点儿。"

总体来说，这次发布会不是很成功，特斯拉股价第二天下跌了 6%，这是近两个月来的最大跌幅，但马斯克很满意。"皮卡在很长一段时间里都是一样的，大概有 100 年都没变过了，"他告诉现场观众，"我们想尝试一些不同的东西。"

随后他带着格莱姆斯，开着 Cybertruck 原型车去诺布餐厅兜了一圈，代客泊车的服务员就盯着它，不敢碰。他们离开餐厅时，在娱乐记者的追赶下，他开过停车场里一个挂着"禁止左转"标识的标志杆，然后左转而去。

52

星链

SpaceX，2015—2018 年

近地轨道上的互联网

马斯克在 2002 年启动 SpaceX 时，他的设想是要致力于完成人类前往火星的事业。除每周关于发动机和火箭设计的技术会议，他还会召开一场非常另类的会议，名叫"火星殖民者"。在会上，他畅想着火星殖民地会是什么样，想象着应该怎样管理它。他的前助理艾丽莎·巴特菲尔德说："'火星殖民者'的会议，我们能开尽量开，因为对他来说这个会最有意思，总能让他心情愉悦。"

前往火星需要花费大量资金，因此马斯克一如往常地将一个目标远大的任务与一个务实的商业计划相结合。想赚钱，他有的是机会，包括开发太空旅游项目（像贝索斯和布兰森做的那样），为美国、其他国家和其他公司发射卫星。2014 年年底，他注意到了一座更大的金矿：为付费用户提供互联网服务。SpaceX 将打造并发射自己的通信卫星，实际上就是在外太空重建互联网。"互联网收入每年约为 1 万亿美元，"马斯克说，"如果我们能有 3% 的市场占有率，那就是 300 亿美元，这比 NASA 的预算还要多。这就是星链灵感的由来，为前往火星提供资金。"他停顿了一下，然后补充强调："终有一天抵达火星的那个场面激励着 SpaceX 做出每个决定。"

为了完成这项任务，马斯克在 2015 年 1 月宣布成立 SpaceX 的一个新部门，办公地点设在西雅图附近，部门名称为"星链"。该计划是将卫星送入近地轨道，高度大约 340 英里，这样信号的延迟就不会像依赖地球同步卫星的系统那样糟糕，后者在地面上空 22 000 英里处运行。在近地轨道上，星链的信号无法像同步卫星系统一样覆盖那么多地方，所以需要发射更多卫星。星链的目标是最终建立一个由 40 000 颗卫星组成的超级卫星群。

马克·容科萨

在 2018 年那个水深火热的夏天，马斯克有一种蜘蛛侠式的第六感，他觉得星链有什么地方不对劲儿。星链的卫星太大、太贵，而且制造困难。

如果想盈利，卫星的成本必须降到目前的 1/10，生产速度必须提升 10 倍，但星链团队似乎完全没有紧迫感，这就犯了马斯克的大忌。

所以在那年 6 月一个周日的晚上，在没给太多预警的情况下，他直接飞到西雅图，解雇了星链整个高层团队。他还带来了他手下 8 名资深的 SpaceX 火箭工程师，他们都不太了解卫星，但他们都知道该怎么解决工程问题，怎么用上马斯克的那套"五步工作法"。

马斯克找来接盘的工程师是当时在 SpaceX 负责结构工程的马克·容科萨。这样安排的好处是，无论是推进器还是卫星，都可以由一名管理者通盘负责 SpaceX 所有产品的设计和制造。还有一个好处是，容科萨是一个激情四射、绝顶聪明的工程师，而且与马斯克心灵相通。

容科萨在南加州长大，身材瘦小，经常冲浪，他深深地迷恋着家乡当地的气候、文化和氛围，但没有沾染上那种悠闲慵懒的习气。他像拿着个小玩意一样拿着苹果手机，用拇指和食指拨弄着它旋转，就像马戏团里转盘子的杂技演员一样神奇。他说话的时候会快速地发出惊叹声，其中夹杂着"你知道吗""就像""哇，伙计"这类短语。

容科萨毕业于康奈尔大学，在校时加入过学校的一级方程式赛车队。他最初的任务是利用其制作冲浪板的技能来制作车身，随后他沉浸在工程方面的工作中。他说："我真的爱上了这方面的工作，你知道吗，那感觉就像，哇，伙计，我就是为干这个而生的啊。"

2004 年访问康奈尔大学时，马斯克给一些工科教授发了信息，邀请他们带一两个最喜欢的学生来吃午饭。"这就像，你知道吗，你想跟这个有钱人免费共进午餐吗？"容科萨说，"当然啊，我肯定乐意去。"听马斯克描述着他在 SpaceX 所做的事情，容科萨就想："天哪，这家伙疯了啊，我觉得他会赔个精光的，但他看起来好聪明、好有干劲儿啊，我喜欢他的风格。"当马斯克向他提供工作机会时，容科萨立刻就接受了。

容科萨以其敢于冒险、打破常规的态度给马斯克留下了深刻的印象。将猎鹰 9 号的有效载荷送入预定轨道的是龙飞船，容科萨在其监造过程中多次被 SpaceX 的质量保证经理责备，因为他没有提交相应的文书。容科萨的团队整个白天都在设计太空舱，还要在无数个夜晚亲力亲为地建造它。"我告诉那哥们儿，我们没时间把工作单和质量检查都一笔笔写下来，我们先得把它做出来，最后还得测试它。"容科萨说，"质量保证那哥们儿就很生气，没错，所以最后我们在埃隆的办公室隔间里吵了起来。"马斯克也怒了，开始训斥质量保证经理。容科萨说："我跟这个经理确实是针尖对麦芒，但我和他都是拼了命一心想要完成这个太空舱，因为我们可能就要没钱了。"

得到改善的星链

当容科萨接手星链时，他抛弃了已有的设计思路，从第一性原理层面开始思考，根据基础物理学质疑每项要求。新的目标是制造出最简单的通信卫星，然后再往上面添一些花哨的东西。容科萨说："我们开了马拉松式的会议，埃隆事无巨细地推动着星链往前发展。"

举个例子，卫星的天线与飞行计算机在设计结构上是彼此分离的，工程师们默认二者之间需要进行热隔离。容科萨一直在问为什么，有人告诉他放在一起时天线可能会过热，容科萨就要求查看测试数据。"当我追问了五次为什么后，"容科萨说，"他们那反应就像在说：'真烦！做成一个集成部件得了。'"

在设计过程的最后阶段，容科萨把一团乱麻收拾成了一颗简简单单的平板卫星，它的价格有可能仅是常规卫星的 1/10。在猎鹰 9 号的整流罩里可以搭载的平板卫星数量是常规卫星数量的两倍以上，这样单次发射时可以部署的卫星数量就能翻一番。"我呢，对它非常满意，"容科萨说，"我就坐在那里想，我这人怎么这么聪明呢。"

但马斯克仍然在挑剔每一处细节。用猎鹰 9 号发射卫星时，会用连接器锁住每颗卫星，这样就可以把它们逐一释放出来，不会相互碰撞。马斯克问："为什么不一次性把它们全部释放出来？"最初这种想法让容科萨和其他工程师觉得很疯狂，他们担心发生碰撞。但马斯克说，宇宙飞船的运动会让它们自然分开，如果真的发生碰撞，过程也会非常缓慢，没什么危险。所以他们舍弃了连接器的设计方案，节省了一点儿成本，降低了设计复杂性，减轻了总质量。"由于我们删除了这些部件，设计工作简化了许多。"容科萨说，"我太胆小了，不敢提出这项建议，但埃隆让我们试试。"

2019 年 5 月，简化后的星链设计方案已完成，在西雅图的工厂投入制造阶段，然后猎鹰 9 号火箭将它们送入预定轨道。当四个月后星链的卫星进入运行状态时，马斯克在他位于得克萨斯州南部的房子里登录了推特。他写道："我通过在太空中的星链卫星发送了这条推文。"他现在能够在自己拥有的"互联网"上发推文了。

53

星舰

SpaceX，2018—2019 年

马斯克在博卡奇卡的起居室和后院（左上、左下）；比尔·莱利与马克·容科萨（右）

BFR

如果马斯克的目标是打造一家盈利的火箭公司，那他本可以在熬过 2018 年之后清点战利品，随后解甲归田。可重复使用的主力机型猎鹰 9 号已成为高效且可靠的火箭，他还开发出了一套自己的通信卫星，这些都将给他带来可观的收入。

然而，他的目标不仅是成为太空企业家，他的目标是将人类送往火星，而这不可能通过猎鹰 9 号或者加强版的猎鹰重型运载火箭来实现，猎鹰火箭的飞行高度有限。马斯克说："我可以靠它们赚很多钱，但我不能靠它们实现人类跨星球生存的目标。"

这就是为什么他在 2017 年 9 月宣布，SpaceX 将开发一枚更大的、可重复使用的运载火箭，它将是有史以来个头最高、推力最强的火箭。他将这枚大火箭的代号定为"BFR"（Big F Rocket）。一年后，他发了一条推文："将 BFR 更名为星舰。"

星舰系统有一个一级助推器和一个二级航天器，加起来有 390 英尺高，比猎鹰 9 号高 50%，比 20 世纪 70 年代 NASA 在阿波罗计划中使用的土星 5 号运载火箭高 30 英尺。星舰系统配备了 33 个助推器发动机，能够将超过 100 吨的有效载荷送入预定轨道，这一数字是猎鹰 9 号的 5 倍。终有一天，它将带着 100 名乘客前往火星。即便在内华达和弗里蒙特的特斯拉工厂忙得四脚朝天时，马斯克每周也会抽出时间来看看为星舰乘客准备的相应设施和住宿条件的效果图，毕竟乘客们将花 9 个月时间前往火星。

又是不锈钢

马斯克从小就在他父亲位于比勒陀利亚的工程项目办公室周围闲逛，所以他对各种建筑材料的特性有一种熟稔的感觉。在特斯拉和 SpaceX 的会议上，他经常聚焦于电池两极、发动机阀门、车辆框架、火箭结构和皮卡车身的各种材料选择问题。他可以（而且经常）详细讨论锂、铁、钴、因康奈尔合金和其他镍铬合金、塑料复合材料、铝的等级及合金钢。到 2018 年，马斯克喜欢上了一种非常普通的合金。他意识到这种合金对火箭来说就像用在 Cybertruck 上面的效果一样好，那就是不锈钢。马斯克对他的团队开玩笑说："不锈钢应该跟我去找个地方开个房。"

与他一起为星舰忙碌的是为人开朗谦和的工程师比尔·莱利，他曾是康奈尔大学那支传奇赛车队的成员，当时还帮着指导过马克·容科萨，后来容科萨把他引荐到了 SpaceX。莱利和马斯克因为对军事历史，特别是一战和二战中的空战历史，以及材料科学的热爱而成为好友。

2018 年年底的一天，他们正在参观位于洛杉矶港附近的星舰的生产设施，该设施在 SpaceX 的工厂和总部以南约 15 英里。莱利解释说，他们正在使用的碳纤维材料有问题，片材出现了褶皱。此外，这个东西的制造过程也非常缓慢，成本高昂，每公斤材料成本为 130 美元。"如果我们继续使用碳纤维，我们注定得倒闭。"马斯克告诉莱利，"这等于给我们判了死刑，我就永远都没法抵达火星了。"这要换作一个签了成本加成合同的承包商，他们就不会这么想。

马斯克知道在 20 世纪 60 年代初将第 1 ~ 4 名美国人送入了预定轨道的早期阿特拉斯系列运载火箭就是用不锈钢制成的，他还决定用这种材料制造 Cybertruck 的车身。马斯克在绕着生产设施走了一圈之后，变得非常安静，眼睛盯着进入港口的船只。"伙计们，我们必须换条路走。"他说，"用现在这种工艺永远没法快速制造火箭，我们换成不锈钢怎么样？"

起初在公司内部这是有阻力的，大家甚至是满腹狐疑。几天后，当他在 SpaceX 的会议室里与执行团队会面时，他们争辩说用不锈钢制造的火箭可能比用碳纤维或者猎鹰 9 号所用的铝锂合金制造的火箭更重。马斯克的直觉告诉他不是这样的，他告诉团队："来算一下，算一下具体数字。"当他们真的算起来才越来越确信一件事，事实上在星舰将面临的宇宙环境中，钢可能会使火箭整体更轻。在极寒温度下，不锈钢的强度还会增加50%，意味着它更适合装载超低温燃料液氧和液氮。

此外，不锈钢熔点高，这样星舰朝向太空的一侧就没必要设置防热层，这也可以减轻火箭的整体重量。而铝和碳纤维都不能应对高温。不锈钢的最后一个优点是，把不锈钢片焊接在一起很容易。猎鹰 9 号的铝锂合金需要一种叫作"搅拌焊接"的工艺，需要在超净环境中完成这一过程。但不锈钢可以在大帐篷里焊，甚至可以在户外焊，所以就更容易在得克萨斯州或者佛罗里达州的发射场附近完成。马斯克说："有了不锈钢，你可以一边焊一边在旁边抽雪茄。"

改用不锈钢后，SpaceX 就可以雇那些没有制造碳纤维所需专业知识的工人。在位于得克萨斯州麦格雷戈的发动机试验场，SpaceX 与一家建造不锈钢水塔的公司签订了合同。马斯克让莱利向他们寻求帮助。SpaceX 遇到的一个问题是星舰的壁厚应该是多少，马斯克与一些工人交谈，是那些真正在做焊接的工人而非公司高管，问他们觉得做多厚才是安全的。莱利说："埃隆的行事原则之一就是尽可能拿到一手信息。"生产线工人说，他们认为壁厚做到 4.8 毫米就行。"那 4 毫米行吗？"马斯克问道。

"那么薄，我们心里可不踏实。"其中一个工人回答。

"好吧，"马斯克说，"那我们就先做 4 毫米的，试一试也没什么大不了。"

结果发现没问题。

在短短几个月内，他们有了一个所谓的星舰原型——"星虫"星际飞船，准备用它进行低空飞行测试。它有三条可伸缩的腿，用来测试星舰在完成飞行后如何安全着陆，如何重复使用。到 2019 年 7 月，它可以在 80 英尺的高度完成测试飞行。

马斯克对星舰的概念非常满意。一天下午，在 SpaceX 会议室举行的一场会议上，他头脑一热，要开始部署烧钱的大动作——下令取消猎鹰重型运载火箭。房间里的高管们给格温·肖特韦尔发信息，告诉她这里发生了什么。她从她的办公室隔间里冲过来，一屁股坐在椅子上，告诉马斯克他不能这么做。猎鹰重型运载火箭有 3 个助推器核心，它对完成政府发射大型卫星的合同来说至关重要。哪怕马斯克咄咄逼人，她也有底气不买账。她说："一旦我告诉埃隆这件事的背景是怎么回事，他就明白了不能按他想的那么做。"马斯克一直很苦恼，自己身边的大多数人都不敢像格温这样做。

SpaceX 星际基地

位于得克萨斯州最南端的博卡奇卡灌木丛生，那里的沙丘和海滩没有与海岸线齐平的旅游度假区帕德里岛那么吸引人，但其周围的野生动物保护区让它成为可以安全发射火箭的理想场所。2014 年，SpaceX 在那里建造了一个简陋的发射台，作为卡纳维拉尔角和范登堡发射台之外的备选，但直到 2018 年这里都没派上用场，直到马斯克决定启用它作为星舰的专用基地。

由于星舰太大了，在洛杉矶建造星舰再运到博卡奇卡太费周章，所以马斯克决定在离发射台约两英里的地方，在博卡奇卡阳光明媚的灌木丛和蚊子出没的湿地上开辟出一块火箭制造区域。SpaceX 团队为这条装配线搭建起三个硕大的、类似机库的帐篷，还建了三个用波纹金属制成的装配大楼，可以垂直容纳星舰。场地上有一栋旧楼被改造成了多个办公室隔间、一个会议室和一个可以为大家提供口味尚可的饭菜和优质咖啡的食堂。到 2020 年年初，这里聚集了 500 名工程师和工人，其中大约一半来自当地，四班倒昼夜工作不停。

"你得到博卡奇卡来，发挥你的特长，让这个地方变得伟大。"马斯克对时任助理的艾丽莎·巴特菲尔德说，"人类未来能否在太空中更进一步就取决于它了。"最近的汽车旅馆在深入内陆 23 英里的布朗斯维尔，所以巴特菲尔德创建了一个生活区，一个由清风房车组成的营地，点缀着购自家得宝的棕榈树，还有一个异国风情的酒吧、一个带生火盆的露台。活力四射的年轻人萨姆·帕特尔管理现场设施，他租赁了无人机和作物喷粉机，试图杀灭蚊虫。马斯克说："虫子要是先把我们给吃了，我们就去不成火星了。"

马斯克专心研究工厂大帐篷的布局和生产线运作方式，大胆设想着该如何安排装配线。在 2019 年年底的一次视察中，现场缓慢的进展速度让他产生了挫败感。团队仍然没有制造出一个能完全适用于星舰的整流罩。站在其中一个帐篷前，他提出了一项具有挑战性任务：在黎明前建好一个整流罩。大家告诉他这不可行，因为他们没有设备能精确校准尺寸。马斯克固执己见："我们要在黎明前造出一个整流罩，哪怕要了我们的命。"他下令把火箭桶身的末端切下来，用它来作适配工具。他们照办了，他同一个由四名工程师和焊工组成的团队一起熬夜，直到完成了整个整流罩。"实际上我们在黎明破晓时并没有做完，"团队成员吉姆·沃承认，"一直到上午 9 点左右才完成。"

距离 SpaceX 这些设施约 1 英里的地方，是一连片 20 世纪 60 年代开发的 31 套破旧房屋，其中有一些是用预制板建成的，它们稀稀拉拉地分散在两条街道上。SpaceX 有意买下其中的大部分房屋，出价高达房产评估价的 3 倍，不过还是有个别业主拒绝出售，要么是出于固执，要么是因为住在发射台旁边还挺令人兴奋的。

马斯克为自己挑选了一套两居室，它有一个开放式的主间，刷的是白墙，铺的是浅色木地板，既能当客厅又能当餐厅，还包含了厨房。一张小木桌就是他的办公桌了，下面放了一个能连接到星链终端的 Wi-Fi 盒子。厨房的台面是白色的富美家层压板，整间房里唯一出挑的是工业级尺寸的冰箱，里面放着不含咖啡因的无糖可乐。复古的寝室是整栋房子里最具文艺气息的地方，墙上张贴着《惊异传奇》杂志封面的海报，茶几上放着温斯顿·丘吉尔的《第二次世界大战回忆录》第三卷、洋葱报的《我们愚蠢的世纪》、艾萨克·阿西莫夫的《基地》系列，以及《周六夜现场》为他 2021 年 5 月的脱口秀节目准备的相册。相邻的小房间里有一台跑步机，但他不怎么用。

后院有灌木丛生的草地和几棵棕榈树——这些棕榈树在 8 月的高温下也会枯萎。后面的白砖墙上挂着格莱姆斯画的龙飞凤舞的涂鸦艺术作品，上面有红色的心和带有蓝色表情符号的云朵。太阳能屋顶连接着两个硕大的特斯拉 Powerwall。后院的一个小屋有时被格莱姆斯当作工作室，有时被梅耶·马斯克当作卧室。

"斯是陋室"不足以形容其作为亿万富翁主要居所的简朴程度，但在马斯克心里这就是天堂。他第一次带我去那儿，我看着他整个身体都松弛了下来，人在屋子里晃来晃去，像个城郊的大叔一样吹着口哨。

54

自动驾驶日

特斯拉，2019 年 4 月

夜复一夜，马斯克直挺挺地坐在床边，无法入眠，身旁是他的女友格莱姆斯。有些夜晚，他一直坐到天亮，都没有挪过地方。特斯拉在2018年实现了产量激增，接二连三的动荡也挺了过去，但它依然需要进行新一轮融资才能维持运营，而做空者就像秃鹫一样在公司股票上方盘旋。2019年3月，马斯克再次进入了"戏剧性危机"模式。有一天破晓时分，他对格莱姆斯说："我们必须筹集到资金，否则就完蛋了。"他需要想出一个远景宏大的商业故事才能扭转局面，让投资者相信特斯拉会成为全球最有价值的车企。

有一天晚上，他一直开着灯，沉默地盯着天空。格莱姆斯说："每隔几个小时，我就会醒来一次，看他还是呆坐在那里，一副思考者的架势，坐在床边沉默不语。"第二天早上她起床时，马斯克对她说："这个问题，我解决了。"他解释道，解决方案就是让特斯拉举办一个"自动驾驶日"，他们可以向投资者演示特斯拉如何制造出一辆可以自动驾驶的电动车。

从2016年开始，马斯克一直在力主实现完全自动驾驶车辆的设想，这种车可以召之即来，做到无人驾驶。事实上，那一年他开始尝试让特斯拉车辆完全摆脱方向盘的操控。在他的坚持下，冯·霍兹豪森和设计师们一直在生产没有制动器、踏板、方向盘的Robotaxi模型车。马斯克每周五都会去设计室，掏出手机，给各式各样的模型拍照。他在一次会议上说："这就是未来世界交通的发展方向，我们必须鞭策自己朝这个方向努力。"每年，马斯克都会定期在公开场合预测，我们距离实现完全自动驾驶只剩一年左右的时间了。

但事实并非如此，完全自动驾驶就像海市蜃楼，每年都要"再等一年"。

然而，马斯克认为筹集资金的最佳方式就是举办一次充满故事性的现场演示活动，证明生产自动驾驶车辆能在未来帮特斯拉实现巨额盈利。他相信他的团队可以完成这场演示，甚至给大家展示一辆可靠的原型车，让大家目睹未来电动车的模样。

马斯克在四周后的一个日期"2019年4月22日"上面做了标记，他们会展示一个部分实现自动驾驶的车辆版本，这将是特斯拉的第一个自动驾驶日。"我们必须让人们眼见为实。"他说，虽然还做不到百分之百的完全自动驾驶。可以想见，马斯克狂飙运动必然带来的结果是：在一个人为设定的、不切实际的最后期限来临之前，全员每周 7 天、每天 24 小时都像发了疯一般，非要做出一个能让他满意的东西来。

马斯克的自动驾驶狂飙运动不仅把团队逼疯了，也把他自己逼到了绝境。"当他认为灾难迫在眉睫时，他就不得不把自己抽离出现实，才能摆脱这种糟糕的局面。"他招募进来做人工智能项目的密友希冯·齐里斯说，"他曾经问我是不是认为他已经疯了，这是我唯一一次面对面看着他，对他说'你疯了'，这也是我第一次在他面前崩溃到哭泣。"

一天晚上，他的堂弟、自动驾驶团队的程序员詹姆斯·马斯克正在旧金山一家高级餐厅与该团队的负责人米兰·科瓦奇共进晚餐，这时他的手机响了。他回忆说："我看到是埃隆打来的，心想：'糟糕，大事不妙。'"詹姆斯走进停车场，听着马斯克用阴沉的语气告诉他，特斯拉如果不整点儿招儿出来就会破产的。电话打了一个多小时，他问詹姆斯自动驾驶团队里谁才是真正的行家。他在进入危机模式时经常如此，忍不住想要清理门户、解雇一批人，即便此时"狂飙突进"还没有结果。

他决定解雇自动驾驶团队的所有高管，但奥米德·阿夫沙尔出面说服他，最起码等到自动驾驶日后再这么做。希冯·齐里斯努力承担起在马斯克和团队之间斡旋的艰巨任务，她也劝他把集体解雇的事情放一放。萨姆·特勒也是这个意思。马斯克不情不愿地同意到自动驾驶日之后再动手，但他心里不痛快。他将齐里斯调离特斯拉，安排她到 Neuralink 工作。特勒在这次动荡期间也离开了。

詹姆斯·马斯克的任务是将车辆"看到"红绿交通灯的能力整合到自动驾驶软件中，这是一项相当基础的任务，但还没有融入系统。詹姆斯这项工作做得很好，但很明显，团队无法完成马斯克提出的挑战性任务：在展示会上，让大家看到一辆车能通过自动驾驶横穿整个帕洛阿尔托。随着自动驾驶日越来越近，他把要求缩减到只需完成一项任务，正如他后来形容的，这项任务的难度指数只是"难到令人发狂"而已：绕着特斯拉工程总部转一圈，上高速，开过七个弯，转完这一大圈后返回总部。"我们不相信车辆能满足他的要求，但他相信可以。"自动驾驶团队成员阿南德·斯瓦米纳坦说，"在短短几周内，就要让它完成七次难度较大的转弯。"

在自动驾驶日演讲当中，马斯克故技重施，把长期愿景和短期目标混为一谈。即便在他自己的脑海中，他也故意模糊了他的信念和他的意愿之间的界限。马斯克再次表示特斯拉在一年内就能制造出完全自动驾驶的车辆，届时，该公司将部署 100 万辆 Robotaxi，人们可以乘坐这类车出行。

CNBC 在其报道中指出，马斯克"提出了大胆的、富有远见的承诺，只有他最忠实的粉丝才会相信这些承诺"。马斯克也没有完全打动主要投资者。"事后我们与他进行分析师电话沟通会时，我们问了很多不好回答的问题。"美国普信集团的投资经理乔·法思说，"他就一直在那里说：'你们不懂。'然后他就挂了电话。"

这种怀疑是有道理的。直到一年后，甚至是四年后，都没有 100 万辆特斯拉 Robotaxi 在城市街道上做到了无人驾驶，一辆车都看不见。但是，在马斯克的炒作和刻意画下的大饼当中藏着一个愿景，他仍然相信这一愿景，就像可重复使用的火箭一样，终有一天会改变我们的生活。

55

得州超级工厂

特斯拉，2020—2021 年

奥米德·阿夫沙尔

奥斯汀

"你最喜欢的城市有哪些？"这是马斯克和特斯拉的同事们在2020年年初开始玩的一个游戏，他们经常掏出手机，打开地图软件，然后喊出城市的名字。芝加哥和纽约？很好，但不符合他们玩这个游戏的目的。洛杉矶或者旧金山地区？不行，他们正想要逃离这些地方呢。加利福尼亚州的邻避主义[1]甚嚣尘上，当地法规令企业束手束脚，本地委员会还经常没事找碴儿，当地人面对新冠病毒又战战兢兢。那塔尔萨怎么样？没有人想过要去俄克拉何马州，但当地领导人发起了一场热情洋溢的运动，希望特斯拉考虑到当地建厂。纳什维尔呢？奥米德·阿夫沙尔说，那个地方去旅游还不错，但你绝不会想住在那边。达拉斯呢？去得克萨斯州听上去很诱人，但他们一致认为达拉斯的"得州味"太浓了。大学城奥斯汀如何？当地音乐氛围很好，而且以保护本地"奇葩"为荣。

他们玩这个游戏的目的是为特斯拉的新工厂选址，建设一座大到能配得上"超级工厂"这个名头的工厂。加利福尼亚州弗里蒙特工厂即将成为美国生产能力最强的整车制造厂，每周生产超过8 000辆电动车，但它的产能已经饱和，想扩产很困难。

当年杰夫·贝索斯为了给亚马逊第二总部选定一座城市，采取了公开招标的办法，而马斯克不同，他决定就像平时一样，凭直觉做出这个决定，他相信他和高管们的直觉。他讨厌浪费几个月的时间听地方政府推销自己，看顾问团队展示各种幻灯片。

2020年5月底，大家达成了一个共识。当时马斯克正坐在卡纳维拉尔角的指挥中心里，SpaceX准备首次将人类宇航员送入太空前的15分钟，他给阿夫沙尔发了一条信息："你愿意住在塔尔萨还是奥斯汀？"当阿夫沙尔带着对塔尔萨的敬意，给出了马斯克所期望的答案时，马斯克回了他一条信息："好，太好了，我们就去奥斯汀，你来负责这座工厂。"

后来类似的过程重演了一次，最后他们选择在柏林打造特斯拉在欧洲

---

1 "邻避"的英文缩写是NIMBY（Not In My Back Yard，意思是"不要在我家后院"）。飞机场、核电站这类公共基础设施，其产生的外部效益为大众共享，而带来的风险和成本却由设施附近的居民承受，所以容易引发当地居民抵制，故将居民的这种态度称为"邻避主义"。——译者注

的超级工厂。柏林和奥斯汀的超级工厂将在不到两年的时间内建成，同弗里蒙特和上海的超级工厂一道成为生产特斯拉电动车的主力工厂。

2021年7月，得州超级工厂动工一年后，工厂主体结构已经完成。特斯拉得州超级工厂的建筑面积为1 000万平方英尺，是弗里蒙特工厂的两倍，比五角大楼的面积还大50%。阿夫沙尔说，按照某些标准，如果把计划建设的夹层面积也算上，它可能是世界上建筑面积最大的工厂。但波音公司各种巨型的机库设施可能体积比它更大，所以马斯克问："我们需要把这个地方做得多大，才能说它是世界上最大的建筑？"就算把他们正在考虑扩建的50万平方英尺算进去，阿夫沙尔认为，"我们也实现不了这个目标"。马斯克点了点头，沉默了半晌，就把这个想法抛诸脑后了。

建筑商向阿夫沙尔展示了使用巨型窗户的方案，这些窗户的底边比每层楼的地面高几英尺，顶边则紧贴天花板。阿夫沙尔问："我们为什么不做成从地板直达天花板的窗户呢？"于是他们拿到了一份特制玻璃的提案，这些玻璃足足有32英尺高，阿夫沙尔给马斯克看了照片。史蒂夫·乔布斯对玻璃就很着迷，他会不惜一切代价为苹果纽约第五大道门店这样的展示场所购买巨型玻璃，马斯克则更为谨慎。他质疑特制玻璃是否有必要像提案建议的那样厚，还询问了关于阳光透过这种玻璃会使建筑内部升温的情况，马斯克说："我们不能做那些得不偿失的事。"

工厂就要完工时，马斯克在厂里闲逛，他在生产线的每个工位上都驻足了一会儿。有一次，他在一个负责冷却钢材的工位上向技术员提问："你能让冷却剂的流动速度加快吗？"那人解释说，冷却过程的速度是有上限的。马斯克反问道："这些限制是基于钢铁的物理特性设定的吗？钢会不会像饼干一样，即便把外表皮烤得很硬，里面却还是黏稠的液体夹心？"这位技术员坚持自己的立场不变。马斯克放弃了对此人的盘问，但直觉告诉他冷却过程不应该超过1分钟。他让技术员自己想办法实现这个目标，马斯克说："我跟你说明白点儿，每块钢材冷却时间不要超过59秒，否则我就亲自过来中断冷却过程。"

超级铸造

2018 年年底的一天，在帕洛阿尔托，马斯克坐在特斯拉工程总部的办公桌前，把玩着一个 Model S 的玩具车模，它看起来就像是真车的微缩版。当马斯克把它拆开后，发现里面甚至有一套悬挂系统，但整个车底被压铸成了一整块金属。在当天的团队会议上，马斯克拿出了这辆玩具车，把它放在白色的会议桌上，他问："为什么我们不能这样做？"

一位工程师指出了一个显而易见的问题，那就是真车的底盘要大得多，没有铸造机可以处理这么大块的东西。马斯克对这个答案并不满意，他说："去想想怎么做吧，不就是搞一台更大的铸造机吗？又不是说要打破物理学定律了。"

他和高管们给六家主要的铸造公司打了电话，其中五家拒绝尝试这个提议，但意大利一家专门生产高压压铸机的公司意德拉集团接受了这项挑战，同意打造几款非常大的机器，为 Model Y 生产整个底盘。"我们用上了全世界最大的铸造机，"阿夫沙尔说，"这是一台 6 000 吨重的机器，用于生产 Model Y，生产 Cybertruck 时还会用上一台 9 000 吨重的机器。"

这些机器将熔化的铝注入冷铸模具，可以在短短 80 秒内直接将整个底盘"和盘托出"，而过去生产一个底盘需要将 100 多个零部件焊接、铆接或者黏合在一起，这种老工艺带来的问题就是容易出现缝隙、响声和泄漏。马斯克说："工艺流程的变革让底盘从非常棘手的一个大麻烦，变成了一个铸造过程极其便宜、简单、快速的东西。"

实现了这个过程，使马斯克从此对玩具业青睐有加，他一再敦促他的团队成员要多从机器人和乐高积木等玩具当中获得灵感。马斯克说："他们必须非常快速、低成本地生产出没有缺陷的产品，还必须在圣诞节前全部搞定，否则就会有小朋友不开心了。"当他在工厂里走动时，他向一群机械工程师介绍了乐高积木的精密模压工艺，每块积木的尺寸保持高度的精确性和一致性，误差控制在 10 微米内，这意味着零部件之间的通配性极高。汽车零部件也需要达到这样的水平。"追求更高精确度并不需要付出高昂的代价，这主要看你到底有多上心。"马斯克说，"你真的关心精确制造的问题吗？如果你关心，那么你就能让制造过程更精确。"

56

家庭生活

2020 年

同格莱姆斯和儿子 X，以及年长一些的孩子们在一起

X Æ A-12

2020 年 5 月,马斯克的个人生活因儿子的降生而发生了变化,这个孩子就是外界熟知的 X。X 是马斯克与格莱姆斯的三个孩子中的老大,他身上有一种脱俗的可爱气息,让马斯克既感到平静又为之着迷,让这个父亲渴望时时刻刻陪伴在他左右。马斯克走到哪儿都带着 X,他可以坐在父亲的腿上参加冗长的会议,骑在父亲的肩上参观特斯拉和 SpaceX 的工厂,步履蹒跚地在太阳能屋顶的安装现场肆意探索。他把推特公司的休息区变成他的游乐场,也在父亲深夜的电话会议中制造出奶声奶气、喋喋不休的背景音。他和父亲一起反复观看了火箭发射视频,在学会从 1 数到 10 之前,他先学会了从 10 数到 1。

他们之间的互动也富有一种马斯克的风格。他们的情感联系是如此紧密。矛盾的是,他们也会略显疏离,珍惜对方在场的时间,又尊重对方的个人空间。马斯克就像他的父母一样,对孩子没有过度保护,也没有寸步不离。X 也从来不黏人、不依赖父亲。他们之间的互动很多,但并不经常搂抱。

马斯克和格莱姆斯是通过体外受精怀上的这个孩子,他们本来计划生一个女孩,但在他们准备参加 2019 年的火人节时,他们才得知被植入的受精卵其实是个男孩。那时他们已经给腹中的胎儿取好了一个女孩的名字——Exa,也就是超级计算机领域的术语 exaflops 的简称,指每秒进行 100 亿亿次运算的能力。直到儿子出生的那一天,他们还在为起个男孩的名字发愁。

他们最后取了一个看上去像是自动生成的德鲁伊密码——"X Æ A-12"。格莱姆斯说,X 代表"未知变量";Æ 是拉丁语和古英语的连接词,发音为"ash",是精灵语中 Ai(爱和人工智能)的拼写;A-12 在出生证上必须拼写成 A-Xii,因为加州不允许在人名中使用数字,A-12 是马斯克提出的,指的是一种被称为"大天使"(Archangel)的、颜值很高的间谍飞机。"打仗靠的是信息和智慧,而不是靠飞机大炮。"格莱姆斯在谈到 A-12 时说,"为了这名字里的第三个字我们没少吵架,埃隆想删掉这个字,他觉得前两个字放一起已经够热闹了,而我想给孩子起五个字的名字,所以最后保留了三个字是我俩各退了一步。"

X出生时，马斯克拍下了格莱姆斯进行剖官产的照片，还把照片发给了朋友和家人，包括格莱姆斯的父亲和兄弟。格莱姆斯显然被吓坏了，连忙删除了照片。"埃隆的阿斯伯格综合征突然就犯了，"她说，"他都不知道我为什么不高兴。"

孩子们

一周后，马斯克的儿子们过来看爸爸和弟弟X。马斯克患有孤独症的儿子萨克森因为喜欢小婴儿而特别兴奋。马斯克已经留意到萨克森平时那些既简单又透露出聪明劲儿的观察行为，甚至会与前妻贾丝廷分享他的发现。贾丝廷说："萨克森有一个非常有趣的认知，因为你可以看到他在与抽象的概念搏斗，比如时间和生命的意义。他用非常直白的语言表述他的思考，能让你体验一种感知宇宙的全新方式。"

萨克森是贾丝廷通过试管婴儿技术生的三胞胎之一，另外两个是凯和达米安，他们是同卵三胞胎，一开始他们长得很像，以至于贾丝廷说她都分不清他们仨。但是，他们很快就成了研究遗传学、环境和偶然性因素影响的有趣样本。"他们住在同一所房子的同一个房间里，经历相同，在测试中的表现也类似，"马斯克说，"但达米安认为自己很聪明，凯出于某些原因却不这么觉得，反正太奇怪了。"

他们仨的性格迥异。达米安是一个内向的孩子，吃得很少，8岁时就宣布自己是素食主义者。当我问贾丝廷是什么促使达米安做出这个决定时，她把电话递给了达米安，他解释说："为了减少我的碳足迹。"达米安还是古典音乐神童，创作了黑暗风格的奏鸣曲，每次都能端坐在钢琴前练习好几个小时。马斯克会把他用手机拍摄的达米安演奏的视频展示给别人看。达米安在数学和物理学方面也是个奇才。"我认为达米安比你还聪明。"梅耶·马斯克曾对她的儿子这样说，埃隆点头表示同意。

凯身材高大，长相出众，性格外向，喜欢动手解决实际问题。"他比达米安强壮，运动能力也更强，而且很愿意保护达米安。"贾丝廷说。凯在几个孩子里对父亲研究的技术最感兴趣，也是最常陪同父亲去卡纳维拉尔角观看火箭发射的孩子，这让埃隆很高兴。埃隆说他最伤心的时候就是孩子们说不想和他一起玩的时候。

他们的哥哥格里芬与他们具有相同的伦理观和可爱的性格，格里芬也很理解他的父亲。一天晚上，在特斯拉得州超级工厂的一个活动中，格里芬正和朋友们一起玩，父亲问他愿不愿意一起去后台的保管室。格里芬犹豫了片刻，说他想和朋友在一起，然后又看了他们一眼，耸耸肩就跟父亲走了。他在科学和数学方面的表现很出色，性格中还有一种他父亲所缺乏的温柔，至少在 X 出现前，格里芬是这个家庭中最善于交际的成员。

格里芬的异卵双胞胎哥哥泽维尔的名字取自马斯克在漫威漫画《X 战警》系列中最喜欢的角色。泽维尔意志坚定，深深地憎恶资本主义，甚至憎恶财富。这也使得父子之间的交流困难重重——无论是当面说话还是发信息，泽维尔反复强调："我恨你和你所代表的一切。"泽维尔的态度促使埃隆决定卖掉他的房子，不过太奢靡的生活，但此举对弥合父子关系于事无补。到 2020 年，他俩的关系到了无可挽回的地步，泽维尔没有和弟弟们一起去看望新出生的 X。

在 X 出生前后，16 岁的泽维尔决定变性成为女人时，他们父子关系已经疏远。"嘿，我是变性人，我现在叫詹娜。"她给金博尔的妻子克里斯蒂安娜发信息，"不要告诉我爸爸。"她还发信息给格莱姆斯，要求她也保守这个秘密。最终，马斯克从他的一个安保人员那里发现了这个秘密。

马斯克最终陷入与"跨性别问题"的抗衡中，这一过程有时甚至还是公开的。在泽维尔变成詹娜的几个月后，在这件事还没有尽人皆知时，马斯克在推特上发布了一幅"痛苦的士兵"的漫画，标题是："当你把 he（他）/him（他）放在你的简历里时。"受到批评后，他删除了这条推文，还试图解释说："我绝对支持跨性别，但所有这些代词都是审美上的噩梦。"马斯克在跨性别问题上越来越直言不讳，2023 年，他支持保守派反对允许 18 岁以下想要变性的孩子获得医疗支持。

克里斯蒂安娜坚称埃隆对同性恋和变性人没有偏见。她说，埃隆与詹娜的关系越来越僵更多的是因为她的政治观点，而不是她的性别身份。克里斯蒂安娜这么说同她的个人经历有关，她有时与自己的亿万富翁父亲有隔阂，在嫁给金博尔之前，她曾与黑人摇滚女明星德博拉·安妮·戴尔结婚，后者的艺名是 Skin。克里斯蒂安娜说："当我还和前妻在一起时，埃隆就曾试图说服我们生孩子，他对同性恋、变性人和其他种族都没有偏见。"

埃隆说，他与詹娜的分歧是"当她已经超越社会主义，变得极端后，她认为有钱人都是魔鬼"。埃隆把詹娜的这种态度部分归咎于他所谓的"进步主义洗脑"，在她就读的洛杉矶私立学校十字路艺术与科技高中，这种意识形态非常普遍。当孩子还小的时候，埃隆把他们送到他为家人和朋友创办的小型学校"星际探索"中学习。"他们在那里一直读到 14 岁左右，后来我想他们应该在高中阶段到外面的真实世界中去学习，"他说，"但其实我应该安排他们在'星际探索'学校把高中念完。"

他说，与詹娜关系的破裂是继长子内华达突然离世后最令他痛苦的一件事。他在 2022 年年初告诉我："我已经向她示好过很多次，但她不想花时间跟我待在一起。"

何以为家

詹娜的愤青状态让马斯克更关注那些针对亿万富翁的攻击。他认为，一个人能打造出成功的公司，因此变得富有，还把赚来的钱继续投入公司，这并没有什么错。但到 2020 年，他开始觉得把财富兑现并挥霍在个人消费上既不能创造价值也并不体面。

在此之前，他过着相当奢华的生活。他在洛杉矶贝莱尔区的主要住所是他在 2012 年花 1 700 万美元购买的，这是一座 16 000 平方英尺的庄园，有 7 间卧室和 1 个宾客套房，还有 11 个浴室，以及健身房、网球场、游泳池、两层图书馆、放映室和果园。这个地方可以让他的五个孩子感觉到：这里就是他们的城堡。他们每周有四天和他待在一起，会定期上网球课、武术课，还会在房子里开展其他活动。

当马路对面演员吉恩·怀尔德的房子在出售时，马斯克为了保护好这栋房子就买下了。而后他又买下了周围三栋房子，有段时间还想拆掉一些房子来打造他的梦想之家。他在硅谷还拥有一座价值 3 200 万美元的地中海式庄园，其中有 13 间卧室，占地 47 英亩。

2020 年年初，马斯克决定将它们全部出手。他在 X 诞生前三天发了一条推文："我正在出售名下几乎所有的实物资产，我将不再拥有房产。"接受采访时，他向乔·罗根解释了是什么情绪推动他做出了这一决定，他说："我认为持有这些资产让我感受到了些许压力，它们正是别人可以用来攻击我的靶子。近年来，'亿万富翁'已经成为贬义词，好像富有就是一件坏事。人们会说：'嘿，亿万富翁，你什么东西都有啊。'好吧，现在我身无一物了，你们还打算把我怎么样呢？"

卖掉了加州的房子，马斯克搬去得克萨斯州，格莱姆斯也很快跟了过去。他从 SpaceX 租来的一间位于博卡奇卡的小型标准化住宅成了他的主要住所。他大部分时间住在奥斯汀，租住在朋友肯·豪厄里的房子里，豪厄里曾是美国驻瑞典大使，后来有空闲的时候就去环游世界了。这座 8 000 平方英尺的房子坐落在科罗拉多河形成的一处湖边，是一个封闭式地产项目的一部分，奥斯汀当地的很多富豪都住在这里。这原本是一处他可以召集孩子们一起度假的完美场所，直到《华尔街日报》曝光了他住在那里的消息。"在《华尔街日报》曝光我之后，我就不再住在肯的房子里了，"他说，"总有人跑到房子周围，有人设法穿过大门溜进来，有人甚至趁我不在的时候闯进屋里。"

他开始有一搭、没一搭地寻找新的落脚点，于是就在附近找到了一栋足够大的房子，用他的话说，"这房子够酷的，虽然还没酷到像《建筑文摘》上拍的那些房子一样"。卖家要价 7 000 万美元，他出价 6 000 万美元，他在加州的房子就卖了这么多。但是当时卖家是在房地产市场火热的时候跟世界上最富有的人讨价还价，所以要价后来甚至超过了他们最初问到的价格，马斯克有点儿打退堂鼓了。他最后大部分时间都暂时住在奥斯汀一个朋友的公寓里，有时候也住在格莱姆斯在一个僻静的小巷租的房子里。

埃隆和金博尔重归于好

2020 年 11 月，完成一次斯德哥尔摩之行后，埃隆的新冠病毒检测呈阳性。他给在科罗拉多州的金博尔打电话，金博尔那时也感染了新冠病毒。他们的关系一直很紧张，特别是在 2018 年秋的乱局过后。但当埃隆飞往博尔德，跟金博尔一起熬过新冠轻症直至康复后，他们的关系修复了不少。

金博尔相信用合法的天然致幻剂可以进行心灵疗愈，他一直计划着举办一场死藤水仪式[1]，其中包括要在萨满的指导下饮用致幻茶水。他试图说服埃隆加入他的通灵仪式，他认为这可能帮助哥哥驯服他的心魔。"死藤水仪式涉及自我意识的死亡，"金博尔解释说，"你精神上所有的包袱都一扫而空，在那之后，你就是一个完全不同的人了。"

埃隆拒绝了这个提议，他说："我只想把我的情感都深埋在地下，我还没有准备好把它们都掏出来。"他其实只想和金博尔一起玩玩，在电脑上观看了一会儿 SpaceX 的发射视频，在博尔德优哉游哉地逛逛，他们觉得无聊了，就乘坐埃隆的飞机前往奥斯汀。到了奥斯汀，他们玩了埃隆最喜欢的新款游戏《低模之战》，观看了网飞剧《眼镜蛇》，这是一部基于电影《龙威小子》打造的衍生剧。

在剧中，原电影中的人物如今已经年过四十，就像埃隆和金博尔一样，主人公的孩子跟马斯克的孩子也一样大。"我俩看了都特别有共鸣，因为其中一个主人公特别有同情心，由拉尔夫·马奇奥饰演，另一个人则心肠很硬。"金博尔说，"他们都在与各自父亲对他们性格造成的影响作斗争，也在为成为他们孩子的好父亲而奋斗着。"这种观影经历本身就是一种情感上的宣泄，即便没有举行死藤水仪式也是如此。"那一刻我们像是回到了小时候，"金博尔说，"太美妙了，那是我们人生中最美好的时光。我们从来都没奢望过有朝一日，在我们有生之年还能共同度过这样的一周。"

1　饮用死藤水后，其中的致幻剂物质会发挥效用，改变人的知觉、思维、情绪和意识，使人产生幻觉，或者陷入所谓的通灵状态，因此被美洲原住民广泛应用于宗教仪式。——译者注

57

全速前进

SpaceX，2020 年

同基科·邓契夫在一起（上）；在卡纳维拉尔角的发射塔上（下）

私营公司将宇航员送入预定轨道

　　从 2011 年航天飞机陆续退役开始，美国在航天能力、航天意志和航天愿景方面节节败退，人们甚至已经无法想象，仅仅在两代人之前，这个国家曾经开展过九次登月任务。在最后一次航天飞机执行任务结束后，近 10 年中，美国一直无法将人类再次送入太空，被迫依赖俄罗斯的火箭才能将美国宇航员送入国际空间站。2020 年，SpaceX 扭转了这种局面。

　　2020 年 5 月，一枚猎鹰 9 号火箭准备将两名 NASA 宇航员送往国际空间站，火箭头部是载人龙飞船。这是人类有史以来第一次由私营公司将人类送入预定轨道。时任美国总统特朗普和副总统迈克·彭斯飞抵卡纳维拉尔角，坐在 39A 发射台附近的观礼台上观看发射。马斯克在儿子凯的陪同下，戴着耳机，坐在控制室里。1 000 万人通过电视和各种流媒体平台观看了现场直播。马斯克后来告诉播客节目主持人莱克斯·弗里德曼："我不信教，但我还是跪了下来，为这次任务祈祷。"

　　火箭升空时，控制室里爆发出欢呼声，特朗普和其他政客们都走进来表示祝贺。特朗普说："这是 50 年来我们第一次向世界展示出重要的太空进展，想想看，能向世界宣告这一进展本身就是一种荣誉。"马斯克不知道总统在说什么，他表现得有点儿敬而远之。特朗普走到马斯克和他的团队成员身边，问道："你们准备好再干 4 年了吗？"马斯克一副听而不闻的样子，转身离开了。

　　NASA 需要火箭把宇航员送入空间站，所以选择同 SpaceX 签订这份合同。在 2014 年的同一天，NASA 还同波音公司签署了一份同一性质的合同，但向波音拨付的资金比给 SpaceX 的多 40%。到 2020 年 SpaceX 已经发射成功之时，波音公司甚至还没能完成与空间站对接的无人飞行测试。

　　为了庆祝 SpaceX 的成功发射，埃隆与金博尔、格莱姆斯和卢克·诺塞克等人一起从卡纳维拉尔角驱车向南两个小时，来到佛罗里达大沼泽地的一个度假村。诺塞克回忆说，他们强烈地意识到，这是一个具有历史性意义的"重大时刻"。他们尽情地跳舞狂欢直至深夜，金博尔一跃而起，高喊道："我哥哥刚刚把宇航员送上太空了！"

基科·邓契夫

2020 年 5 月，SpaceX 将宇航员送入空间站后，又在 5 个月内成功发射了 11 颗卫星，这样的成就令世人瞩目。但马斯克不敢志得意满，他担心除非他能保持狂热的紧迫感，否则 SpaceX 会像波音公司一样，最终变成一家缺乏后劲儿、行动迟缓的公司。

那年 10 月的一次发射之后，马斯克深夜造访了 39A 发射台，当时只有两个人在场工作。看到类似的情景，他心里那股劲儿一下就上来了。正如后来推特员工发现的那样，对于他旗下的每家公司，他都希望大家面对高强度的工作依然能做到毫不懈怠。"我们在卡纳维拉尔角有 783 名员工，"他冷冷地对在那里负责发射的副总裁说，"为什么现在我只看到两个人在工作？"马斯克给这位副总裁 48 小时时间，让他准备一份简报，说清楚每个员工都应该做什么。

当副总裁所答非所问时，马斯克决定自己寻找答案。他开始进入一种全身心投入的硬核工作模式：他搬进了卡纳维拉尔角的机库，昼夜不停地工作，他在内华达和弗里蒙特的特斯拉工厂时就是如此，后来他在推特也是如此。他每天住在公司，既带有一些身先士卒的表演性质，也体现了他实打实的工作强度。第二天晚上，他联系不到负责发射的副总裁，对方是有家有室的人，但在马斯克看来，这位副总裁已经擅离职守，所以他要求与一直在机库里和副总裁一起工作的工程师基科·邓契夫谈谈。

邓契夫出生在保加利亚，年幼时随父母移民到美国，他父亲是一位数学家，在密歇根大学工作。邓契夫本科和研究生阶段读的都是航空航天工程专业，这让他得到了梦寐以求的在波音公司实习的机会，但他很快就对那里的工作感到不满意，决定去拜访一位在 SpaceX 工作的朋友。邓契夫说："我永远不会忘记那天走在 SpaceX 的工厂里，我看到所有年轻的工程师都在拼命工作，他们穿着 T 恤衫，露出了文身，使出浑身解数想攻克眼前的难关。我心想，他们跟我才是一路人，这跟波音公司那种沉闷死板的工作气氛完全不同。"

那年夏天，他向波音公司的一位副总裁介绍了 SpaceX 如何推动年轻工程师开拓创新。"如果波音不做出改变，"他说，"行业顶级人才就会流失。"副总裁回答说，波音公司不需要聘用这些想在技术上搞颠覆式创新的人，"也许我们想招的就不是什么顶尖人才，我们要的是能踏踏实实在这长期干下去的人"。听完这席话，邓契夫递交了辞呈。

在犹他州的一场会议上，邓契夫参加了 SpaceX 举办的聚会，喝了几杯以后，他鼓起勇气去找了格温·肖特韦尔。邓契夫从口袋里掏出一份皱巴巴的简历，肖特韦尔看了一张照片，上面是他曾参与研发的卫星硬件。他告诉肖特韦尔："我是个能成事的人。"

肖特韦尔被他逗乐了，她说："不管是谁，敢拿着皱巴巴的简历来找我，那他就可能是一个优秀的候选人。"肖特韦尔邀请邓契夫去 SpaceX 参加面试，公司安排他下午 3 点去见马斯克。当时，马斯克仍然坚持亲自面试每一位待聘用的工程师。像往常一样，马斯克有别的事情要忙，所以公司通知邓契夫改天再来，但邓契夫没走，而是在马斯克的办公室隔间外坐了五个小时。晚上 8 点，邓契夫终于可以进去见马斯克了，他抓住这个机会，向马斯克讲述了他高涨的工作热情在波音公司受到了怎样的轻视。

每当决定录用一个人或者提拔一个人时，马斯克都抱着这样一个观点：一个人的态度比他的简历、他所掌握的技能更重要。他对"工作态度好"的定义就是一个人渴望疯狂工作、拼命工作。所以马斯克当场就雇用了邓契夫。

10 月的那天晚上，正当马斯克在卡纳维拉尔角的机库里疯狂工作并要求同邓契夫交谈时，这位工程师已经连续工作了三天，刚刚回到妻子身边，开了一瓶酒。起初邓契夫没有理会手机上的未知号码来电，但后来一个同事给他妻子打了电话，说要他立马回机库来，马斯克想见他。"我当时累极了，还是半醉状态，好几天都没合眼了，所以我上了车，买了包烟提提神，就赶回了机库。"邓契夫说，"我担心因为醉酒驾车被警察拦下来，但比起不搭理埃隆要付出的代价，醉驾被抓的风险要小得多。"

当邓契夫到了以后，马斯克让他组织了一系列越级召开的会议。马斯克同那些比高级经理职级低一级的工程师面对面交谈，由此掀起了一轮人事动荡，邓契夫被提拔为卡纳维拉尔角工厂的首席工程师，带他的导师、性格沉着冷静的资深经理里奇·莫里斯被调去做运营负责人。邓契夫随后提出了一个明智的请求，他说他想向莫里斯直接汇报工作，而不是向马斯克直接汇报，因此构成了一个运转非常平稳的团队：一个像尤达大师一样的导师做经理，搭配一个工程师负责人，并且这个工程师渴望达到同马斯克本人一样高的工作强度。

违规发射

马斯克总想加快工作进度，承担更多风险，打破各种常规，质疑各类要求，所以他能够实现那些了不起的成就，比如将人类送入预定轨道、大规模销售电动车、让家庭用户脱离电网自给自足。这也意味着他所做的事情，要么无视了 SEC 提出的各项要求，要么藐视了加州关于新冠病毒防治的各项限制性措施，而这些都会给他带来新的麻烦。

汉斯·科尼格斯曼是马斯克在 2002 年为 SpaceX 招来的第一批工程师当中的一位。在猎鹰 1 号前三次发射失败和第四次发射成功期间，科尼格斯曼一直是在夸贾林岛上忙碌的"无畏军团"当中的一员。马斯克将他擢升为副总裁，负责保障飞行过程中的可靠性，确保飞行安全并遵守相关法规。在马斯克手下，这可不是一份容易的工作。

2020 年年底，SpaceX 正准备展开超重型助推器的无人发射测试。所有发射过程都必须遵守美国联邦航空管理局（FAA）提出的要求，其中就包括天气准则。那天早上，远程监控发射的 FAA 检查员判定，高空风条件不满足要求，火箭无法安全发射，如果发射时发生爆炸，附近的房屋可能会受到影响。SpaceX 提出了自己的一套天气模型，表示发射条件足够安全，要求免除发射禁令，但 FAA 拒绝了。

实际上，控制室里没有 FAA 的人，而且发出的规则指令有一点点模糊（虽然也不是非常模糊），所以发射主管默默地转过脸去，抬起头看着马斯克，似乎在问他发还是不发，马斯克默默点了点头，火箭就升空了。"整个过程十分微妙，"科尼格斯曼说，"那是埃隆典型的做法：通过点头来示意做出一个冒险的决定。"

火箭发射过程很完美，天气不是问题，虽然火箭在 6 英里外试图垂直着陆时失败了。FAA 就 SpaceX 无视天气准则展开了调查，并对 SpaceX 提出两个月内不得开展发射测试，但最终没有做出严厉的惩处。

作为工作的一部分，科尼格斯曼写了一份关于该事件的报告，他并没有粉饰 SpaceX 的行为。"FAA 既无能又保守，这样的官僚机构可真糟糕，但我们还是应该在发射之前得到他们的签字批准，而我们并没有这样做。"科尼格斯曼告诉我，"我知道，当 FAA 说我们不能发射时，埃隆已经下令发射。所以我写了一份真实的报告，陈述了这些情况。"他希望 SpaceX 和马斯克本人承担责任。

马斯克可不欣赏这样的态度。"他的看法与我不同，一说起这个，他就很敏感——特别敏感。"科尼格斯曼说。

科尼格斯曼是 SpaceX 的元老级员工，从筚路蓝缕的创业初期一路走来。马斯克不想立即解雇他，但是撤销了他的监督职责，在几个月后让他体面地离开了。马斯克在一封电子邮件中对他说："多年来你的工作都很出色，但最终每个人都会有退休的那一天，现在就是你退休的时候了。"

58

与贝索斯的第二轮较量

SpaceX, 2021 年

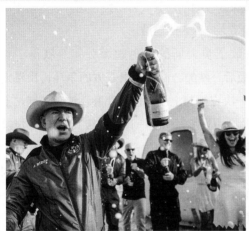

太空旅行后的杰夫·贝索斯（左）；太空旅行前的理查德·布兰森（右）

相互挑衅

2013 年起，杰夫·贝索斯和埃隆·马斯克就开始纠缠不清，二人的竞争包括：租下卡纳维拉尔角著名的 39A 发射台（马斯克胜出）、率先让抵达太空边缘的火箭平稳落地（贝索斯胜出）、将火箭发射到预定轨道上（马斯克胜出）、将人类送入预定轨道（马斯克胜出）。他们两个人都喜欢太空，像一个世纪前的铁路大亨们一样，他们的竞争有助于推动人类在这一领域的发展。尽管有人抱怨太空成了满足这些亿万富翁大男孩爱好的场所，但他们通过私营公司完成火箭发射的愿景，将已经在这方面落后于中国甚至俄罗斯的美国重新带回了太空探索的前沿。

2021 年 4 月，SpaceX 击败了贝索斯的蓝色起源公司，赢得了将 NASA 宇航员送上登月之旅最后一站的合同，结果双方的争斗再次爆发。蓝色起源公司对 NASA 的这一决定提起上诉，但未获胜。该公司网站上展示了一张批评该计划的图片，用大字写明这一计划"极其复杂""风险很高"。SpaceX 回应称，蓝色起源公司"没有生产出能够进入预定轨道的火箭和航天器"。马斯克的推特粉丝组织了一个嘲笑蓝色起源公司的快闪族，马斯克也加入其中。他在推特上说："上不去（轨道）哈哈哈。"

贝索斯和马斯克在某些方面很像，他们都是靠着激情、创新和强大的意志力颠覆一个行业，他们都对员工很粗鲁，时常把"愚蠢"二字挂在嘴边，谁敢质疑、反对他们，谁就会迅速引来怒火。他们的目光都聚焦在擘画未来蓝图上，而不是汲汲营营地追求短期利润。有人问贝索斯知不知道"利润"（profit）这个单词怎么拼写，贝索斯回答说："p–r–o–p–h–e–t！"[1]

但如果对比一下二人对工程问题的钻研方式，会发现他们大相径庭。贝索斯非常讲究方式方法，他的座右铭是"步步为营，如狼似虎"。马斯克的天性则是要狂飙突进，用一个不可能完成的最后期限把大家逼到极限，即便他要因此承担风险。

马斯克在开工程方面的会议时要花几个小时提出技术性意见，还会突如其来地发布新的命令。贝索斯对此做法深表怀疑，甚至不屑一顾。他说

1　"prophet" 的中文意思是"先知、预言家"，英文发音同"利润"（profit）接近。——译者注

SpaceX 和特斯拉的前员工告诉他，马斯克很少像他声称的那样了解情况，他的干预经常于事无补，有时候甚至还帮倒忙。

马斯克则认为贝索斯是个门外汉，他不聚焦于工程问题是导致蓝色起源公司的进展不如 SpaceX 的原因之一。在 2021 年年底的一次采访中，马斯克勉勉强强地称赞贝索斯"在工程方面天资聪颖"，但随后就补了一句："可他似乎不愿意耗费脑力去钻研工程方面的细节，魔鬼就藏在细节里啊。"

现在，马斯克已经卖掉他所有的房子，住在得克萨斯的出租屋里，他开始对贝索斯拥有许多豪宅的奢侈的生活方式颇有微词。"在某些方面，我想诱导他在蓝色起源公司上多花一些时间，这样他们能取得更多的进展。"马斯克说，"他应该少花点儿时间泡在大浴缸里，多花点儿时间在蓝色起源上。"

二人之间的另一场争端是他们旗下互相竞争的卫星通信公司引起的。到 2021 年夏，SpaceX 已经有将近 2 000 颗星链卫星部署在轨道上，马斯克的天基互联网在 14 个国家都可以使用。贝索斯在 2019 年宣布亚马逊要打造类似的卫星群和互联网服务计划，定名为"柯伊伯计划"，但到目前为止，亚马逊还没有发射过卫星。

马斯克认为，人们有动力去创新，是因为事先设定好了明确的指标，比如每吨有效载荷进入预定轨道的成本是多少，或者在没有人类干预的情况下自动驾驶平均可以开多远的距离。对星链来说，马斯克要求团队清楚卫星的太阳能电池板收集的光子数量和卫星可以有效射向地球的光子数量之间的关系，这个要求让容科萨感到很惊讶。这二者的比例可能很夸张，或许是 10 000 比 1，而容科萨从来没有考虑过这个问题。他说："我当然从来没想过这也能成为一个指标，这个问题迫使我去尝试运用一些创造性的思维方式，要想想我们如何才能提高效率。"

对这一问题的研究促使 SpaceX 开发了星链的第二个版本，并申请获得美国联邦通信委员会（FCC）的批准。这个版本的星链降低了未来星链的计划轨道高度，这将减少网络延迟。

这样的话，星链轨道将靠近同类型的、柯伊伯计划的卫星预定轨道，所以贝索斯提出了反对意见。马斯克又一次在推特上攻击他，故意把他的名字错拼成西班牙语的"吻"（复数）[1]。他写道："原来'贝嗦斯'（Besos）退休以后还搞了一份全职工作，专门对 SpaceX 发起诉讼。"FCC 裁定马斯克的星链计划可以继续进行。

亿万富翁的短途旅行

贝索斯的一大梦想就是自己能进入太空，所以在 2020 年夏，在与马斯克争吵的同时，他宣布他和弟弟马克将乘坐蓝色起源公司的火箭，在 11 分钟内飞到太空边缘（尽管不会进入轨道）。他将成为第一个进入太空的亿万富翁。

总是笑眯眯的英国亿万富翁理查德·布兰森爵士创办了维珍航空和维珍唱片，他也有个太空梦，于是创办了自己的太空旅行公司维珍银河，其商业模式主要是带着愿意寻求新奇体验的富豪来一场惬意的太空之旅。他做营销的天才手段就包括把自己包装成公司的精神领袖，为公司出镜。布兰森知道要推广他的太空旅游业务，没有比他乘坐自己的火箭更好的方式了，而且这样做令他乐在其中。因此，布兰森宣布他将在 7 月 11 日，也就是抢在贝索斯前，提前 9 天升空，当时贝索斯已经赶不上更改发射日期。在表演嘉宾方面，布兰森邀请了史蒂芬·科拜尔主持现场直播，还邀请歌手哈里德为这一场发射活动演唱了一首新歌。

布兰森在发射当天接近凌晨 1 点时醒来，他走进厨房，发现马斯克带着宝贝儿子 X 站在那里。布兰森说："埃隆带着他的小宝贝出现在我们的发射现场，真是太贴心了。"马斯克赤着脚，穿着一件印有"Five Decades of Apollo"（阿波罗计划 50 周年）的黑色 T 恤衫，庆祝登月任务成功 50 周年。他们坐下来聊了几个小时。布兰森说："他似乎睡得不多。"

这次乘坐亚轨道带翼火箭的飞行很顺利，一架货运飞机将火箭提升到其发射高度。布兰森和五名维珍银河的员工最终到达了 53.6 英里的高度，引发了一场关于他们是否已经到达"太空"的小争议。NASA 将"太空"定义为离地 50 英里以上的区域，而其他国家定义"太空"的分界线是离

1　西班牙语的"吻"（复数）是"besos"，贝索斯的英文姓氏是"Bezos"。——译者注

地62英里处的卡门线。

贝索斯9天后的发射任务也成功了。当然，马斯克并没有出席那次发射任务。贝索斯、他的弟弟和乘组人员到达了66英里的高度，明显高于卡门线，这给了他炫耀的底气。他们的太空舱在降落伞的帮助下，在得克萨斯州的沙漠中缓缓降落，他的父母正在那里等待，母亲非常焦急，父亲则比较平静。

马斯克对贝索斯和布兰森表达了礼节性的赞美。马斯克在9月的一场编程大会上对卡拉·斯维什尔说，"我认为他们把钱花在推进太空事业上是很酷的"，但他指出到达60英里的高度只是迈出了一小步。"客观来讲，你需要大约100倍的能量才能进入轨道与亚轨道，"马斯克解释说，"然后为了从轨道上返回地球，你需要燃烧掉这些能量，就需要一个重型的防热层。轨道往返比亚轨道往返的难度大了大约两个数量级。"

马斯克认为，很多负面新闻报道出来是因为新闻机构背后的大股东藏着不可告人的目的，或者有暗箱操作的利益输送。他对这种阴谋论深信不疑，甚至可以说是中了邪，这一点在贝索斯收购《华盛顿邮报》时体现得尤为明显。当该报在2021年就其报道的一个故事与马斯克取得联系时，马斯克回了一封邮件，只说了一句话："请代我向你的傀儡大师问好。"事实上，事关《华盛顿邮报》的新闻报道，贝索斯总是选择不插手，这一点令人钦佩。在太空领域有口皆碑的《华盛顿邮报》记者克里斯蒂安·达文波特定期发表一些马斯克太空事业取得成功的报道，也包括他与贝索斯的竞争。"就目前来看，马斯克在几乎所有领域都遥遥领先。"达文波特写道，"SpaceX已将三组宇航员送往国际空间站，并计划于周二发射一组民用宇航员，进行为期三天的绕地球飞行。蓝色起源公司仅向太空发射了一次亚轨道任务，持续了10多分钟。"

59

星舰狂飙

SpaceX，2021 年 7 月

安迪·克雷布斯（左上）；卢卡斯·休斯（左下）；"机械斯拉"的机械臂正在堆叠星舰（右）

"机械斯拉"

X 已经 15 个月大，在博卡奇卡，他在 SpaceX 星际基地的会议桌上蹒跚学步，伸出的手臂一张一合——模仿屏幕上博卡奇卡发射塔的机械臂动画。他最先学会的三个词是"火箭""车""爸爸"，现在他正在练习一个新词——"筷子"。父亲很少留意他，那晚房间里的其他五名工程师也习惯了假装不被他分心。

筷子的故事始于 8 个月前的 2020 年年底，当时 SpaceX 团队正在讨论星舰要用的起落架问题。马斯克的指导原则是火箭要能够快速重复利用，他经常表示这是"让人类成就航天文明的圣杯"。换句话说，火箭应该像飞机一样，起飞、降落、再次起飞且越快越好。

猎鹰 9 号已经成为世界上唯一可以快速重复使用的火箭。2020 年，猎鹰助推器已经安全着陆 23 次，可以借助起落架直立降落。这些火光四射却能保持优雅稳妥的着陆视频画面总会使马斯克激动得从椅子上跳起来。然而他对计划用于星舰助推器的起落架并不满意，它的重量增加了，助推器可以抬升的有效载荷质量就会减少。

马斯克问："我们为什么不能试着用塔架捕获火箭呢？"他指的是在发射台上固定火箭的那座塔架。马斯克已经想出用它来堆叠火箭的办法：塔架上有一组机械臂，可以抓取第一级助推器，将它放在发射架上，再抓取第二级航天器，将它放在助推器上。现在他提出建议：当助推器返回地球时，这些机械臂也可以用来接住它。

这是一个疯狂的想法，会议室里很多人听完一阵错愕。"如果助推器回落到塔架上的时候二者发生碰撞，那么很长一段时间内你就不能发射下一枚火箭了。"比尔·莱利说，"但我们同意研究一些不同的方法来实现它。"

几周后，2020 年圣诞节刚过，他们聚在一起进行头脑风暴。大多数工程师认为，不要试图用塔架接住助推器，用来堆叠火箭的机械臂已经很复杂、很危险了。经过一个多小时的争论，大家达成了共识，要回到把起落架安装在助推器上的老路上去。但是飞行器工程主管斯蒂芬·哈洛一直在为采用更大胆的方法而努力争取，他说："我们既然有这个现成的塔架，为什么不试着用一用它呢？"

又经过一个小时的辩论，马斯克插手干预了，他说："哈洛，你既然已经同意这个计划，为什么不挑起这副担子呢？"

马斯克刚做出这个决定，就立即切换到了"愚蠢幽默模式"，他开始笑谈电影《龙威小子》中的空手道大师宫城先生用一副筷子抓苍蝇的场景。马斯克说，塔架上的机械臂以后就叫"筷子"，而整个塔架被称为"机械斯拉"。他发推文表示庆祝："我们要尝试用发射塔的机械臂来接住助推器！"当一个粉丝问他为什么不直接用起落架时，马斯克回答："起落架当然可以，但最好的零部件就是没有零部件。"

2021 年 7 月底，一个炎热的周三下午，"机械斯拉"的最后一部分在博卡奇卡发射场安装完毕，它上面带有可移动的"筷子"机械臂。当团队向他展示该设备的动画时，马斯克兴奋起来，他说："棒呆啦！这一次的收视率肯定特别高。"他从《龙威小子》中找到一个两分钟的片段，用手机发了一条推文："SpaceX 会尝试用机械'筷子'抓住有史以来最大的飞行物。不保证成功，但一定激动人心！"

狂飙

"我们需要把飞船摆在助推器上。"博卡奇卡有三个机库式的帐篷，其中一个帐篷里聚集了 100 名工人，马斯克把大家召集起来围成一个半圆开了一场临时会议，他在会上这样说。那是 2021 年 7 月一个阳光灿烂的日子，马斯克一心想要获得 FAA 的批准，让星舰起飞。他认为得到批准的最佳方式就是将助推器和第二级航天器堆放在发射台上，表明它们已经准备好。"这样监管者就坐不住了，"他说，"公众压力自然会让他们批准星舰起飞。"

这样逼宫的意义不大，但马斯克确实干得出来这种事。事实证明，星舰要到 2023 年春才会准备就绪，距离当时还有 20 个月。但马斯克希望营造一种疯狂的紧迫感，在所有人面前燃起一把大火，点燃监管者、点燃工作人员，甚至点燃他自己。

在接下来的几个小时里，马斯克沿着装配线走动，他光滑的手臂摆动着，脖子微微弯曲。他偶尔停顿一下，默默地注视着什么，然而脸色越来越阴沉，这种停顿给人一种不祥之感。到了晚上9点，一轮满月从海上升起，似乎要将他变身成一个疯魔之人。

我以前见过马斯克进入这种"恶魔模式"后的精神气质，所以我感觉它似乎预示着什么。正如以往经常发生的那样，每年都有两三次这样的重大事件，让他的内心深处涌动起一股澎湃的激情，要让所有人全情投入，24小时连轴转起来大干一场，就像他在内华达电池工厂、弗里蒙特整车装配厂、自动驾驶团队办公室所做的那样，后来他在收购推特后疯狂的一个月里也是如此。马斯克的目标是颠覆现状，用他的话说："把那些没用的狗屎从系统中剔除掉。"

当他和一群高管走在通往发射场的路上，却没有看到任何人在工作，他的脑子里就已经开始酝酿着一场风暴。那是一个周五的深夜，大多数人没在上班也没什么稀奇的，但马斯克爆发了。他迅速把矛头对准了身材高大、性格温和的土木工程师安迪·克雷布斯，此人负责SpaceX星际基地的基础设施建设。马斯克厉声问道："为什么没有人上班？"

对克雷布斯来说，这是他三周以来第一次没有在塔架和发射台上上满夜班。他说话软绵绵的，还有点儿口吃，他的回答是试探性的，这可不讨马斯克喜欢。"搞什么？！"马斯克吼道，"我要看到大家都给我动起来！"

就在此时，他下令启动了SpaceX的狂飙运动。他说要在10天内看见星舰的助推器和第二级航天器从制造车间下线，堆叠放置在发射台上。他希望来自SpaceX周边地区，也就是卡纳维拉尔角、洛杉矶和西雅图的500名工人立即飞往博卡奇卡，投入这项工作。"这不是一个志愿者组织，"他说，"我们不是在兜售女童子军饼干，现在就把这些人给我带到这里来。"他打电话给身处洛杉矶正在睡梦中的格温·肖特韦尔，他想知道哪些工人和主管能来博卡奇卡。肖特韦尔表示反对，因为卡纳维拉尔角的工程师们还要准备猎鹰9号的发射任务。马斯克命令他们推迟发射，狂飙运动是他现在的首要任务。

刚过凌晨1点，马斯克向SpaceX的所有员工发出了一封题为"星舰狂飙"的电子邮件。他写道："任何在SpaceX没有从事其他重点项目的人，都请立即投入第一艘星舰的工作当中，请你们坐飞机、开车，不管通过什么交通方式，赶到这里。"

在卡纳维拉尔角，基科·邓契夫开始召集手下最优秀的工人飞往得克萨斯州。一天晚上，马斯克看到 39A 发射台几乎无人工作后曾引发狂飙，邓契夫受到鼓舞，内心也燃起了类似的狂热。马斯克的助理耶恩·巴拉贾迪想在附近的布朗斯维尔订一些酒店客房，但因为当地要举办一个边境管制会议，大多数房间都被预订一空，所以她只好安排工人睡在气垫床上。萨姆·帕特尔彻夜工作，设计了一套他们应该建立起来的汇报和监督机制，还要盘算好怎么把足够的食物运到博卡奇卡，让所有人都吃饱。

当马斯克从发射台回到星际基地主楼时，前门的显示屏已经经过重新编程，上面显示"飞船 + 火箭堆叠—196 小时 44 分 23 秒"，倒计时正在进行中。巴拉贾迪解释说，马斯克不让他们把倒计时精确到天，精确到小时都不可以，每一秒都要计数。"我们得在我死之前到达火星，"马斯克说，"没有什么强制手段能确保我们到达火星，除了我们这群人，除了我自己。"

狂飙运动是成功的。10 天刚过，星舰的助推器和飞船就被堆放在了发射台上。火箭还没有飞行能力，所以即便堆在那里也没法逼 FAA 加快审批进度。但这场被凭空制造出来的危机行动让团队保持住了硬核作战能力，也稍稍满足了一下马斯克头脑中对戏剧性的渴望。那天晚上，他说："我对人类的未来重拾了信心。"又一场风暴，就这样过去了。

猛禽发动机的成本问题

在狂飙运动过去几周后，马斯克将注意力转向了为星舰提供动力的猛禽发动机，它以超低温液态甲烷和液氧为燃料，其推力是猎鹰 9 号的默林发动机的两倍以上。这意味着星舰的推力将比史上其他火箭都大。

但单凭猛禽发动机强大的推力，并不能让人类登上火星，而是必须以合理的成本制造出几百个才行，因为每艘星舰都要用差不多 40 个猛禽发动机，而马斯克的愿景是打造一支星舰舰队。猛禽发动机的量产过程太复杂，所以在 2021 年 8 月，马斯克解雇了设计负责人，并亲自担任分管推进器项目的副总裁。他的目标是将每个猛禽发动机的成本降至 20 万美元左右，这是当时成本的 1/10。

格温·肖特韦尔和 SpaceX 的首席财务官布雷特·约翰森在一天下午安排了一场小型会议,与财务部门监督控制猛禽发动机成本的负责人会面。年轻的财务分析师卢卡斯·休斯走进来,他的头发梳成了马尾辫,弱化了他略显学究气的外表。他从未与马斯克直接交流过,甚至不确定马斯克知不知道他的名字,所以他很紧张。

马斯克讲话一开始就谈到了如何处理同事关系,他说:"我希望我把话说明白了,你不是工程师的好朋友,你是个法官。如果你跟工程师打成一片,那绝对不是好事。你要是不敢招惹他们,我就会解雇你,听清楚了吗?"休斯表示听明白的时候,紧张得都有点儿口吃了。

自从马斯克当年完成了俄罗斯之行,计算了一番自己制造火箭的成本后,他就在内部普及了一个概念,叫"白痴指数",也就是一个零部件的总成本与它的原材料成本的比值。如果白痴指数很高,比如零部件成本 1 000 美元,而制作它的铝的成本只有 100 美元,那么很可能就是设计过于复杂或制造过程效率太低导致的。马斯克原话是这么讲的:"如果你做的东西白痴指数很高,那你就是个白痴。"

"根据白痴指数来判断,猛禽发动机中做得最好的部分是什么?"马斯克问道。

休斯回答:"我不确定,但我会弄清楚的。"事情不妙了,马斯克的脸色变得铁青,肖特韦尔和我交换了一个表示担忧的眼神。

"听着,你以后最好对这些数据了如指掌。"马斯克说,"下次来开会时,如果你还不知道哪些零部件白痴指数高,那你就可以立马卷铺盖走人了。"他说这话时面无表情,也没有任何过激的语气,接着说:"你怎么可能不知道这里面白痴指数最高和最低的零部件呢?!"

"我清楚成本表,包括最小的零部件成本,"休斯低声说,"我只是不知道这些零部件的原材料成本。"

"白痴指数最高的五个零部件是什么?"马斯克质问道。休斯看着他的电脑,试图计算出一个答案。"不!不要看你的屏幕,"马斯克说,"只要说出一个来就行。你应该知道有问题的零部件都有什么。"

"有一个喷管半护套……"休斯试探性地说了一个,"我想它的成本是 13 000 美元。"

"它是由一整块钢制成的，"马斯克开始拷问他，"这种材料的成本是多少？"

"我想有几千美元？"休斯回答。

马斯克知道这个问题的答案："不，它用的就是钢，大概200美元。你错得太离谱了。你如果不改进，就给我走人。会议结束。"

第二天，当休斯走进会议室做补充介绍时，从马斯克的脸上完全看不出他记得自己昨天骂过这个人。"我们可以把20个白痴指数最高的零部件过一遍，肯定有一些可以改善的地方。"休斯开始播放幻灯片，他尽力掩饰自己的紧张情绪，但他死死攥住铅笔的手出卖了他。马斯克静静地听着，点了点头。休斯继续说："主要是那些需要大量高精度加工的部件，比如泵和整流罩，我们需要尽可能多地减少加工工序。"马斯克面露微笑，这一直是他强调的主要任务之一。他提了几个具体问题，关于使用铜的问题，还有冲压打孔的最佳方式。这次没有拷问，也没有矛盾，马斯克对弄清楚这些问题的答案很感兴趣。

"我们正在研究车企用来降本的一些技术手段。"休斯继续说道，他还有一张幻灯片，展示了他们是怎么将马斯克的五步工作法应用于每个零部件的。表格栏中标注了他们质疑过哪些要求、哪些零部件被删除了，还有每个部分具体负责人的名字。

"我们应该要求这里面每一个人看看他们能不能将自己负责的零部件成本降低80%，"马斯克建议，"他们如果不能，而其他人可以做到，我们应该考虑让他们退位让贤。"

会议结束时，他们制定了一份路线图，在12个月内将每个发动机的成本从200万美元降到20万美元。

开完这些会，我把肖特韦尔拉到一旁，问她如何评价马斯克对休斯的态度。她关心的是马斯克所忽视的人文关怀层面的东西，她压低了声音说道："我听说卢卡斯大概七周前失去了他的第一个孩子，他和妻子生了一个有问题的宝宝，必须一直待在医院。"这就是为什么她觉得休斯在会上很慌张，也没有平时准备得充分。鉴于马斯克有过类似的经历，他在第一个孩子过世后也曾沉浸在悲痛中长达数月。我向肖特韦尔建议，让马斯克知道这件事，他应该能感同身受。她说："我会告诉他的。"

那天晚些时候，我同马斯克谈话时，没有向他提及此事，因为肖特韦尔告诉我这是机密，但我确实问他是不是对休斯太严厉了。马斯克的神情有些茫然，似乎不确定我指的是什么。沉默了一会儿，他开始从抽象层面回答我的问题。"我直截了当地给他们反馈，大部分都是准确的意见，而且我尽量不搞人身攻击。"马斯克说，"我批评的时候对事不对人，谁都会犯错，重要的是一个人是不是具有一条完善的反馈回路，能够吸收他人的批评意见，还能有所改善。物理学并不关心你心里是不是难受，它关心的是你做出来的火箭是不是真能飞上天。"

卢卡斯的人生一课

一年后，我决定看看马斯克在 2021 年夏训斥过的卢卡斯·休斯和安迪·克雷布斯的情况如何。

休斯对他经历过的每个时刻都历历在目，他说："他在猛禽发动机喷管半护套的成本问题上一次又一次地诘问我，他对材料成本的认识是正确的，而我当时想不出什么办法能完美地解释其他方面的成本。"马斯克总是打断他的话，这让他想起了曾经作为体操运动员接受训练时的场景。

休斯在科罗拉多州戈尔登长大，对体操充满热情。从 8 岁开始，他每周训练 30 个小时，体操也帮他在学业上取得了优异的成绩。他说："我非常注重细节，是典型的 A 型血性格，非常专注、自律。"在斯坦福大学读书期间，休斯参加了全部六个男子体操项目的比赛，这需要他一年到头不间断地训练。同时他还要主修工程和金融，他最喜欢的课程是"用工程材料构建未来"。2010 年毕业时，他加入了高盛公司，但他想做的是一些更接近真实工程项目的工作。休斯说："我小时候对太空特别痴迷。"所以当他看到 SpaceX 招聘页面上发布了一个财务分析师的岗位，随即提交了一份申请。2013 年 12 月，他进入 SpaceX 工作。

"埃隆真的把我骂得狗血淋头时，我努力专注，保持镇定，"他说，"体操运动会教你在高压状态下保持冷静。我告诉自己镇静下来，不要崩溃。"

在第二次会议后，休斯对每个零部件的白痴指数数据都了如指掌，他同马斯克再也没有发生过矛盾。在随后关于猛禽发动机的会议上，每当遇到成本问题，马斯克经常会询问休斯的意见并直呼其名。马斯克承认他训斥过休斯吗？"这是个好问题，"休斯说，"我也不知道。我不知道他会不会记得这些会议的过程。但我知道的是，至少事后他记住了我的名字。"

我问他在第一次会议上心不在焉是因为他的宝贝女儿刚去世吗？他停顿了一会儿，可能对于我了解此事感到惊讶，随后他要求我不要在书中提及此事。但一周后，他发来了电子邮件："我跟我妻子商量了这件事，我们愿意让你在书里讲述这个故事。"尽管马斯克认为工作中所有的反馈都不应该是针对个人的，但有时有些事其实就是关于个人的，肖特韦尔理解这一点。休斯说："格温真的非常关心他人，我认为这是她在公司里扮演的一个非常重要的角色。埃隆也非常关心人类，但他关心的人类更多时候是宏大意义上的族类。"

作为一个花了十几年时间专注于体操训练的人，休斯很欣赏马斯克全情投入的工作状态。"他愿意把自己的全部精力投入他的工作任务中去，这就是他所期望的回报。"休斯说，"这是一把双刃剑。作为他的下属，你肯定会意识到你只是一个用来实现这个宏伟目标的工具人，这没什么问题。但有时候，工具人出现了磨损，他会觉得他可以直接换掉这个工具人。"的确如此，马斯克在收购推特以后表现出来的就是这样。马斯克确实有这种感觉，他觉得谁要是优先想到的是过舒服的小日子，谁就应该离开。

2022 年 5 月，休斯就做出了这样的决定，他说："为埃隆工作是我人生中最激动人心的事情之一。你的生活会被工作填满，没有时间分给其他事情，有时这样的牺牲是值得的。如果猛禽发动机是已有发动机中性价比最高的那款，还能把人类送上火星，那么个人牺牲都无所谓，这就是我八年多时间里所抱持的信念。但现在，特别是在我们的孩子离世后，我觉得是时候把注意力放到生活中的其他事情上了。"

安迪的人生一课

安迪·克雷布斯获得的人生经验与休斯不同。他同休斯的相同之处是，说话轻声细语，性格温和，面带酒窝，笑容灿烂。但不同于马克·容科萨和基科·邓契夫，他如果在同马斯克交流时成为那个主要被关注对象，他就会浑身不自在。在一次会前会议上，团队在讨论谁负责展示一些关于甲烷泄漏的糟糕数据时，克雷布斯说他不行，容科萨就开始学着小鸡的样子扇动双臂，还发出小鸡的叫声，笑话他胆小。但其实容科萨和 SpaceX 星际基地的其他人都很喜欢克雷布斯，因为他们觉得马斯克看发射台没人上班就决定发起狂飙运动的过程中，把主要的怒火都发泄在了克雷布斯身上，可他处理得很好。

马斯克经常在会议上重复自己说过的话，一部分原因是强调这些内容，另一部分原因是他出神一般地像在念咒语。克雷布斯了解到，能让马斯克放心的一个方法就是重复他说过的话。克雷布斯说："他想知道你是不是听进去了，所以我学会了重复他的反馈意见。如果他说墙应该是黄色的，我会说：'明白，现在这样不行，我们要把墙刷成黄色。'"

这个方法在发射台事件当晚就起了作用。尽管马斯克有时似乎没注意到人们的反应，但他总能准确地判断出谁能处理棘手的情况。"实际上，我认为克雷布斯在事情搞砸的时候就很有自知之明，"马斯克说，"他的反馈回路很完善。一个人如果面对批评时有良好的反馈回路，我就可以跟他一起共事。"

结果在狂飙运动几周后，一个周五的午夜时分，马斯克打电话给克雷布斯，给他在博卡奇卡增加了额外的职责，包括要负责将推进剂装入发动机的关键任务。马斯克给团队发电子邮件说："他会向我直接汇报，请全力支持他。"

几个月后的一个周日，当星舰被再次放置在发射台上时，起风了，一些工人不愿爬到塔顶，而那上面还有一些工作要做，包括刮掉涂层、固定适当的连接装置。于是，克雷布斯亲自爬上去，开始做这些工作。他说："我必须确保所有工人保持工作积极性。"我问他，马斯克喜欢身先士卒，他这样做是因为受到马斯克的启发，还是出于对他的恐惧？克雷布斯回答："就像马基雅维利说的，面对领导者，你必须爱惧交加。"这种态度帮克雷布斯又坚持了两年，但 2023 年春，他从马斯克的硬核路线中逃离。结婚生子后，他决定是时候继续前进，更好地寻找工作与生活的平衡了。

60

太阳能屋顶安装狂飙

2021 年夏

同布莱恩·道（右一）检查太阳能屋顶安装情况

马斯克在他旗下几家公司中推进狂飙运动是有顺序安排的。在2021年夏的星舰狂飙过后，他下一个要发起狂飙的是太阳能屋顶团队。

马斯克曾帮助他的表弟彼得·赖夫和林登·赖夫在2006年创办了SolarCity，10年后他让特斯拉出资26亿美元收购了这家公司，把它保了下来。结果特斯拉的一些股东发起集体诉讼，这导致马斯克要专注于扩大SolarCity的业务量，以便在法庭上证明这次收购的合理性。他解雇了他的表弟，因为他们只想挨家挨户地搞推销，而不想打造一款足够好的产品来吸引用户。"我厌恶我表弟，"他对库纳·吉诺塔这样说道，吉诺塔是他在此后五年内招来又开掉的四位特斯拉能源公司负责人之一，"我想我永远都不会再和他们讲话了。"

负责人之所以来回更换，是因为马斯克要求太阳能屋顶的安装量必须实现奇迹般的增长。他给他们设定了几乎不可能完成的截止期限，而且一旦没有达标就解雇他们。吉诺塔说："每个人都特别害怕他。"他说有一次开会，马斯克非常生气，开始敲桌子，一边敲一边说他就是个"彻头彻尾的失败者"。

接替吉诺塔的是RJ.约翰逊，他曾是陆军上尉，长着一个方下巴，他引入了一个不苟言笑的主管团队监督管理太阳能屋顶安装团队。2021年年初，安装户数没有实现快速提升，马斯克就把约翰逊叫来，照例给了他最后一次机会："你还有两周时间解决这个问题，我已经解雇了我表弟，如果你不把安装速度提高10倍，我就解雇你。"约翰逊没有做到。

接替约翰逊的是布莱恩·道。他是一个快乐的战士，积极进取，热情洋溢，在2017年内华达电池工厂狂飙期间曾陪伴马斯克左右。道接任后一开始很顺利。马斯克当时在博卡奇卡，就坐在他客厅的小桌前给身在加州的道打电话，说了说他的要求。马斯克说："不要担心销售策略，这是我表弟犯过的一个错误，真正了不起的产品能实现销售增长靠的都是口口相传。"所以核心目标是要打造一款易于安装的优质太阳能屋顶。

像往常一样，他给道介绍了实施五步工作法的几个步骤，并继续展示这套工作法应该如何应用于太阳能屋顶项目。"质疑每一项要求。"具体来说就是应该质疑安装人员的要求，他们要求在房屋伸出来的通风口和烟囱管道周围施工。而马斯克建议应该直接裁掉干燥器和通风扇的管道，将太阳能瓦片铺在上面，空气仍然能从瓦片下方排出。"大刀阔斧地删。"屋顶系统有240个不同的零部件，包括螺丝、夹具、轨道等，他认为超过一半的零部件都应该删掉。"精简。"马斯克认为公司官网应该只提供三种类型的太阳能屋顶：小型、中型和大型。接下来的目标就是"提速"，每周要尽可能多地安装太阳能屋顶。

马斯克认为他需要从实地安装的工作人员那里了解一下有什么办法可以加快工作进度，所以在2021年8月的一天，他让道带着团队来博卡奇卡。在SpaceX星际基地旁边有31栋小房子组成的联排住宅，马斯克就住在这里，他们可以在这里找个房子安装太阳能屋顶。

道手下的工人急切地想试试能不能在一天内安装好屋顶，此时马斯克在星际基地的会议室里花了一下午的时间来研究未来火箭和发动机的设计问题。像往常一样，会议持续的时间比计划的要长，马斯克提出了新的想法，并且允许讨论的内容可以偏离主题，发散一些。道希望马斯克能在日落前赶到现场，但当他终于坐上特斯拉，开到家接上X，然后用肩膀扛着X走到安装人员工作的那个街区，已经接近晚上9点。

即便已经这个时间，气温仍然高达35摄氏度，十分闷热。8名汗流浃背的工人一边轰着蚊子，一边在射灯照射下的房顶上保持着身体平衡。当X在下面的电缆和设备之间爬上爬下时，马斯克爬上梯子，登上了屋顶最高处，在那里他站不稳当。他不太高兴，因为他看到了太多的紧固件，每个都必须钉牢，增加了安装时间。他坚称应该去除一半的紧固件。"与其每处钉两颗钉子，不如只钉一颗试试。"马斯克命令道，"如果这里遭遇飓风，整个街区都完蛋了，谁还在乎这个东西呢？一颗钉子就够了。"有人抗议说，这样可能会漏水。"不要担心，它再防水也不可能像潜艇一样滴水不漏，"马斯克说，"我在加州的房子原来就漏水，屋顶防水效果能做到比筛子强、比潜艇弱，就可以了。"不一会儿，他笑了笑，随后又开启了他的"黑暗模式"。

任何细节都能引起马斯克的注意。瓷砖和栏杆都是用纸板箱包装好再运到工地，这样挺浪费的，打包装、拆包装都需要时间。马斯克说在仓库里就应该抛弃纸板箱，他要求他们每周从工厂、仓库和工地给他发照片，证明没有再继续使用纸板箱。

马斯克的脸色逐渐变得阴沉凝重，就像天空预示着有一场风暴将从海湾袭来。"我们得让设计这个系统的工程师到这里来，看看它有多难安装！"马斯克愤怒地说道，随后他就爆发了，"我要看到工程师在这里亲自安装。不是让他们干五分钟装装样子，是让他们在屋顶上待几天，待几天试试！"他下令今后安装小组的每个人，甚至包括工程师和经理，都必须花时间与工人一起钻孔、一起敲打、一起流汗。

当我们最终回到地面上以后，布莱恩·道和他的副手马库斯·穆勒把十几名工程师和安装人员聚集在侧院里，聆听马斯克的想法。大家的心情都不太好。马斯克问为什么在屋顶上安装太阳能瓦片要比安装普通瓦片多花8倍的时间？工程师托尼开始向他展示所有的线缆和电子零部件。马斯克知道每个零部件的工作原理，而托尼犯了一个错误，他的语气既言之凿凿又透露出一种优越感。马斯克问他："你做过多少个屋顶？"

"我在屋顶业务方面有20年的经验。"托尼回答。

"可你安装过多少个太阳能屋顶？"马斯克问。

托尼解释说，他是一名工程师，没有在屋顶上实际安装过。马斯克回应："那你绝对不知道你自己到底在说什么，这就是为什么你们做的屋顶都是垃圾，而且需要花这么长时间来安装。"

在一个多小时的时间里，马斯克接连不断地喷射怒火，大部分时间都处于爆发状态。如果他们不找出能更快安装屋顶的方法，特斯拉能源会继续亏钱，马斯克就会裁掉这个部门。他说，这不仅是特斯拉遭遇的挫败，更是整个地球遭遇的一场挫败。马斯克说："如果我们失败了，我们就无法拥有能源可持续的未来。"

布莱恩·道急于取悦老板，对马斯克的每个论断都深表赞同。他们刚刚在前一周创造了一项纪录——在全美范围内安装了74个太阳能屋顶。"还不够！"马斯克说，"我们需要增加10倍的数量。"然后他沿着街区大步流星地走回他的小房子，看上去气呼呼的。走到自家门前，他转身说了一句："给太阳能屋顶团队开会简直就像在我眼睛里扎钉子。"

第二天正午时分，阴凉处的温度达到36摄氏度，而此时几乎也没有哪里算得上是阴凉处。道和安装人员正在昨天完成的那个屋顶的隔壁屋顶上施工，两名安装人员扛不住热浪的侵袭，开始呕吐，于是道把他们送回了住处，其他人在安全背心上安装了电池风扇。按照马斯克的指示，每英尺的瓦片只用一颗钉子压住，但这样做的效果并不好，钉子崩开到处乱掉，所以安装团队又开始使用两颗钉子。我问马斯克会不会生气，他向我保证，如果他看到情况的确如安装人员所说，他就会改变主意。

事实证明他们是对的，马斯克晚上 9 点过来时，他们向他展示了为什么需要第二颗钉子，他点了点头。这也是五步工作法的一部分：如果你最终不需要从你删除的部分里拣回 10%，那就说明你删得还不够。第二天晚上，他的心情好了很多，一部分原因是安装过程得到了改进，另一部分原因是他的情绪起伏本来就很大——暴风雨过后就是平静。"伙计们，干得不错！"马斯克说，"你们应该对每一步都掐表计时，这样工作过程就会更有趣，像打游戏一样。"

我问他前一天晚上发火的事，他说："我不喜欢这样解决问题，但这样做确实很有效，从昨天到今天的改进很大。最大的区别是，今天工程师实打实地在屋顶上搞安装，而不是敲着键盘工作。"

布莱恩·道的热情从未减退，他对马斯克说："如果公司需要我，我给公司扫地都没问题。"但他面对的是一项不可能完成的任务：安装太阳能屋顶的业务是劳动密集型工作，没有规模效应可言。马斯克是设计工厂的高手，他可以通过不断增加产量来降低单位产品的成本，但安装太阳能屋顶，无论你一个月装 10 个还是 100 个，每个屋顶的安装成本都是差不多的。马斯克对这种业务缺乏耐心。

在任命道来管理特斯拉太阳能屋顶业务仅三个月后，马斯克又把道召回了博卡奇卡。那天是道的生日，他原本计划和家人在一起，但他争分夺秒地赶到了那里。他错过了在休斯敦转机，就租了一辆车，沿着得克萨斯的海岸线开了六个小时，终于在晚上 11 点到达。一个工人正在重做 8 月安装的一个太阳能屋顶，这次采用了更精简的新方法和零部件。当道开车到达时，马斯克正站在屋顶上，似乎进展得还挺顺利。道说："工人正在用我们的新方法施工，他们只用一天就完成了安装。"

但是，当道爬上去并在屋顶与马斯克会合时，马斯克就开始拷问他各项成本支出。道是个大块头，体型甚至比马斯克还大一圈。因为屋顶被海雾弄得很湿滑，他们在屋顶上很难站稳，所以他们坐下来，道在手机上查看财务数据。当马斯克看到了他们每安装一个太阳能屋顶就会损失的具体金额时，他的下巴绷得紧紧的。马斯克说："你必须削减成本，下周让我看到一份能把成本对半砍的计划。"和以前一样，道的热情依然高涨，他说："好，我们来弄，我们一定会大幅削减成本的。"

道花了一整个周末制订了一个削减成本的计划，这样就可以在周一提交给马斯克。但周一的会议一开始，马斯克就改变了话题，开始盘问道上周装了多少个太阳能屋顶，以及重新部署人员的细节。道不清楚其中的一些数据，于是他抗议说，他从过生日那天开始就一直在研究削减成本的计划，没有关注马斯克此时过问的这些细节。"谢谢你的努力，"马斯克最后说，"但这并不能解决问题。"

道花了好一段时间才意识到，马斯克这是在撵他走。"这是你能想象到的最离奇古怪的开人方式，"道后来这样说，"我和他的工作交往这么深。在内心深处，埃隆知道我身上有一些特别的闪光点。他知道我有本事搞些名堂出来，因为我们曾在内华达电池工厂一起成过事。但他认为我此时已经没有昔日的光彩，尽管我为了跟他在屋顶上奋战都错过了和家人团聚庆生。"

道离开后，马斯克仍然无法实现降本增效。一年后，特斯拉能源每周只能安装约 30 个太阳能屋顶，远没有达到马斯克长期以来要求的 1 000 个。他解决这一问题的热情在 2022 年 4 月逐渐消退，当时特拉华州衡平法院在关于特斯拉收购 SolarCity 的诉讼案中裁定他胜诉。这一威胁解除后，他就不再像以前那样急于向世人证明这笔收购能在财务回报上创造多大的价值。

61

夜间活动

2021 年夏

同梅耶一起登上《周六夜现场》的舞台（左）；同格莱姆斯参加派对（右）

《周六夜现场》

"对于所有那些曾被我冒犯的人，我只想对你们说，我重新发明了电动车，我要用火箭飞船把人类送上火星。可我要是个冷静、随和的普通人，你们觉得我还能做到这些吗？"马斯克在《周六夜现场》当嘉宾主持时腼腆地笑了笑，说了这样一番开场白。说着说着，他把身体重心换到另一条腿上，如果说这样能让他的尴尬变得更迷人一些，倒也勉强说得过去。

马斯克脱口秀的主题是：他对自己在情感方面的缺陷是有自知之明的。制片人洛恩·迈克尔斯非常清楚怎么能帮助嘉宾上镜时效果更好，所以他让马斯克在 2021 年 5 月作为嘉宾主持，这样他上镜的形象就不会那么生硬。"我今晚创造了历史，成了《周六夜现场》第一个患有阿斯伯格综合征的主持人，至少是第一个承认这件事的主持人。"马斯克说，"今晚我不会与表演者有过多的眼神接触，但别担心，我很擅长在模拟器模式中扮演好'人类'这个角色。"

那天是母亲节，所以梅耶也得到了一个上台的机会。在周五的排练中，她读了读台词，表示"写得不好笑"。所以制作方允许她上场后来点儿即兴发挥，她也的确这样做了。她说："我们让现场表达更真实、更有趣了。"格莱姆斯也出场了，出现在一个根据《超级马力欧兄弟》改编的短剧里。他们排练时冒出一个想法，让马斯克扮演一个非常政治正确的詹姆斯·邦德，其喜剧效果在于能与马斯克一些反政治正确的推文形成反讽，但这个想法没有成形，所以最后从节目中删掉了。

录制结束后的派对在由伊恩·施拉格经营的帕布里克酒店举行。该酒店是位于纽约市中心的热门酒店，曾因新冠疫情关闭，但为了举办此次活动又重新开放。克里斯·洛克[1]、亚历山大·斯卡斯加德[2]、科林·乔斯特[3]、格莱姆斯、金博尔、托斯卡和梅耶都到场了。埃隆直到第二天早上 6 点左右才离开，与金博尔等人一起去了网络作家蒂姆·厄本的家，在那里他又精

---

1 克里斯·洛克是美国喜剧演员、编剧、导演及制片人，曾于 2005 年主持第 77 届奥斯卡金像奖颁奖典礼。——译者注

2 亚历山大·斯卡斯加德是瑞典男演员，2016 年主演电影《泰山归来：险战丛林》。——译者注

3 科林·乔斯特是美国喜剧演员、编剧、《周六夜现场》的编剧之一。——译者注

神抖擞地聊了几个小时。"他就是个书呆子，小时候也不知道怎么融入一场派对，"梅耶说，"但现在他做得真的比以前好多了。"

50 岁生日

马斯克过生日的时候经常会举办精心设计的幻想主题派对，其中最引人注目的是妲露拉·莱莉设计的那几场。2021 年 6 月 28 日，当他迎来 50 岁生日时，他刚刚接受了第三次颈部手术，目的是缓解他在 42 岁生日聚会上为扳倒相扑运动员留下的伤痛。所以他决定这次就在博卡奇卡，跟亲友们安安静静地庆生。

金博尔从布朗斯维尔机场开车过来的路上，在一个路边摊把售卖的烟花扫荡一空，然后他们就和埃隆年龄大些的儿子们——格里芬、凯、达米安和萨克森一起点燃了这些烟花。这些都是正规的大型烟花，可不是什么小蹿天猴，就像金博尔说的："在得克萨斯州，你想做什么都可以。"

除了颈部疼痛，马斯克还被工作上的事搞得筋疲力尽。他一整天都穿梭在博卡奇卡的帐篷厂房里，由于星舰助推器和第二级航天器的连接部分过于复杂，他非常生气。"外部这么多开口，看起来就像瑞士奶酪！"他在写给马克·容科萨的电子邮件中表达不满，"天线的孔径应该很小，只够穿过一根电线。所有的负载还有其他设计要求必须都采用单独的名称，不要用委员会的设计方案。"

在他过生日那个周末的大部分时间里，他的朋友们都没怎么打扰他，让他一个人待着，这样他能多睡会儿。醒来后，他招呼大家在 SpaceX 发射台附近的员工餐厅吃饭，随后他们都去了他的小房子，大家聚集在后院格莱姆斯那间更狭小的工作室里。屋子里没有任何家具，地上只有一些大抱枕，他们围坐在一起，马斯克平躺在地板上，脖子后面垫了个枕头，大家一直聊到天亮。

2021 年火人节

自 20 世纪 90 年代末以来，对埃隆和金博尔来说，去参加火人节一直是非常难得的精神仪式。这是夏末时分的内华达州在沙漠中举办的大型艺术节，也是很多人可以自我表达的盛会。对他俩来说，这也是能与安东尼奥·格拉西亚斯、马克·容科萨和一众朋友联络感情、一起跳舞的营地。2020年火人节因新冠疫情被取消，金博尔主动承担起了筹集资金的工作，确保火人节可以在2021年夏末恢复举办。埃隆同意出资500万美元，条件是金博尔必须加入董事会。

2021年4月，在金博尔参加的第一次董事会会议上，董事会其他成员决定取消那年夏天的活动，金博尔感到很震惊。"是在跟我开玩笑吗？！"他不停地质问。当年他和火人节的一些忠实拥趸在同一个沙漠中组织了一次未经官方授权的"叛逆火人节"，吸引了大约2万名参与者，虽然没达到往年8万人的规模，但这给火人节活动贴上了一个"反叛"的标签，让老粉丝感到既亲切又充满了魔力，因为这个节日在创办早期就是秉持着这样一种精神。由于没有得到官方授权，他们无法举办仪式，也就是用巨大的篝火焚烧木制雕像——该节日正因此而得名，所以金博尔与一位朋友合作，用无人机打光，复现了火人燃烧的样子。"对一个忠诚的社群部落来说，这是一种宗教性的体验，"金博尔说，"火人必须燃烧！而它确实做到了。"

埃隆只在周六晚上过来一趟，他住在金博尔的营地里，营地中心是一个莲花形的帐篷，可以容纳40人跳舞或逗留。一如往常，一场人为制造的危机出现了：这一次是关于特斯拉供应链问题的会议，正好成了马斯克回去上班的借口。

格莱姆斯是和埃隆一起来的，但他们的关系当时出了些问题。他的恋爱关系中经常夹杂着一种相互之间的鄙夷，这不利于维持亲密关系，在与格莱姆斯的这段恋情当中也不例外。有时候这种紧张关系似乎反而能让他更来劲儿，比如他主动要求格莱姆斯羞辱他"太肥了"，凡此种种。他们抵达火人节现场后就进了房车，几个小时都没出来。他对她说："我爱你，但我又觉得我不爱你。"她回答说她也有这种感觉。他们在年底通过代孕的方式孕育了一个生命，并期待着这个孩子的降生。他们认同，如果他们不再保持恋爱关系，一起抚养这个孩子反而更容易，所以他们选择了分手。

格莱姆斯后来在她创作的歌曲《游戏玩家》中表达了她的感受。对于马斯克这位终极策略游戏玩家，用这样一个标题从很多层面来说都很合适：

如果我对他的爱再少一点儿

我就能让他留在我身边

但他必须做一个最好的

游戏玩家……

我爱上了最棒的游戏玩家

但他总是爱游戏更多一些

胜过爱我

远航吧

去往那寒冷浩瀚的太空

即使爱情

也无法将你留在原地

2021 年 9 月，大都会艺术博物馆慈善晚宴

与格莱姆斯的关系断得并不彻底，至少没有彻底分手。与恋爱不同的是，他们的关系变得跌宕起伏：有时相互陪伴，有时共同育儿，有时不想孑然一身，有时又划清界限，有时冷漠疏远，有时屏蔽对方，有时突然人间蒸发，有时又再次温暖相拥。

火人节过后几周，他们从得克萨斯州南部飞往纽约参加大都会艺术博物馆慈善晚宴，那是能让格莱姆斯欣然前往的时装盛宴。他们和梅耶住在了她位于格林尼治村的小公寓里。马斯克刚刚派飞机去接了一只名叫弗洛基的柴犬，这个品种正是加密货币"狗狗币"的货币形象。他还带来了他的另一只狗马文，它与弗洛基相处得并不愉快。两只狗都没经过训练，所以梅耶这个两居室的公寓变得像马戏团一样热闹。

格莱姆斯为晚宴准备的服装有一层寓意，是对科幻小说和电影《沙丘》的致敬：一件透明的长袍、一件灰黑色的斗篷、一个银色的面罩，还有一把剑。马斯克对于去参加晚宴的事很矛盾，意料之中的是，他找了个工作上的借口，就不用一开始就到场了。当晚猎鹰 9 号火箭正准备发射，

其中有个小插曲，因为政府方面的一些原因，飞船第二次进入印度领空的准入许可被推迟了。这个问题很容易解决，可能根本用不着马斯克操心，但他就是喜欢在工作中给自己加戏，不管是大场面还是小戏份。

晚宴结束后，马斯克和格莱姆斯在曼哈顿休北区（NoHo）热门的高端俱乐部 Zero Bond 举办了一场派对。莱昂纳多·迪卡普里奥和克里斯·洛克都在前来捧场的名人之列，但在派对的大部分时间里，马斯克都待在后面的一个包厢里，他被一个魔术师的表演迷住了。梅耶说："我去叫他，让他到前面来和大家打招呼，但他想多看一会儿魔术表演。"

2021 年夏是他跻身名流的一个巅峰，马斯克觉得这让他既兴奋又有些难为情。第二天，他们去看了格莱姆斯在布鲁克林一场时髦的视听展览上做的一部分艺术装置，展览中播放了一段动画视频，她在其中扮演了一个探索反乌托邦未来世界的战争女神。从那里，他们直接登上了马斯克的飞机，飞往卡纳维拉尔角，见证 SpaceX 成为第一家将平民送入太空的私营公司。马斯克的现实世界可能比很多人的幻想世界还要精彩。

62

灵感 4 号

SpaceX，2021 年 9 月

贾里德·艾萨克曼（上）；马斯克与汉斯·科尼格斯曼（下）

布兰森和贝索斯 2021 年 7 月的太空飞行活动引发一个问题：马斯克是不是会效仿他们，成为第三个将自己送入太空的亿万富翁？虽然他对出风头和冒风险有着强烈的欲望，但他从来没考虑过这个问题。马斯克坚持认为，他的使命是事关整个人类的，而不是关于他自己的，这听起来有点儿冠冕堂皇，但其中包含着其太空探索活动真实动机的内核。火箭如果只是亿万富翁大男孩的玩具，那么这种理念给平民太空旅行事业可能带来不好的名声。

于是当 SpaceX 开展首次平民航天任务时，马斯克选择了处事低调的技术企业家、喷气式飞机飞行员贾里德·艾萨克曼。这位性格沉静、谦和的冒险家长着一个方下巴，他已经在很多领域证明了自己，所以他也不会因为这次航天行动就自命不凡。艾萨克曼 16 岁从高中辍学，为一家处理支付业务的公司工作，随后创办了 Shift4 支付公司，每年为连锁的餐馆和酒店处理超过 2 000 亿美元的流水。他还是一名出色的飞行员，参加过航空表演，并创造了在 62 小时内驾驶轻型喷气式飞机环游地球的世界纪录。随后他与人合伙创办了一家拥有 150 架喷气式飞机的公司，为军队和国防承包商提供培训服务。

艾萨克曼参与的这次航天行动名为"灵感 4 号"，这是人类历史上第一次平民轨道飞行任务，他从 SpaceX 购买了为期 3 天的航天指挥权。艾萨克曼此行的目的是为孟菲斯的圣裘德儿童研究医院筹集资金，他邀请了一位 29 岁的曾罹患骨癌的幸存者海莉·阿塞诺和另外两位平民加入乘组。

在预定发射前一周，马斯克与 SpaceX 团队举行了持续两个小时的电话筹备会。按照载人航天任务的惯例，他发表了关于安全注意事项的例行讲话，他说："我希望任何人如果有担心或者建议，都可以直接跟我提。"

但马斯克知道伟大的冒险一定伴随着风险，而且他和艾萨克曼都清楚冒险家必须承担这些风险。在早先的一通电话里，他们谈到了一项尚未公开的风险。"有一项风险，我们想向您介绍一下，"一位飞行经理告诉马斯克，"我们计划达到的高度比一般的空间站任务和多数载人太空飞行任务更高。"的确，SpaceX 龙飞船是要在 364 英里高度的轨道上运行，这是自1999 年为哈勃太空望远镜提供维修服务的载人航天任务以来，载人航天乘组进入的最高轨道。这位飞行经理说："这种风险实际上还不小呢，因为涉及轨道碎片。"

轨道碎片是飘浮在太空中的垃圾，这些垃圾来自已经停用的航天器、卫星和其他人造物。到灵感4号飞船发射时，太空中已经有1.29亿个碎片，它们体积太小，无法追踪。有一些航天器已经被它们损坏。这次任务的高度过高，所以情况更糟糕，因为这些飘浮物在高空滞留的时间更长，那里的阻力更小，碎片燃烧或者落回到地球上的概率都更小。分析师报告说："我们担心碎片穿透机舱或者损坏隔热板，那样飞船重返大气层时就会遭受损害。"

汉斯·科尼格斯曼已经被马斯克赶走，离开了公司。威廉·格斯滕迈尔取代了他，成为负责飞行可靠性的副总裁，他是NASA的一员老将，人称"格斯特"。他向马斯克描述了可靠性团队为降低风险提出的一项建议：可以调整龙飞船绕地球运行时的朝向，这样就能降低它暴露在碎片中的概率，但如果方向调整过多，又会导致散热器过冷，不过他们已经就如何平衡这两种风险达成了共识。面向原来的朝向，被碎片撞击的风险约为1/700，而新的朝向能把风险降低到1/2 000。但格斯滕迈尔随后展示了一张幻灯片，上面写了一句醒目的警告："预测出来的风险系数在实际过程中存在很大的不确定性。"马斯克批准了这项计划。

格斯滕迈尔继续指出，可能有一种更安全的办法：飞得更低。"在更低的高度也有可选的轨道，"他说，"比如降到190千米高。"他们已经想出一套降低高度并按计划到达着陆点位置的方案。

"我们为什么不这么做呢？"马斯克问道。

"客户希望能飞得比国际空间站更高，"格斯滕迈尔说的客户就是艾萨克曼，"他非常想抵达他此行能到的最高点。我们向他介绍了轨道碎片的情况，他和他的乘组人员都了解这些风险并表示接受。"

"好的，太好了，"马斯克这样说道，他尊重那些愿意承担风险的人，"只要他完全知情，我认为就没问题。"

后来我问艾萨克曼为什么没有降低高度，他说："如果我们还要去月球、去火星，我们就得做点儿跨出舒适区的事。"

上一次想把平民送入轨道还是1986年，借助"挑战者号"航天飞机，机上有教师克里斯塔·麦考利夫，结果航天飞机起飞一分钟后就爆炸了。

格莱姆斯认为美国需要治愈那次爆炸造成的精神创伤，而灵感 4 号就可以做到这一点。因此她担任了"首席法师"，在火箭发射前向火箭施放象征着好运的符咒。

一如既往地，马斯克在紧张时为了转移注意力开始思考以后的事。他坐在控制室里，旁边是正在专注于倒计时工作的基科·邓契夫。马斯克问了他一些关于博卡奇卡正在建造的星舰系统的问题，还有应该怎么说服工程师从佛罗里达搬到博卡奇卡的问题。

汉斯·科尼格斯曼正在参加他的最后一次发射任务。从最初在夸贾林岛上跟一帮吃苦耐劳的小伙子一起完成猎鹰 1 号的发射任务算起，直到他写完那份详述了 SpaceX 不服从 FAA 天气指令的前因后果、导致马斯克让他离开 SpaceX 的报告，他在 SpaceX 工作了 20 年。在灵感 4 号飞船升空后，科尼格斯曼走过去，同马斯克尴尬地拥抱，随后道别。"我担心自己会有点儿不高兴或者闹情绪，"科尼格斯曼说，"我在那工作的时间比其他人都长。"他们聊了几分钟，讨论着这项平民载人航天任务有多重要，它将成为人类太空探索史上的里程碑。科尼格斯曼要离开时，马斯克开始看手机，他在浏览推特推送的信息流。格莱姆斯拿胳膊肘碰了碰马斯克，说："这可是他完成的最后一次任务了。"

"我知道。"马斯克回答着，随后抬头看了看科尼格斯曼，点了点头。

"我没觉得他的举动冒犯了我，"科尼格斯曼说，"马斯克很关心我，他只是不会像常人一样真情流露。"

杰夫·贝索斯在推特上发文："祝贺 @elonmusk 和 @SpaceX 团队昨晚成功发射灵感 4 号，我们朝所有人都能进入太空的未来又迈进了一步。"马斯克礼貌而简洁地回复："谢谢你。"

艾萨克曼非常激动，他为未来的三次飞行提供了 5 亿美元，他想进入更高的轨道，穿着 SpaceX 设计的新太空服进行太空行走。他还要求在星舰准备就绪后，成为星舰的第一个私人客户。

其他潜在客户也想预订 SpaceX 的航天之旅，其中有一位综合格斗比赛的发起人想在太空中来一场零重力比赛。一天晚上，马斯克在博卡奇卡喝酒时想起这件事就笑出了声。比尔·莱利说："我们不想接这一单。"

"为什么不接？"马斯克问，"格温说他们会支付 5 亿美元。"

"接这单会让我们的名誉受损。"负责建造 SpaceX 星际基地的工程师萨姆·帕特尔回答说。

　　"这倒也是，我们不应该现在就接这种单子，"马斯克表示同意，"或许在把平民送入轨道变成一件稀松平常的事以后，我们能接这种单子。"

　　灵感 4 号任务是由一家私营公司为平民完成的发射任务，这预示着一种新的太空经济——将创业精神、商业卫星和伟大冒险融为一体的经济活动正在到来。"SpaceX 和埃隆本人都是惊为天人的传奇故事，"NASA 局长比尔·尼尔森次日早上对我说，"公共部门和私人部门之间产生了协同作用，而这一切都将增进人类的福祉。"

　　马斯克在内心消化这次发射所蕴涵的意义时，以《银河系搭车客指南》的方式对人类做出的努力进行了反思，其中富含哲理。马斯克说："让电动车普及化是大势所趋，没有我，别人也能干成。但让人类文明成为星际文明，这可不是我们命中注定就会发生的事情。"早在 50 年前，美国曾将人类送上月球，此后再无进展，反而还退步了，航天飞机只能在近地轨道上飞行，在它们退役之后，美国甚至连这个都办不到了。"技术不会自动进步，"马斯克说，"这次飞行任务就是一个很好的例子，它证明了任何进步都需要人类的推动。"

63

猛禽升级

SpaceX，2021 年

杰克·麦肯齐在装配大楼楼顶（上）；位于博卡奇卡的施工帐篷和装配大楼（下）

工程师思维

"我整个大脑都兴奋起来，就像欢度国庆日的时候一样兴奋。"马斯克高兴地说，"我最喜欢干的就是这个，跟一流的工程师一起搞迭代升级！"2021年9月初在博卡奇卡，马斯克坐在SpaceX星际基地的会议室里，顶着一头鲜明的渐变式发型[1]。"这是我自己剪的，"他告诉大家，"后面是我让别人帮忙剃的。"

在过去的几周里，马斯克对星舰的猛禽发动机只有两种反应：要么失望透顶，要么气不打一处来。猛禽发动机已经变得太复杂、太昂贵，制造工艺烦琐。马斯克说："我看到了一根成本2万美元的管子，当时我恨不能戳瞎自己的眼睛。"他宣布接下来包括周末在内，每天晚上8点都要在SpaceX会议室里与猛禽发动机团队开会。

马斯克特别关注他们所采用的材料的重量，他指出发动机气缸的厚度与整流罩的厚度相同，而它们面对的是不同的压强。"这到底是怎么回事？"他问，"那里用了一吨的金属，狗屁用都没有啊！"火箭本身的质量每增加一盎司，都会导致它发射升空的有效载荷质量减少。

因为灵感4号宇航员即将着陆，有一次会议被推迟到了午夜，结果他们做出了一个重大决定：在发动机上尽可能多地用马斯克最喜欢的材料——不锈钢。他们看完了一系列幻灯片，都是在讲如何尽量减少昂贵的合金用量，马斯克打断了主讲人，宣布："够了，你分析这么多都把自己绕进去了。我们接下来要做的就是，把能替换材料的零部件都换成低成本的不锈钢。"

一开始，能让他网开一面的只有那些暴露在高温富氧气体燃烧环境中的零部件。一些工程师还据理力争，说铜具有更好的导热性能，所以需要用它作面板。但马斯克认为铜的熔点更低，他说："我相信你可以做出不锈钢面板，去做吧，我想我已经说得很清楚了：用不锈钢来做。"马斯克承认工程师说的在理，可能不锈钢面板确实行不通，但与其分析几个月，还不如试一下，大不了失败了再换回来。"快速试制，就能快速验证出结果，

1　在这里指头顶的头发长，鬓角和后脑勺的头发短，有渐变的效果。——译者注

随后就可以快速修复这个问题。"最终马斯克成功地将大部分零部件的材料都换成了不锈钢。

杰克·麦肯齐

每天晚上，马斯克在他的会议室里主持会议时，都在寻找一个能监督猛禽发动机设计过程的合适人选。"有看得上的吗？"在开完一次越级会议后，肖特韦尔这样问他。

"我这脑子评估工程师的水平还是很有一套的，但如果他们深藏不露的话，我就很难做到了。"马斯克抱怨道。所以他开始开一对一的小会，向中级工程师发问。

几周后，年轻的工程师杰克·麦肯齐脱颖而出，他可爱的微笑与齐肩的长辫搭配起来，显得低调又酷炫。马斯克喜欢两种类型的副手：一种像红牛，比如马克·容科萨，他们就像灌了很多含咖啡因的饮料一样精神，说话办事热情洋溢，敢想敢干；另一种像《星际迷航》里的斯波克，言谈举止平静有度，像瓦肯人[1]一般，传递出一种专业能力很强的感觉。麦肯齐属于后一种。

麦肯齐在牙买加长大，后来搬到加利福尼亚州北部。在加州，他对汽车、火箭和"所有大型重工业制品"都很感兴趣。他家的经济条件很差，所以他一边在仓库打工挣钱，一边念完了高中，还自己攒钱在圣罗莎初级学院念书，主修工程专业，成绩优异。他因此得以转学到加州大学伯克利分校，随后又到麻省理工学院读了研究生，在那里取得了机械工程博士学位。

麦肯齐于 2015 年加入 SpaceX，管理着一个给猛禽发动机提供阀门的团队。这个部件十分关键，因为如果倒计时被叫停，往往是因为阀门出现了泄漏问题。麦肯齐与马斯克的互动次数很少，所以当马斯克开始找他讨论猛禽项目的运行时，他很惊讶。麦肯齐说："我以为他不知道我的名字。"他说的可能没错，但马斯克知道他工作很出色。麦肯齐的团队成功

1　瓦肯人是《星际迷航》中的外星人，以严谨的逻辑和推理、摒除情感的干扰闻名。——译者注

改进了星舰的襟翼执行器，这是马斯克亲自参与的众多项目之一。

2021年9月的一个晚上，午夜刚过，马斯克给麦肯齐发信息："你还醒着吗？"不出所料，麦肯齐回复说："是的，我还没睡，我还得在办公室待上几个小时。"马斯克打电话说要提拔他。清晨4点30分，他发出了邮件："杰克·麦肯齐今后将直接向我汇报。"马斯克说，他的目标之一是"去除大部分法兰和因康奈尔合金零部件，改用可焊接的合金钢，并删掉所有可能不必要的零部件。如果我们最后没有把一些零部件给捡回来，那就说明我们删得还不够多"。

麦肯齐开始应用汽车产业用过的类似的解决方案，在一些特定情况下，他提出的解决方案可以让零部件的成本降低90%。他请特斯拉的高管拉斯·莫拉维与他一起在SpaceX的生产线上走一走，用电动车领域的技术思路提出一些可以简化生产线的方案。结果莫拉维对火箭发动机生产线的复杂性和"画蛇添足"感到震惊，他甚至当场捂住了自己的眼睛。"拜托，你能不能别拿手捂着脸？"麦肯齐问，"你这也太伤人了吧。"

马斯克做出的最大调整是让设计工程师负责生产，他在特斯拉有段时间也是这样安排的。"我很久以前就把设计和生产小组分开了，这是一个非常愚蠢的错误，"马斯克在麦肯齐主持的第一次会议上说，"你们要对生产过程负责，不能当甩手掌柜，如果设计出来的生产成本很高，你们就更改设计方案。"麦肯齐和他的整个工程团队把他们的75张桌子都搬到了装配线旁边。

1337 发动机

如果手头的问题变得棘手，马斯克有一个应对办法就是把注意力放在产品未来的设计版本上。他在麦肯齐接手几周后，就开始对猛禽发动机下手了。他宣布要大家转移注意力，打造一款全新的发动机。新款要足够与众不同，他甚至都不想沿用猛禽品种的名字给它取名，转而采用程序员熟悉的一个很流行的梗，叫作"1337"，发音是"LEET"（这四个数字看起来有点儿像这四个字母）。马斯克的目标是让这款发动机的每吨有效载荷的推力成本小于1 000美元，他说"这是人类实现跨行星生存必须做到的根本性突破"。

打造新发动机，迈上新台阶，意义在于让每个成员都能够大胆思考。"我们的目标是为伟大的冒险之旅打造新发动机，"他在对团队做动员讲话时说，"它成功的概率是不是大于零？如果是，那就去做吧！我们如果发现步子迈得太大了，那么就退回来一点儿。"总的原则是要做一款精益求精的发动机。"要剥掉一只猫的皮有很多方法，"他说，"重要的是你得知道被剥皮后的猫是什么样子，你会看到肌肉和骨节。"

当天深夜，马斯克发了一连串信息，强调他对这次的新计划有多么重视。"我们不是向月球发射火箭，"他说，"我们是在向火星发射。我们的行事原则就是：时不我待，狂热起来。"在发给麦肯齐的信息里，他补充说："SpaceX 的 1337 发动机是让人类成功抵达火星所需的最后一项重大的关键突破！！！任何语言都不足以描述这对人类文明的未来多么重要！"

马斯克个人提出了一些极端的想法，比如删掉整个热燃料气体总管，将燃料涡轮泵与主燃烧室喷注器合并。"这可能会导致燃料气体分配不均，但也可能没事，我们试试看。"他几乎每天晚上都会通过电子邮件向大家强调他掀起的这场运动，他在其中一封邮件中写道："我们正在展开一场删繁就简的狂欢！没有什么东西是神圣不可侵犯的。稍微有点儿问题的管道、传感器、总管等都会在今晚被拿掉。我们一定要把删繁就简这件事做到极致。"

2021 年 10 月，每天晚上的会议都会延后，大部分会议在晚上 11 点开始。尽管如此，会议室里一般都会坐 10 多个人，还有 50 多个人以线上方式参与。每次会议通常都会讨论出一个删除或简化零部件的新想法。比如有一天晚上，马斯克特别想去掉助推器的整个裙边，也就是最底部不加压的开放部分。"在容纳推进剂方面它也帮不上忙，"他说，"就像在游泳池里撒尿，对游泳池没什么影响。"

马斯克强行让团队专注于打造未来主义的 1337 发动机，这件事来得很突然。然而一个月后，他把注意力转回到猛禽发动机上也很突然，他要对猛禽做改款，升级成更精简的猛禽 2。"我正在将 SpaceX 的工作重点转回猛禽，"他在凌晨 2 点发的信息中宣布，"我们要让发动机的生产速度达到每天一台，要保持一个还不错的发射节奏。目前的生产速度是每三天一台。"我问这样是不是会减缓1337发动机的开发进度，马斯克说："是的，我们不能用猛禽发动机来实现人类的跨行星生存，因为它太贵了，但猛禽还得做，它能帮我们渡过难关，直到1337准备好的那一天。"

1337发动机的狂飙运动和撤退之举是马斯克有意为之——为了让他的团队能更大胆地思考而精心设计的一套策略呢，还是他一时兴起又反悔的冲动之举？二者兼而有之，这是他的一贯作风。这样做的目的是迫使大家解放思想，不要让各种繁文缛节束缚了手脚，而这些新想法将被整合进猛禽发动机的改进目标。"这项工作有助于我们厘清一台理想的发动机应该是什么样的，"麦肯齐说，"但对于推动星舰计划急需处理的那些任务，它帮不上什么忙。"在接下来的一年里，麦肯齐和他的团队生产猛禽发动机的过程几乎就像在装配线上生产汽车。到2022年感恩节，他们每天的发动机产量超过一台，为未来的星舰发射做好了发动机储备工作。

64

Optimus 诞生

特斯拉，2021 年 8 月

一位女演员装扮成计划打造的 Optimus 人形机器人

友好的机器人

马斯克对打造人形机器人的兴趣植根于他对人工智能的迷恋与恐惧，他认为总会有人在有意或无意间打造出对人类构成威胁的人工智能，这种可能性促使他在 2014 年创立了 OpenAI，也促使他推动了一系列与之相关的事业，包括自动驾驶电动车、用于神经网络训练的超级计算机 Dojo，以及可以植入大脑的 Neuralink 芯片——它可以在人类和机器之间建立非常亲密的共生关系。

安全人工智能的终极体现就是创造出人形机器人，那些从小就接受科幻作品熏陶的人尤其会这样认为。它应该成为一种可以处理视觉输入并学习如何执行任务的机器人，它不能违反阿西莫夫的"机器人三定律"，不得伤害人类。OpenAI 和谷歌彼时正专注于创建基于文本的聊天机器人，马斯克则决定专注于在物理世界中运行的人工智能系统，如机器人和电动车。马斯克说："如果你能打造出一辆自动驾驶电动车，那它就是一个有轮子的机器人。同样，你也可以打造出一个有腿的机器人。"

2021 年年初，马斯克开始在高管会议上提到，特斯拉应该认真打造一款机器人。有一次他为高管们播放了一段视频，视频中展示的是波士顿动力公司正在设计的机器人，其成果令人印象深刻。"不管你喜不喜欢，人形机器人都会出现。"马斯克说，"我们应该入局，这样才能引导这个产业向好的方向发展。"他越说越兴奋，告诉首席设计师弗朗茨·冯·霍兹豪森："这有可能成为我们做过的最大的一件事，甚至比自动驾驶还要大。"

冯·霍兹豪森说："一旦埃隆反复提及一件事，我们就得张罗起来了。"他们开始在洛杉矶的特斯拉设计室开会，设计室里陈列着 Cybertruck 和 Robotaxi 模型。马斯克设定了机器人规格：5 英尺 8 英寸高，面容看上去像是雌雄同体的精灵，这样"你就不会觉得它可能要伤害你"。就是这样，Optimus 诞生了，它是由特斯拉自动驾驶团队打造的人形机器人。马斯克决定，要在一个名为"人工智能日"的活动中官宣 Optimus，这一活动定于 2021 年 8 月 19 日在特斯拉的帕洛阿尔托工程总部举行。

人工智能日

在人工智能日的前两天，马斯克与特斯拉团队在博卡奇卡举办了一场线上筹备会议。这一天他们还同得克萨斯州鱼类和野生动物保护办公室开了一次会，为了争取对方对星舰发射任务的支持，另外还开了一场特斯拉财务会议、一场关于太阳能屋顶业务财务情况的讨论会、一场关于未来平民发射任务的会议。马斯克在组装星舰的帐篷间穿梭巡视，还为一个网飞纪录片接受了采访。而后他第二次深夜视察布莱恩·道的团队正在安装太阳能屋顶的联排住宅。午夜过后，他登上飞机，前往帕洛阿尔托。

"必须在这么多问题之间切来换去，非常劳心费神。"马斯克在飞机上终于放松下来时这样说道，"但问题还是很多，我必须解决它们。"那么，为什么他现在还要掺和到人工智能和机器人的世界当中？"因为我很担心拉里·佩奇，"马斯克说，"我和他就人工智能的危险性有过长谈，但他并不理解这个问题，现在我们几乎都不说话了。"

我们在清晨 4 点着陆时，他去一个朋友家里睡了几个小时，然后来到特斯拉的帕洛阿尔托工程总部，与准备发布机器人的团队会面。计划是让一位女演员打扮成机器人上台表演。马斯克兴奋起来，他像巨蟒剧团中的短剧演员一样宣布道："她会表演杂技！我们能让她做点儿高难度的酷炫动作吗？比如戴着帽子、拿着手杖跳踢踏舞？"

机器人应该看起来很有趣，而不是让人感到害怕——他对待这个观点的态度是非常认真的。X 似乎是得到了某种暗示，开始在会议室的桌子上跳舞。"这孩子要是个机器人，那他的电池就非常好，"马斯克说，"他通过走动、观察和倾听来获取软件更新。"这正是他们的目标：打造出一款可以通过观察和模仿人类来学习完成任务的机器人。

马斯克又开了几个关于帽子和手杖舞蹈的玩笑后，开始钻研起最后要确认的机器人规格参数。"我们可以让它每小时行走 5 英里，而不是 4 英里，还要给它一点儿动力，让它有力气举起更大的重量，"他说，"我们现在把它设计得太过柔弱了。"工程师说他们打算在机器人电量耗尽后给它换电池包，马斯克否定了这个想法，他说："很多笨蛋都选了电池包可更换这条技术路线，他们这么做八成是因为他们的电池太糟糕了。我们特斯拉从一开始就明确了技术路线：不做可更换的电池包，而是把电池包做得更大，这样它就可以实现 16 小时续航。"

会议结束后，马斯克没有离开会议室，他的脖子在以前的相扑摔跤事件中受过伤，所以他躺在地板上，枕着一个冰袋。马斯克说："如果我们能够生产出一款通用机器人，它能观察你，学习怎样完成一项任务，那么人类的经济发展水平就会实现巨大的飞跃。在那之后，我们可能就想建立全民基本收入制度了，那时候参不参加工作都看你的个人选择。"没错，有的人现在还在疯狂追逐这一目标。

第二天，马斯克在人工智能日的演讲排练现场，心情很不好，这次演讲不仅要官宣 Optimus，还要介绍特斯拉在自动驾驶车辆研发方面取得的进展。"太无聊了！"当自动驾驶和 Optimus 软件团队的负责人、心思敏感的比利时工程师米兰·科瓦奇展示充斥着技术性内容的幻灯片时，马斯克不停地抱怨，"这里面很多东西一点儿都不酷，我们这次发布会开完了是要招兵买马的，可是大家看完这些幻灯片，谁还愿意加入啊？"

科瓦奇还没有练就出一套能抵挡马斯克严厉批评的心理防御术，所以他走回办公室就辞职了，结果当晚的演讲安排就开始出乱子。拉斯·莫拉维和马斯克手下更为老练的主管皮特·班农在科瓦奇即将离开大楼时及时拦住了他。莫拉维说："我们来看看你的幻灯片，看看我们怎么解决这个问题。"科瓦奇提出想来杯威士忌，班农在自动驾驶工作室里找到一个带了威士忌的人。他们喝了两杯后，科瓦奇平静了下来，他向他们保证："我能挺过这场活动，不会让团队失望的。"

在莫拉维和班农的帮助下，科瓦奇将他的幻灯片数量缩减了一半，还排练了一场新的演讲。他说："我强忍住怒火，把新的幻灯片拿给埃隆看。"马斯克扫了一眼说："好，可以，没问题。"科瓦奇回想起当时的场面，他感觉马斯克好像都不记得之前骂过他一顿。

这场风波导致当晚的演讲推迟了一个小时，活动办得不是很完美。16 位演讲者都是男性，唯一的女性是装扮成机器人的女演员，她也没表演什么有趣的"帽子和手杖舞",没有任何杂技表演,但马斯克用他略带口吃的单调语气,把 Optimus 与特斯拉的自动驾驶车辆计划和 Dojo 超级计算机联系起来。他说,Optimus 会学着执行任务,而不需要程序员预先输入每一行工作指令。像人类一样,它会通过观察自学成才。马斯克说,这不仅会改变我们的经济模式,也会改变我们的生活方式。

米兰·科瓦奇

65

Neuralink

2017—2020 年

一只在用脑电波玩电子游戏《乓》的猴子

人机界面

在数字时代，最重要的技术飞跃牵涉人类和机器间交流方式的进步，也就是所谓的"人机界面"。心理学和人工智能专家约瑟夫·利克莱德研究过在显示屏上跟踪飞机的防空系统，他在 1960 年写了一篇富有开创性的论文，题为"人机共生"，展示了显示屏如何做到"让计算机和人类一起思考"。利克莱德补充说："希望在不久的将来，人类的大脑和计算机能非常紧密地结合在一起。"

麻省理工学院的黑客们利用显示屏制作了一款名为"太空战争"的游戏，它催生出了一些商业游戏，这些游戏的界面非常直观，几乎不需要输入任何指令。（"第一步：塞入 25 美分；第二步：躲避克林贡人"是雅达利公司第一款《星际迷航》游戏中唯一的指令。）设计这种傻瓜操作的目的是让喝醉了酒的大学生也能上手玩起来。道格·恩格尔巴特将这种显示屏与鼠标结合在一起，让用户可以通过对准和单击来与计算机互动。在施乐帕罗奥多研究中心的艾伦·凯的帮助下，这一技术得以发展为一种易于使用的图形界面，它已经接近于我们后来使用的计算机桌面。史蒂夫·乔布斯在苹果公司的麦金塔计算机上采用了这种界面，而他在最后一次出席的董事会上，也就是 2011 年他即将去世前，完成了对人机界面又一次重大飞跃的测试工作：一个名为 Siri 的应用程序，可以让人类和计算机通过语音交互。

尽管有了这些进步，在输入和输出方面的技术进展仍然慢得出奇。在 2016 年的一次旅行中，马斯克用拇指在手机上打字，然后开始抱怨打字特别浪费时间。从大脑发出信息到在设备上完成打字输入，每秒的信息传输速度只有大约 100 比特。马斯克说："想象一下，如果你能把思想融入机器，就仿佛在你的思想和机器之间建立了一种直截了当的高速连接。"他身体前倾，问一同乘车的萨姆·特勒："你能找一个神经领域的科学家来帮我增进对脑机接口的理解吗？"

马斯克意识到，最终的人机界面会是一款能将计算机直连大脑的设备，比如在人的头骨内放置芯片，可以将大脑信号发送给计算机并接收信号回传，这样可以让信息往返流动的速度提高 100 万倍。马斯克说："这样我们就可以实现真正的人机共生了。"换句话说，它能确保人类和机器协同工作。为了实现这一目标，马斯克在 2016 年年底成立了 Neuralink 公司，其业务是把小型芯片植入人类大脑，让人类与计算机展开心智融合。

与 Optimus 一样，Neuralink 的创意也受到科幻小说的启发，尤其是伊恩·班克斯的太空旅行小说《文明》系列，其中提到一种叫"神经蕾丝"的人机界面技术，当它被植入人体后，可以将人的所有思想活动与计算机相联。马斯克说："我第一次读到班克斯的作品时，突然觉得这个创意有可能成为我们面对人工智能时的护盾。"

马斯克的崇高目标一般都与务实的商业模式相结合，比如他曾经开发了星链卫星，这项业务可以为 SpaceX 的火星发射任务提供资金。同样，他计划用 Neuralink 大脑芯片帮助神经系统有问题的人，比如肌萎缩侧索硬化（ALS）患者，让他们能与计算机互动。马斯克说："我们如果能找到好的商业用途来为 Neuralink 提供资金，那么在几十年后，就可以将人类世界与数字机器紧密结合起来，从而实现最终目标：保护人类以抵御邪恶的人工智能。"

Neuralink 的联合创始人中有六位顶级神经科学家和工程师，由脑机接口研究员马克斯·霍达克担任总裁。创始团队中唯一同马斯克长期共事还能经受住高压和动荡环境的成员只有徐东进，他 4 岁时从韩国搬到了美国路易斯安那州。由于他在年少时英语说得不好，所以他对"自己有想法却表达不出来"的窘境有着切肤之痛。"我怎样才能尽可能高效地把我头脑里的想法表达出来？"他开始问自己，"这个东西必须是一个能放在我大脑里的小东西。"在加州理工学院和加州大学伯克利分校求学期间，他开发了一种被他称为"神经尘埃"的东西，它是一种可以放在大脑中并发出信号的微小植入物。

马斯克还招揽了心明眼亮的技术投资人希冯·齐里斯。作为在多伦多附近长大的学生，她在曲棍球方面大放异彩，但在阅读了雷·库兹韦尔 1999 年出版的《机器之心》一书后，她成为一名技术极客。从耶鲁大学毕业后，她在几家创业孵化器工作过，扶持了一些人工智能创业项目，还成为 OpenAI 的兼职顾问。

马斯克着手创立 Neuralink 期间，约齐里斯出去喝了一次咖啡，邀请她加入团队，并向她保证："Neuralink 不仅要做研究，而且要打造一款真正的设备出来。"齐里斯很快就意识到这比继续做风险投资人更有趣、更有意义，她说："我发现我每分钟从埃隆那里学到的知识比我从其他人那里学到的更多、更独特，如果不和这样的人共事，那我就太蠢了。"一开始，她把精力投入马斯克的全部三家公司，包括特斯拉和 SpaceX 的人工智能项目，但她最终只选择了两个角色：转岗成为 Neuralink 的高管，以及马斯克亲密的私人伴侣（关于这一点，后面会有更多的介绍）。

芯片

Neuralink 芯片的底层技术是基于 1992 年犹他大学发明的犹他阵列，它是一个镶有 100 根针的微型芯片，可以被植入大脑。每根针检测一个神经元的活动，通过电线将数据发送到一个盒子中，盒子被固定在人的头骨上。因为大脑中有大约 860 亿个神经元，所以这只是向人机界面迈出的一小步。

2019 年 8 月，马斯克发表了一篇科学论文，描述了 Neuralink 将如何在犹他阵列的基础上做出改进，打造他所谓的"具有超过 3 000 个通道的集成脑机接口平台"。Neuralink 的芯片在 96 个线程上布置了超过 3 000 个电极。这次也不例外，他不仅关注产品本身，还关注产品的制造和部署方式。高速运转的机器人会在人的头骨上切开一个小孔，植入芯片，将电极线植入大脑。

2020 年 8 月，马斯克在 Neuralink 的一次公开演讲中透露了这种设备的早期版本。他们在小猪格特鲁德的大脑中植入了一个芯片，用一段视频展示了它在跑步机上行走时，芯片如何检测其大脑中的信号并发送给计算机。马斯克举起手中的芯片，它只有 0.25 英寸。它被放置在头骨下方，可以无线传输数据，保证用户不会看起来像恐怖电影中的机械人那样骇人。"我现在就可以植入 Neuralink，还能不被你发觉，"马斯克说，"也许我已经这么做了哦。"

几个月后，马斯克来到 Neuralink 的实验室，它位于弗里蒙特的特斯拉工厂附近。工程师向他展示了他们研发出的最新产品，它上面有四个独立的芯片，每个上面都有大约 1 000 个线程。它们会被植入颅骨的不同部位，再用导线将它们与嵌入耳后的路由器连接。马斯克沉默了近两分钟，而齐里斯和她的同事们都在一旁默不作声，随后他发表了最终意见：他讨厌这个版本，设计太复杂，电线太多，连接太多。

当时他正在删减猛禽发动机上的各处连接，因为多一处连接就多一处潜在的故障点。"它必须是一款一体化的设备，"他告诉这些灰心丧气的 Neuralink 工程师，"要呈现为一整套简洁的封装产品——没有电线，没有连接，没有路由器。"因为没有任何物理定律，也没有任何基本法则规定，不能在一台一体化设备上实现所有的功能。当工程师们试图解释为什么要保留路由器时，马斯克的脸色变得凝重起来，他说："删掉它，删掉它，删掉它，删掉它。"

会议结束后，工程师们经历了典型的"后马斯克忧虑障碍"：先是困惑，随即愤怒，然后焦虑。但在一周内，他们开始沉迷于这种想法，因为他们意识到这种新的技术路线可能真的能实现。

几周后，当马斯克回到实验室时，他们向他展示了一款一体化的芯片，可以处理来自所有线程的数据，并通过蓝牙将其传输到计算机上——没有电线，没有连接，没有路由器。其中一位工程师说："我们一开始认为这是不可能的，但现在我们对这个东西充满信心。"

他们此时面临的一大难题就在于要满足"芯片必须非常小"的要求，这导致它很难拥有较长的电池寿命，也不容易支持较多的线程。马斯克问："为什么必须把它做这么小？"有人犯了一个错误，说这是之前对他们提出的一项要求。马斯克一听就激动起来，开始阐述他的工作法：第一步就是要质疑每一项要求。随后他让大家思考关于芯片尺寸的基本科学原理：人的头骨是球形的，所以芯片能不能凸出一点？直径能不能更大？他们得出的结论是，人类头骨容纳更大的芯片是很容易实现的。

准备好新设备后，他们就将其植入实验室的猕猴帕格体内，他们教它玩电子游戏《乓》，当它取得好成绩，就会奖励它一份水果冰沙。Neuralink 设备记录了每次它以某种方式移动操纵杆时，都有哪些神经元在发射信号。随后操纵杆被停用，来自帕格大脑的信号就开始控制游戏进程。马斯克的目标是在大脑和机器之间建立直接联系，而这次试验迈出了重要的一步。Neuralink 公司将视频上传到 YouTube（优兔），一年内播放量就达到了 600 万次。

66

纯视觉

特斯拉，2021 年 1 月

Merge near South Congress and Riverside

Problem:
- Vector Lanes NN incorrectly predicts that the captive rightmost lane can go straight, and we incorrectly lane change into it
- Bollard detection is late (1.2 sec before the intervention, but ego is moving fast).

Solution:
- Feed in **higher resolution map features** into the vector lanes net (in-progress)
- Train on improved **occupancy** (we're improve the panoptic network for thin / small road debris)

展示自动驾驶车辆研发进展的幻灯片

去除雷达

在特斯拉，是否要在自动驾驶车辆的 Autopilot 自动辅助驾驶系统中使用雷达，而不单单依赖来自摄像头的视觉数据，一直是一个争执不下的问题。这也成了可以用来研究马斯克决策风格的案例：在第一性原理的指导下，他的决策既呈现出激进、固执、鲁莽、富有远见的风格，有时又具有出人意料的灵活性。

最初他在雷达问题上保持开明的态度。当特斯拉 Model S 在 2016 年进行升级时，他勉强同意了自动驾驶团队除了在车上布置八个摄像头，还可以采用一个面向前方的雷达。他还授权工程师做了一款程序来布设自己的雷达系统，也就是凤凰系统。

但到了 2021 年年初，雷达开始出问题。新冠疫情导致微型芯片短缺，意味着特斯拉的供应商无法提供足够的芯片，而且特斯拉内部正在打造的凤凰系统也不好用。2021 年 1 月初，马斯克在一场富有决定性意义的会议上宣布："我们现在走到了十字路口，要么车厂停工，要么让凤凰系统立即上线，要么完全取消使用雷达。"

明眼人都看得出马斯克更喜欢哪种方案，他说："我们应该可以用纯粹的视觉方案解决这个问题，如果我们能做到不同时使用雷达和视觉方案识别同一个物体，那么我们就能彻底颠覆这个行业的游戏规则。"

他手下的一些高管，尤其是特斯拉电动车业务负责人杰洛姆·谷利安提出了反驳意见，他认为拿掉雷达会不安全，因为雷达可以探测到摄像头和人眼不容易看到的物体。团队专门安排了一次会议，就是为了将这个问题辩出个结果，然后做出正式决定。所有争辩结束后，马斯克停顿了大约40 秒，最后说："我来拍板吧，去除雷达。"谷利安继续反对，马斯克冷面愠怒着说："如果你不干，我可以找别人来干。"

2021 年 1 月 22 日，马斯克发出了一封电子邮件："从今往后去除雷达，这根拐棍太糟糕了，我没开玩笑。显然，开车只用摄像头的效果很好。"谷利安很快就离开了公司。

争议

马斯克去除雷达的决定在舆论中引发了一场辩论。《纽约时报》的知名记者凯德·梅兹和尼尔·鲍德进行了深度的调查报道，表明特斯拉的多位工程师对此有着很深的疑虑。二人写道："马斯克先生与几乎所有自动驾驶车辆公司的技术专家都不同，他坚持认为自动驾驶可以完全通过摄像头来实现。但特斯拉的多位工程师质疑在没有其他传感设备的情况下，依靠摄像头是否足够安全？还有就是马斯克先生向驾驶员承诺的自动驾驶能力是否太过乐观？"

爱德华·尼德梅耶曾写过一本批评特斯拉的书——《荒唐》，他发布了一连串的推文。"为了改进普通驾驶辅助系统，自动驾驶行业走向了布设更多雷达的技术路线，他们还采用了更多的新方法，比如光学雷达和热成像技术。"尼德梅耶写道，"与此形成鲜明对比的是，特斯拉正在开倒车。"软件安全领域的企业家丹·奥多德甚至在《纽约时报》上刊登了整版文章，称特斯拉的自动驾驶系统是"《财富》世界500强公司有史以来销售过的最糟糕的软件"。

特斯拉长期以来一直是美国国家运输安全委员会的调查对象，这些调查在2021年取消雷达后更是有增无减。在一项研究中，它记录了273起特斯拉司机使用某个级别的驾驶辅助系统时造成的事故，其中5起事故致人死亡，它还对11起特斯拉与应急车辆的碰撞事故展开了调查。

马斯克确信，造成大多数事故的主要原因是司机不靠谱，而不是软件不靠谱。在一次会议上，他建议使用从车辆摄像头收集的数据（其中一个摄像头在车内对准司机）来证明司机什么时候会犯错。在座的一位女士表示反对，她说："我们与隐私团队反复讨论了这个问题。我们不能将自拍的画面流与特定车辆联系起来，哪怕它发生了车祸，至少我们的律师给出的指导意见就是这样。"

马斯克不高兴了，因为这位女士拿"隐私团队"压了他一头。"这家公司的决策者是我，而不是什么隐私团队，"他说，"我甚至不知道他们是谁。他们的身份太隐私了，你永远都不知道他们是谁。"一些人发出了紧张局促的笑声。马斯克建议："或许我们可以弹出一个窗口，告诉人们如果他们使用完全自动驾驶，我们会在出现车祸的情况下收集数据。这样可以了吗？"

那位女士想了一会儿，点了点头。"只要我们向客户传达清楚，我想就没问题了。"

"凤凰"涅槃

虽然马斯克的性格很固执，但如果能让他看到真凭实据，他也可以回心转意。他坚持要求在 2021 年去除雷达，因为当时雷达的技术水平不能提供足够的分辨率来为视觉系统额外提供有意义的信息。然而，他还是同意让工程师继续推进凤凰项目，看看他们能不能开发出更好的雷达技术。

马斯克手下的车辆工程主管拉斯·莫拉维让出生于丹麦的工程师皮特·肖茨罗负责此事。莫拉维说："埃隆并不反对雷达，他只是反对使用糟糕的雷达。"肖茨罗的团队开发了一个雷达系统，重点关注人类驾驶员可能无法看到的情况。马斯克说："你可能是对的。"于是他秘密签署了一份在售价更高的 Model S 和 Model Y 上尝试使用新系统的决定。

"这个雷达比一般车辆的雷达更复杂，"马斯克说，"你在武器系统当中看到的雷达就是这种东西，它能描绘出正在发生的画面，而不仅是回传一些信息。"马斯克真的打算把它放在特斯拉的高端车辆上吗？"这值得一试，我对物理学实验提供的新证据总是保持开放态度。"

67

财富

2021—2022 年

世界首富

在 2020 年年初新冠病毒开始传播时，特斯拉的股价曾一度跌至每股 25 美元的低谷，到 2021 年年初又反弹至此前的 10 倍。2021 年 1 月 7 日，股价冲到了每股 260 美元。那一天马斯克超越杰夫·贝索斯，成为世界首富，身家 1 900 亿美元。

根据他在 2018 年 2 月与特斯拉董事会所做的那份非比寻常的补偿性对赌，在特斯拉的量产环节面临严重问题时，他没有得到任何有保障的工资或奖金。与之相反，他的报酬将取决于公司能否在收入、利润和市值方面实现非常激进的目标，其中包括特斯拉的市值要增加至此前的 10 倍，达到 6 500 亿美元。当时的媒体文章都预测，大部分目标是不可能实现的。但在 2021 年 10 月，特斯拉成为美国历史上第 6 家市值超过 1 万亿美元的公司，它的市值比 5 家最大的竞争对手（丰田、大众、戴姆勒、福特和通用）的总和还要大。2022 年 4 月，特斯拉 2022 年第一季度财报显示盈利 50 亿美元，营业收入 190 亿美元，同比增长 81%。这一成绩带来的结果就是，马斯克从 2018 年的补偿性协议中获得的报酬高达约 560 亿美元，在 2022 年年初，他的净资产增加到 3 040 亿美元。

一些人对于马斯克成为亿万富翁感到不爽，开始攻击他，他因此被激怒。当时他刚刚变性不久的女儿詹娜是一个狂热的反资本主义者，她不再同他说话，这更加剧了马斯克对这一问题的敏感程度。他卖掉了所有的房产，因为他认为如果他把财富分配到他的公司中，而不是挥霍在个人的生活消费上，就不应该受人指责。但批评他的声音始终不断，因为不拿工资，把钱留在公司进行再投资，他没有获得任何资本收益，也没有交多少税。2021 年 11 月，马斯克在推特上发起了一次投票，看看他是不是应该出售一些特斯拉的股票，这样会带来一些资本收益，他就可以为此纳税。有 350 万人参与投票，其中 58% 的人投了赞成票。正如他已经打算做的那样，他行使了 2012 年获得的、即将到期的期权，这让他缴纳了史上最大的一笔税款：110 亿美元，足够支付他在 SEC 的对手们 5 年的全部预算。

参议员伊丽莎白·沃伦 2021 年年底在推特上说："税法任人摆布，我们应该改变这种情况，这样年度首富就得好好纳税，不能让他占其他人的便宜。"马斯克回击道:"你只要把眼睛睁开两秒,就会看到我今年比史上任何一个美国人缴的税都多。可别给我一下子花光了……哦,等一下,你已经花光了啊。"

金钱买不到的东西

如果金钱的确不能买到幸福,那么可以佐证这一观点的一个论据就是马斯克成为首富以后的心情,2021年秋,他并不快乐。

当年10月,马斯克飞往墨西哥圣卢卡斯角,参加金博尔为妻子克里斯蒂安娜组织的生日派对,格莱姆斯在派对上担任唱片骑师(DJ)。他把自己关在房间里,大部分时间都在玩《低模之战》。"我们在这个带有互动灯光的艺术空间当中,伴随着克莱尔(格莱姆斯)的美妙音乐起舞。"克里斯蒂安娜说,"我想到我们能交到今天的好运要感谢埃隆,但他自己就是享受不了这一刻的欢愉。"

一如既往,由于情绪波动,加上抑郁,他感到胃痛,呕吐时胃部伴有强烈的灼热感。"你有什么好的医生推荐吗?"他压缩了圣卢卡斯角的行程,给我发了一条信息,"他们不需要多有名气,也不用有多豪华现代的办公室。"我问他还好吗,他回答:"实话实说不太好,我的状态一直都是一根蜡烛两头烧,还是用喷火器烧的,这已经持续很长时间了。我已然为这种状态付出代价了,这个周末我就感觉病得很厉害。"几周后,他进一步向我敞开心扉,我们谈了两个多小时,大部分时间都在聊他2021年在精神和肉体上还没有痊愈的伤痕:

从2007年开始,可能直到去年,痛苦就没有停止过。就像头顶上悬着一把剑,一定得让特斯拉好起来,变个戏法吧,再变个戏法吧,变出一连串小兔子在空中飞舞。如果下一只兔子没变出来,你就死定了。你不可能一直为了生存背水一战,一直都处在激发肾上腺素的状态,还能毫发无损。

今年我还发现了一些新情况,那就是为生存而战能让你坚持相当长一段时间。但是当你不再处于这种非生即死的状态,还想每天像打了鸡血一样战斗就没那么容易了。

这是马斯克对自己最为精辟的一种洞察。如果大事不妙，他就会变得精力充沛，这是他童年时期在南非培养出来的"受围心态"。如果不需要为生存而战，他心里就不踏实。本应是美好放松的时光都让他感到不安，所以安逸反而会促使他一次次发起狂飙运动，挑起各种戏剧性冲突，投入那些他本可以避开的战斗，从而啃下了一块又一块硬骨头。

那年感恩节，他的母亲和妹妹飞到奥斯汀，与他、他的四个大儿子、X和格莱姆斯一起庆祝，他的两个堂弟和他父亲第二任妻子所生的两个同父异母的妹妹也来了。"我们需要一起陪陪他，因为他变得很孤单。"梅耶说，"他喜欢有家人在身边，为了他，我们一定要团聚。你知道，他压力太大了。"

第二天，达米安为大家做了意大利面，还演奏了古典钢琴曲，但马斯克决定要专注于猛禽发动机的问题。从餐厅穿过时，他看起来压力很大。当天大部分时间他都花在了电话会议上，而后他突然宣布他必须飞回洛杉矶处理猛禽发动机的危机。所谓的"危机"，其实主要是他自己主观上的看法，当时正值感恩节的周末，而猛禽发动机估计在一年内都不会投入使用。

"上周还挺不错的，"那个周末他给我发了条信息，"严格说来，我确实周五、周六整晚都在火箭工厂里处理猛禽发动机的问题，但那周过得还是不错的。虽然这个过程非常痛苦，但打造猛禽发动机，我们只能硬着头皮上，哪怕是必须重新设计一番。"

68

年度父亲

2021 年

同希冯、斯特赖德和阿祖尔在一起（上）；同 X 一起待在特斯拉（下）

希冯的龙凤胎

2021年感恩节，有一件事可能让马斯克分了心，或者说把他的注意力从猛禽发动机的喷管和阀门中拉了出来，那就是一周前他又成了两个孩子的父亲，还是一对龙凤胎。孩子的母亲是希冯·齐里斯，她是2015年入职的人工智能领域投资人，双眸炯炯有神，曾为OpenAI工作，最后成为Neuralink高层运营经理。齐里斯已经成为马斯克非常亲密的朋友、智识上的伙伴，偶尔也同他一起打游戏。"这是我生命中，可以说到目前为止，最有意义的友谊之一。"她说，"在我遇到他之后不久，我就说：'我希望我们能做一辈子的朋友。'"

齐里斯一直住在硅谷，在弗里蒙特的Neuralink办公室工作，但在马斯克搬到奥斯汀后不久，她就搬到了奥斯汀，她是他核心社交圈的一分子。格莱姆斯将她视为朋友，偶尔还为她安排约会。2020年，马斯克和格莱姆斯在万圣节这个他们最喜欢的节日举办了小型聚会，当时齐里斯和马斯克在SpaceX精力充沛的副手马克·容科萨一同到场。

格莱姆斯和齐里斯分别连接着马斯克性格当中截然相反的两面。格莱姆斯为人活泼好动、饶有趣味，做事风风火火，但经常与马斯克发生争执，而且同他一样天性躁动不安。齐里斯则相反，她说："六年来，埃隆和我从来没有打过架，也没有拌过嘴。"马斯克身边很少有人敢说自己能做到这一点，他俩交谈的方式不事张扬、充满理智。

齐里斯是不婚主义者，但她说自己"母性超强"。马斯克经常念叨多生孩子有多重要，这进一步激发了她的母性冲动。马斯克担心出生率下降是对人类意识长期存续的一大威胁，他在2014年的一次采访中说："人们以后不得不重新把生孩子当成一种社会责任，如若不然，文明就会消亡。"跟他关系很好的妹妹托斯卡当时已经成为一位成功的浪漫题材电影制片人，定居在亚特兰大，但一直未婚。埃隆鼓励她生小孩，并在得到她的同意后，帮她找到一家诊所，挑选了一个匿名的精子捐赠者，并支付了手术费用。

齐里斯说："他真的希望聪明人都生孩子，所以他鼓励我这样做。"当她认为自己已经准备好了，马斯克建议：他可以成为精子捐赠者，这样孩子就能继承他的基因。这个想法对齐里斯很有吸引力，她说"如果要在匿名精子捐献者和我在这个世界上最崇拜的人之间做出选择，对我来说，这个决定也太容易做了，我想不出我希望自己的孩子有什么样的基因。"另外还有一点好处："这么做似乎会让他很高兴。"

他们的龙凤胎是通过体外受精怀上的。由于 Neuralink 是一家私营公司，所以围绕工作关系的变化，应该适用怎样的规则，这一点含糊不清。当时并没有出现什么问题，因为齐里斯也没有告诉大家谁是孩子的父亲。

那年 10 月的一天，齐里斯带着马斯克和 Neuralink 的其他高管参观了该公司在奥斯汀建造的一处新设施，其中包括位于特斯拉得州超级工厂附近的一排商业建筑中的办公室和实验室，还有附近用来饲养做芯片植入实验的猪和羊的畜棚。她当时挺着大肚子，一看就知道怀了俩孩子，不过当时没人知道孩子是马斯克的。后来我问齐里斯这会不会让她感到尴尬，她说："不会，想到要成为一名母亲，我就感到兴奋。"

齐里斯在怀孕末期出现了并发症，住进了医院。这对龙凤胎早产了七周，但很健康。马斯克在出生证上被登记为父亲，但孩子们跟了齐里斯的姓，男孩叫斯特赖德·塞顿·塞哈尔，女孩叫阿祖尔·阿斯特拉·爱丽丝。齐里斯认为马斯克不会过多插手养育孩子的事情，她说："那时我以为他会扮演像教父一样的角色，因为这家伙太忙了。"

但出乎她的预料，马斯克后来花了很多时间陪伴这对双胞胎成长，并与他们建立起情感联系，虽然他采取的还是那种"一边关爱，一边分心忙其他事情"的方式。每周他都至少来一趟齐里斯家，给孩子们喂饭，和他们一起坐在地板上，也会在深夜就猛禽、星舰和特斯拉自动驾驶议题召开线上会议。性格使然，他不会像寻常人家的父亲那样让人感到可亲。"有些事，他就是做不出来，因为他在情感方面的脑回路跟别人有点儿不一样。"齐里斯说，"但是当他走进来，小家伙们的眼睛就会亮起来，只盯着他一个人，所以他的眼睛也亮了起来。"

Y 宝宝

尽管格莱姆斯和马斯克的关系陷入困境，但共同抚养 X 的时候他们过得非常开心，所以他们决定再要一个孩子。格莱姆斯说："我真的非常希望他能有个女儿。"因为她第一次怀孕时很不顺利，而且过瘦的身材导致她容易出现并发症，所以他们决定采用代孕的方式。

这就导致了一个非常怪异的尴尬局面，听起来匪夷所思，堪比新时代的"法式闹剧"。当齐里斯因妊娠并发症住在奥斯汀医院时，一位代孕妈妈也在这里住院，她肚子里怀着的是马斯克和格莱姆斯在试管中秘密孕育的女婴。由于这位代孕妈妈在怀孕期间遇到了麻烦，格莱姆斯在她身边陪床，她还不知道齐里斯就住在附近的房间里，肚子里也怀着马斯克的孩子。所以马斯克这么做也就不足为奇了：他决定在那个感恩节的周末飞往美国西部，处理火箭工程中一些"更简单"的问题。

他们的女儿在12月出生，也就比她同父异母的龙凤胎哥哥姐姐晚了几周。马斯克和格莱姆斯准备给孩子取名字时，一场漫长的拉锯战又开始了。一开始，他们给她起名"火兵月"（Sailor Mars），灵感来源于《美少女战士》漫画的女主角水兵月（Sailor Moon），漫画中的女战士能保护太阳系不受邪恶势力侵害。对可能命中注定要去火星的孩子来说，这似乎是一个合适的名字，虽然听起来不太传统。到了4月，他们决定给她取一个不那么严肃的名字（是的），因为格莱姆斯形容"她浑身闪闪发光，是个傻乎乎的小巨魔"。他们把名字改成了 Exa Dark Sideræl，但在2023年年初，他们想把名字改成 Andromeda Synthesis Story Musk。为了简便，他们就叫她 Y，有时叫她"Why?"（为什么？），把问号作为她名字的一部分。"埃隆总是说，我们需要先弄清楚问题是什么，然后才能知道关于宇宙的答案。"格莱姆斯解释说，这些是他从《银河系搭车客指南》中学到的。

马斯克和格莱姆斯把 Y 从医院带回家后，把她介绍给了 X。克里斯蒂安娜·马斯克和其他亲戚也在场，大家在地板上玩耍，好像他们是一个传统的大家庭一样。马斯克从来没有说过和希冯生龙凤胎的事。玩了一个小时，快速吃过晚餐后，马斯克把 X 一把抱起，带他乘飞机前往纽约。在《时代》杂志授予他"年度人物"称号的仪式现场，X 就坐在他的腿上。

《时代》杂志授予的荣誉标志着马斯克的名气达到了顶峰。2021年，他成为世界首富，SpaceX 成为第一家将平民送入预定轨道的私营公司，而特斯拉通过引领全球汽车产业电气化做出了划时代的转变，攀上了万亿美元的市值高点。《时代》杂志主编爱德华·费尔森塔尔写道："马斯克产生了巨大影响，无论是对地球上的生命还是地球之外可能存在的生命形式，几乎没有人能同他比肩。"《金融时报》也将他评为年度人物："马斯克正在向世人宣告，他是我们这一代人中最纯正的创新企业家。"在接受《金融时报》采访时，马斯克强调了推动其公司发展的使命所在。"我只是想把人类送上火星，用星链实现信息自由，用特斯拉加速可持续能源技术推广，把人们从繁重的驾驶任务中解放出来。"他说，"当然，人们美好的意愿可能铺就一条通往地狱的道路，但绝大多数情况下，通往地狱的道路都是由邪恶的意图铺就的。"

69

善变

2020—2022 年

"服用红色药丸"

"因新冠病毒恐慌是很愚蠢的。"马斯克在推特上写道。那是 2020 年 3 月 6 日，由于新冠疫情，他在上海的新工厂受到影响，病毒也开始在美国蔓延。这对特斯拉的股价造成了重创，但让马斯克如坐针毡的不仅是财务方面的打击，政府强制令还激发了他性格中反抗权威的那一面。

加州在 3 月晚些时候颁布了居家令，当时弗里蒙特工厂刚刚开始生产 Model Y，所以他拒绝听从政府安排，仍让工厂维持运转。马斯克给全公司写了一封邮件："我想说清楚一点，如果你感到有一点点不舒服，觉得自己身体抱恙，请不要认为坚持上班是你应尽的义务。"但随后他又补充说："我本人会坚守在岗。说实话，我认为，恐惧新冠病毒所带来的危害远远超过病毒本身的危害。"

加州当地县政府官员威胁要强迫工厂停工，马斯克随即针对这些强制令提起诉讼，并且要求工厂继续开工，还向县警长发起挑衅，要求对方逮捕他。他在推特上写道："我会和大家站在同一战线上。如果要抓谁，我要求只逮捕我一人。"

最后马斯克赢了，当地政府与特斯拉达成协议，允许弗里蒙特工厂继续运转，只要他们能遵守防疫规定，戴好口罩。虽然他们也没好好遵守，但起码这场争端平息下来，装配线顺利完成整车量产，工厂内也没有暴发严重的聚集性疫情。

这场争端是导致马斯克的政治倾向发生转变的一个因素。他原本是贝拉克·奥巴马的粉丝和捐款人，现在却开始抨击进步的民主党人。5 月的一个周日下午，身处争议旋涡当中的马斯克发布了一条语焉不详的推文："服用红色药丸。"这个典故出自 1999 年的电影《黑客帝国》，其中一名黑客发现自己一直生活在计算机模拟中（这个概念一直吸引着马斯克），他可以选择服用蓝色药丸，服下后就会忘记一切，愉快地回到自己的生活中，也可以服用红色药丸，会使黑客帝国的真相暴露在他面前。"服用红色药丸"这句话被许多人引用过，包括一些男权活动家和阴谋论者，他们都把这句话当成一种集结号，象征着人们愿意直面关于秘密精英群体的真相。伊万卡·特朗普接住了马斯克的这个梗，她转发了他的推文，评论道："已服下！"

"唤醒沉睡之人"的心智病毒

"对觉醒文化[1]的心智病毒展开跟踪路由。"

这是马斯克在 2021 年 12 月发布的一条推文，相当不起眼，却反映出他的政治倾向正在发生转变。"跟踪路由"是一个网络命令，用来确定通向某些信息源服务器的路径是什么。马斯克已然踏上了这样一条道路：他要展开一场角斗，一方是他心中那些过犹不及的政治正确思潮，另一方是那些代表着进步思想与社会正义的活动家的觉醒文化思潮。我问他为什么要这么做，他回答说："那些号称能让人觉醒的心智病毒，比如反科学、反精英、反人类思潮，如果不从根本上铲除它们，人类文明永远都不会成为星际文明。"

马斯克如此反应，一部分原因是詹娜变性后彻底投靠了激进社会主义阵营，还决定跟他断绝关系。"他觉得自己失去了一个儿子，这个儿子更名改姓，因'感染'了觉醒文化的心智病毒而不再和他说话。"他的私人财务助理杰瑞德·伯查尔说，"他亲眼见证了这种心智病毒的宗教式洗脑会给个人生活带来怎样的破坏性影响。"

在更世俗意义的层面，他确信所谓的"觉醒文化"会让幽默感荡然无存。他自己常说的笑话里，充斥着性交体位、体液、大便、放屁、嗑药、抽烟的冷笑话，还有那些能让大学宿舍里一帮烂醉的男生哈哈大笑的话题。他曾经是讽刺新闻网站"洋葱"的粉丝，后来转而成为保守派新闻讽刺网站"巴比伦蜜蜂"的忠实拥趸，还在 2021 年年底接受了他们的采访。"觉醒文化想让喜剧变成非法活动，这一点儿都不酷。"马斯克坚称，"想封杀大卫·查普尔[2]？算了吧，疯了吧？我们是不是要让整个社会变得毫无幽默感，充斥着谴责和仇恨，完全不懂得宽恕与谅解？觉醒文化的核心是分裂、

---

1 觉醒文化是 21 世纪 10 年代以来，美国人对有色人种、同性恋社群和女性身份认同政治的左翼政治运动的称谓。觉醒文化最初针对种族歧视，后来拓展至社会不平等、性别和性取向等方面。——译者注

2 大卫·查普尔是美国喜剧演员、编剧、制片人。——译者注

排外和仇恨，它给卑劣的人提供了一把保护伞，让他们在虚伪的美德掩护下演绎着卑鄙和残忍。"

2022年5月，马斯克接到了商业内幕网打来的电话，称他们即将发布一篇报道，曝光他在私人飞机上向一名空姐暴露身体，要求对方帮他按摩，作为回报，他会给她买一匹马，因为她喜欢马。马斯克否认了这些指控，并指出他的私人飞机上没有空姐，另有文件显示这名女性在2018年收到了25万美元。这篇文章发布后，特斯拉的股价随即下跌10%。马斯克对政治的厌恶进一步加深，因为他相信这个故事是有人故意泄露的，而用马斯克的话来说，这个人就是"一个激进的、崇尚觉醒文化的、极左的民主党人"。

在听说这篇报道即将公之于众时，马斯克想通过一条推文将其卷入政治议题，他写道："过去，我把票投给民主党，因为他们（大部分时间）是善良的一方，但现在，他们已经成为充斥着分裂和仇恨的政党，所以我不会再支持他们，而会把票投给共和党。现在好好看看他们在我头上扣的屎盆子吧。"他当时正在前往巴西的路上，去与时任巴西总统的右翼民粹主义者雅伊尔·博索纳罗会面，这又一次说明了马斯克政治立场的转变。在飞机起飞时，他发送了另一条推文："给我泼的脏水应该从政治角度来分析——这是他们（卑劣）的常规手段，但是没有什么能阻止我为美好的未来和大家的言论自由而奋斗。"

第二天，故事并没有像马斯克担心的那样变成爆炸性新闻，于是他又恢复了轻松愉悦的状态。他在推特上写道："我们终于可以给这场丑闻起个名字叫'埃隆门'事件了，太棒了。"他这么嬉闹着，YouTube的联合创始人查德·赫尔利就开了一个关于他的玩笑。马斯克回应说："嗨，查德……好呀，如果你碰了我的'小弟弟'，你就可以得到一匹马。"

拜登

随着他越来越关注觉醒文化，马斯克的政治倾向也发生了变化。他说："这种觉醒文化的心智病毒主要存在于民主党内部，即便多数民主党人并不认同它。"他的这次转舵也是对其中一些民主党人攻击他所做出的回应。马斯克说:"伊丽莎白·沃伦竟然说我是个不交税、占别人便宜的骗子,实际上我是史上纳税最多的人。"进步派加州女议员洛雷娜·冈萨雷斯对他出言不逊,在推特上写道:"干翻埃隆·马斯克。"这让他十分恼火,也让他对加州的印象更差了,他说:"我来到加州时,那是充满机会的热土,而现在,这里遍地都是诉讼、监管和税收。"

马斯克对唐纳德·特朗普的态度是深深的鄙夷,认为他就是个骗子,但马斯克同样不认同拜登:"他还是副总统的时候,我和他在旧金山吃过一顿午餐。他在那里滔滔不绝地讲了一个小时,无聊至极,他像个一上弦就能一遍遍重复无聊短语的玩偶。"尽管如此,2020 年,马斯克说他还是会投票给拜登,但他觉得在此前登记的加州投票是浪费时间,因为该州的投票结果毫无悬念。

2021 年 8 月,总统拜登在白宫举行了一场为电动车行业而庆祝的活动,马斯克对拜登的态度变得更加不屑。通用汽车、福特汽车和克莱斯勒的负责人,还有全美汽车工人联合会的领导者都受邀到场,但马斯克没有被邀请,虽然特斯拉在美国的电动车销量远远超过其他公司的总和。拜登的新闻秘书珍·普萨基直言不讳地说明了原因:"这是全美汽车工人联合会三个最大的雇主,所以不用我多说了吧。"全美汽车工人联合会曾试图让特斯拉的弗里蒙特工厂成立工会,但没有成功,一部分原因是美国国家劳工关系委员会认为该公司采取了非法的抵制工会行动,另一部分原因是(同 Lucid 和 Rivian 等新的电动车公司一样)工人们获得了股票期权,而一般工会合同里是不会有这样的条款的。

同年 11 月,在马斯克看来,拜登做得更过分了:他与通用汽车的首席执行官玛丽·巴拉和全美汽车工人联合会领导者一起参观了底特律的通用汽车厂。"底特律工厂在电动车领域处于世界领先地位。"拜登说,"玛丽,我记得早在 1 月我就和你谈过,美国需要在电动车方面取得领先地位。玛丽,是你领导了这场变革。你让整个汽车产业实现了电气化转型。我很认真地讲,是你的功劳,这很重要。"

事实上,通用汽车虽然在 20 世纪 90 年代就开始引领电动车行业发展,但他们早就偃旗息鼓了。拜登发表这番言论时,通用汽车只剩下一款电动车雪佛兰 Bolt,而且当时已被召回,没有再生产。2021 年第四季度,通用汽车在美国总共售出了 26 辆电动车，而同年特斯拉在美国售出了约 30 万辆电动车。马斯克回应："拜登就是一个湿漉漉的人形袜子玩偶。"[1] 就连经常批评马斯克的彭博社记者达纳·赫尔（马斯克已经在推特上拉黑了她）也写道："拜登最好实事求是，承认特斯拉在电动车革命中的领导地位，整个市场都已经承认了这一点。"

拜登手下的很多工作人员都开特斯拉，他们开始担心总统与马斯克之间的矛盾越来越深。2022 年 2 月初，时任白宫办公厅主任的罗恩·克莱恩和美国国家经济委员会主任布莱恩·迪斯给马斯克打电话。马斯克发现他们二人讲道理的方式倒是让人耳目一新，他们都急于化解马斯克内心的愤怒，承诺总统将公开赞扬特斯拉，并将在他次日的演讲中插入一句话："多家公司已经宣布对美国国内制造业的投资总额将超过 2 000 亿美元，其中既有通用汽车、福特汽车这些标志性公司正在建立的电动车新产能，也有我们国家最大的电动车制造商特斯拉。"虽然这样的表述算不上是对特斯拉的溢美之词，但至少在一段时期内，这次讲话还是成功地安抚了马斯克。

与拜登政府的关系缓和注定不会持续多久。马斯克向特斯拉的高管们发送了一封电子邮件，表达他对经济状况有一种"非常糟糕的感觉"，要求他们为经济衰退做好准备。这封邮件内容泄露后，拜登被问及此事，他突然冒出一句语带嘲讽的话："所以祝他的登月之旅好运啊。"言下之意，他好像认为马斯克是想飞往月球的科学怪人。事实上，SpaceX 的月球登陆器是根据 NASA 的合同为美国政府打造的。拜登说了这句话几分钟后，马斯克就在推特上嘲笑他的无知："谢谢总统先生！"他还附上了 NASA 新闻稿的链接，文中写明 SpaceX 赢得了将美国宇航员送上月球的合同。

在 4 月的一次电话会上，拜登的顾问介绍了尚未最终敲定的《通胀削减法案》中对电动车产业的激励措施。马斯克对这些措施的构思之妙感到又惊又喜，但他对政府在三年内花费 50 亿美元建立电动车充电网络的计划表示反对。虽然这样可以帮到特斯拉，但马斯克认为政府不应该参与建

1　这句话意在批评、质疑拜登的领导能力和独立思考能力，暗示他似乎没有在总统的位置上发挥积极作用，更像是一个缺乏活力的、被他人操控的傀儡。——译者注

设充电站的业务，就像政府不应该参与建设加油站一样，这事最好由私人部门来做，可以是大公司，也可以是小公司。私人部门会想尽办法吸引客户，在餐馆、路边景点和便利店等地点建设充电站。但如果是由政府建设充电站，就会扼杀这些公司的投资意愿。马斯克承诺特斯拉的充电桩将对其他电动车开放，他在电话中这样承诺："我想让你们知道，我们的车辆和充电站的充电机制是可以彼此兼容的。"

想实现这种技术，没有听起来这么简单。特斯拉的超级充电站需要增加适配器，才能与其他电动车所用的连接器适配，这就必须在财务支出方面展开斡旋。在基础设施领域大权在握的白宫官员米奇·兰德里欧前往特斯拉的内华达电池工厂视察，听取了有关技术细节的介绍。随后兰德里欧和拜登的清洁能源创新高级顾问约翰·波德斯塔在华盛顿与马斯克举行了小型会议，在细节方面达成一致。结果，政府和马斯克方面开始罕见地在推特上相互捧场。白宫顾问们为拜登写了这样一条推文："埃隆·马斯克将向所有品牌电动车的司机开放特斯拉的大部分充电网络。"马斯克回复说："这是件大事，它会带来巨大的变化，谢谢你们。特斯拉很高兴通过自身的超级充电站网络为其他品牌电动车提供支持。"

一个自由意志主义者的圈子

2022 年年初，马斯克决定在特斯拉即将完工的得州超级工厂举办一场即兴派对。他的副手奥米德·阿夫沙尔征用了一辆 Cybertruck 原型车，找人把它抬到工厂 2 层的空地上。他搭起了一个酒吧，用没制作完成的车辆座椅布置了一处休息区，还在周围放了几个装配线上的机器人供大家娱乐。

马斯克邀请了他的朋友、PayPal 的联合创始人、SpaceX 的投资人卢克·诺塞克，诺塞克还建议把乔·罗根也叫过来，这位为自己的"政治不正确"而感到自豪的主播常驻奥斯汀。马斯克在 2018 年经历动荡的时期曾在罗根的节目中抽过大麻。诺塞克还邀请了当时正在此地拜访的加拿大心理学家乔丹·彼得森，这位访客偶尔也会对觉醒文化发起挑战。彼得森身穿灰色天鹅绒领夹克，搭配灰色天鹅绒镶边的马甲来到现场。派对结束后，包括马斯克、罗根、彼得森和格莱姆斯在内的一小撮人又去了诺塞克家，他们在那里一直聊到快凌晨3点。

诺塞克出生于波兰，从在伊利诺伊大学读书时起，他就一直是坚定的自由意志主义者[1]，他在学校时与马克斯·列夫琴有过非常深入的探讨。后来他俩与马斯克，还有更笃信自由意志主义的彼得·蒂尔一起成为 PayPal 的联合创始人。蒂尔 2016 年在家里跟一小撮人共同庆祝特朗普大选获胜，诺塞克当时也在场。

马斯克在奥斯汀的朋友圈里还有曾担任特朗普政府驻瑞典大使的 PayPal 联合创始人肯·豪厄里，以及年轻的科技企业家乔·朗斯代尔，他是蒂尔的另一位门徒，还有一位他在 PayPal 时期结交的朋友——旧金山的企业家、风险投资家戴维·萨克斯。此人的政治立场并不僵化，他曾支持米特·罗姆尼，也支持过希拉里·克林顿。他从学生时代就开始关注当时所谓的"政治正确"，并于 1995 年与蒂尔合著了一本书，名为"多元神话——校园的多元文化主义和政治不宽容"。在这本书中他们以母校斯坦福大学为例，谴责"政治正确的'多元文化主义'对高等教育和学术自由造成的削弱性影响"。

这几个人当中，没有一个能左右马斯克的政治观点，所以把他们当作在幕后给马斯克洗脑的人，这种看法是不对的。马斯克是凭着自己的天性和直觉而固执己见的。但是这几位倒是会撩拨起他反觉醒文化的劲头。

马斯克在 2022 年的意识形态倾向就像"跳房子"游戏一样不断向右，最后落到了右翼阵营。这让他那些追求进步思想的朋友感到不安，包括他的第一任妻子贾丝廷和现任女友格莱姆斯。贾丝廷在那年发推文说："所谓'反觉醒文化的战争'是有史以来最蠢的运动之一。"马斯克还给格莱姆斯发信息，内容围绕着右翼思想的备忘录和阴谋论，她回复说："你这是从 4chan[2] 上抄下来的还是什么？你怎么越来越像一个极右翼分子？"

1　自由意志主义者（libertarian）不能与自由主义者（liberalist）画等号，例如虽然二者都支持市场经济，但前者主张在社会和经济领域内限制政府干预，而后者认为政府有责任解决社会经济不平等问题，并提供教育、医疗保健和福利等基本服务。——译者注

2　4chan 是美国的一个贴图讨论版网站，原本是为了分享图片和讨论日本动漫文化而建，现在许多英文网络流行内容源于此网站。——译者注

马斯克在这一阶段开始疯狂痴迷于反觉醒文化，偶尔还流露出对另类右翼阴谋论的认可，令人感觉很别扭。这些事一波接着一波，就像他人格中的"恶魔模式"一样，都不是他平时正常时候的状态。大部分时间，他都声称自己是中间派、温和派，即便他天生就抵触各种条条框框，让他有着一种自由意志主义的倾向。马斯克为奥巴马的竞选活动捐款，还曾在一次活动中为了与他握手排了六个小时的队。2022 年马斯克在一条推文中写道："我正在考虑创建一个'超级温和派的超级政治行动委员会'，支持所有政党中持中间派观点的候选人。"马斯克在那年夏天晚些时候飞去参加了共和党众议院领袖凯文·麦卡锡的政治行动委员会筹款活动。他在推特上给自己也给粉丝打了个预防针，一些人认为他可能要完全投靠特朗普"让美国再次伟大"的意识形态阵营，他想让他们放心："这么说吧，我支持共和党的左翼和民主党的右翼！"

但马斯克的政治倾向就像他的情绪一样善变。整个 2022 年，他都在这两种状态里循环往复：时而对温和派路线充满了溢美之词，时而又觉得觉醒文化和精英阶层编织的阴谋对人类生存构成威胁并因此恼羞成怒。

《低模之战》

了解马斯克的一把钥匙就是理解他对电子游戏的热爱：他的紧张、他的专注、他的血性、他的顽固、他的老谋深算，无不倾注其中。在游戏中流连几个小时，既是他发泄情绪（或积蓄能量）的方式，也能够磨炼他的战术技能和商业战略思维。

他 13 岁在南非自学了编程以后，就写了一个名为"导火线"的电子游戏。他可以侵入游戏机系统，这样就能免费玩街机游戏，后来他又考虑创办自己的电子游戏厅，还曾在一家游戏制作公司实习。读大学时，他开始专注于策略游戏，从《文明》和《魔兽争霸》开始，玩家在这些游戏中轮番出招，在军事战役或经济竞争中利用巧妙的战略、对资源的管理和缜密的战术决策思维来赢得胜利。

2021 年，马斯克迷上了用手机玩一款新的多人策略游戏——《低模之战》。在游戏中，玩家从 16 个角色中选择 1 个，形成部落，互相竞争，开发技术，夺取资源，发动战争，建立帝国。他玩得过于得心应手，以至于打败了这款游戏的瑞典开发者费利克斯·埃肯斯坦。他对这个游戏的热情说明了什么？马斯克回答："可以说我就是为战争而生的。"

希冯·齐里斯也把游戏下载到她的手机上，这样他们就可以一起玩。她说："我就这么沉迷了，没想到还学到了很多人生经验，领教了很多关于人与人竞争的奇特故事。"有一天在博卡奇卡，马斯克与一些工程师就移动星舰助推器时到底该不该用保险链激烈争论，之后他找到停车场边缘的一台设备坐下，用手机与身在奥斯汀的齐里斯玩了两局《低模之战》，二人打得很激烈。齐里斯说："这两局他都彻底击败了我。"

马斯克还说动格莱姆斯也下载了这个游戏，她说："除了打游戏，他没有其他爱好或者放松的方式，但他玩游戏实在是太较真了，搞得剑拔弩张的。"在一局游戏里，他俩都同意结盟，一起反对其他部落，结果她出其不意地用一个火焰球攻击他。"那次我们吵得厉害，在所有吵过的架里能排上前几名，"格莱姆斯说，"他把这次游戏经历当成了我对他深深的背叛。"格莱姆斯表示抗议，说这只是一个游戏，又不是什么大事。马斯克却对她说："闭嘴吧！这问题大了去了！"当天他就再没有跟她说过话。

去参观特斯拉的柏林工厂时，他因沉浸在《低模之战》中而耽误了与当地经理的会面。梅耶也参加了这次活动，所以她批评了儿子。"是的，我错了！"马斯克承认，"但这是有史以来最好玩的游戏。"在坐飞机回家的途中，他一整晚都在玩这个游戏。

几个月后，在墨西哥圣卢卡斯角，在弟媳克里斯蒂娜·马斯克的生日派对现场，马斯克有时待在房间里，有时待在角落里，一连几个小时都在玩游戏。"来吧来吧，跟大家一块儿待会儿啊。"克里斯蒂娜央告道，可他还是拒绝了。金博尔也玩上了这款游戏，目的是能跟哥哥走得更近。"他说这能教会我像他一样做好首席执行官，"金博尔说，"我们称之为'低模之战的人生小课堂'。"课程核心要点包括以下几点。

同理心不是公司的资产。"他知道我天生就有同理心，但这种特质对我开展商业活动是不利的。"金博尔说，"《低模之战》教会我摒弃同理心，像他一样思考。因为你在玩游戏时肯定没有同理心，对吗？"

把生活当作游戏来玩。"我有一种感觉，"齐里斯曾对马斯克说，"小时候你玩这种策略游戏，你妈把电脑电源拔了，你都没注意到，你一直在生活中游戏，就好像它就是策略游戏。"

不要惧怕失败。"你总会输的，"马斯克说，"前50次都很痛苦，但是当你已经习惯失败，你就会带着更少的负面情绪参与每一次游戏。"更无畏的人会愿意承担更大的风险。

要主动出击。"我这个人有点儿加拿大人的那种性格：没事不惹事，有事不怕事。"齐里斯说，"我打游戏的方式就是对其他人的行动做出反应，而不是主动谋划我自己的最佳战略。"齐里斯意识到她的这个特点也体现在许多女性身上，这反映出她在工作中的行为模式。马斯克和马克·容科萨都告诉她，除非她主动制定战略，否则永远都不可能获胜。

优化每个回合的策略。在《低模之战》中你只有30个回合，所以你需要优化每个回合的动作。马斯克说："就像在《低模之战》中一样，你在生活中能出手的次数也是有限的，我们如果有几个回合松懈了，就永远无法到达火星。"

双倍下注。"埃隆在游戏中总是在突破可能的极限，"齐里斯说，"而且他总是双倍下注，再把手头的一切都投入下一轮游戏，不断成长壮大，就像他这一生中一直在做的那样。"

为战斗分配好资源。在《低模之战》中，你可能会发现自己被六个以上的部落包围着，他们都在进攻你。你如果要同时应对所有人，肯定会输。马斯克从来没有彻底搞定过这种局面，而这时齐里斯反而成了他的老师。她对他说："嘿，现在他们都在针对你，但你要是多线作战，资源必然耗尽。"她把她的应对之策称为"好钢用在刀刃上"，这也是她想在推特这件事上传授给马斯克的经验，但她未能如愿。

玩游戏适可而止。金博尔说："我不能老玩游戏，游戏影响了我的婚姻质量。"希冯·齐里斯也把《低模之战》从手机中删掉了，格莱姆斯也是。有一段时间，马斯克也这样做了。"我不得不卸载了《低模之战》，因为它太费脑细胞了，"他说，"我有时候做梦都能梦见《低模之战》。"但是，马斯克从来也没做到"玩游戏适可而止"，几个月后，他把这款游戏又装了回来。

70

支持和平

2022 年

星链救援

2022 年 2 月 24 日，俄罗斯对乌克兰发动特别军事行动前一小时，美国卫星通信公司卫讯的路由器遭到网络攻击，导致乌克兰的通信和互联网服务中断。乌克兰军队的指挥系统瘫痪，几乎无法进行防御。乌克兰高级官员疯狂呼吁马斯克伸出援手，副总理米哈伊洛·费多罗夫在推特上敦促他提供网络连接服务。他恳求道："我们请求你为乌克兰提供星链站点。"

马斯克同意了。两天后，500 个星链终端送抵乌克兰。"美国军方希望在运输方面帮助我们，大家会团结起来！"格温·肖特韦尔给马斯克发了电子邮件。

马斯克回应："听起来不错啊！"他与乌克兰总统弗拉基米尔·泽连斯基用 Zoom 软件通了一次电话，讨论了更大规模的物流计划，还承诺在战争结束后访问乌克兰。

SpaceX 的星链业务运营主管劳伦·德雷尔开始每天向马斯克发送两次更新的情况。她在 3 月 1 日写道："俄罗斯今天切断了乌克兰的很多通信基础设施，一些星链套件已经能够支持乌克兰武装部队继续运行战区指挥中心，这些套件发挥的作用可能是举足轻重的。他们还要我们提供更多套件。"

第二天，SpaceX 又借道波兰发过去 2 000 个终端，但德雷尔说一些地区停电了，所以许多终端无法正常工作。"我们可以给他们用船送过去一些野营用的'太阳能板+储能电池'套件，"马斯克回答，"他们也可以用特斯拉 Powerwall 或者 Megapack 。"储能电池和太阳能板很快就被运往乌克兰。

那一周的每一天，马斯克都与星链的工程师举行定期会议。到了周日，SpaceX 为一个乌克兰特种作战旅提供了语音通信服务。星链套件还为乌克兰军队和美国联合特种作战司令部提供了通信支持，帮助乌克兰的电视广播恢复了正常。几天内，又有 6 000 个终端和天线运抵乌克兰。到 7 月，乌克兰运行着 15 000 个星链终端。

关于星链的报道很快就铺天盖地。美国政治新闻网 Politico 的记者在介绍完乌克兰前线士兵使用星链服务后写道："乌克兰冲突为马斯克和

SpaceX 刚刚起步的卫星网络提供了一个极限环境中的试验场，让很多西方国家的军队羡慕不已。星链公司几天内向乌克兰提供了数千个背包大小的卫星信号接收站并能保持不掉线，指挥官们对此印象深刻。"《华尔街日报》也做了专题报道，称一位乌克兰排长告诉该报记者："没有星链的话，我们就会输掉这场战争。"

星链公司为这次提供的天线和通信服务垫付了大约一半的费用。马斯克在 3 月 12 日写信给德雷尔："到目前为止，我们已经捐了多少？"德雷尔回答说："2 000 个免费的星链终端，还有免费的包月通信服务。另外，还有 300 个以极低的价格出售给了利沃夫信息技术协会，并且免除了服务费。"公司很快又捐赠了 1 600 台星链终端，马斯克估计他们贡献的产品和服务总额大约为 8 000 万美元。

其他方面的资金支持来自多个国家的政府机构，也有来自私人的捐款。历史学家尼尔·弗格森向朋友们群发了一封电子邮件，希望筹集 500 万美元，用来购买 5 000 套星链套件并运输到乌克兰。"如果你愿意捐款，请尽快告诉我。"他写道，"在保证乌克兰政府的通信过程中，星链所发挥的关键作用，我怎么强调都不过分。"过了三个小时，他收到了赛富时公司的联合创始人、亿万富翁马克·贝尼奥夫的回复："我捐 100 万美元，埃隆威武！"

好事难

马斯克给我发了条信息："这可能会是一场巨大的灾难。"那是 2022 年 9 月一个周五的晚上，马斯克进入了"戏剧性危机"模式，不过这次事出有因。有一个危险而棘手的问题浮现出来，那就是在他看来，这场军事冲突可能引发一场核战争，"这种可能性非同小可"，而星链要承担其中一部分责任。乌克兰军方当时正试图通过派遣六艘装满炸药的小型无人潜艇，对驻扎在克里米亚塞瓦斯托波尔的俄罗斯海军舰队展开偷袭，他们正是使用星链导航来抵达预定地点的。

尽管马斯克曾欣然表示支持乌克兰，但一谈到如何看待这场冲突中的外交风云，他的本能就是秉持着现实主义的思路，体现出了一个典型的欧洲军事史学生的想法。他认为乌克兰针对俄罗斯在 2014 年"吞并"克里米亚一事发动攻击是鲁莽的行为。俄罗斯大使在几周前的一次谈话中曾警告，攻击克里米亚是一条红线，触及红线可能会招致核报复。马斯克向我阐述了俄罗斯法律和相关学说中的细节，它们都为俄罗斯可能做出的这一反应提供了法理上的正当性支持。

那一整晚，直到深夜时分，马斯克都亲自上阵以应对这一情况。他断定，如果允许使用星链展开这样的攻击，那么对全世界来说可能就是一场灾难。所以他秘密地告知手下的工程师，关闭对克里米亚海岸 100 千米范围内的信号覆盖。结果，当乌克兰无人潜艇靠近塞瓦斯托波尔的俄罗斯舰队时，它们失去了星链的信号，被冲到了岸上，没有造成任何危害。

乌克兰军方在执行任务时发现星链停止服务，于是无数的电话和信息涌向马斯克，纷纷要求马斯克重新开启对克里米亚的信号覆盖。最初向他寻求帮助的乌克兰副总理米哈伊洛·费多罗夫秘密同他分享了很多细节，阐述无人潜艇对于帮助他们赢得这场战争多么重要。"我们自己制造了无人潜艇，它们可以摧毁任何巡洋舰和潜艇。"他用一个加密的应用程序发了这条信息，"我没有与任何人分享这些信息。我只想让你知道这些，因为你是那个用技术改变世界的人。"

马斯克回答说，无人潜艇的设计令人印象深刻，但他拒绝重新开启信号覆盖，他认为乌克兰"已经在战争的路上走得太远，最终会招致战略性失败"。马斯克与拜登手下的国家安全事务助理杰克·沙利文和参谋长联席会议主席马克·米利将军讨论了这一情况，向他们解释说 SpaceX 不希望星链被用于进攻性军事目的。马斯克还打电话给俄驻美大使，向他保证星链只用于防御目的。"我认为如果乌克兰发起的进攻成功击沉了俄罗斯舰队，那就像一场小型的珍珠港事件，会导致局面出现重大升级，"马斯克说，"我们不想参与其中。"

马斯克展望未来的时候，经常抱有世界末日论的观点。无论是商业上还是政治上，他脑袋上就像长了一根天线，专门负责接收灾难降临的信号，一旦收到信号，他就会兴奋起来。2022 年，他所观察到的世界性事务中隐隐浮现出许多灾祸与凶兆，他为此感到震惊。他还确信，俄乌冲突如果拖延下去，可能会导致军事动荡和经济灾难。

马斯克主动帮助寻找俄乌冲突的解决之道，他提出了一项和平计划，其中包括在顿巴斯和俄罗斯控制的其他地区举行新的全民公投、接受克里米亚是俄罗斯的一部分，并保证乌克兰仍然是一个"中立"国家，不会成为北约的一部分。这个提议激起了轩然大波。乌克兰驻德国大使在推特上写道："我用外交辞令回复你：滚！"乌克兰总统泽连斯基则更谨慎一些，他在推特上发布了一项民意调查："你更喜欢哪个埃隆·马斯克：是支持乌克兰的马斯克，还是支持俄罗斯的马斯克？"

马斯克在随后发布的推文中收敛了一些。"到目前为止，SpaceX 在乌克兰启动星链并提供技术服务支持，为此自掏腰包近 8 000 万美元，"他在回答泽连斯基的问题时说，"而我们对俄罗斯的支持是 0。很显然，我们是支持乌克兰的。"但随后他又说："夺回克里米亚的尝试将造成大量伤亡，而且很可能失败，有引发核战争的风险。这对乌克兰和整个地球来说都是不堪设想的。"

10 月初，马斯克对使用星链展开进攻行动的限制范围进一步扩大，在俄罗斯控制的乌克兰南部和东部地区，一些信号覆盖也停止了。又一波来电涌向他，向他强调星链正在发挥的巨大作用。乌克兰和美国都没能找到其他卫星通信服务供应商，也没找到任何一套通信系统能与星链相媲美，能够抵御俄罗斯黑客的攻击。可马斯克觉得自己的良苦用心得不到认可，伸过脸去还被打了一巴掌，于是他提出 SpaceX 不愿意再继续为这项服务贴钱。

格温·肖特韦尔也强烈支持 SpaceX 停止对乌克兰的军事行动提供资助。提供人道主义援助是好事，但私营公司不应该资助外国的战争，这种事应该留给政府去做，这就是为什么美国有一个外国军事销售制度的项目，在私营公司和外国政府之间设置了一层保护。其他公司，包括那些大发其财的大型国防承包商，它们向乌克兰提供武器，要价几十亿美元。所以这样看起来，还没有实现盈利的星链公司免费给乌克兰提供"武器"似乎不太公平。肖特韦尔说："我们最初为乌克兰人提供免费服务，是出于人道主义和防御目的，比如让他们的医院和银行系统保持运转，但后来他们开始把我们的东西放在无人机上，还想炸毁俄罗斯船只。我很乐意为救护车、医院和产妇们提供免费服务，那是我们作为公司和公民应该做的，但是让我们给军用无人机的袭击行动提供资助就不行。"

肖特韦尔开始与五角大楼就一项合同进行谈判。SpaceX 将继续为用于人道主义目的的终端提供额外 6 个月的免费服务，但它将不再为军队使用的终端提供免费服务，五角大楼应该为此买单。达成这项协议后，五角大楼将向 SpaceX 支付 1.45 亿美元以购买这项服务。

这件事被泄露后，网友们在媒体和"推特空间"中掀起了对马斯克的口诛笔伐。马斯克决定撤回他的资助请求，SpaceX 将为已经在乌克兰服役的终端提供无限期的免费服务。他在推特上写道："管他呢，虽然星链还在亏损，而其他公司从纳税人的口袋里拿走了数十亿美元，我们还是会继续免费资助乌克兰政府。"

肖特韦尔认为这样做很荒唐："真的，五角大楼准备了一张 1.45 亿美元的支票递给我，可是推特网友骂一骂，埃隆就屈服了。是五角大楼中那些仇视埃隆的人泄露了这份合同，而他却觉得人言可畏。"

他的朋友戴维·萨克斯在推特上说："好人难当，好事难做啊。"

马斯克回应说："尽管如此，我们还是应该做善事。"

乌克兰副总理米哈伊洛·费多罗夫向马斯克发了一条加密信息，向他表示感谢，同时也想息事宁人。费多罗夫说："不是每个人都能理解你对乌克兰的贡献。我相信，如果没有星链，我们都无法正常运转。再次感谢。"

费多罗夫说，他理解马斯克的立场——为什么不允许星链被用于攻击克里米亚的行动。但他说服了马斯克，允许乌克兰在南部和东部的俄罗斯控制区将星链服务用于作战，结果就促成了一场双方极度坦诚的秘密交流。

费多罗夫：将这些领土排除在星链覆盖范围外是绝对不公平的。我来自扎波罗热地区的瓦西里基夫卡，我的父母和朋友都住在那里。现在这个村子被俄罗斯军队占领，当地居民迫不及待地想要得到解放……9 月底，我们注意到星链在被解放的村庄无法正常工作，导致我们无法恢复这些领土上的重要基础设施。对我们来说，这是一个生死攸关的问题。

马斯克：一旦俄罗斯人完全动员起来，他们将摧毁乌克兰所有的基础设施，覆盖范围远远超过目前占领的区域。北约将不得不出手干预，到那时，第三次世界大战一触即发。

费多罗夫：动员部队同技术影响战争的方式不一样——这是一场科技战……

马斯克：这场冲突给世界带来了灾难性风险……寻求和平解决方案吧……我们来讨论一下这个问题，我将支持务实的、有利于全人类福祉的和平行动。

费多罗夫：我理解。我们是站在乌克兰人民的立场，而你是从想要拯救人类的立场出发。而且你不只是口头上表达一下这些愿望，你是身体力行，你比任何人为此付出的都更多。

在与费多罗夫交流之后，马斯克感到很沮丧。"我怎么就卷入这场战争了？"他在一次深夜的电话交流中问我，"星链不是用来打仗的，我们做星链是为了让大家能在流媒体上看电视剧，能为那些精彩的剧集而激动，让人们可以参与在线教学，满足大家那些美好又和平的愿望，而不是帮着无人机搞袭击的。"

最后在肖特韦尔的帮助下，SpaceX 与各政府机构达成协议，政府为在乌克兰增设星链服务买单，由军方制定服务条款。2023 年年初，超过 10 万根新天线送抵乌克兰。此外，星链还推出了一项名为"星盾"的配套服务，这是专门为军事用途设计的。SpaceX 向美国军方和其他机构出售或授权星盾卫星服务，允许政府来决定在乌克兰和其他地方使用它们的方式和启用它们的条件。

71

比尔·盖茨

2022 年

2015 年，与盖茨一同出席博鳌亚洲论坛

拜访

2022 年年初，比尔·盖茨在一场会议上碰到马斯克，对他说："你好啊，我很想过去拜访你，跟你谈谈慈善事业和气候问题。"当时，马斯克因为卖出了股票，出于税收原因，将 57 亿美元投入了他建立的一个慈善基金，而盖茨当时把大部分时间都花在了慈善事业上，所以他有很多建议想跟马斯克提一提。

他们过去有过几次友好的互动，包括盖茨曾带儿子罗里到 SpaceX 参观。马斯克一直以来都比大多数科技工作者更喜欢微软的操作系统，在他心里，盖茨同他一样，也是一个硬核科技男，通过自己的不懈奋斗创立了一家公司。他们计划安排一次会面，盖茨有一个日程协调员和助理组成的团队，他说他会让工作人员给马斯克的协调人员打电话。

"我没有协调人员。"马斯克回答道。他已经下定决心摆脱私人助理和协调人员，因为他想完全掌控自己的日常安排。马斯克补充说："让你的助理直接给我打电话就行了。"盖茨认为马斯克没有日程安排是"很奇怪的"，让自己的助理直接给马斯克打电话就更奇怪了，所以他亲自打来电话，安排了一个他们可以在奥斯汀会面的时间。

"刚刚落地。"盖茨在 2022 年 3 月 9 日下午发来信息。

"好啊。"马斯克回答。他让奥米德·阿夫沙尔到得州超级工厂门口去迎接盖茨。

能被冠以"世界首富"称号的人本就凤毛麟角，而就在这一小撮人当中，马斯克和盖茨身上还有着一些相似的地方。二人都擅长缜密的分析，有着如激光一般全神贯注的能力，还有一种智识上的优越感，这种优越感渐渐演化成了一种傲慢——他俩都受不了愚蠢的人。所有这些特点汇聚到一起，结果就是他们早晚得起冲突，而马斯克刚刚开始带盖茨参观工厂，冲突就爆发了。

盖茨认为，电池永远无法为大型半挂卡车提供动力，太阳能也不会成为解决气候问题的主要技术路线。盖茨说："我给他看了一些数据，在这个领域，我显然知道一些他不知道的东西。"他还在火星问题上让马斯克难堪，盖茨后来告诉我："我不沉迷于殖民火星的问题，但他在火星问题上想得就比较离谱。我让他解释一下他对火星问题是怎么考虑的，他的想法就很奇怪，可以说很疯狂，就好像地球上有一场核战争，所以殖民火星的人能够躲避战争从而幸存。他们会回到地球，你知道吗，就是等我们地球人自相残杀结束之后，他们还好好活着呢。"

不过盖茨发现马斯克打造的这座工厂相当惊艳，还有他对每台机器和流程的细节如数家珍，这也让盖茨刮目相看。SpaceX 部署的大规模星链卫星群从太空向地球提供互联网服务，盖茨对此表示钦佩，他说："星链做成了我 20 年前在泰利迪斯公司想做却没做成的事。"

在参观结束时，二人的话题转向了慈善事业。马斯克表示，他认为大部分慈善事业都是"狗屁"，他估计每投入 1 美元，只会产生 20 美分的影响。而他可以通过投资特斯拉为气候变化做更多有益之事。

盖茨回答："嘿，我给你看五个项目，每个项目 1 亿美元。"他列出的待资助项目分别涉及难民、美国学校、治疗艾滋病、通过基因驱动技术根除某些种类的蚊子，以及能够抵御气候变化影响的转基因种子。盖茨在慈善事业上非常用心，他答应为马斯克写一份"关于这些想法的、篇幅超长的项目描述"。

他们二人无法回避一个颇具争议的问题，就是盖茨曾经做空特斯拉的股票，下了很大的注，认为股价一定会下跌，事实证明他错了。他抵达奥斯汀之时已经为此损失了 15 亿美元。马斯克听说了这件事就很生气，做空者占据着他社交黑名单上最核心的部分。盖茨说他很抱歉，但这并没能安抚马斯克的情绪。"我向他道歉了，"盖茨说，"可是他一听说我做空了特斯拉股票，就对我非常刻薄。不过他对很多人都很刻薄，所以也不用太放在心上。"

这场争论反映出二人迥异的心态。我问盖茨为什么要做空特斯拉股票，他解释说，他计算出电动车市场将供大于求，会导致价格下跌。我点了点头，但他没回答我的问题：他为什么要做空特斯拉股票？盖茨看着我，好像我没理解他刚才的解释，随后还是回答了我，虽然他觉得答案已经不言自明——他认为通过做空特斯拉股票可以赚到钱。

这种思维方式对马斯克来说是不可思议的，他相信推动全球的车辆电气化转型是他的使命，他把手头所有的钱都投入了这个领域，哪怕这看起来不是一项很稳妥的投资。马斯克在盖茨到访的几天后问我："一个人怎么能一边说他非常关心应对气候变化的问题，一边针对其中贡献最多的公司去削减他们的整体投资呢？这太虚伪了！要是一家经营可持续能源的公司失败了，你难道还要从中渔利吗？"

格莱姆斯补充了她自己对这一事件的解读："我觉得这就像两个男孩子想比比看谁的小鸡鸡更大。"

盖茨在4月中旬又联系了马斯克，他发来了一份他说过的慈善项目文件，这份文件是他亲自执笔的。马斯克只回了一个简单的问题："你是不是还拿着5亿美元的特斯拉空头头寸呢？"

盖茨当时正和儿子罗里坐在华盛顿特区四季酒店的餐厅里，罗里刚刚在那边研究生入学不久。盖茨笑了笑，给罗里看了这段文字，征求他的意见该怎么回复马斯克。

"只要承认就好了，然后赶紧换个话题。"罗里建议。

盖茨试了一下，他回信息说："很抱歉，我还没有清空。然后我想跟你讨论一下，我们在哪些慈善事业上可以合作。"

结果马斯克不搭理他的提议。"对不起！"马斯克立即回击，"特斯拉在应对气候变化方面是贡献最多的公司，而你正持有大量空头头寸，那么我就没办法认真对待你在气候变化方面的慈善事业。"

愤怒时的马斯克会变得刻薄，这在推特上体现得尤为明显。他在推特上发布了一张照片，照片中的盖茨身穿高尔夫球衫，肚子圆滚滚的，看起来就像怀孕了。马斯克的评论是："以防你需要快速减肥。"

盖茨实在搞不懂，马斯克为什么对他做空特斯拉股票这么不满。而马斯克对于盖茨的迷惑也同样感到不解，他在与盖茨交流后立即给我发了信息："在这一点上，我相信他绝对是个疯子（说白了就是个浑蛋）。我确实是想跟他交朋友来着（叹气）。"

不过对于马斯克，盖茨的态度则友善得多。那年晚些时候，他参加了华盛顿特区的一场晚宴，当时人们正在批评马斯克。盖茨说："关于埃隆的做法，你怎么看都行，但在我们这个时代，在推动科学和创新的边界方面，没有人比他做得更多。"

慈善事业

多年来，马斯克对慈善事业都没有表现出兴趣。他认为，助力全人类的发展最好的方式就是把他的资金都投入自己的公司，这些公司追求的目标是实现能源可持续、太空探索和安全的人工智能。

比尔·盖茨拜访马斯克并给他带来慈善事业的提议之后，过了几天，马斯克同私人财务助理伯查尔和四名遗产规划顾问坐在工厂夹层中的一张开放式桌子周围，俯瞰着特斯拉得州超级工厂的装配线。尽管盖茨没有说服他投身慈善事业，但他希望能听一听这些人的想法，资助一些比传统慈善基金更具操作性的事业。

伯查尔提出的方案是创建一家非营利性控股公司，很多家非营利性机构都可以得到它的指导和资助。正如伯查尔所说，这种控制结构类似于霍华德·休斯医学研究所的结构。"我们步子不用迈太大，一小步一小步地来，"伯查尔告诉我，"但最后可以成就一个体量相当大的东西，比如一个完整的高等学府。"

虽然这个概念吸引了马斯克，但他还没有准备好投身其中。他在离席时说："我现在要考虑的其他事太多了。"

他的确太忙了。2022年4月6日，他在为得州超级工厂的开业做准备，花了一上午在 Model Y 的装配线旁边走来走去，忙忙叨叨地做了一番检查，还批准了"赛博牛仔节"派对策划方案的各项细节。这一天也是他与白宫官员就贸易和电池补贴等问题举行电话会议的日子。当天马斯克头脑里想的主要事情是：他刚刚接受了一个提议，但对这个提议又有了新想法。他要加入一家公司的董事会，而他从当年1月开始就在秘密地买入这家公司的股票。

72

积极的投资者

推特，2022 年 1—4 月

帕拉格·阿格拉瓦尔（左）与杰克·多尔西（右）

风暴来临前

2022 年 4 月，马斯克手头的事情进展得格外顺利。在过去 12 个月里，特斯拉没有花一分钱做广告，销售额却增长了 71%，其股价在 5 年内涨了 15 倍，市值超过了第 2 ~ 10 名车企市值的总和。马斯克对微型芯片供应商发起猛烈抨击，这意味着特斯拉与其他车企不同，在新冠大流行造成的供应链紊乱中幸存了下来，让他们在 2022 年第一季度实现了创纪录的交付成绩。

而 SpaceX 在 2022 年第一季度发射进入预定轨道的有效载荷质量是其他所有公司、所有国家发射的质量总和的两倍多。4 月，SpaceX 完成了第四次前往国际空间站的载人航天任务，为（仍没有自主发射能力的）NASA 和欧洲航天局运送了三名宇航员。当月，SpaceX 还将另一批星链通信卫星送入了预定轨道，这样 SpaceX 卫星群中的卫星数量达到了 2 100 颗，为包括乌克兰在内的 40 个国家的 50 万用户提供互联网连接服务。没有其他公司或其他国家能够做到安全地让轨道运载火箭完成着陆并重复使用这些火箭。马斯克在推特上说："有一点特别奇怪，这么多年过去了，猎鹰 9 号还是唯一一个能降落、能再次飞行的轨道助推器！"

结果是他作为创始投资人和公司创始人所创立的四家公司的市值/估值分别达到了：

特斯拉——1 万亿美元；

SpaceX——1 000 亿美元；

Boring Company——56 亿美元；

Neuralink——10 亿美元。

这注定是辉煌的一年，只要他能不折腾，让大家各得其所。但是按马斯克的天性，他怎么可能不折腾呢？

希冯·齐里斯注意到，到 4 月初，他的状态就像一个游戏成瘾的人，明明已经打通关了，却浑身躁动不安，就是不肯下场。"你不用一直处于战斗状态啊，"她在那个月告诉马斯克，"还是说你只要能开战，就能找到一种心理慰藉？"

"我这个人的'出厂设置'里就自带了这种状态。"马斯克回答道。

"这就像是他在游戏模拟器里已经取胜，却感到茫然不知所措，"齐里斯说，"他受不了长时间的风平浪静。"

就在那个月，有一次谈话的主题是为什么他的公司取得了截至当时的巨大成就，他向我解释了一番，在他心中为什么特斯拉正在朝着"世界上最有价值的公司"这一方向稳步迈进，为什么它有朝一日能创造每年1万亿美元的利润。然而他的语调中没有欢庆的雀跃之情，甚至都没有志得意满的感觉。马斯克说："我觉得我一直都是这种状态，要么把筹码再推回牌桌上，要么去打游戏的下一关，总之我不会安于现状。"

一般来说，在这种令人不安的成功时刻，马斯克会刻意制造出戏剧性事件。他会发起一场狂飙运动，立即投入行动，再宣布一个最后期限，通常这个期限不仅不切实际，而且毫无必要。自动驾驶日、星舰火箭堆叠、太阳能屋顶安装、特斯拉量产地狱，每一次都是他拉响了警报，强迫大家开展"消防演习"。金博尔说："通常情况下，他会走进他旗下的某家公司，搞点儿事情，把它变成一场危机。"但这次马斯克没有这样做，取而代之的是，他在没有经过深思熟虑的情况下决定收购推特。

给拇指装上火焰喷射器

马斯克在2022年年初那段令人忐忑不安的平静期，恰好也是他口袋里钱突然变多的时候，他卖股票变现了大约100亿美元。这可就要命了。"我不想把钱留在银行里，"他说，"所以我问自己喜欢什么产品，答案很简单，那就是推特。"1月，他秘密授意他的私人财务助理杰瑞德·伯查尔开始买入推特股票。

推特是马斯克理想的游乐场，或许"理想"得有些过头了。推特会奖励那些冲动的、无礼的、未经筛选的玩家，就像给打字的拇指装上了火焰喷射器一样。推特和学校操场有很多相似之处，人们可以在这里嘲弄、欺负他人。但在推特当中，聪明的孩子会赢得粉丝的关注，而不是被人推下水泥台阶。如果你是最富有且最聪明的人，那么与小孩子在操场上不同的是，你还可以成为整个推特操场上的国王。

马斯克在2006年推特推出后不久就开始使用它，但他"很讨厌浏览那种关于'某人在星巴克喝了什么拿铁'的推文"，所以他就不玩推特了。他的朋友比尔·李建议他重新上线逛逛，这样他就可以同公众直接交流而无须通过第三方过滤信息。于是从 2011 年 12 月开始，他越来越习惯使用推特。他早期的推文中有一张照片，他在圣诞派对上戴着一头吓人的假发，假扮成有着蓬松金发的歌手阿特·加芬克尔。另一条推文预示着一段糟糕友谊的开始，马斯克写道："今天突然接到了坎耶·维斯特的电话，听到了他的一些想法，涉及鞋子和摩西等各种话题，他很有礼貌，但言语有些晦涩难懂。"

在接下来的 10 年里，马斯克写了 1.9 万条推文。"我的推文有时就像尼亚加拉瀑布，'哗哗哗'发得太快了，"他说，"你就浏览一下吧，那些随手写的垃圾就略过去。"他 2018 年发的"恋童癖者"和"私有化资金有保障"的推文都证明了，他动动手指可能就会给自己带来大麻烦，尤其是在那些喝了红牛、吃了安眠药而亢奋难眠的深夜。我问他为什么不克制一下自己，他愉快地承认，他经常"搬起石头，砸自己的脚"，还经常"自己挖坑，自己跳"，但生活需要趣味横生，需要激动人心，他说着就引用起 2000 年上映的电影《角斗士》中他最喜欢的一句台词："你不觉得这很有趣吗？你不就是为了这个才来这儿的吗？"

到 2022 年年初，马斯克"想搞点儿事情"的状态本就已是蓄势待发，结果有件事又在往火上浇油：对于"觉醒文化的心智病毒"的危险性，马斯克的关注与日俱增，他认为这种"病毒"正在美国肆虐。他对唐纳德·特朗普充满鄙夷，但他认为永久封禁一位前总统的推特账号是很荒谬的，而且他看到那些右翼因为在推特上被打压而怨声载道，这激起了他越来越强烈的愤慨。"他看到推特在意识形态上的发展方向是，如果你站错了队，那么你发的内容就会被审查。"杰瑞德·伯查尔说。

很多高举自由意志主义大旗的科技圈朋友为他叫好。马斯克在 3 月提议推特应该公开它给内容增减曝光的算法，朋友乔·朗斯代尔表示支持，他发给马斯克说："我们的舆论场需要的不是武断、任性、草率的审查。实际上，我明天要在共和党政策务虚会上面对 100 多名国会议员发言，这正是我要推动的其中一个理念。"

"一定要推动它，"马斯克回答，"我们现在看到的就是隐匿的腐败！"

马斯克在奥斯汀的朋友乔·罗根也发表了看法，他给马斯克发信息："你要把推特从那些搞审查搞得不亦乐乎的坏家伙手里解放出来吗？"

"我会给他们提建议，但他们听不听就不是我说了算的了。"马斯克回答。

马斯克对言论自由的看法是，言论越自由的环境对民主越有利。3月，他一度在推特上发起了一次投票："言论自由对一个正常运作的民主国家至关重要。你认为推特严格遵守了这一原则吗？"超过70%的人回答说没有，马斯克就抛出了另一个问题："那我们是不是需要一个新平台呢？"

推特的联合创始人杰克·多尔西当时仍在推特董事会任职，他把他的答案私下发给了马斯克："是的。"

马斯克回答说："如果可以的话，我愿意帮忙。"

董事会席位

当时马斯克正在考虑是不是要创办一个新平台。但在3月下旬，他与推特董事会的几名成员私下进行了一些交流，他们希望他能更多地参与到推特公司的事务中来。有一天晚上9点，马斯克在结束了与特斯拉自动驾驶团队的会议后，打电话给帕拉格·阿格拉瓦尔，这位软件工程师当时已经接替多尔西成为推特的首席执行官。他们两人决定在3月31日与推特的董事会主席布雷特·泰勒举办一场秘密晚宴。

推特的工作人员把晚宴地点安排在圣何塞国际机场附近的爱彼迎农场民宿当中。泰勒先到了，他给马斯克发了条信息提醒他："这是我最近开会去过的最奇怪的地方，这里能看到拖拉机和驴。"

马斯克回答："可能爱彼迎的算法认为你喜欢拖拉机和驴（但实际上你不喜欢）。"

在会上，马斯克发现阿格拉瓦尔很讨人喜欢，他说："这人很不错。"但这反而成了个问题。如果你问马斯克，首席执行官需要具备哪些特质，其中一定不包括"是个好人"这一条。马斯克的一大原则就是管理者追求的目标不应该包括"被人喜欢"。他在那次会后说："推特需要的领导者是一条喷火巨龙，而帕拉格不是这样的人。"

"喷火巨龙"是对马斯克本人非常精辟的形容，但他此时还没想过要自己接管推特。在会上，阿格拉瓦尔告诉他，多尔西不久前曾提议让马斯克加入董事会。阿格拉瓦尔希望此事成真。

两天后，马斯克在德国旅行，推特董事会向他发出了正式的加盟邀请，但令马斯克感到惊讶的是协议看上去并不友好。两年前推特同意让两个怀有敌意的、风格激进的投资人进入董事会时就采取过类似的方式。这份协议长达七页，其中包括禁止他公开批评推特（估计指的是推文）的条款。从推特董事会的角度来看，这是可以理解的。过去的事实证明，如果马斯克这条喷火巨龙管不住嘴，他可能给公司造成极大的损害，所以要防患于未然。马斯克与 SEC 的斗争经过也表明，强迫他接受这种限制是多么困难的一件事。

马斯克告诉伯查尔，他拒绝签署这份协议。他说，一家本应成为"公共舆论场"的社交媒体公司竟然想限制他的言论自由，这是一种"莫大的讽刺"。几小时后，推特董事会让步了，又发来了一份经过修订的非常友好的协议，其中只有三段话，对马斯克唯一的主要限制是他购买的推特股份占比不能超过 14.9%。他告诉伯查尔："好吧，他们要是敲锣打鼓迎接我，那我就同意。"

马斯克拖了很久才向 SEC 披露他持有约 9% 的推特股份，而后他与阿格拉瓦尔都发了一条表示庆祝的推文。"我很高兴地告诉大家，我们将任命 @elonmusk 为我们的董事会成员！"阿格拉瓦尔在 4 月 5 日清晨发布了这则消息，"对于推特的这份事业，他热情洋溢地相信我们创造的价值，同时对于我们工作中不到位的地方，他批评起来又毫无保留，这正是我们需要的伙伴。"

马斯克在 7 分钟后用一条精心编辑的推文做出回应："期待着与帕拉格和推特董事会的合作，我们在未来几个月将对推特做出重大改进！"

接下来的几天，大家似乎相安无事。马斯克喜欢阿格拉瓦尔的地方在于他是一名工程师，而不是一个典型的首席执行官。他在信息中说："能跟编写核心代码的工程师沟通，比跟项目经理或者读过工商管理学硕士的那类人沟通要愉快多了，我喜欢跟他们聊天！"

阿格拉瓦尔回复说："等我们下次交流时，试着把我当成一个纯粹的工程师，别拿我当首席执行官，看看效果如何。"

头脑风暴

4月6日下午，马斯克的密友、PayPal联合创始人卢克·诺塞克和肯·豪厄里在得州超级工厂的夹层工作区里踱步，等着马斯克跟杰瑞德·伯查尔谈完慈善事业的相关规划，随后又等着他处理了其他一些工作。马斯克之前一直住在豪厄里家，有时也借住在诺塞克家。"我的两位房东哟！"他终于了却这些繁杂事，大摇大摆地走过来了。

前一天，马斯克刚刚宣布加入推特董事会，诺塞克和豪厄里不太赞成他这个决定。"我这次可能是自找麻烦，"他在会议桌前坐下，越过桌子可以俯瞰特斯拉的装配线，此时他愉快地承认，"我手头的现金太多啦！"豪厄里和诺塞克笑了笑，等着他说下文。马斯克补充道："我觉得大家能有个值得信任的论坛说说话很重要，至少不要搞得大家都不信任它。"他抱怨说，不管是作为股东的资本投入，还是作为用户的精力投入，推特董事会成员对推特的个人投入都很少。马斯克说："帕拉格是一个技术专家，对推特现状的看法不冷不热。很明显，现在是一帮囚犯在管理精神病院。"

马斯克重复讲了一遍他的观点，很简单，如果推特不再限制用户的言论自由，这将有利于民主。"推特必须朝着言论更自由的方向发展，至少要按照法律规定来，"他说，"现在推特对言论的压制程度远远超过了法律规定。"

尽管豪厄里与马斯克一样，从自由意志主义的视角出发，认同言论自由的价值，但他还是用一套比较复杂的表述，温和地提出了一些反对意见。"推特的功能是不是应该像电话一样呢，这头说什么，那头放出来的话就是一模一样的？"他问道，"还是说你觉得推特更应该成为一个管理全球话语的系统，在其中加入一些智能算法，让有些事情曝光的优先级更高，有些事情的曝光度降低呢？"

马斯克回答："是的，这是一个棘手的问题，让人把话说出来是一种能力，说出来的话被放大曝光或减少推广到什么程度，就是另外一码事儿了。"也许推文曝光量增减的公式应该更公开透明一些。"可以用一种开源的算法，把它放在 GitHub[1] 上，这样大家就可以筛选。"这个想法能吸引保守派用户，他们总感觉推特的算法中暗藏着对自由主义的偏见。但这种措施即便付诸实行，也没有真正解决推特的这个问题：是不是应该竭力杜绝危险、虚假和有害内容的传播？

马斯克随后抛出了其他一些想法，他问："如果我们向大家收一点点钱，比如每个月 2 美元来验证一下怎么样？"这成了马斯克管理推特的一大核心想法：让大家定期缴纳会员费时登记信用卡和手机号，这样就能验证大家的身份。算法可能会优先考虑这些用户，因为他们不太可能参与诈骗、欺凌和传播谣言的活动。这样可能会减少推特上的网络暴力行为。

马斯克认为获取推特用户的信用卡信息会带来一个额外的好处：它有助于将推特打造成一个支付平台，大家可以用它来汇款、支付小费，还可以为文字内容、音乐和视频内容付费。豪厄里和诺塞克曾在 PayPal 与马斯克共事过，所以他们喜欢这个想法。"这样就能实现我对 X.com 和 PayPal 最初的设想了。"马斯克高兴地笑着说。从一开始，马斯克就看到推特可能成为他心目中 X.com 该有的样子——一个支持金融交易的社交网络。

在博星俱乐部的晚宴上，他们继续聊着这个话题。博星是奥斯汀一家优雅而低调的俱乐部，诺塞克预订了楼上的一间包房。到场的还有格里芬和萨克森、TED 演讲的负责人克里斯·安德森——他当时正在城里为即将举行的会议录制采访节目，梅耶也在场，她刚刚在布拉格配合《时尚》杂志完成了宣传工作，匆忙赶了过来，还有姗姗来迟的格莱姆斯。

格里芬和萨克森说他们很少用推特，但梅耶说她经常用——这或许可以成为推特用户人口统计的一个警示信号。"我可能在推特上花太多时间了，"埃隆说，"推特，就是我给自己挖的坑。等你跳下去了，你还得越挖越深。"

---

1   GitHub 是一个在线软件源代码托管服务平台。——译者注

赛博牛仔节

得州超级工厂的盛大开幕仪式定于第二天，也就是 4 月 7 日晚上举行。奥米德·阿夫沙尔曾计划举行一场被他称为"赛博牛仔节"的活动，邀请15 000 名嘉宾到场。马斯克没有监督筹备工作，也没有排练他的节目，而是飞往科罗拉多斯普林斯，花了三个小时参访美国空军学院，他欣然同意在那里做一场演讲，权当是换换脑子。他可以一边干别的，一边惦记着推特的事。

马斯克鼓励学员们不要沾染官僚主义的那套习气——谨小慎微、怕担责、怕出事，他认为正是这种心态阻碍了很多政府项目的推进。他告诉大家："我们要是没有炸毁那些发动机，就只能说明我们还不够努力。"虽然手头有一堆事等着处理，他似乎还是一副不急不躁的样子。讲座结束后，他同一群学生会面，讨论他们在人工智能方面的研究，以及无人机的发展情况。

他在下午返回得州超级工厂时，这里已经改头换面。停车区域挂满了像火人节那样的艺术装置，还有街机游戏、乐队表演、机械公牛、巨型橡皮鸭，以及两个巨大的特斯拉线圈。工厂里面则有一部分区域布置得像个夜店。在金博尔的帮助下，他们还组织了一场无人机表演，在夜空中组成了很多图案：有尼古拉·特斯拉的肖像，有狗狗币的卡通形象，还有一辆 Cybertruck 的图案。到场的名人包括哈里森·福特、斯派克·李和艺术家 Beeple[1]，Beeple 还为现场打造了其中一个装置。

在德瑞博士的歌曲声中，马斯克开着特斯拉生产的第一辆车——一辆黑色的 Roadster 登台。他展示了很多数据来证明这座占地 1 000 万平方英尺的工厂规模多么大，他说这里足够容纳 1 940 亿只仓鼠。他还列举了特斯拉发展史上的许多里程碑，而后他强调了他所谓的"终极里程碑"。他承诺："完全自动驾驶将彻底改变世界。"

得州超级工厂正式开业原本是个值得庆贺的时刻，马斯克带领大家进入电动车时代，如今他证明了美国制造业可以蓬勃发展。但是，在开业庆

1　Beeple 是迈克·温克尔曼，他是美国数字艺术家、平面设计师和动画师。——译者注

典和之后的派对上，大家对美国制造业奇迹的讨论并不热烈，尤其是马斯克的亲朋好友，也就是金博尔、安东尼奥、卢克和梅耶等人，他们的主要话题都围绕着推特：他为什么非要蹚这摊浑水？他这是想出门找刺激吗？我们是不是应该劝他别瞎掺和了？

73

"我提出了报价"

推特，2022 年 4 月

暂停

2022 年 4 月 8 日，周五，"赛博牛仔节"结束后的第二天，埃隆与金博尔一同吃了早午餐。同推特董事会成员谈完以后，他感到很沮丧，说："他们人挺好的，但都不用推特啊，我觉得我进不进董事会都一样。"

金博尔说不出什么宽慰他的话来，他说："嗯，你从来就没开过董事会，你不知道这玩意儿有多糟心，你告诉他们你怎么想的，他们就微笑着点头，把你的话当耳旁风。"

金博尔认为，埃隆最好在区块链的基础上创办一个属于自己的社交媒体平台。埃隆思忖道，或许这个平台还可以囊括一个使用狗狗币的支付系统。早午餐结束后，他给金博尔发了几条信息，阐述了这个想法：打造一个基于区块链的社交媒体系统，既能完成线上支付，又能像推特一样发送短消息。因为没有中央服务器，"所以谁也掐不住我们的喉咙，这样就保证了言论自由"。

埃隆说，还有另外一个选项，就是在加入推特董事会的基础上完成对推特的收购。"我现在相信推特已是命悬一线。如果只是当个董事会成员，我救不了它。"他说，"所以我想干脆买下它，然后私有化，让它走上正轨。"

通过私下发送的信息和公开发表的推文，他已经接受了加入推特董事会的友好提议。但在与金博尔共进早午餐后，他打电话给伯查尔，告诉他什么事都先别定下来，他还要再考虑考虑。

夏威夷

当天晚上，马斯克飞往夏威夷拉奈岛，这个岛的主人是甲骨文公司创始人拉里·埃里森。埃里森在岛中心的一座山上为自己建造了一处宁静的院落，马斯克来了以后，就借住在他位于海滩的旧房子里。马斯克安排这次旅行，原本是想同他的露水情人、澳大利亚女演员娜塔莎·巴塞特安安静静地约会，但是他在那边待了四天，大部分时间都在考虑推特的问题，没能轻轻松松地度假。

第一天晚上的大部分时间，马斯克都没怎么睡，一直在思考推特目前面临的问题。他翻了翻推特粉丝最多的名人，比如奥巴马、贾斯汀·比伯和凯蒂·佩里，他意识到这些账号都不怎么活跃了，于是他在夏威夷时间凌晨 3 点 32 分发了一条推文："大部分'顶流'大人物都很少发推文了，发出来的内容也很少，推特这是要死了吗？"

　　此时正是旧金山时间早上 6 点半。过了一个半小时，推特首席执行官阿格拉瓦尔给马斯克发了一条信息："你可以在推特上发表'推特这是要死了吗'或者其他关于推特的内容，但我有责任告诉你，在目前的情况下，你这样做并不能帮我改善推特的现状。"这条信息的措辞很谨慎，表达也很克制，不想让马斯克理解成他不再有权利贬低这家公司。阿格拉瓦尔又补充说，他们应该尽快讨论一下如何排除"干扰"，不要让那些事情"束缚了我们开展工作的手脚"。

　　马斯克收到回复时，夏威夷清晨 5 点刚过，他态度十分强硬。可能在那个时间说这个事，又是即将加入董事会的节骨眼上，他的态度显得过于强硬了。一分钟后，他就回了一条信息，语气一点儿都不客气："你这周做成什么事了？"马斯克要摊牌了。

　　随后，他来了一个致命的"三连击"："我不加入董事会了。纯粹是浪费时间。我会发出推特私有化要约。"

　　阿格拉瓦尔震惊了。他们当时已经宣布马斯克要加入董事会，事先没有任何征兆显示马斯克会试图开展恶意收购。"我们能谈谈吗？"阿格拉瓦尔难过地问道。

　　过了不到三分钟，推特董事会主席布雷特·泰勒给马斯克发了一条信息，提出类似的交涉请求。这个周六的大清早对他们来说并不好过。

　　就在此时，在与泰勒和阿格拉瓦尔交涉期间，埃隆收到了金博尔的信息，内容围绕的还是那天早上创建一个基于区块链的全新社交网络的想法。金博尔说："这方面我很想再多了解一些，我针对 Web3 做了不少功课（虽然比不上加密货币），我发现 Web3 在'表决权'机制上很有建树，而且投票都经过验证。有了区块链，人们就没法把推文删得一干二净。虽然有利有弊，但是值得一试！"

　　埃隆回复他："我认为需要做一家全新的社交媒体公司，要基于区块链技术，还包括支付功能。"

然而即便他与金博尔正商量着要打造新的社交网络，他同时也在向阿格拉瓦尔和泰勒重申他想接管推特。他给二人发信息说："敬请期待私有化要约。"

"你有五分钟时间吗？我能跟你了解一下提出私有化的背景吗？"泰勒问他。

"想拯救推特，光是跟帕拉格推心置腹是没有用的，"马斯克回答，"必须上雷霆手段。"

"你加入董事会已经24个小时了，"泰勒回答，"我明白你的意思，但就是想了解一下为什么这么突然。"

马斯克过了差不多两个小时才回复他，此时已是夏威夷早上7点多钟，他也没有去休息。他写道："我马上就要起飞了，明天可以再谈。"

马斯克说他在抵达夏威夷时就清楚地意识到，进入董事会解决不了推特的问题。他说："不管我想干什么，他们基本上都能以逸待劳，他们听完了点点头，什么都不做。我不想进去以后就跟他们同流合污。"事后复盘的时候，这听起来倒像是一个经过深思熟虑的理由。但在当时，其实还潜藏着一个因素：马斯克此时正处于狂躁的情绪中，一如往常，在这种状态下，他会做出非常冲动的决定。

4月9日，周六下午，他给伯查尔发信息，表示他已经决定收购推特。他向伯查尔保证："我确定，作为持股9%的大股东，解决不了公司的问题，过了下个季度没法给投资者交代。推特需要清理门户，机器人、诈骗犯都必须清理掉，即便日活跃用户大量减少也得这么做。"

伯查尔给摩根士丹利的一位投资银行家发了条信息："等你有时间，给我打个电话。"当天晚上，他们开始着手为推特确定一个合理的收购价格，还有马斯克该如何为这笔收购融资。

与此同时，马斯克继续抨击推特。他发起了一项投票，矛头直指推特位于旧金山的办公室。他在推文中写道："把推特的旧金山总部改成流浪汉收容站怎么样？反正平时也没人来。"一天内就有150万人投票，超过91%的人表示赞成。

"嗨，你今天晚上方便通话吗？"泰勒给马斯克发了条信息，"我看到了你的推文，我更迫切地需要了解你的立场了。"马斯克没有回复他。

周日，泰勒终于放弃了，他告诉马斯克，推特将对外宣布他已改变主意，不会加入董事会。马斯克回复说："听上去不错，在我看来，最好将推特私有化，进行重组，重组完成后再面向公开市场融资。"

阿格拉瓦尔在当天深夜的一条推文中正式宣布："埃隆在董事会的任期将于4月9日正式开始，但埃隆在同日上午已宣布他将不再加入推特董事会。我相信这是最好的结果。无论是过去还是将来，无论股东是否已加入董事会，我们都会重视股东的意见。"

夏威夷时间的周一下午，马斯克和伯查尔同摩根士丹利的投资银行家们举行了电话会议。他们给出了一个拟议的收购报价：每股54.20美元。马斯克和伯查尔大笑起来，因为这次又是玩起了大麻的网络俚语梗，就像特斯拉当年的"私有化"价格是每股420美元一样。马斯克说："这可能是开得最过分的玩笑了。"他对收购推特的前景感到兴奋，从此开始把基于区块链的替代方案称为"B计划"。

温哥华

格莱姆斯一直催马斯克跟她一起回温哥华，这样她就可以把X带给她的父母和年事已高的祖父母看看。格莱姆斯说："我爷爷是一名工程师，他一直都想抱上曾外孙。我奶奶年事已高，时日无多。"

他们选了4月14日，周四，觉得这是个好日子。当时克里斯·安德森正在那边举办TED年度大会。安德森一周前刚在得州超级工厂完成了对马斯克的采访节目录制，但他还是很想在大会现场再跟马斯克对谈一次，特别是考虑到最近推特这出戏跌宕起伏。

4月13日，周三，格莱姆斯从奥斯汀出发，马斯克从夏威夷出发，二人抵达了温哥华。马斯克去诺德斯特龙百货公司买了一套黑色西装，因为他去夏威夷时没带正装。那天下午，格莱姆斯让马斯克留在酒店，自己带着X去了阿加西镇，也就是她祖父母居住的地方，行程75英里。格莱姆斯说："我看得出来他很紧张，推特的事情一出接着一出的。"

的确如此，当天下午晚些时候，马斯克在温哥华的酒店房间里给布雷特·泰勒发了条信息，表明他已做出正式决定。马斯克说："这个问题显然事关重大。经过几天的慎重考虑，我已决定将推特私有化。我今晚会给你发一封提出要约的邮件。"信中写道：

我投资推特是因为我相信它有可能成为全人类可以自由发声的平台，我相信对运转良好的民主机制而言，言论自由在一个社会中事关重大。

然而，自我投资推特以来，我意识到这家公司在现有的架构下，既谈不上蒸蒸日上，也没能服务于这种社会需求。作为一家私营公司，推特需要转型。

因此，我提出以每股54.20美元的价格用现金收购推特100%的股份，这一价格比我开始投资推特的前一天溢价54%，比我公开宣布投资的前一天溢价38%。我的报价就是我给出的最终也是最高的收购价，如果这一收购要约未能被接受，我会重新考虑我作为推特股东的这一身份。

推特的潜力是非凡的，而我将激发它的无限潜能。

那天晚上，马斯克在当地一家餐厅参加了一场为TED演讲者举办的小型晚宴，他没有谈起推特的事，而是向其他客人询问对生命的意义有何看法。随后他和格莱姆斯返回酒店，他在笔记本电脑上下载了新游戏《艾尔登法环》，玩得很投入，借此来放松身心。

在这款游戏中，玩家要在一个充满奇异野兽的幻想世界中自由探索，这些野兽随时可能置玩家于死地。游戏中精心编排了各种隐秘的线索和离奇曲折的情节，需要玩家高度集中注意力，不放过任何细节，尤其是必须精准把握发动攻击的时机。马斯克说："我玩了几个小时，回了几条信息、几封电子邮件，然后又玩了一会儿。"在游戏中最危险的一片区域，他花了很长时间，这个区域叫盖利德，呈现出一片火红色、充斥着恶魔的地狱景象。格莱姆斯说："他整夜没睡，一直玩到清晨5点半。"

玩完游戏过了一会儿，他发了一条推文："我提出了报价。"

当年彼得·蒂尔坐上马斯克的迈凯伦，让他秀一下新车的实力，结果他就把车撞毁了，从那之后他还没有为他的冲动付出过如此高的成本。

纳瓦德来访

马斯克回到奥斯汀后，他在女王大学时期结交的朋友纳瓦德·法鲁克来拜访他，此人现居伦敦。法鲁克是马斯克真正的朋友之一，极少有人可以像他一样询问马斯克私人问题、跟他讨论他的父亲和家人、同他聊起偶尔涌上来的孤独感。他们都是对社交活动一窍不通的极客怪咖，一起玩过策略游戏，一起读过科幻小说，相识已有 30 多年。一个周六，他们飞到博卡奇卡去看 SpaceX 星际基地，法鲁克提出了那个许多朋友都对马斯克提出过的问题："你为什么要这么做（收购推特）？"

此时的马斯克考虑的已经不再只是什么言论自由的问题了，他告诉法鲁克，他想把推特打造成一个用户生成内容的伟大平台，有音乐、有视频、有故事，社会名流、专业记者、平头百姓都可以在上面发布他们创作的作品，就像他们在自媒体平台 Substack 和微信上可以做到的那样。如果发布者希望浏览者付费，他们还可以获得报酬。

当他们到达 SpaceX 星际基地时，马斯克在星舰的装配线帐篷里走了一圈。一如往常，一些生产环节用时过长让他如坐针毡。法鲁克抓住了这个时机，在复活节的那个周日，当他们回到奥斯汀时，他向马斯克提出了另一个问题，而这个问题同样困扰着马斯克的朋友们。他问道："你那么多事得操心，时间够用吗？脑瓜转得开吗？特斯拉和 SpaceX 离不开你，把推特的局面扭转过来还得多久啊？"

"至少五年，"马斯克回答，"大部分员工都得开掉，他们干活不积极，连班都不坐。"

"这么难受的日子，你还想再来一遍吗？"法鲁克问道，"为了特斯拉，你在工厂里打地铺；为了 SpaceX，你付出两倍的辛苦。你真的还想再折腾自己一回吗？"

马斯克停顿了很久，最后开口说："是的，我真心愿意，我不会介意这些的。"

一种愿景

在马斯克心中，他已经盘算好收购推特后该如何规划它未来的商业模式。他认为到 2028 年，即使广告营收的占比从 90% 降至 45%，他也可以将推特的收入提高 5 倍，达到 260 亿美元。新的收入增长点来自用户订阅和数据授权收费。他还打算让推特接入支付功能，用户可以像在微信上那样进行支付，这部分业务也能带来收入。

"微信有什么功能，我们也得跟上。"4 月，马斯克同一些投资银行家通话后这样告诉我，"最重要的就是让内容创作者能在推特上得到报酬。"打造一套在线支付系统带来的额外好处就是能够验证用户身份。推特会要求用户为每月的订阅服务支付小额费用并填写信用卡信息，这样就能验出哪些才是真人用户。如果这一套东西做成了，可能为整个互联网世界带来真正的影响，推特就可以作为人们验明正身的一个平台。

关于什么样的话可以在推特上说，他也解释了一通，为什么他想放大言论自由的半径，避免永久封号，哪怕是那些思想极端的人。在谈话类电台节目和有线电视上，美国的进步派和保守派都有各自独立的信息渠道。按照马斯克的估计，推特的内容审核员超过 90% 都是进步派民主党人，他们通过各种排挤右翼的行为，可能正在让推特沦为"巴尔干化"的社交媒体。"我们不希望大家在社交媒体上就像走到了回音壁面前，分隔成一个个自说自话的小房间，就像社交平台 Parler 和 Truth Social 那样。"他说，"我们希望持有不同观点的人可以在推特上互动，这对人类文明来说是一件好事。"这一初衷不可谓不高尚，但此后他发布的一系列声明和推文却是背道而驰，最终把进步人士和主流媒体都赶到了其他社交网络平台上。

随后我追问了马斯克一个法鲁克和其他朋友提出过的问题：为什么要做这种异常困难、费时费力又极具争议的事情？这对他在特斯拉和 SpaceX 的事业有百害而无一利。他说："从我认识这件事的角度来看，它的难度不能跟 SpaceX 或特斯拉相提并论，这件事跟前往火星的任务不一样，也不像为了利用可持续能源就得重塑整个地球上的工业基础设施那么难。"

好吧，可为什么呢

马斯克创建了 SpaceX，他总是喜欢把这句话挂在嘴边：让人类成为跨行星物种，这样保存人类意识的概率就会增大。特斯拉和 SolarCity 的宏伟使命在于引领人类走向可持续能源的未来。Optimus 和 Neuralink 是为了打造人机界面，保护人类不受邪恶人工智能的影响。

那推特算什么呢？马斯克在 4 月告诉我："一开始我拿我这些发自初心的宏大使命往上套，结果发现推特套不进去，但我已经开始渐渐相信，推特可以成为保护人类文明这一使命的一部分，在人类成为跨行星物种之前，给人类社会争取更多时间。"何出此言呢？一部分原因关涉到言论自由。"媒体中似乎充斥着越来越多的群体思维，不敢越雷池一步，所以如果你没有站在他们的队里，他们就会孤立你，你想喊也发不出声音。"他认为，对于民主的赓续，重要的是铲除推特中盛行的"觉醒文化"，打破偏见，让大家眼中的推特成为一个开放的空间，可以对各种意见兼收并蓄。

但我认为，马斯克想拿下推特还有两个原因。第一个原因很简单，推特很有趣，就像一个游乐场：这里有政治上的打击报复，有智力上的角斗比赛，有令人捧腹的网络爆梗，有重大事件的官宣，有具备商业价值的营销活动，有语带双关的烂梗，有未经筛选屏蔽的各路观点。你不觉得很好玩吗？

而第二个原因，我相信是一种源自他个人内心深处的渴望。说到底，推特是人类终极的游乐场（操场）。在孩童时期，他在操场上被人殴打、被人欺负。想在那凶险残酷的环境中茁壮成长，可上天却没有赐予他应对环境的圆滑个性。点点滴滴的痛苦如水银泻地，渗入了他的心房，这让他在面对轻视时会反应过激，但他也因此能直面世界的凶险，打好每一场硬仗。无论是在网络世界还是在真实世界中，每当他遍体鳞伤，每当他走投无路，每当他横遭欺凌，他都会回到同一个痛苦的地方，在那里，他的父亲羞辱他、他的同学欺负他，而现如今，整座操场都属于他了。

74

冰与火

推特，2022 年 4—6 月

交易

4月24日，周日，推特董事会和马斯克的律师完成了收购计划的各项细节准备工作。马斯克在上午10点给我发来信息，他说自己一夜没合眼。我问是不是因为他在研究最后的交易重点，或者担心收购进展不顺利。"不是，"他回答说，"是因为我去参加了朋友的聚会，红牛喝多了。"

他是不是应该少喝点儿红牛呢？

"但是喝了就来劲儿啊。"他回答。

那天他还想找个能帮他为收购提供融资支持的外部投资者。他问了金博尔，他没答应。他又问了拉里·埃里森，得到了肯定的答复："好啊，没问题。"马斯克在这周早些时候问过埃里森有没有兴趣投资推特的这笔交易，对方态度积极。

"你能提供的融资大概是多少？"马斯克问，"不是对你提什么要求，是这笔交易已经超额认购了，所以我必须砍掉、踢走一些参与者。"

"10亿美元，"埃里森说，"或者你说个数。"

埃里森已经10年没发过推文了，事实上他已经不记得自己的推特登录密码，所以马斯克不得不亲自帮他重置密码，但他相信推特的确很重要。"这是一项实时的资讯服务，没有什么竞品。"埃里森告诉我，"如果你也认为这对一个民主国家来说很重要，那么我认为投资它就是值得的。"

有一个人很渴望参与这笔交易，他就是后来名声扫地的加密货币交易所FTX的创始人山姆·班克曼-弗里德，他认为推特可以在区块链基础上进行重建。班克曼-弗里德声称自己是有效利他主义运动的支持者，该运动的创始人威廉·麦卡斯基尔也给马斯克发信息，试图安排一次会面。摩根士丹利主要对接马斯克的高管迈克尔·格莱姆斯也在约他，格莱姆斯正在积极安排融资事宜。马斯克给格莱姆斯发信息："我手头压着一大堆重要的工作没做，你这事急吗？"

格莱姆斯回答说，班克曼-弗里德"愿意负责社交媒体区块链整合方面的工程工作"，还愿意在这笔交易中注资50亿美元。如果马斯克同意与他见面，他可以在次日就飞往奥斯汀。

马斯克曾与金博尔等人讨论过，能不能用区块链作为推特的主要架构。可是尽管他对狗狗币和其他加密货币很感兴趣，但他不是区块链的拥趸，而且他觉得区块链响应太慢了，支持不了推特快节奏的内容发布频率。所以他没有强烈的意愿要与班克曼-弗里德见面。迈克尔·格莱姆斯还想争取一下："如果跟班克曼-弗里德谈妥这些大方向的问题，他能投50亿美元。"马斯克回了一个"不喜欢"的表情符号。"区块链推特做不出来的，因为带宽和延迟要求无法由点对点网络提供支持。"马斯克说他可能会在未来某个时候再跟班克曼-弗里德见面，"只要别让我再针对区块链技术的能力多费口舌就行。"

班克曼-弗里德随后直接给马斯克发了信息，他说："你接下来要对推特做的事让我感到非常兴奋。"他说他持有价值1亿美元的推特股票，他想"转股"，就是一旦马斯克完成私有化，他的推特股票就会被转换为新公司的股份。"对不起，您是哪位？"马斯克回复。班克曼-弗里德为唐突表示歉意，随后介绍了一下自己。马斯克客气地回答："欢迎你转股。"

5月，班克曼-弗里德给马斯克打了一通电话。马斯克说："我的废话探测器像盖革计数器上的红色警报一样响了起来。"班克曼-弗里德说话速度很快，但说的都是关于他自己的事。"他'哒哒哒'一直讲个不停，像吃了兴奋剂或Adderall[1]一样。"马斯克说，"我以为他要问我关于推特交易的问题，但他一直在跟我讲他在做什么。我心想：'哥们儿，冷静点儿。'"而班克曼-弗里德对马斯克也有同样的感觉，他认为马斯克已经疯了。这次通话持续了半个小时，班克曼-弗里德最终既没有投资也没有将他的推特股票进行转股。

排队等着给马斯克送钱的顶级投资人包括埃里森、迈克尔·莫里茨的红杉资本、加密货币交易所币安、安德森·霍洛维茨基金、一家总部位于迪拜的基金，还有一家总部位于卡塔尔的基金。沙特阿拉伯的瓦利德王子同意在私有化后将他在推特上已有的投资进行转股。

4月25日，周一下午，推特董事会接受了马斯克的收购计划。如果获得股东批准，交易将在秋天完成。推特的联合创始人杰克·多尔西给马斯克发了条信息："我们走在正确的道路上，我将继续不惜一切代价促成

1　Adderall是一种精神兴奋性药物，用于治疗注意缺陷多动障碍和嗜睡。——译者注

这一收购计划。"

马斯克没有为此庆祝，而是从奥斯汀飞到了得克萨斯州南部的 SpaceX 星际基地。他在那里召开了一场夜间例会，时长一个多小时，讨论重新设计猛禽发动机，以及如何处理甲烷泄漏问题，当时他们无法对这一问题做出合理的解释。推特私有化的新闻成为全球互联网上的热门话题，但在关于猛禽发动机的这场会议上却没人谈及。工程师都知道马斯克喜欢专注于手头的工作，所以没人提起推特。随后他在布朗斯维尔的一家路边咖啡馆同金博尔碰头，当地音乐人正在店里演奏。他们在咖啡馆一直待到凌晨 2 点，就坐在乐队面前的一张桌旁，静静地欣赏音乐。

警报响起

推特董事会接受私有化要约后的第一个周五，马斯克飞往洛杉矶，在西好莱坞 Soho 俱乐部的屋顶餐厅与他的四个大儿子共进晚餐。他们不怎么用推特，所以对父亲的收购行为感到迷惑。他为什么要买下推特？从他们的问话中就可以看出，他们不认为这是个好主意。

"我认为拥有一个包容性强、值得大家信赖的数字化公共空间很重要。"他回答着，随后停顿了一下又补充道，"否则我们怎么帮特朗普在2024 年当选总统？"

当然他是开了个玩笑，但对马斯克来说，有时很难讲这种话是不是玩笑，孩子们有时也分不清，甚至他自己也分不清。孩子们大吃一惊，而马斯克向他们保证，他只是在开玩笑。

晚餐结束时，他们在心里已经接受他买下推特的大部分理由，但还是觉得不舒服。马斯克说："他们认为我是在自找麻烦。"当然，他们是对的。他们也知道，父亲确实喜欢自讨苦吃。

麻烦从一周以后的 5 月 6 日就开始了。那天马斯克大步流星地走进位于旧金山的推特总部与管理层会面。虽然他已经在推特上吐槽过远程办公的问题，但当他到达这里时，这个华丽的艺术装饰风格的总部仍然是空荡荡的，甚至连阿格拉瓦尔也不在场，因为他新冠病毒检测呈阳性，所以他以线上形式参加了会议。

会议由推特首席财务官奈德·西格尔主持，马斯克很看不上他。在公开披露的信息中，推特官方估计机器人和虚假账户占用户总数的 5% 左右。马斯克的亲身经历告诉他，绝对不止这个数。推特允许，甚至是鼓励用户用不同的名字创建新账户。有些"巨魔农场"占用了数百个推特账户，这些虚假账户不仅侵占了公共服务资源，而且对推特来说没有用户价值可言。

他要求西格尔解释推特是怎么确定虚假账户数量的。推特的高管们怀疑马斯克这是要为他修改或撤销收购要约埋下伏笔，所以他们在回答时都很谨慎。马斯克事后马上告诉我："他们说不知道准确的数字，我当时想：'你们什么意思？不知道？'整个交流过程太荒谬了，就像电视剧《硅谷》里的桥段，简直太可笑了。真是惊得我无数次下巴都磕到了地板上。"

马斯克在恼羞成怒时，经常会抛出非常具体的问题来刁难别人。面对推特的高管，他就抛出了一连串的问题。他们的软件工程师平均每天写多少行代码？他在特斯拉的自动驾驶团队有 200 名软件工程师，为什么推特有 2 500 名？推特每年在服务器上花费 10 亿美元，占用这些计算时间和存储空间最多的功能是什么？这些功能是如何排序的？他发现他们很难干脆地给出答案。在特斯拉，因为不了解这些细节，一些人丢掉了饭碗。马斯克说："这是我这辈子见过的最糟糕的尽职调查会议，我之前没有把充分的尽职调查作为完成这笔交易的必要条件，我当时确信他们能证明自己公开披露的数据是准确的，否则那就是欺诈。"

转念一想

马斯克抛出尖锐的问题、气愤地刁难推特的高管，反映出他已经不确定自己是不是还想完成这笔交易。多数时候他还是（有点儿）想达成交易的，但他的脾气谁说得好呢，情绪上他也很矛盾。

他强烈地意识到他出价过高了——这也是事实。2022 年夏，由于经济环境的不确定性，企业的广告支出减少，社交媒体公司的股价也在暴跌。当年截至此时，Facebook（脸书）的股价已下跌 40%，Snap 的股价下跌了 70%，推特股票的实时交易价格比马斯克提出的每股 54.20 美元低了 30%，表明华尔街不确定这笔交易是否真的会顺利完成。正如他父亲在佛罗里达的游乐园里教他的那样，可乐太贵可就不好喝了，所以他去推特参会时，脑海中浮现出一个想法，那就是为退出交易或者重新确定收购价格做好准备。

"听他们说了那些话，我们没法继续推进这件事了。"马斯克在推特总部会议结束后立即告诉我，"440亿美元的收购价，另外无论是公司还是我个人，都需要承担大量债务。我认为推特可能会走向歧途。收购可能会成功，但收购价要压低，我觉得差不多得降到之前的一半吧。"

至此，局面已经变得混乱起来，马斯克此时心里想的是，收拾这么一个烂摊子还是不是他想做的事。他迟疑了，他承认："我这人有个坏习惯，贪多嚼不烂。我觉得我不能脑子里老惦记着推特的事了，即便是现在花时间跟你聊推特，我都觉得不应该。"

一周以后，美国中部时间5月13日清晨4点左右，马斯克发布了一条推文："推特的交易暂时搁置，目前需要等待数据细节来确认垃圾账户或虚假账户占比不到用户总数的5%。"推特股价在盘前交易中大跌20%。马斯克的私人财务助理杰瑞德·伯查尔和律师亚历克斯·斯皮罗拼命催促他撤回这份声明。他们告诉他是有可能摆脱这笔交易的，但如果他公开声明自己想取消交易的话就会面临法律风险。两小时后，马斯克发布了一条简短的附录声明："仍然致力于完成收购。"

这是我看到的马斯克为数不多的不自信的时刻。一直到10月交易结束，在接下来的五个月里，有时候他觉得推特有机会变成一个"万能的应用程序"，这让他感到兴奋，因为这种程序既能提供金融服务又能提供优质内容，还能为拯救民主危机贡献力量。另外一些时候，他又会变得冷血而愤怒，他威胁要起诉推特董事会和管理层，坚称他要彻底取消这笔交易。

员工大会

在没有咨询律师的情况下，马斯克决定在6月16日参加一场推特员工的线上全体会议。伯查尔说："埃隆由着自己的性子做事，这就是一个活生生的例子，他没有和我们任何一个人商量过，也没有做什么准备就接受了邀请。"他是坐在奥斯汀的客厅里参会的，最初在进入线上会议室时还遇到了困难，因为会议是在 Google Meet 上进行，而他的笔记本电脑上没有谷歌账户，最后他用手机进入了会议室。我们还在等待的时候，一位会议组织者问："有人知道杰瑞德·伯查尔是谁吗？"所以伯查尔没能获准参会。

我想知道马斯克是不是有什么计划了，比方说号召推特员工反抗，给推特高层来个下马威。不管是出于精心谋划，还是出于他忍不住想要直抒胸臆的冲动，他没准儿会告诉这些员工他的真实想法：他们封禁特朗普账号的做法是错误的，他们的内容审核政策已经越线了、是不合理的，员工们已经感染觉醒文化的心智病毒，大家应该坐班办公，公司的员工人数太多了。如果他说出这些话，那么随之而来的地震虽然可能不会破坏这笔交易，却有可能撼动整个局势。

马斯克并没有这样做，出人意料的是，他在这些热点问题的回应过程中表现得相当和善。推特的首席营销官莱斯利·伯兰首先谈到了内容管控的问题。马斯克没有简单直接地引用他关于言论自由的那套说辞，而是对应该被允许发布的内容和推特应该放大传播声量的内容做了更深入细致的区分。马斯克说："我认为言论自由和传播自由之间是有区别的，任何人都可以走到时代广场中央，说什么都行，但这并不意味着这句话应该传播给数百万人听。"

马斯克还解释了为什么对宣扬仇恨的言论做出一些限制是很有必要的。他说："你希望推特上有尽量多的活跃用户，而要做到这一点，大家必须能享受到上推特的乐趣。如果用户频频被骚扰，或者感到不舒服，他们就不会上推特。所以一方面要允许大家畅所欲言，另一方面要让大家都感到舒适自在，二者之间必须谋求一个平衡。"

当有人问到多样性、公平性和包容性的时候，马斯克稍微做出了一点儿反驳："我相信严格意义上由精英负责管理的社会体制，谁的工作越出色，谁的责任就越大，就是这样。"但他也坚持认为自己在意识形态上不是保守派。"我的政治观念，在我看来是温和的，接近于中立。"他没有取悦电话会议中的大多数人，但他也的确没有挑起任何事端。

75

父亲节

2022 年 6 月

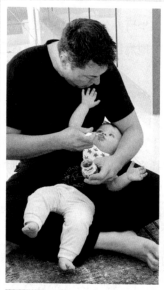

给塔乌喂饭（左上）；X 在马斯克的飞机上观看火箭发射视频（右上）；

同诺曼·福斯特在奥斯汀规划梦想中的新家（下）

我所有的孩子

"父亲节快乐！我爱我所有的孩子。"

表面上看起来，马斯克在 2022 年 6 月 19 日父亲节凌晨 2 点发的这条推文没什么问题，甚至还体现出一点儿亲情的甜蜜。但是，这句话在"所有的"这个词里就藏着一出戏了。他的变性女儿詹娜刚满 18 岁，与母亲住在洛杉矶，她在当地法庭上把名字从泽维尔·马斯克正式改为薇薇安·詹娜·威尔逊。她称呼自己为"詹娜"，与她的母亲贾丝廷在遇到马斯克之前用的名字詹妮弗·威尔逊类似。詹娜向法庭声明："我不再与我的生父生活在一起，也不希望以任何方式或任何形式与我的生父产生联系。"

马斯克已经能平静地接受詹娜变性这件事，尽管他仍认为詹娜拒他于千里之外是因为她在政治上的意识形态问题。马斯克说："这是极端的共产主义，也是一种普遍的情绪，即谁有钱，谁就是恶人。"

这一切都刺激着马斯克的神经，那周他在推特上说："有人告诉我们性别差异并不存在，而同时也有人告诉我们两性差异太大了，不可逆转的变性手术是唯一的选择。谁比我聪明，来给我解释一下这对矛盾的说法。"随后，他又补充发了一条推文，一半是自说自话，一半是向众人宣告："如果我们都不要那么急着去批判别人，这个世界就会变得更美好。"

詹娜的绝情让马斯克在这个父亲节过得很痛苦。"他非常爱詹娜，发自内心地真正接受了她。"同詹娜保持着友好关系的格莱姆斯说，"我从来没见过一件事会像詹娜的事情这样让他心碎。我知道如果能再见詹娜一面，或者让她喜欢他、接受他，他什么都愿意做。"

屋漏偏遭连夜雨，他与希冯·齐里斯生下龙凤胎的事被曝光了。孩子出生时随了妈妈的姓，但马斯克与女儿詹娜的关系疏远，让他想改变这种现状。"当詹娜把'马斯克'从她的姓名中删掉后，他就特别伤心。"齐里斯说，"他问我：'你愿意让我们的龙凤胎随我的姓吗？'"他们提交的法庭文件很快就被泄露了出去。

就在此时，格莱姆斯发现，齐里斯已经从帕洛阿尔托搬到了奥斯汀，还跟马斯克生了一对龙凤胎，而她早就把齐里斯当成了朋友。当她质问马斯克时，马斯克只是说齐里斯有权做她想做的事，格莱姆斯被彻底激怒了。到父亲节那天，他们就孩子的话题吵了起来，比如齐里斯和她的龙凤胎是不是可以同格莱姆斯的孩子 X 和 Y 待在一起，弄得家里鸡飞狗跳的。

马斯克和齐里斯继续一起参加 Neuralink 每周的会议，没有做出任何评论。他认为化解尴尬局面的方法是在推特上开个玩笑，他在推特上写道："尽我所能地帮助解决人口不足的危机。到目前为止，出生率断崖式下滑是人类文明面临的最大危机。"

高科技舞曲·机械尼修斯·马斯克

2022 年的父亲节就像是一场多人游戏，其中还有一个分支剧情。就在那一周，马斯克和格莱姆斯秘密生下了第三个孩子，这个儿子由代孕母亲所生，名叫"高科技舞曲·机械尼修斯·马斯克"（Techno Mechanicus Musk）。他的昵称是"塔乌"（Tau），在希腊语中代表一个无理数，数值约等于 π 的 2 倍，近似值为 6.28，这正好代表了马斯克的生日——6 月 28 日。

第三个孩子出生的消息对外界保密。马斯克很快爱上了这个小家伙，塔乌两个月大时，他去格莱姆斯家，坐在地板上给塔乌喂婴儿食品，塔乌一直伸手玩父亲下巴上的胡茬。"塔乌太神奇了，"格莱姆斯说，"他这双眼睛就像能看到你的灵魂，一副洞悉人心的样子。他看起来就像个小斯波克，他绝对是个瓦肯人。"

几周后，在得州超级工厂，在几场会议之间的间隙，马斯克安静地坐着，用手机浏览新闻。当他看到路西德汽车惨淡的季度销量报告后，大笑了几分钟，随后直接发了一条推文："我在二季度生的孩子都比他们生产的汽车多！"然后他继续自顾自地放声大笑。"我啊，就是喜欢自己的幽默感，不管别人喜不喜欢，"他说，"我这人可真是要命啊。"

大约在那时，《华尔街日报》发表报道称，几个月前马斯克与谷歌联合创始人谢尔盖·布林已经分居的妻子发生了短暂的婚外情，导致两位企业家关系破裂。就在这个故事曝光后，他们还一起参加了一场聚会，马斯克把自己安排到一个可以与布林一起自拍的位置，而布林试图躲避自拍。

马斯克将这张照片发给了《纽约邮报》以反驳关于二人决裂的不实传言。"舆论对我的关注简直要爆炸了，太烦人了，"他在推特上说，"屁大点儿事写篇文章也能吸引一大波流量 :([1]。我还是要尽量埋头专注于为人类文明做点儿有用的事。"

然而对他来说，"埋头做事"可不是那么容易的。

父亲的罪孽

2022 年的父亲节，马斯克要过的第五关可能是其中最诡异的一关。因为涉及他的父亲，那个被他疏远了的埃罗尔·马斯克。

埃罗尔给埃隆写了一封电子邮件，标注日期为"父亲节"，他把这封邮件也抄送给了我。他写道："我坐在这里，坐在一个用毛毯和报纸包裹的晾衣架里，冻得瑟瑟发抖。家里没有电了。我要是没完没了地给你写这样的信，希望你能不厌其烦地把它们读完。"接下来他写的内容就不着边际了，他说拜登是一个"怪胎、罪犯、恋童癖总统"，拜登要摧毁美国文化精神中蕴含的一切，"也包括你在内"。他说南非的黑人领导人正在开展反白人的种族主义活动，"这里要是没有白人，黑人就得回到树上"。他还说普京是"唯一在用理智说话的大国领导人"。随后，他又展示了一张体育场记分牌的图片，上面写着："特朗普赢了，干翻拜登。"他还加了一句评论："这是无可辩驳的。"

埃罗尔在这封信中表露出来的内容令人震惊，首先最显眼的就是他的种族主义倾向，但还有另一个方面的内容令人感到不安，在当年晚些时候还生出了新事端，就是他开始迷信阴谋论。他已经钻进了反右翼的牛角尖，给拜登打上了"恋童癖"的标签，还赞扬了普京。在埃罗尔发布的其他内容和发送的电子邮件中，他宣称新冠病毒就是"一个谎言"，他攻击新冠疫情专家安东尼·福奇，还宣称疫苗致命。

埃罗尔描述自己生活贫寒，是为了责备他的儿子不再给他提供经济支持。直到最近，埃隆每个月还一直在断断续续地给他数额不等的生活费。

---

1 :(是一个表示不开心的网络表情。——译者注

2010 年开始时是每个月 2 000 美元，当时是为了帮助埃罗尔在第二次离婚后抚养他年幼的孩子。这些年来，埃隆有时会多给些钱，但每当埃罗尔接受采访，标榜自己在儿子取得成功的道路上发挥了重要作用的时候，埃隆就会削减他的生活费。在 2015 年埃罗尔接受心脏手术的前后，埃隆给的生活费临时增加到每月 5 000 美元。但在得知埃罗尔致使他从 4 岁开始抚养的继女贾娜怀孕后，埃隆就彻底断供了生活费，因为埃隆和金博尔心里一直把贾娜当成他们同父异母的妹妹。

2022 年 3 月底，埃罗尔写信要求埃隆继续提供生活费："我都 76 岁了，能上哪儿挣钱去。对我来说，还有一种选择就是忍饥挨饿，蒙受奇耻大辱，或者干脆自杀。自杀我倒不犯怵，但你应该害怕啊。真闹成那样可就尽人皆知了啊。没错，你这辈子可就完啦，大家就终于知道你的真面目啦。"他觉得埃隆对他态度凉薄，都是因为埃隆在意识形态上是"纳粹主义的、麻木不仁的、自私自利的，像他母亲家族的人一样特强凌弱"。埃罗尔还加上一句："霍尔德曼家族恶毒的精神遗产已经在你的人格中占上风了吗？"

在父亲节前后，埃隆恢复了每月打给埃罗尔 2 000 美元生活费，但杰瑞德·伯查尔要求埃罗尔停止制作 YouTube 系列视频，这个系列名为"天才的爸爸"，是他和一位临床心理学家一起制作的。埃罗尔听到这一要求非常愤怒，他反击道："这个小兔崽子以为每个月甩给我 2 000 美元就能让我闭嘴了吗？凭什么让我闭嘴？我出来讲话是有道理的，我有好多东西要传授给大家呢！"

2022 年这出父亲节上演的大戏又添上了浓墨重彩的一笔。埃罗尔透露，他已经与贾娜生下第二个孩子。"我们活在地球上，唯一的目的就是繁殖。"埃罗尔说，"如果我可以再生一个孩子，我当然会生。我没什么不生的理由啊。"

旧情难却

马斯克在个人生活中经历过各种人际关系的动荡，但有一个人同他一直保持着稳定、美好的关系——妲露拉·莱莉，这位英国女演员在 2010

年与他结婚，在经历了离婚和再婚之后，终于在 2015 年离开了他，回归了宁静的英国乡村。她一想起马斯克，心里就暖暖的，而马斯克对她也抱着同样的感觉。但是马斯克在亲密关系里更喜欢冰火两重天，而不是始终如一的温暖，他为此也饱受折磨。

姐露拉的一位好友在 2021 年去世，马斯克飞到英国，在她家待了一天。她说："我们就一起看愚蠢的电视节目，没心没肺地笑。我们到处闲逛，他老是逗我笑，都没有机会让我伤心地哭出来。"2022 年初夏，在他的个人生活和推特交易都一团乱麻时，姐露拉飞到洛杉矶，与他在比弗利山庄酒店共进晚餐。

姐露拉和她的新男友、青年演员托马斯·桑斯特一起旅行，宣传他们共同出演的电影《叛逆之声》，这部电影是关于朋克摇滚乐队"性手枪"的传记片。托马斯·桑斯特没有来赴宴，马斯克的四个大儿子却来了，这些年他们都与姐露拉建立了联系。"哇！他们几个也太棒了吧！"她给我发信息说，"格里芬英俊、调皮，依然魅力十足；达米安变得很成熟了，他有一种心灵美；凯还是一个非常正派的小伙子，不过现在更像个酷酷的极客；萨克森的语言发展水平超出了我的预期，我们聊得非常深入。不过有一次他说：'你和埃隆有趣的地方在于你俩的年龄差很大……但你俩看起来就像同龄人。'"

这次重逢的聚会非常触动人心。在姐露拉的内心深处，她依然爱着马斯克。那天晚上她回到酒店房间后，托马斯·桑斯特一直在安抚泪流满面的她。

面对 2022 年夏天家庭中出现的动荡局面，马斯克回应的方式就是以父亲的身份组织了一次家庭旅行。他带着四个大儿子、格莱姆斯和 X 一起去了西班牙，同詹姆斯·默多克、伊丽莎白·默多克和他们的孩子一起度假。詹姆斯是特斯拉的董事会成员，是鲁伯特·默多克家族中的自由派，伊丽莎白就更是自由派了。对马斯克来说，这两个人能够中和一下他的政治观点，让他个人在舆论上的影响得到些许平复。

几周后，他带着孩子们去了罗马，在那里得到了方济各的接见。马斯克在推特上发布了一张会面的照片，照片中他穿着不合身的西装，萨克森紧张地扭着身体，其他男孩则穿着黑色的衬衫，看起来阴沉沉的。"我的西装很糟糕。"马斯克承认。男孩们第二天醒来时，发现父亲在推特上发布了照片，感到很不舒服，其中一个孩子甚至还哭了。他们与父亲群聊时，其中一个孩子提出要求：即便是一起旅行，父亲也不要在未经他们同意的情况下把他们的照片发到推特上。马斯克听了很失落，退出了群聊，几分钟后发消息说他们该回美国了。

像个房子，不像家

马斯克意识到，如果家里没套房，就很难有稳定的家庭生活。因此，在 2022 年夏天家里轮番上演各种戏码的过程中，马斯克开始梦想在奥斯汀拥有一个属于自己的家。他考虑了一些在售的房子，但认为价格都太贵了。他买过一个宽敞的马场，它与得州超级工厂分列科罗拉多河两岸，马场旁还有宁静的湖泊，他想不如就在马场里建一个房子，还可以把马场的其他部分分给 Neuralink 和他的其他几家公司使用。

一个周六的晚上，他与格莱姆斯和负责建设得州超级工厂的奥米德·阿夫沙尔一起逛了逛马场，他们提出了各种想法，包括 Boring Company 可以在河下挖一条隧道，把房子和工厂连起来。几天后，他还和希冯·齐里斯一起又逛了逛。齐里斯说："我一直温柔地跟他念叨一件事，就是要找一个能落脚的地方，也就是一个他可以称之为家的地方，他需要一个能让他的灵魂居住的地方，而这座马场正是这样的所在。"

2022 年夏，一个炎热的下午，马斯克与诺曼·福斯特勋爵坐在湖边一个弹出式雨篷下面。福斯特是一位建筑师，设计过很多作品，为史蒂夫·乔布斯设计过苹果公司太空风格的环形总部。福斯特从伦敦飞来，带着他的素描本，与马斯克展开头脑风暴。马斯克坐在一张牌桌前，翻了翻福斯特设计过的一些草图，然后开始自由地提出一些想法。马斯克说："这座房子应该像从太空中掉下来的什么东西，像来自另一个星系的构造物降落在湖中。"

杰瑞德·伯查尔同他们坐在一起，在谷歌上搜索未来主义建筑的图片，福斯特则在他的笔记本上画了很多草图。马斯克提出，可不可以像一块玻璃碎片从湖里冒出来？最底层可以有部分淹没在水中，要从岸边的另一个建筑通过隧道走进去。

后来我评论说，这样造出来就不太像住宅了，马斯克表示同意。他解释说："那样更像是一个艺术建筑项目，而不是一个家。"于是他推迟了建造计划。

76

星际基地动荡

SpaceX，2022 年

在星舰助推器底部检查猛禽发动机

炫耀星舰

马斯克总是对骄矜自满的情绪保持着十足的警惕，他在 2022 年年初决定是时候在博卡奇卡再来一次狂飙运动了。他上次推动安迪·克雷布斯和得克萨斯南部团队在发射台上堆叠星舰已经是 6 个月之前的事，现在他想将火箭做一次公开展示，这一次，两级火箭将用"机械斯拉"的"筷子"机械臂堆叠起来。

比尔·莱利警告说，2 月底之前很难完成这项工作，所以马斯克用发推文的方式逼了他们一把，他在推特上宣布：2022 年 2 月 10 日，周四晚8 点，星舰将公开亮相。

星舰亮相的当晚，他在供 SpaceX 员工用餐的食堂吃了晚饭，与他共进晚餐的还有 NASA 的三位女性高管：位于卡纳维拉尔角的肯尼迪航天中心的珍妮特·佩特罗、负责人类着陆系统项目的丽莎·沃森 – 摩根，还有来自约翰逊航天中心的瓦妮莎·威奇。

X 蹒跚地走到桌前，用叉子吃蓝纹奶酪。马斯克开玩笑说，X 就是他的"萌萌哒推进器"。佩特罗低声对我说："我正在努力克制我的母性本能。"但她最终还是败给了本能，把叉子拿走了，递给 X 一个勺子。

"他天不怕、地不怕的，"马斯克说，"应该多让他开发一些恐惧本能。但没办法，他这就是遗传的。"没错，但这也是马斯克用自由放养的方式来培养 X 的结果。溺爱孩子可不是马斯克的天性。

"猎鹰 9 号。"X 说着，手指着远处。

"不，"他父亲纠正他，"那是星舰。"

"10，9，8……"X 说。

马斯克说："大家都夸他聪明，能倒着数数，但其实我不确定他会不会正着数。"

马斯克问 NASA 的几位客人有没有孩子，她们的回答让他再一次忍不住发表自己的看法：出生率下降是未来对人类意识的一大威胁。"我的朋友平均只有一个孩子，"他说，"有些人没孩子。我想树立个好榜样。"他没有提起他前不久刚刚又生了三个孩子。

随后话题转向了中国，中国是唯一与 SpaceX 一样在向太空轨道开展发射任务的实体，NASA 自己甚至都没有参与其中。"如果在我们再次登月之前，其他国家的人率先实现登月，那对美国来说无疑是一个'斯普特尼克时刻'。"他告诉 NASA 的主管们，"当我们醒过神来，发现他们已经登上月球，而我们还在为一些发射任务合同的问题争来吵去，那就真是让人哑口无言了。"

当天深夜，在堆叠着的星舰前聚集着数百名工人、记者、政府官员和当地人，他们站在聚光灯下。马斯克发表了一番演讲："这个世界上必须有些东西能激励你前行，能打动你的内心，而我给出的一个答案就是，要让人类文明成为能够开展宇宙飞行的文明，让科幻小说成为现实。"演讲期间，我和克雷布斯坐在一起，我们谈到了七个月前他是怎么在马斯克朝他"开炮"的情况下一直坚持到今天的。我问他这样做值得吗，他抬头看着"机械斯拉"，点了点头。克雷布斯说："每当我看到这座塔，我的心就会飞起来。"

在 SpaceX 星际基地主楼后面有一个异国风情酒吧。演讲结束后，马斯克向聚集在酒吧中的一群人走去。几分钟后，灵感 4 号的宇航员贾里德·艾萨克曼也加入了这群人，他自己驾驶着高性能喷气机来到了演讲现场。

艾萨克曼为人自信、平静且谦和，让马斯克相处起来觉得很放松。艾萨克曼说，在布兰森和贝索斯之后，马斯克决定自己不上太空，这样做就很不错。他说："他要是上去了，那就是对平民太空事业的第三次打击。"那样大家就会觉得这件事只不过是亿万富翁像大男孩一般的自恋行为。"当时要是他再飞一次，美国人就得说：'去他的太空吧！'"

"没错，"马斯克哭笑不得，"所以最好在大家瞩目的这些人选之外选出四个人送上天。"

团队动荡

2022 年 7 月，在西雅图制造的星链卫星开始出现库存积压。猎鹰 9 号火箭每周至少从卡纳维拉尔角完成一次发射，每次飞行携带大约 50 颗星链卫星进入轨道。但马斯克一直都盼望着巨型星舰能定期从博卡奇卡的发射台升空。像往常一样，他又开始规划一份不切实际的时间表。

"你是想让我派几个人去博卡奇卡吗？"马克·容科萨问道，当时他已经搬到西雅图，方便监督星链卫星的生产工作。

"是的，"马斯克回答，"你也应该去那边。"是时候对管理层做一番调整了。到了8月初，容科萨像一阵旋风一样在博卡奇卡的装配线帐篷里来回穿梭，弄得到处尘土飞扬。

幸运的是，容科萨有一股跟马斯克一样的疯狂劲儿。他的发型狂放不羁，眼神更是不羁，上班的时候活蹦乱跳，用指尖旋转手机的时候，就好像要在他身边打造出一个汇聚能量的气场。"他这人看着像一个风格强硬的愣头青，但这正是他的魅力所在。"马斯克说，"他会告诉别人，'你在跟我耍花招''你的想法很糟糕'，但他又能做到不招惹对方生气。容科萨对于我的意义，就是马克·安东尼对于恺撒的意义。"

马斯克和容科萨喜欢博卡奇卡团队，特别是比尔·莱利和萨姆·帕特尔这两个人，但他们觉得他俩的作风还不够强硬。马斯克告诉我："比尔是个很好的人，但他很少批评别人，也不忍心开掉任何人。"SpaceX总裁格温·肖特韦尔对曾负责监督设施建设的帕特尔也抱有同样的看法，她说："萨姆工作起来很拼命，但他就是学不会怎么跟埃隆如实汇报负面信息。萨姆和比尔的胆子太小了。"

8月4日，马斯克在得州超级工厂的一间会议室里与星舰团队进行了视频通话，当时他正在为当天下午的特斯拉年度股东大会做准备。他们给他展示幻灯片时，他越来越气愤："这些时间表写的全是废话，要真这么推进简直是一败涂地，这些事情不可能要花这么长时间。"他下令，他们要开始每周7天、每天晚上召开星舰工作会议。"我们要每天晚上应用第一性原理，按照五步工作法的步骤，质疑各项需求，删除不必要的部分。"他说，"我们研究猛禽发动机问题的时候就是这么做的。"

他问需要多长时间才能把助推器运到发射台上对发动机进行测试，有人说10天。"时间太长了。"他回答，"这对人类的命运至关重要。要改变人类命运是很难的，所以光是朝九晚五干活是不够的。"

然后他突然结束了会议。"今晚见。"他对博卡奇卡团队说,"今天下午我有一场特斯拉股东会议,我还没见过幻灯片长什么样呢。"

私闯异国风情酒吧

当天深夜,马斯克从奥斯汀赶到博卡奇卡,主持了一场特斯拉股东会议,现场气氛类似于粉丝俱乐部大会。随后他直接去了星舰会议室,所有人已悉数到场。接下来的一幕看起来就像电影《星球大战》中的一个场景。马斯克把 X 带了过来,虽然时间已晚,但 X 还是充满了活力,绕着桌子跑来跑去,嘴里喊着:"火箭!"格莱姆斯也在场,她把头发染成了粉绿相间的颜色。容科萨蓄起了更显狂野的胡须。肖特韦尔从洛杉矶飞来,帮着推进人事调整。她常年晨练,这个习惯雷打不动,所以她说这钟点早就过了她的入睡时间。这一桌十几个人里唯一的女性是毕业于麻省理工学院的航空工程师莎娜·迪茨,她在 SpaceX 工作了 14 年,能力出众,说话直截了当,给马斯克留下了深刻的印象,现在她是星舰的工程主管。在场的还有团队的其他成员——比尔·莱利、乔·佩特泽尔卡、安迪·克雷布斯和杰克·麦肯齐,他们都身着黑色 T 恤和牛仔裤这一标准制服。

马斯克再次催促他们尽快将助推器送上发射台,推进发动机测试工作,10 天太长了。他对确定发动机周围的防热层厚度特别感兴趣,也一直在想办法删掉一些部件,特别是那些增加助推器重量的部件。"看起来这些地方都不需要防热层。"他说,"我拿着手电筒出去,防热层挡住了一些东西,所以什么都看不到。"

这次会开着开着就闲聊起来,这是马斯克有意为之。在他们就测试的时间表达成一致之前,他们讨论起了昆汀·塔伦蒂诺的电影《真实罗曼史》。一个多小时后,肖特韦尔想结束这次会议了,她问:"我们有哪些事情拍板定下来了?"

结果是没有哪件事完全定下来了。马斯克盯着远处沉思着,每个人都见识过他这种恍惚的状态。沉思到一定程度,等他自己消化完各种信息,他就会宣布事项。但现在已经是凌晨 1 点多,工程师们渐渐都散了会,留下马斯克一人独自思考。

大家走出会议室，走到停车场，他们都围着容科萨，而他正在转手机玩。大家都看着他，盼着他说点儿什么，他显然也没有心思去他的清风房车上睡觉。他也知道伙伴们对公司正在酝酿的人事调整感到不安，所以也需要他鼓鼓劲儿、安慰安慰大家。他就像一个高中的球队队长，知道要组织大家玩闹起来、散散心的话，尺度把握到什么程度是合适的。所以他提议大家一起闯入附近为员工开设的异国风情酒吧，举办一个派对。他用信用卡撬开锁，带着十几个人进入酒吧，指定其中一人开始倒啤酒、麦卡伦苏格兰威士忌和爱利加小批量波本威士忌。"如果有人找我们麻烦，我们就把责任都推到你头上，杰克。"他指着麦肯齐说道，因为麦肯齐是这些人中最年轻、最害羞、最不可能闯入酒吧的人。

没有马斯克在身边，容科萨就能让大家放松下来，他也给大家传授了一些经验。其中有一个工程师，他在告诉马斯克测试设备不能及时准备好的时候支支吾吾的，容科萨就拿他开玩笑，在他身边手舞足蹈，扇动着双肘，还模仿鸡叫声。有个年轻的工程师为了给容科萨留下好印象，就描述了自己极限滑雪的冒险经历。容科萨迅速掏出手机，展示了他在阿拉斯加疯狂滑雪的视频，当时他侥幸躲过了一场雪崩。

"那真的是你吗？"那位工程师惊愕地问道。

"是的。"容科萨回答，"你必须承担风险。你得爱上冒险。"

大约在那时——准确地说是凌晨 3 点 24 分，我的手机嗡嗡作响，马斯克发来一条信息，在距我 1 英里外的小房子里他还没睡。他写道："之前的助推器计划是用 10 天把它送到发射台上，但是我有 90% 的把握：B7 还没完成，我们就会发现下一个拦住我们的问题。"

我把信息拿给麦肯齐看，让他翻译一下，他又把它拿给容科萨看。他们顿时沉默了。这意味着马斯克已经消化了他在会议上听到的内容，决定不再等到 10 天后才把代号为"B7"的助推器转移到发射台上进行测试。他们要在安装全部 33 个发动机之前完成这项工作。马斯克在片刻之后发来了进一步推进工作的细节要求："无论如何，我们要在今天午夜，甚至再早一些，就把 B7 放到发射架上。"换句话说，他们要在 1 天而不是 10 天内搞定这件事。马斯克已经吹响 SpaceX 第二场狂飙运动的号角。

装配大楼

睡了几个小时后，上午，马斯克穿着上面印着"Occupy Mars"（占领火星）的黑色 T 恤，来到了其中一个装配大楼，观看助推器 7 号装配猛禽发动机的过程。他爬上一个很陡的工业梯子，也就站到了助推器下面的一个平台上。平台上堆满了电缆、发动机部件、工具、摆动链，还有至少40人肩并肩地工作着，他们正在安装发动机、焊接护罩。马斯克是唯一没有戴安全帽的人。

"为什么需要这个零件？"他问其中一位资深工程师凯尔·奥德纳。奥德纳对马斯克的到来泰然处之，一边继续工作，一边给出了实事求是的回答。马斯克经常对装配区进行检查，以至于工人们这次几乎都没注意到他，除非他向他们下命令或问问题。"为什么不能更快完成呢？"这是他最喜欢说的一句话。而有时他只是在那里站着，默默地凝视四五分钟。

一个多小时后，他从平台上爬下来，步态笨拙地跑了 200 码，穿过一个停车场，来到食堂。"我认为他这样做是为了让大家看到他有多卖力。"安迪·克雷布斯说。我后来问马斯克是不是这样，他笑着说："不是，我这么做是因为我忘了涂防晒霜，不想被晒伤。"但他随后补充说："确实，如果他们看到将军也在战场上，部队就会受到激励。无论拿破仑在哪里，总是他在场的那支部队表现最好。即使我什么都不做，只是出现在那里，他们也会看着我说，至少我没有整晚都在狂欢。"显然，他已经发现异国风情酒吧的恶作剧事件。

午夜过后不久，也就是马斯克设定的大限之时，一辆卡车在博卡奇卡长度半英里的道路上行驶，从装配大楼向发射地移动，车上载有垂直放置的助推器。格莱姆斯从他们的小房子开车过来，与 X 一起见证这一奇观。X 在缓慢移动的火箭周围手舞足蹈。助推器到达发射区后，被竖直放置在发射台上。当天月相接近满月，火箭在月光下闪闪发光，构成了一幅充满戏剧性的画面。

本来一切都很顺利，直到一根管子突然断裂，液压油（一种油和水的混合物）开始到处喷溅，所有人都被淋湿了，包括格莱姆斯和 X。一开始她被吓坏了，以为这是什么有毒的化学品，但马斯克告诉她不用担心。他说："我喜欢在清晨闻到液压油的味道。"他重复了电影《现代启示录》中的一句台词。X 也同他一样毫不惊慌，甚至在格莱姆斯催促他回屋洗澡时也是如此。"我觉得他对危险的容忍度比一般人要高，"马斯克说，"说实话，他对危险的容忍度太高了，都快成问题了。"说这话的时候，他流露出了一丝不易觉察的自我反省。

Optimus

特斯拉，2021—2022 年

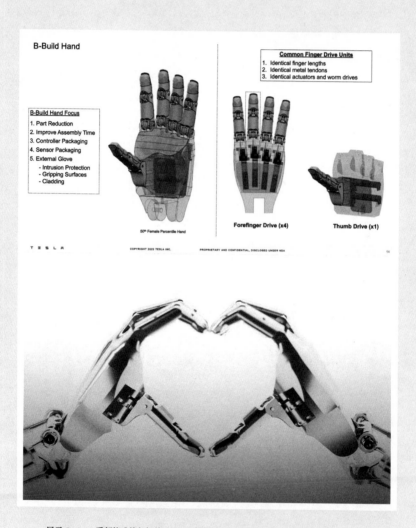

展示 Optimus 手部构成的幻灯片（上）；第二届人工智能日的标识——机器人比心（下）

手的触觉

马斯克在 2021 年 8 月宣布要打造 Optimus 的计划时，一位身穿白色连体衣的女演员在舞台上笨拙地模仿着机器人。几天后，特斯拉的设计主管弗朗茨·冯·霍兹豪森召集了一组人马，开始真刀真枪地干了起来：他们要做一款可以模仿人类的机器人。

马斯克下达的命令是：它必须是一款人形机器人。换句话说，它应该看起来像人，而不是像波士顿动力公司或其他公司正在打造的那种带着轮子或者四条腿的机械装置。很多工作场所和工具的设计思路都是为了贴合人类的行动方式，所以马斯克认为机器人应该接近人形，这样它才能自如地操作。冯·霍兹豪森告诉围坐在会议桌旁的 10 位工程师和设计师："我们想让它尽可能地贴近人类，但我们也可以在人类能力的基础上做出一些改进。"

他们从手部开始设计。冯·霍兹豪森拿起一个电钻，他们就开始研究手指和手掌根部是如何与电钻完成互动的。一开始，他们觉得制作一只仅有 4 根手指的手看起来挺合理的，因为小拇指似乎没什么用。但是这样看起来令人毛骨悚然，功能性也不是很强。他们决定索性延长小拇指，让它派上更大的用场，但他们也做了一处简化：他们设计的每根手指只有两个关节，而不是三个关节。

另一项改进是将手掌的根部拉长，这样它能缠绕在电动工具上，减轻拇指承受的负荷，这样 Optimus 的手就会比人类的手更有力。他们还考虑了更多创新的仿生设计要素，比如在每个手指尖安装强磁铁，但这个想法被否决了，因为很多设备可能会被磁场干扰。

可不可以让手指朝手背方向弯，而不仅是朝手掌方向弯？可不可以让腕关节更大幅度地向前后弯曲？在场的每个人都开始活动他们的手掌和手腕，看看这样设计能实现什么。冯·霍兹豪森说："如果机器人要推一堵墙，那就能派上用场，它可以在不对手指施加压力的情况下做到这一点。"有人建议，可以让手向后大幅弯曲，让手指接触到手臂，这样手臂就可以对某些东西施加压力，而手甚至可以不参与。冯·霍兹豪森说："但那样会把人吓坏的，我们不要弄得太过分了。"

"现在具有挑战性的部分来了，这根手指怎么才能变好看呢？"时长两个小时的会议即将结束时，冯·霍兹豪森说。每周的项目进度审查会上，他们要向马斯克展示工作进展，冯·霍兹豪森给大家分配了任务："首先要弄清楚手指的造型，从指根到指尖是怎么变细的，因为我们要拉长小拇指，所以要研究好这一点。埃隆希望手指能具有女性手指的锥度。"

《新科学怪人》

马斯克和工程师们发现人类的身体蕴藏着惊人的能力。比如在一次周例会上，他们讨论了一个话题：人类的手指不仅能对物体施加压力，而且能感受到压力。他们怎样才能让Optimus的手指精准评估压力水平？一位工程师建议说："我们可以查看指关节的致动器中的电流，它可以同施加在尖端的压力水平相关联。"另一位工程师想到可以把电容器放在指尖上，就像在触摸屏上一样，也可以在橡胶中嵌入一个气压传感器或者芯片，甚至在凝胶状的指尖内放置一个微型摄像头。冯·霍兹豪森问："这些办法在成本上有什么区别？"他们决定最有效的方式是利用关节里致动器中的电流来测量压力，因为这样不会增加零件。

无论日程安排多么紧张，马斯克都尽可能参加每周的Optimus设计会。在2月的一次会议上，他在迈阿密马林鱼棒球场的VIP聚会室里，参加由坎耶·维斯特为新专辑《Donda 2》举办的试听会。他与说唱歌手弗伦奇·蒙塔纳和里克·罗斯站在一起，吃着炸玉米饼，讨论着加密货币，这时他收到奥米德·阿夫沙尔发来的信息，提醒他晚上9点要开Optimus的会议。马斯克接入电话会后，手机摄像头没关，无意中让Opitmus团队目睹了这场聚会。马斯克在房间里踱来踱去，摆弄着自己的手指头，讨论要用多少个致动器才能让Optimus的手具有足够的灵活性。坎耶请来的贵宾们向马斯克投来好奇的目光。马斯克说："这只手无论从什么角度下手，都要能顺利拿起一支铅笔。"在他身后的一位说唱歌手点了点头，开始摆弄他的手指。

有时Optimus的会议要开两个多小时，因为马斯克考虑问题事无巨细。有人建议："机器人可不可以替换手臂，在每种手臂上面装不同的工具？"马斯克拒绝了这个提议。另一次会议上，马斯克问是不是应该在机器人脸上放一块屏幕，他说："它可以只做显示用，不需要触摸屏，但你站在远处就能看清楚它在做什么。"他们觉得这是个好主意，但放在第一代 Optimus 上还没必要。

他们讨论的这些问题又勾起了马斯克的未来主义幻想。团队准备了一段 Optimus 在火星殖民地工作的模拟视频，结果大家花了很多时间来讨论火星上的机器人应该独立工作，还是在人类监督者的指导下工作。冯·霍兹豪森想把讨论重点带回到地球场景中，他插话说："我认为火星模拟很有趣，但我们应该做一个展示机器人在我们的工厂中模拟工作的视频，可能它做的是没人愿意做的重复性工作。"在另一次会议上，他们讨论了是不是可以把 Optimus 放在 Robotaxi 的驾驶座上，满足"上路车辆需要配备驾驶员"的法律要求。"你还记不记得老版的《银翼杀手》电影里就有类似的场景，"马斯克说，"还有最近的游戏《赛博朋克 2077》里面也有。"他喜欢把科幻小说中的虚构内容拿出来讲。

至于其他想法，马斯克更多的是想一出是一出，似乎没有经过深思熟虑。他有一次开玩笑说："也许我们应该把 Optimus 的充电线插在它屁股上。"大笑几声之后，他否定了这个想法，他说："这个玩笑开得有点儿大，因为人体的几个窍都是很重要的。"

他有一次说："这让我想起了《新科学怪人》。"他指的是梅尔·布鲁克斯模仿电影《科学怪人》拍摄的电影。"这是一部史诗。"但这引发了一场更严肃的讨论：如何确保机器人不会变成怪物？马斯克最初之所以涉足人工智能和机器人领域，就是源于他想要回答这个问题的冲动。在一次会议上，他讨论了"终止指令路径"的问题，这会让人类拥有凌驾于机器人之上的终极权力。马斯克说："不可能出现有人进入母舰并以恶意方式控制机器人的情况。"他排除了使用任何可能被黑客攻击的电子信号的可能性。他引用了阿西莫夫的机器人三定律，制定了游戏策略：允许人类战胜"致命的机器人军队"。

即便是畅想着未来，马斯克也没忘了 Optimus 必须在商业逻辑上是可行的。到 2022 年 6 月，团队已经完成机器人在工厂内搬运箱子的模拟任务。他乐于陈述这样一种观点："我们的机器人会比人类更努力地工作。"

他开始相信 Optimus 会成为特斯拉盈利的主要驱动力。他告诉分析师："Optimus 人形机器人有可能比电动车业务本身更重要。"

有盈利的诉求牢记在心，马斯克就推动 Optimus 团队详细列出他们想要实现的各种功能，以及量产 Optimus 的成本。比如一个电子表格记录了人类手腕的三种运动方式：它可以上下挥动，向左右转动，本身还可以旋转。工程师计算出如果实现其中两个自由度，每个手腕的成本是 712 美元，而实现全部三个自由度，要增加额外的致动器，成本就会达到 1 103 美元。马斯克在研究他自己手腕的活动方式及哪些肌肉参与其中时，感到非常惊讶。他说机器人应该具有和人类一样的能力。"答案是我们想要实现三个自由度，所以我们必须想办法更有效地达到目的。"他说，"这是个很垃圾的设计。我瞟了一眼，它看起来很糟糕。后来用上了我们车上的升降门致动器，我们才搞定了低成本制造的问题。"

每周他都会翻看最近的进度表，随后表达他的不满——往往是相当强烈的不满。"你们就当我们是一家资金即将枯竭的创业公司。"他在其中一次会议上说，"快点！快点！请不要浪费任何一天！有什么坏消息都要大声地讲出来。好消息悄悄地说一次就行了。"

学走路

他们面临的最艰巨的挑战之一就是让 Optimus 学会走路。X 当时快两岁了，也在学着做同样的事情，马斯克一直在比较人类和机器学习过程的不同。"一开始孩子是平脚走路，而后他们开始用脚趾走路，但他们走起来还是像猴子。"他说，"他们需要相当长的时间才能学会像成年人一样走路。人类的步态是相当复杂的。"

3 月，团队每周的例会上都先放一段视频，庆祝一个新的里程碑："在地面上迈出了第一步！"到 4 月，他们已经实现了下一个层次的动作：让 Optimus 搬着箱子走路。一位工程师说："但我们在手腿协调以保持身体平衡这方面做得还不够好。"还出现了一个问题：为了让机器人看到周围的环境，它的头必须旋转。马斯克建议："我们如果装上几个摄像头，它就不需要转动头部了。"

马斯克在 7 月中旬的一次设计评审会上带来了一些玩具，包括一个眼睛可以追踪人类活动的机器人，还有一个会跳霹雳舞的机器人。他相信玩具能带给大家启发，比方说一辆小汽车的模型就曾启发他用大型铸造设备来制造整车，而乐高积木帮他理解了精密制造的重要性。Optimus 立在车间的中间，由一个龙门架支撑着。它慢慢地从马斯克身边走过，把它抱着的一个箱子放了下来。随后马斯克拿起操纵杆控制器，引导 Optimus 拿起箱子，把它交给了冯·霍兹豪森。Optimus 完成后，马斯克轻轻推了一下它的胸部，看看它会不会摔倒。稳定器起了作用，它保持了直立状态。马斯克赞赏地点点头，拍摄了一些 Optimus 的视频。拉斯·莫拉维说："每当埃隆掏出手机拍摄视频时，你就知道你已经给他留下了深刻的印象。"

　　随后马斯克宣布，他们要举行一次公开演示，要展示的有 Optimus、完全自动驾驶和 Dojo。他说："通过实现这些技术，我们正在努力完成打造通用人工智能的艰巨任务。"该活动于 2022 年 9 月 30 日在特斯拉的帕洛阿尔托工程总部举行，活动名称是"第二届人工智能日"。设计团队设计了一个标识，Optimus 用它漂亮的锥形手指碰在一起，形成一颗心的形状。

78

不确定性

推特，2022 年 7—9 月

在米科诺斯岛，阿里·伊曼纽尔用水管给马斯克冲凉（上）；亚历克斯·斯皮罗（下）

终结者

由于不确定下一步想对推特做什么，马斯克在 2022 年 6 月要求给他提供三种选择。计划 A 是按照协议推进 440 亿美元的收购计划，计划 B 和计划 C 涉及重新确定交易价格，或者以某种方式完全退出交易。为了对这些方案进行财务建模，他请来了曾担任英特尔首席执行官的罗伯特·斯旺，他也是安德森·霍洛维茨基金的合伙人，该基金正在马斯克提议的收购计划中注资。

问题是斯旺性格直率，他力主推进 A 计划，认为没什么理由退出这笔交易。他接受了推特代理委托书中提供的大部分数据，给数据打个折，随后提出了一个比较乐观的财务模型。马斯克坚信全球经济正在步入衰退期，而推特对机器人账户问题报告的数据是错误的。他愤怒地质疑斯旺："如果你能坦然地向我展示这些，那么你可能不是这份工作的合适人选。"

斯旺是一个成就斐然的大人物，马斯克不应该用这种方式对待他。"既然我已经坦然地向你做了介绍，那么你是对的，我可能不适合这份工作。"他回复说，随后就辞职不干了。

马斯克有一次给他的密友、特斯拉早期投资人安东尼奥·格拉西亚斯打了个电话。格拉西亚斯派出的一支工业奇兵曾在 2007 年发现了特斯拉存在的问题。电话打来的时候，格拉西亚斯正和他的孩子们在欧洲度假。马斯克提醒他："你离开特斯拉董事会时说过，我需要帮助的时候应该给你打电话。"格拉西亚斯同意组建团队，对推特的财务状况进行深入调查。

格拉西亚斯觉得他需要找一家独立的投资银行来帮着梳理合适的估值和资本结构，所以与他的朋友、佩雷拉·温伯格合伙人公司的罗伯特·斯蒂尔谈了谈，后者以直截了当的方式询问马斯克的目标到底是什么：是退出推特收购计划，还是要以较低的价格收购推特？马斯克说他想选择后者。这是真的，至少在大多数时候是真的，但他在法律上感觉束手束脚的，在心理上也有一些障碍要跨越。马斯克好不容易才说出了一些心里话：有一些清晨和深夜时分，他觉得自己可能误打误撞地承担了一个很愚蠢的任务，如果整件事情过去了，他会很高兴。斯蒂尔对马斯克有一个有趣的观察：大多数客户收到三四个选项后会问投资银行家推荐其中哪一个，马斯克则不同，他对每个选项都提出很多细节性问题，但没有征求建议。他喜欢自己做决定。

马斯克要求推特提供原始数据，并提供厘清真实用户数量的方法，推特就给他提供了大量的数据，他的团队认为这些数据几乎无法使用。马斯克以此为借口，试图退出交易。他的律师写道："近两个月来，马斯克先生一直在寻求必要的数据和信息，以便对广泛存在的虚假账户和垃圾账户进行独立评估。"推特在这方面配合态度消极，意味着马斯克将行使他"终止并购协议的权利"。

推特的管理层回应说，他们在特拉华州衡平法院起诉了马斯克，指控他"拒绝履行对推特及其股东的义务，因为他签署的交易不再符合他的个人利益"。法官凯瑟琳·麦考密克将审判定在 10 月。

马斯克的私人财务助理杰瑞德·伯查尔和律师亚历克斯·斯皮罗想限制他发信息、发推文，不希望他向外界透露出他想撤销收购计划的想法是因为广告业正在迅速下滑，经济正在衰退。有一天，斯皮罗对伯查尔说："我现在就给他打电话，告诉他不要再发推文了。"但斯皮罗根本管不住马斯克，前后 10 分钟内，马斯克发了一连串的推文，似乎是为了报复他的法律团队。伯查尔告诉斯皮罗："关于推特的谈话就到此为止。"

甚至连马斯克发过的一些与此事无关的、奇奇怪怪的推文此时也成了问题。他在 8 月发了一条"我正在收购曼联，不客气"。伯查尔给斯皮罗打电话，询问 SEC 是否会将此视为不恰当的披露。"他是真的要这样做吗？"斯皮罗问道。事实证明马斯克只是改编了一个梗，这个梗说的是曼联球迷总是乞求别人赶紧把球队买下来。斯皮罗让马斯克发了一条后续推文："不，这是推特上的一个老梗了，我不会收购任何体育运动队的。"

阿里·伊曼纽尔插手

阿里·伊曼纽尔经常被人称作好莱坞的超级经纪人，但到 2022 年，他的身份已经不止于此。他是奋进精英经纪公司的首席执行官，这是一家规模庞大的娱乐公司。伊曼纽尔精力充沛，从来都不知疲倦。他说话音调高亢，社交广泛，结交新朋友的速度极快，表达毫不拘束，时不时爆些粗口，这些脾气秉性与他的兄弟拉姆和齐克如出一辙。只要碰上有意思的领域，他都想染指尝试一下。

"9·11"事件后，伊曼纽尔决定不再让沙特人大把大把地挣他的油钱，所以他把法拉利换成了普锐斯，但他讨厌这辆车，因为开起来"太肉了"。他想找一个能造出伟大的电动车的人，这时他读到了马斯克的故事。伊曼纽尔说："我按照我平时的做法，主动创造了跟他相识的机会。我给他打电话说'我想见见你'，我们两个少不更事的家伙还没搞明白怎么回事呢，就这样成了朋友。"伊曼纽尔订购了一辆特斯拉 Roadster，"因为我太想扔掉那辆该死的普锐斯了"，于是他最终在 2008 年收到了特斯拉出厂的第 11 辆车。他直到现在还保有这辆车。

2022 年 5 月，马斯克飞往法国圣特罗佩，参加伊曼纽尔和时装设计师萨拉·斯托丁格的婚礼，现场众星云集——"吹牛老爹"肖恩·库姆斯、艾米丽·拉塔科夫斯基、泰勒·派瑞悉数到场。戛纳电影节期间，里维埃拉当地好不热闹。马斯克与澳大利亚女演员娜塔莎·巴塞特共进午餐，一个月前他决定同推特开战时，这位女演员陪他一起到了夏威夷。

主演《消消气》的喜剧演员拉里·戴维主持了这场婚礼，他同马斯克一桌。他们坐定时，戴维看起来气呼呼的，他问马斯克："你是想让学校里的孩子被谋杀吗？"

"不，不，"马斯克有点儿困惑，也有点儿恼火，他磕磕巴巴地说，"我反对谋杀儿童。"

"那你怎么会投票给共和党？"戴维质问他。

戴维承认他确实跟马斯克抬杠了，他说："他在推特上说要投票给共和党，因为民主党是煽动分裂和仇恨的政党，这让我很不高兴。即使尤瓦尔迪市罗布小学枪击案没有发生，我可能也会斥责他，因为我很生气，他冒犯到我了。"

微软全国广播公司的乔·斯卡伯勒也坐在这张桌旁，戴维跟他讲了这件事。斯卡伯勒听着觉得很有意思。他笑道："我告诉过阿里，我不是埃隆的铁杆粉丝，所以他就把我安排跟他坐在一起了。埃隆那天一直很安静。"在伊曼纽尔看来，他倒不是故意想挑起矛盾。"我其实觉得这一桌人凑在一起挺棒的。"从某种角度说，这一桌的局面就像是推特的一个缩影。

婚礼现场还出现了一个问题，来宾中有推特的大股东、董事会成员埃贡·德班。马斯克很不喜欢他，他说德班曾对摩根士丹利的首席执行官詹姆斯·戈尔曼说过他的坏话。伊曼纽尔想着婚礼的契机给他俩当个和事佬，他对德班说："你傻不傻啊，赶紧过去跟他谈谈啊。"他们聊了20分钟。据马斯克说，谈话期间"他千方百计地想要讨好我"，但他们的紧张关系并没有缓和。

伊曼纽尔天生就是个生意人，他提出要帮马斯克和推特董事会牵线搭桥，开展秘密谈判。他问马斯克愿意为收购推特出多少钱，折扣兴许还可以再谈，反正比董事会接受的440亿美元要低。马斯克建议是打对折，德班和推特董事会的其他成员都认为这样的话，那就没的聊了。

伊曼纽尔试图在7月重启谈判，当时他邀请马斯克到他在希腊米科诺斯岛的一个度假屋。马斯克从奥斯汀飞过来待了两天，有人拍到他在一艘游艇上，看起来脸色苍白、身材臃肿，而同框的伊曼纽尔看上去却是身材颀长、皮肤黝黑，给人很强的视觉冲击。

马斯克告诉伊曼纽尔，或许他愿意与推特达成协议，而不是继续在特拉华州衡平法院打官司到10月。伊曼纽尔再次致电德班，对方不赞成通过谈判压价的行为，但其他一些董事会成员迫切地想知道有没有办法化解正面冲突，所以双方还是开始了非正式的和解谈判。

勇往直前

马斯克与推特公司就降低收购价格的谈判并没有取得太多进展。推特提出了一些方案，可以将440亿美元的价格降低约4%，而马斯克坚持认为降幅必须超过10%，否则不予考虑。谈判过程中双方似乎一度要达成某些共识。但这会产生一个新的问题：如果交易经过重组或重新定价，那么承诺提供贷款的银行会就相关条款重新进行谈判，甚至退出这笔交易。银行的这些承诺是在利率较低时做出的，而重新谈贷款条件的话，银行的新贷款利率可能会吞噬双方通过谈判节省下来的全部资金。

还有一个障碍发生在双方心理战的拉锯当中。推特的高管和董事会成员坚持认为，重新谈判不管怎么谈，都必须保护他们未来免遭马斯克的诉讼。"我们永远不会让他们得到法律上的豁免。"马斯克说，"如果需要追究他们的责任，那么除非他们死了，否则我们一个也不会放过。"

整个 9 月，马斯克每天同他的律师亚历克斯·斯皮罗和迈克·林格勒通三四次电话。有时候，他的情绪很激动，坚持认为他们可以在特拉华州衡平法院打赢这场官司。一位告密者的揭发，还有其他人的举报都让马斯克更加确信，推特在机器人账户数量问题上一直在撒谎。"他们现在抱着个烫手的山芋，已经是骑虎难下。"马斯克在谈到推特董事会时说，"我不相信法官会通过这项协议，群众的眼睛是雪亮的，假的真不了。"而另外一些时候，他认为他们应该完成这笔交易，然后起诉推特董事会和管理层欺诈，没准他以后还能从他们那里把收购款项捞回来一部分。马斯克气愤地说："问题是董事会成员持有的股票太少了，他们把钱吐出来也是杯水车薪。"

9 月底，马斯克的律师终于说服了他：如果他们走法律这条路，他会输掉这场官司。最好的办法是按照原来的条件完成交易，也就是每股54.20 美元，总价 440 亿美元。此时此刻，马斯克甚至又找回了一点儿接管推特的劲头。"虽说争议没有尘埃落定，但是我还是应该支付全款，因为经营推特的是这么一帮榆木脑袋。"他在 9 月下旬告诉我，"去年推特股价都能到每股 70 美元，所以说公司潜力巨大。要我出马的话，能做成的事那就太多了。"马斯克同意在 10 月正式完成交易。

看到交易正式明确向前推进，阿里·伊曼纽尔在加密文本通信软件Signal 上给马斯克发信息，向他提出了一个建议：让他和他的奋进精英经纪公司接管推特的经营工作。他说只要支付 1 亿美元，他就能做好这样几件事：削减成本，打造更好的企业文化，打理好与广告商和营销人员的公共关系。伊曼纽尔说："我们负责运营，但他会告诉我们他想要什么，由他来负责所有的工程和技术事宜。我们与广告商做过很多生意，所以我们也不是新手了，你知道吧？"

伯查尔称这条信息"最具侮辱性、最不尊重人、最不可理喻"。马斯克看完倒是没那么难受，还是挺讲礼貌的，因为他珍视与伊曼纽尔的友谊。马斯克说："嘿，我很感谢你的提议，但推特是一家科技公司，是一家靠编写程序吃饭的公司。"伊曼纽尔反驳说，他们可以直接雇用技术人员，但马斯克坚定地拒绝了他。马斯克有一个核心思想，就是不能把工程和产品设计分开。事实上，产品设计应该由工程师来推动。像特斯拉和SpaceX 一样，推特在所有组织层级上都应该以工程为导向。

还有一件事是伊曼纽尔不能理解的：马斯克自己经营着特斯拉、SpaceX、Boring Company 和 Neuralink，他还想亲自上手经营推特。

Optimus 亮相

特斯拉，2022 年 9 月

X 同 Optimus 握手，米兰·科瓦奇和阿南德·斯瓦米纳坦在一旁观看

忧心如焚

9月27日，周二，在从奥斯汀飞往硅谷的路上，马斯克说："我的心理健康状态起伏不定，压力太大的时候就很糟糕。但即便很多事情进展顺利，我的心理状态也不会很好。"他此行是准备参加第二届人工智能日活动，也就是他承诺向公众展示特斯拉在人工智能领域进展的大型发布会，包括自动驾驶车辆和 Optimus。

那一周，马斯克接连遭受了很多打击。他三次出庭做证：一次是特拉华州衡平法院审理的意图迫使他完成推特交易的案件、一次是 SEC 的调查，还有一次是针对他从特斯拉获得巨额报酬的诉讼。同时，他还操心着在乌克兰使用星链卫星引发的争议，担心特斯拉供应链的问题，关心着向国际空间站运送四名宇航员（包括一名俄罗斯女性宇航员）的猎鹰9号，以及同一天在美国西海岸发射的载有 52 颗星链卫星的猎鹰9号，还要为关于孩子、女友和前妻的各种私人生活问题而烦心。

马斯克应对压力的方式千奇百怪，萌生疯狂的想法就是其中一种。在一路向西飞行的过程中，他为自己最近提出的想法感到兴奋：他想卖一种香水，味道是烧焦的人类头发的气味。着陆后，他打电话给 Boring Company 的首席执行官史蒂夫·戴维斯，此人之前曾把马斯克出售玩具喷火器的想法成功落地。"烧焦的头发味香水！"马斯克说着，开始构思广告宣传语，"你喜欢火焰喷射后留下的那种气味吗？我们为你准备了这种香味！"戴维斯总是愿意由着马斯克的性子来，他向气味实验室提出需求，表示第一个成功配制出这种气味的人将获得香水合同。后来 Boring Company 在官网上架了这款香水，马斯克就在推特上说："买我的香水吧，这样我就有钱买推特了。"一周内，这款香水卖出了 3 万瓶，每瓶售价 100 美元。

到达特斯拉的帕洛阿尔托工程总部后，他来到一个空旷展厅中的临时舞台旁，那里正在为周五的第二届人工智能日做准备。一个差不多已经完成的 Optimus 悬挂在龙门架上，准备开始练习动作。一名工程师喊出"启动"，另一名工程师按下红色按钮，让 Optimus 开始行走，它摇摇晃晃地走到舞台前停了下来，像一个淡定的君王一样挥了挥手。在接下来的一个小时里，团队又让 Optimus 走动了 20 次。它走到舞台边缘，停下来，环顾四周，然后挥手，这一幕让人看得入迷。当它走完当天的最后一趟，X 走到了 Optimus 面前，触摸它的手指。

指导练习部分的工程师是米兰·科瓦奇，他说："我觉得我有创伤后应激障碍，经过上次的事情，我真的很难保持心态稳定。"我意识到他就是一年前在第一届人工智能日排练时被马斯克狠狠批评了一通的工程师，因为马斯克觉得他做的幻灯片太无聊了。那件事过后，他酝酿了数周，打算辞职。"但我觉得眼前这个任务太重要了。"他这样表示。

2022 年 9 月，第二届人工智能日临近的日子里，科瓦奇鼓起勇气向马斯克提起了他们一年前发生的矛盾，马斯克茫然地看着他。科瓦奇问："你还记得你有多讨厌我做的幻灯片吗？你不停地跟我说做得非常糟糕，大家当时都担心我会辞职，你还记得吗？"马斯克继续一脸茫然——他确实不记得了。

第二届人工智能日排练

马斯克与阿里·伊曼纽尔在希腊度了两天假，照片里的他看起来肥胖臃肿，于是他决定服用 Ozempic 减肥，并间歇性断食，每天只吃一餐。他每天吃的那一餐是一顿很晚的早餐，而他允许自己在这一餐中随心所欲、大吃大喝。周三上午 11 点，他去了帕洛阿尔托乳品店。这是一家复古风格的餐厅，他点了一个培根奶酪烤肉汉堡包，还有红薯薯条和奥利奥加曲奇冰激凌奶昔。X 吃了一些薯条。

饭后马斯克参观了 Neuralink 的实验室，它位于弗里蒙特的一排商店当中。在那里他重点研究了行走过程中涉及的机械动力学和信号过程。希冯·齐里斯、徐东进和杰里米·巴伦霍尔兹穿上实验服和鞋套，把他带进一个没有窗户的房间，里面有一只叫"明特"的猪正在跑步机上行走，它能得到的奖励是蘸着蜂蜜的苹果片。每隔一会儿，机器就会电击它一次，让它的肌肉抽搐。他们试图破解动物在行走过程中涉及的致动器。

马斯克到达特斯拉的帕洛阿尔托工程总部时，那里的工程师也在研究行走问题。为了准备第二天晚上的 Optimus 揭幕仪式，他们通过编程把机器人要走的路程缩短了一些，因为演讲的舞台比厂房的水泥地面更光滑。但马斯克喜欢让它大步走，还开始模仿起巨蟒剧团短剧《蠢步子部门》中的演员约翰·克里斯高抬腿大步走。马斯克说："那样的帅气步态看起来更酷。"工程师们开始着手进行微调。

随后，30 名工程师聚集在马斯克身边，他开始进行动员讲话。他说："人形机器人将捅破经济发展水平的天花板，让它接近于无限。"

"机器人工人将解决人口增长不足的问题。"德鲁·巴格里诺补充说。

"是的，但大家还是应该生孩子，"马斯克回答说，"我们希望人类的意识能够延续下去。"

那天晚上，我们去了帕洛阿尔托市中心边缘的一栋三层楼房，来了一场小小的怀旧之旅，那里曾是他和金博尔在 27 年前创办的 Zip2 的小办公室。他吹着口哨，一副若有所思的样子，在大楼周围走来走去，想进去看看，但所有门都锁着，窗户上挂着"出租"的牌子。随后他走过两个街区，来到他和金博尔当时每天吃饭的地方——"盒子里的杰克"餐厅。他说："我现在应该禁食，但我必须得在这儿吃点儿东西。"在得来速窗口前，他问道："你们还有照烧鸡肉沙拉吗？"店员说有。他给自己点了一份，给 X 点了一个汉堡包。他若有所思地说："我想知道 25 年后这家店还在不在，在的话，X 可以带他的孩子来吃饭。"

第二届人工智能日

第二天下午，马斯克来到第二届人工智能日的现场，准备给 Optimus 办个盛大的揭幕仪式，但此时几十名工程师正满面愁容地在大厅里四处走动。Optimus 胸部的一个连接点松动了，不能正常工作。"我不相信会发生这种事！"米兰·科瓦奇说着，回想起一年前在第一届人工智能日上遭受的心理创伤，"现在伸进去更换连接器已经来不及了。怎么会这样啊？"最后工程师将连接处重新卡住，他们希望连接点能保持原状，决定承担这个风险。在马斯克的注视之下，他们别无选择。

计划上台演讲的 20 名工程师挤在后台，讲着战争故事。段鹏飞是自动驾驶团队中年轻的机器学习专家，在他的家乡武汉学的是光信息科学与工程专业，随后在俄亥俄大学获得博士学位。2017 年他加入特斯拉，赶上了马斯克在 2019 年自动驾驶日要推出自动驾驶车辆的狂飙运动。段鹏飞说："我当时连轴转了几个月，没有休息一天，实在太累了，感觉被榨干了。自动驾驶日之后，我就退出了特斯拉，但过了 9 个月，我又感到很无聊，所以我打电话给老板，求他让我回来。我决定了，宁可被榨干，也绝不混天度日。"

领导人工智能基础设施团队的蒂姆·扎曼讲了一个类似的故事。他来自荷兰北部，于 2019 年加入特斯拉。"在特斯拉的时候，你都不敢去别的地方，因为去了，你会觉得很无聊。"他刚刚有了第一个孩子，是个女儿，他知道留在特斯拉不利于平衡工作和生活。尽管如此，他还是打算留下来。"我想接下来几天陪陪妻子和女儿，"他说，"但如果让我休息一周，我的脑子就会闲到爆炸。"

在第一届人工智能日上，20 多位演讲者中没有一位女性。这一次，主持人是富有魅力的女性机械设计工程师莉齐·米斯科维茨。震耳欲聋的音乐声退去后，Optimus 即将登场。莉齐为了让全场观众兴奋起来，宣布："这是我们第一次尝试在没有任何后备支持、没有起重机、没有机械装置的情况下操控这个机器人，没有一根电缆哦，什么都没有！"

印着 Optimus 双手组成的心形标识的幕布拉开了。Optimus 自信地矗立着，举起手臂，它的身上没有线缆。"它动了，成了。"段鹏飞在后台说。随后它扭动双手，旋转前臂，弯曲手腕。工程师们屏住呼吸，看着它开始向前移动右腿。它僵硬而自信地走到舞台前方，高贵地挥了挥手，随后向空中挥动着表示胜利的右拳，跳了一小段舞，随后转身走回幕布后面。

就连马斯克看起来也是如释重负的样子，他告诉观众："我们的目标是尽快制造出有实用价值的人形机器人。"马斯克承诺最终这样的机器人将数以百万计，他说："这意味着人类将迎来一个富足的未来，我们将有能力解决贫困问题。我们将拥有足够的资源，支持全民基本收入政策。真的，这将带来人类文明的根本性转变。"

80

Robotaxi

特斯拉，2022 年

左起依次为：奥米德·阿夫沙尔、马斯克、弗朗茨·冯·霍兹豪森、德鲁·巴格里诺、
拉斯·莫拉维和扎克·柯克霍恩（上）；Robotaxi 的一款概念设计图（下）

自动驾驶，我们要孤注一掷

马斯克认为，自动驾驶车辆的作用不仅是将人们从繁重的驾驶工作中解放出来，在很大程度上，它们将消除人类对车辆的需求。未来将属于Robotaxi：这是一种无人驾驶车辆，只要你召唤它，它就会出现，把你带到目的地，然后去接下一位乘客。有些Robotaxi可能是私家车，但多数还是归车队公司或特斯拉所有。

那年11月，马斯克在奥斯汀召集了他的五位顶级副手，在奥米德·阿夫沙尔还没装修完的家里吃了一顿非正式的晚餐，对Robotaxi的未来做了一番头脑风暴。阿夫沙尔还雇了一位私人厨师来给大家做经过腌制的超厚肋眼牛排。在场的有弗朗茨·冯·霍兹豪森、德鲁·巴格里诺、拉斯·莫拉维和扎克·柯克霍恩。他们决定把Robotaxi打造成一款比Model 3更小、更便宜、速度较慢的车。马斯克说："我们的重点必须放在车辆数量上，不存在市场饱和的问题。总有一天，我们的年产量会达到2 000万辆。"

他们面临的一大核心挑战是搞清楚怎么设计一辆没有方向盘和踏板的车，还能满足政府的安全标准，能处理路上的特殊情况。一周又一周过去了，马斯克对每个细节都做了充分的权衡考量。"如果有人下车时忘记关上Robotaxi的门怎么办？"他问道，"我们必须确保它能自己关门。"Robotaxi怎么才能进入一个有门禁的小区或者车库呢？他说："也许它需要一个能按下按钮或者取停车卡的机械臂。"但这听起来太难搞定了。马斯克决定："那我们就不让它开进那些不好进的地方，这不就行了吗？"有时，他们讨论得实在过于认真详细，似乎都没有意识到讨论的东西有多么匪夷所思。

到2022年夏末，马斯克和团队意识到，他们必须就这个纠结了一年的问题做出最终决定。他们是不是应该稳扎稳打做一个符合目前法规要求、有方向盘、有踏板、有侧后视镜的车，还是一步到位做成真正的自动驾驶车辆？

大多数工程师还在致力于完成更安全的车型，他们对"完全自动驾驶还要多久才能实现"的看法变得更现实了。在8月18日的一场会议上，他们聚在一起，试图通过讨论解决这个问题。这次会议是富有决定性意义的，同时也充满了戏剧性。

弗朗茨·冯·霍兹豪森告诉马斯克："我们想跟你一起评估风险，如果我们选择没有方向盘的技术路线，而完全自动驾驶技术还没有准备好，我们就不能让它们上路。"他建议造一辆配备可拆卸方向盘和踏板的车。冯·霍兹豪森说："基本上，我们的建议就是现在把它们做出来，等法律法规允许的时候再把它们拆掉。"

马斯克摇了摇头，如果他们不逼自己一把，未来形态的自动驾驶车辆就不会快速实现。

冯·霍兹豪森坚持说："先做个简易的，轻易就拆下来了，再围绕它们做设计。"

"不，"马斯克说，"不要，不要做。"他停顿了很久，说："不要侧后视镜，不要踏板，不要方向盘。我拍板，我负责。"

与会的高管们犹豫了一下，其中一个人说："呃，我们过后再来跟你确认。"

马斯克陷入了一种非常冷漠的状态，他慢慢地说："我把话说清楚，这辆车必须设计成一辆干干净净的 Robotaxi。我们要担得起这个风险。如果搞砸了，那是我的错。但我们不要搞成个半吊子的车。在自动驾驶这件事上，我们要孤注一掷。"

几周后，马斯克想起这个决定依然很兴奋。在送格里芬去上大学的飞机上，他用手机参加了 Robotaxi 的周例会。一如既往，他要给大家灌输一种时不我待的紧迫感："这将是一款具有历史意义的重大革命性产品，它将改变一切，它将让特斯拉成为价值 10 万亿美元的公司。百年以后，人们会记住这个时刻。"

一辆售价 25 000 美元的车

马斯克有时候非常固执己见，围绕 Robotaxi 的讨论已经证明了这一点。他有一种扭曲现实的强大意志，随时准备着辗轧反对者的意见。这种铁石心肠或许是一种能让他缔造无数次辉煌成就的超能力，但有时也会导致失败。

不过有一点是鲜为人知的：马斯克可以改变自己的想法，他可以接受一些似乎反驳他的论点，重新调整他的风险计算结果——关于方向盘的讨论就符合这种情况。

2022 年夏末，马斯克宣布对没有方向盘的 Robotaxi "孤注一掷" 以后，冯·霍兹豪森和莫拉维开始劝说他不要一步到位。他们知道如何达到目的，还能不触逆鳞。莫拉维说："我们给他提供了新信息，可能夏天的时候这个消息他还没有完全消化。"莫拉维强调，即便自动驾驶车辆在美国得到监管机构的批准，在其他国家获批也要等上数年，所以做一款有方向盘和踏板的车是有意义的。

多年来，他们一直在讨论特斯拉的下一款产品：一款小型、廉价、大众化的车，售价约为 25 000 美元。马斯克本人曾在 2020 年透露过推出这款新品的可能性，但后来他搁置了这个计划，接下来的两年里又多次否决了这个想法，说 Robotaxi 会让其他车型相形见绌。然而，冯·霍兹豪森一直没有放弃，而是在他的设计工作室中悄悄地推进着这个 "影子项目"。

在 2022 年 9 月一个周三的深夜，在筹备 Optimus 发布会期间，马斯克住在弗里蒙特工厂没有窗户的木星会议室里，这是他的长期据点。莫拉维和冯·霍兹豪森带领特斯拉团队的几位高管来这里开了一个秘密会议，他们提交的数据显示，为了让特斯拉每年增长 50%，需要推出一种廉价的小型车辆。这种车面向的全球市场是非常广阔的，到 2030 年，市场规模可能高达 7 亿辆，几乎是 Model 3/Y 这类车型的两倍。随后他们表明，同样的车辆平台和同样的装配线可以用来制造 25 000 美元的车型和 Robotaxi。冯·霍兹豪森说："我们说服了他。如果我们打造这种工厂，拥有这个平台，就可以同时生产 Robotaxi 和 25 000 美元的车型，它们都基于同一个车辆架构。"这就是外界熟知的特斯拉 "下一代平台"。他们决定在奥斯汀以南 400 英里的墨西哥北部建一个新工厂，为了生产这种车，一切要从头开始设计。

会后，马斯克和我单独坐在会议室里。很明显，谈起 25 000 美元的车型，他并不热情。他说："这真不是一个多么令人兴奋的产品。"他的心思都放在用 Robotaxi 改变人类出行方式上面。但在接下来的几个月里，他对这款车的热情逐渐高涨。2023 年 2 月的一个下午，在设计审查会上，冯·霍兹豪森将 Robotaxi 和 25 000 美元车辆的模型并排放在工作室里，二者都带有 Cybertruck 的那种未来感，Robotaxi 采用的是哑光金色。马斯克喜欢这些设计，他说："当其中一辆车在街角闪现，人们会以为他们看到了来自未来的造物。"

这款面向大众市场的新车既配有方向盘，又是一辆 Robotaxi，同时还被称为"下一代平台"。马斯克一开始的决定是：在奥斯汀以南 400 英里的墨西哥北部建一个新工厂，为了生产这种车，一切要从头开始设计。它将采用全新的制造方法，让生产过程实现高度自动化。

但他脑子里很快冒出了一个问题：他一直认为特斯拉的设计工程师应该待在装配线旁，不要把制造过程甩到一个偏僻的地方去完成。这样工程师就可以得到即时反馈，更好地优化设计创新，这些创新举措除了能改进车辆本身，还可以让制造过程变得更加高效流畅。对全新的车型和它对应的制造工艺来说，实现这些尤为关键。但马斯克意识到他很难说服手下的王牌工程师都搬到新工厂去，他告诉我："特斯拉在制造环节要想取得成功，就必须让工程师贴近生产线工作，但让大家都搬到墨西哥去是不可能的。"

所以在 2023 年 5 月，他决定将"下一代平台"和 Robotaxi 在起步阶段的制造地点改为奥斯汀。在这里，他和王牌工程师的办公区都紧挨着高度自动化且高速运转的全新装配线。2023 年的整个夏天，他每周都要花几个小时和团队一起设计装配线上的每个工位，想尽办法优化每个步骤、每个流程环节，可能只是为了把它们缩短"毫秒级"的时间。

81

"我可把水槽抱进来啦！"

推特，2022 年 10 月 26—27 日

进入推特总部（上）；来到位于 9 层的咖啡室（下）

文化的冲突

2022 年 10 月底，接管推特前的几天里，马斯克的情绪波动非常大。一天晚上，他在凌晨 3 点半突然给我发信息说："我特别兴奋！我终于可以按照当年的设想把 X.com 的规划落地实施了，推特就是它的加速器！希望在做这件事的同时能助力民主和公民发声。"推特可以成为他 24 年前为 X.com 设想的模样——一个金融平台和社交网络的结合体，他还决定要用这个他喜欢的名字重新为推特命名。但几天后，他的情绪异常低落，他发信息对我说："我得住在推特总部，这里的情况太棘手了。真的让我很无奈。:(睡不着啊。"

10 月 26 日，周三，他计划访问推特总部，四处走走，为这周晚些时候正式完成交易做准备。2 层是会议室楼层，推特温文尔雅的首席执行官帕拉格·阿格拉瓦尔站在 2 层的大堂准备迎接他。他在等待马斯克入主推特时说："我对未来充满期待，埃隆会激励人们超越小我，做出更伟大的事情来。"其实他心存戒备，但我认为他相信自己说的这些话。首席财务官奈德·西格尔在 5 月与马斯克的紧张会谈中表现得很糟糕，他站在帕拉格身旁，看上去更是一副顾虑重重的样子。

随后马斯克就抱着个水槽大笑着冲了进来，此举是他非常喜欢的那种视觉双关语。"我可把水槽抱进来啦！[1]"他高喊着，"让我们躁起来吧！"阿格拉瓦尔和西格尔都笑了。

马斯克在推特总部转来转去，眼前看到的东西令他错愕：推特总部所在的大楼建于 1937 年，当时是一个艺术装饰风格的 10 层楼高的商品市场，翻修后转变为科技潮流风格，这里有咖啡室、瑜伽室、健身室和游戏厅。9 层的咖啡室很宽敞，提供免费餐饮，有手工制作的汉堡包，也有素食沙拉，还有一个可以俯瞰旧金山市政厅的露台。休息室的标牌上写着："这里包容性别多样性。"马斯克翻看着堆满推特品牌商品的柜子，结果发现了印有"Stay woke"（保持觉醒）字样的 T 恤衫，他到处挥舞着 T 恤衫，

---

1 原文"Let that sink in"中的"sink"可以做名词，译为"水槽"，也可以做动词，将"sink in"译为"渗透、被理解"，整句话意指"让某种思想被人理解或接受"，暗指马斯克要对推特进行的改造是在他关于工作文化的思想指导下进行的，他希望这种思想被推特众人理解和接受。——译者注

以此证明推特已经感染了觉醒文化的心智病毒。马斯克将2层的会议设施作为他的大本营，这里长长的木制桌子上摆满了当地的小吃和五种饮用水，包括产自挪威的瓶装水和"死亡液体"牌的罐装水。有人把水递给马斯克，他说："我喝自来水。"

这个开场充满了不祥的预兆，每个人都能感受到其中蕴藏的文化冲突，就像一个乡下来的牛仔突然闯进了星巴克。

问题不仅在于办公设施。"推特王国"和"马斯克宇宙"之间有着不可弥合的差异，反映了对待美国办公环境的两种截然不同的心态。推特认为公司是一个要对员工很友好的地方并为此感到自豪，在这里，"宠着员工"是一种美德。莱斯利·伯兰说："我们肯定是非常强调同理心的，我们很关心文化价值上的包容性和多样性，不会让任何员工因无法融入推特而感到惶恐不安。"在被马斯克解雇之前，伯兰是推特的首席营销官和首席人事官。当时推特已经为员工提供了可以长期居家办公的选择权，还为每个人准备了每月一天的"身心放松日"。推特内部大家常挂在嘴边的一个词就是"心理安全"，特别在意不要让任何人感到心理不适。

马斯克在听到"心理安全"这个词时忍不住放声苦笑，他本能地反对这种精神，他认为这是与紧迫感为敌、与进取心为敌、与团结起来办大事的速度感为敌。他更喜欢让大家常用"硬核"这个词，他认为感觉不舒服是件好事，它是对抗自满情绪腐蚀的利器。休闲度假、鸟语花香、工作与生活的平衡、"身心放松日"，这些统统不合他的胃口。让推特众人好好领会和接受这种思想吧。

烫嘴的咖啡

那周的周三下午，虽然马斯克还没有完成收购，但他还是召开了产品审查会。来自英国的产品总监托尼·海尔向马斯克提出了如何让用户为新闻付费的问题。海尔曾是一家创业公司的联合创始人，该公司曾经想要销售与线上新闻捆绑的订阅服务。马斯克阐述了他的想法：用户可以轻松地进行小额支付，随后能解锁付费视频和故事文章。他说："我们想建立一种模式，让媒体人通过他们的作品挣到钱。"在他心里已经有了一个结论，推特日后最大的竞争对手就是 Substack——记者和其他用户在这个在线平台上可以发布内容并通过用户订阅获得报酬。

在会议休息期间，马斯克决定在大楼里走走，跟员工们见见面。引领他的向导一副紧张兮兮的样子，告诉他没多少人在公司，因为大家喜欢居家办公。那是一个周三的午后，工作区空荡荡的。最后，当马斯克来到 9 层的咖啡室，他发现有几十名员工看着他却犹犹豫豫地不敢上前。在向导的鼓励下，他们最终围了上来。

"你能把它放到微波炉里加热到滚烫再给我吗？"马斯克拿到咖啡时问，"如果不烫嘴的话，我几口就喝没了。"

埃丝特·克劳福德负责领导早期产品研发，她非常急切地想表达她对于推特钱包小额支付的想法。马斯克建议钱包里的钱可以放在一个高收益的账户里，他说："我们要让推特成为全球第一大支付系统，就像我在 X.com 时想做的那样。如果钱包能与货币市场账户关联起来，那钱包这项业务无疑能大放异彩。"

另一位发言的是出生于法国的年轻的中级工程师本·圣苏西，尽管他平时沉默寡言，但他问马斯克："我能占用您 19 秒的时间，跟您说说我的想法吗？"他讲的是在大规模用户内容中筛选出煽动仇恨的言论的方法。马斯克插话道，他的想法是给每个用户一个滑块，他们可以拖动滑块来控制展示给他们的推文言辞的激烈程度。马斯克说："有的人就想看人畜无害的小猫小狗，有的人则喜欢剧烈的冲突，还生怕看得不过瘾。"这并不完全符合圣苏西的想法，但他正要追问时，一位女士想说些什么，他就做了一件科技男一般不会做的事：让她先说。女士问了一个大家都想问但不敢问的问题："你是要开掉 75% 的员工吗？"马斯克笑了笑，停顿了一下，回答："不，你这个数肯定不是从我这里得到的，这种匿名传播的小道消息必须就此打住。但我们确实面临一项挑战，公司正步入衰退期，入不敷出，所以必须想办法开源节流。"

这不算是完全否认了裁员的消息。此后三周，事实证明 75% 的裁员比例是准确的。

马斯克从咖啡室回到 2 层后，三间会议室里已经坐满了来自特斯拉和 SpaceX 的工程师外援。他们在马斯克的指示下梳理着推特的代码，在白板上勾画着组织结构图，确认哪些员工岗位值得留下。另外两个房间里坐着马斯克请来的投资银行家和律师，他们似乎在为一场战斗做准备。

"你和杰克谈过了吗？"格拉西亚斯问马斯克。推特的联合创始人、前首席执行官杰克·多尔西最初一直支持马斯克收购推特，但在过去几周，他对收购过程中产生的争议和动荡感到不安。他担心马斯克会给他的"心肝宝贝"开膛破肚，他不确定自己是不是还能坐视不管。更重要的是，他不愿意让自己在推特的股票转换成马斯克控制的新私营公司的股权。如果他转换股票，可能对马斯克的融资计划产生不利影响。过去一周，马斯克几乎每天都给他打电话，向多尔西保证他是真心爱推特，不会伤害它。最后，马斯克与多尔西达成了协议：如果多尔西转换股票，马斯克将保证在他将来需要资金的时候给他全额兑现。马斯克说："他已经同意全部转股，我们还是朋友。他担心未来资产的流动性问题，所以我向他保证会按每股54.20 美元的价格给他兑现。"

下午晚些时候，阿格拉瓦尔悄悄走进 2 层休息区，找到了马斯克。他们将在次日晚间像两个角斗士一样角力，但在此时此刻，二人都装出一副要合作领导推特的样子。

"嗨，"阿格拉瓦尔礼貌地问，"你今天过得怎么样？"

马斯克回答："我脑袋里塞得满满当当的，我得睡一晚上才能消化掉这么多数据，看看明天能总结出点儿什么东西来。"

82

接管

推特，2022 年 10 月 27 日

安东尼奥·格拉西亚斯、凯尔·科科伦、凯特·克拉森，以及举着一瓶"帕皮·凡·温克尔"

波本威士忌的马斯克（左）；戴维·萨克斯和格拉西亚斯站在"作战室"中（右）

收市钟敲响了

推特的交易原定于 10 月 28 日（周五）结束。推特的管理层是这么盘算的，公众和华尔街也是这么认为的，一场平稳有序的交接已经为迎接最后一天开盘做好了准备。资金要转移了，文件要签署了，股票要退市了，马斯克要掌权了。一旦完成了股票退市和控制权变更，帕拉格·阿格拉瓦尔和他在推特的一众得力干将就能领到遣散费，还能获得股票期权。

但马斯克并不希望事情进行得如此顺利，他和他的团队秘密制订了一个把水搅浑的计划。周四一下午的时间，马斯克从一间小会议室里进进出出，安东尼奥·格拉西亚斯、亚历克斯·斯皮罗和杰瑞德·伯查尔等人步步为营，准备掐准时机，打对方一个措手不及：他们要在周四晚上以迅雷不及掩耳之势结束这一切。如果他们时机把握得当，马斯克就可以在阿格拉瓦尔和推特其他高管得到股票期权之前"因故"解雇他们。

他们这么做称得上是胆大妄为，甚至有些冷酷无情。但在马斯克看来，他师出有名，因为他觉得他花了冤枉钱都是因为推特管理层误导了他。周四下午整个计划行动铺开的过程中，他坐在"作战室"里对我说："如果拖到明早，要比今晚快刀斩乱麻多付出 2 亿美元。"

这样做一方面是为了复仇，另一方面还可以省些钱，除此之外，在这场游戏要结束的时候出其不意、攻其不备，这是令马斯克兴奋的一种游戏策略，这种充满戏剧性的动作就像《低模之战》中的一次精准打击。周四晚上完成收购案突击收尾工作的指挥官是长期陪伴马斯克左右的律师亚历克斯·斯皮罗。作为一个以法律为武器的枪手，此人风格锐利又幽默风趣，对法律对战充满了渴望。在 2018 年的动荡中，他成为马斯克非常信赖的律师和顾问，当时他帮助马斯克对恋童癖者推文事件和私有化推文风波带来的麻烦展开法律自卫。马斯克立了一条规矩，即一定要对那些眼高手低的人保持警惕，斯皮罗这个人虽自视甚高，但他的能力的确配得上这份自信，所以尽管马斯克对他心存警惕，却还是非常倚重他。

"帕拉格签字之前，我们不能解雇他，对吗？"马斯克问道。

"我宁可在尘埃落定前先解雇他们。"斯皮罗回答。他与同事们展开核对工作，在等待联邦储备系统发来一串参考数字证明资金已被转移时，他们制订了这套方案。

太平洋时间下午 4 点 12 分，就在他们确认资金已经转移，必要的文件已经签署后的第一时间，马斯克和他的团队就扣动了扳机，完成了交易。他们把马斯克的长期助理耶恩·巴拉贾迪重新叫了过来，帮着完成推特的收购工作。就在这一刻，巴拉贾迪向阿格拉瓦尔、奈德·西格尔、首席法务官维贾亚·加德和总法律顾问肖恩·埃吉特发送了离职通知书。6 分钟后，马斯克的高级安全负责人进来说大楼要清场，所有人都被赶了出去，同时关闭了他们对公司邮箱的访问权限。

关闭邮箱访问权限是整个计划的一部分。阿格拉瓦尔当时已经准备好辞职信，理由是公司控制权发生变化，他正准备发送邮件。但当他的推特工作邮箱访问权限被关闭后，他花了几分钟将邮件转移到谷歌邮箱中发送。此时此刻，他已经被马斯克解雇了。

"他想辞职。"马斯克说。

"但我们先下手为强了。"斯皮罗回答。

在毗邻推特总部的一块区域，推特员工们正在举办一场万圣节派对，名为"不推特就捣蛋"[1]，大家都在现场作临别的拥抱。伯查尔对"作战室"里的其他人开玩笑说："奈德·西格尔化装成首席财务官来了。"在附近的会议室里，SpaceX 的一些工程师紧盯着电脑上的实时视频画面：下午 6 点刚过，一枚猎鹰 9 号火箭搭载着 52 颗星链卫星从范登堡升空了。

摩根士丹利的高管迈克尔·格莱姆斯从洛杉矶飞来，带着礼物走进了"作战室"。第一件礼物是一组拼贴画，是人类历史上捍卫过言论自由的人物事件图，从 1644 年的约翰·弥尔顿[2]开始，最后一张是马斯克边走进推特总部边说着"我可把水槽抱进来啦"；第二件礼物是世界上最好的波本威士忌——一瓶"帕皮·凡·温克尔"，这是他妻子过生日时收到的。大家纷纷拿着小酒杯品尝起来，还剩了半瓶没喝完，马斯克就为格莱姆斯的妻子在酒瓶上签了名。

几分钟后，马斯克对推特做出了第一处调整。以前大家打开推特网

1　万圣节的传统游戏是"不给糖就捣蛋"（Trick or Treat），这里用谐音取活动名称。——译者注

2　1644 年，弥尔顿出版了一本反对审查制度的《论出版自由》，这是历史上捍卫言论自由的书籍中最有影响力的一部著作。——译者注

站，首先看到的是登录页面，马斯克认为用户首先应该看到的是"探索"页面——显示实时热点和趋势。他们给"探索"页面的负责人、年轻的工程师特哈斯·达拉姆西发了一条信息，他刚结束印度探亲之旅往回赶。达拉姆西回了一条信息，说他周一到办公室后会改好的。结果他收到消息说现在就得改，于是他利用美联航航班上的 Wi-Fi 网络当晚就完成了修改。"多年来我们一直在研究许多新功能的可能性，但从来没人拍板推进这些事。"后来达拉姆西这样评价道，"突然间就有了这么个人，立刻拍板，说干就干。"

马斯克当时住在戴维·萨克斯家，他晚上 9 点左右回来的时候，当地民主党国会议员罗·卡纳也在。卡纳不仅倡导言论自由，而且在技术上也懂行，但他们没有聊到推特，而是讨论了特斯拉在制造业回流美国的过程中起到的作用，以及在俄乌冲突中如果找不到外交解决方案会产生什么风险。他们聊得很投机，聊了近两个小时。卡纳说："他刚刚完成了推特的交易，我们却对此只字不提，我都觉得惊讶，他似乎就是想聊点儿别的。"

83

三个"火枪手"

推特，2022 年 10 月 26—30 日

同詹姆斯·马斯克、达瓦尔·史洛夫和安德鲁·马斯克评判工程师的编程水平（上）；

罗斯·诺丁研究推特的软件架构（左下）；詹姆斯·马斯克和安德鲁·马斯克（右下）

詹姆斯、安德鲁和罗斯

那一周的周四，2层的会议室里出现了一个29岁的男人，长得很像马斯克，他把年轻的技术团队成员召集到了一起。他是埃罗尔弟弟的儿子詹姆斯·马斯克，有着和堂哥一样的头发、一样露出牙齿的笑容，一样喜欢把手放在脖子上，以及一样没有起伏的南非口音。他的头脑很灵活，眼神里透露出机敏，但他的笑容很灿烂，对他人情绪的察觉也很敏锐，希望能取悦他人，这些都是埃隆不具备的特点。詹姆斯是特斯拉自动驾驶团队的程序员，在那周有30多名特斯拉和SpaceX的工程师像一支远征军一样空降到推特总部，詹姆斯负责协调这群人的工作。在那一小撮对埃隆·马斯克忠心耿耿的"火枪手"里，他已然成为其中的心腹干将。

从12岁起，詹姆斯就十分热切地关注着埃隆的各种冒险，还定期给他写信。同埃隆一样，他刚满18岁就独自离开了南非，在意大利的利古里亚海岸游荡了一年，白天在游艇上工作，晚上就住在青年旅社。后来他去了伯克利，加入了特斯拉，正好赶上内华达电池工厂2017年的狂飙运动，于是就参与其中了。随后，他成为自动驾驶团队的一员，负责开发神经网络路径规划，分析人类驾驶员的视频数据，让自动驾驶车辆学习上路时该如何操作。

埃隆在10月底打电话给他，强迫他"自愿"来推特帮忙，完成交接工作。当时詹姆斯还不太乐意，他女朋友的生日就在那周末，他们还要去参加她闺密的婚礼。但她也明白詹姆斯得去帮他的堂哥。"你必须去他那里。"她是这么对他说的。

与詹姆斯一起完成这项任务的是他的弟弟安德鲁。安德鲁有一头红发，性格比较害羞，是Neuralink的软件工程师。小时候在南非，他们都是国家级的板球运动员，也是工程专业优秀的学生。他俩比埃隆和金博尔小很多，所以跟埃隆母亲那边赖夫家的表弟们不算是同龄人。安德鲁和詹姆斯离开南非后，埃隆开始给他们提供一些照顾，为他们支付了大学学费和生活费。安德鲁就读于加州大学洛杉矶分校，同互联网分组交换理论的先驱伦纳德·克兰罗克一起研究区块链技术。可能是家族遗传吧（没准还真是），詹姆斯和安德鲁也沉迷于策略游戏《低模之战》，安德鲁说："我的前女友特别讨厌我玩这个，可能这就是她成了我前女友的原因吧。"

在利古里亚海岸时，詹姆斯住在热那亚的一家青年旅社。当时旁边一个年轻人看到他用两根手指挖罐子里的花生酱吃，笑着说："兄弟，你也太恶心了吧。"就这样，詹姆斯认识了来自威斯康星州的罗斯·诺丁——一个身材瘦小、头发细软蓬松的计算机专家。从密歇根理工大学毕业后，罗斯选择了远程工作，为各公司编写代码，过着自由散漫、放浪形骸的生活。他说："我经常遇到人就问：'我接下来该去哪儿呢？'于是我就来到了热那亚。"

这个四海为家的人还经常离群索居，但机缘巧合，他申请了一份SpaceX的工作。"哈哈，那就是我堂哥的公司。"詹姆斯告诉他。罗斯身上已经没钱了，所以詹姆斯邀请他住在自己和朋友在昂蒂布附近租的房子里，罗斯就睡在外屋的软垫上。

一天晚上，他们去了风格时尚前卫的村庄朱安雷宾的一家夜店。詹姆斯正在同一个年轻女人聊天，这时一个男人走过来，说这是他的女朋友。他们到外面打了一架，詹姆斯、罗斯和他们的朋友都跑了，但他们把外套落下了，所以就派罗斯去拿回外套。他说："他们叫我回去拿，因为我个子最小，看起来最老实。"在回家的路上，他们中了埋伏，对方用破碎的啤酒瓶威胁他们，一路追赶他们，直到他们跳过栅栏，躲进了灌木丛。

这件事之后，再加上其他一些经历，让罗斯和詹姆斯成了莫逆之交。一年后的一次会议上，罗斯遇到了一位高管，给了他一个加入帕兰提尔公司的工作机会。这是彼得·蒂尔同他人共同创立的数据分析和情报公司，公司风格神秘低调，罗斯帮詹姆斯也争取到了这家公司的实习机会。最后，二人一起加入了特斯拉的自动驾驶团队。

詹姆斯、安德鲁和罗斯成为马斯克接管推特的"三个火枪手"，他们在来自特斯拉和SpaceX的30多名工程师中是核心人物。那周他们聚集在推特2层的会议室里，就是要推进一项改革措施。这些"火枪手"面对的第一项任务有点儿劲爆，又有点儿尴尬，因为他们才20多岁，就充当了"刽子手"，要评估2000多名推特工程师的代码编写能力和工作效率，甚至还包括工作态度，然后决定这些人的去留。

为代码打分

詹姆斯和安德鲁抱着笔记本电脑，坐在 2 层开放空间中的一张小圆桌前，他们旁边的会议室就是马斯克征用的"作战室"。X 在附近的地板上玩着四个大魔方（不过他还不会复原魔方，他当时只有两岁半）。那是 10 月 27 日，周四，马斯克正在忙着发起收购中的收官闪电战，但他还是从会议中抽身，挤出了一个小时，同他的堂弟们讨论推特工程团队的人员筛选方案。自动驾驶团队的年轻工程师达瓦尔·史洛夫也参与了讨论，他是第二届人工智能日的演讲者之一。

詹姆斯、安德鲁和达瓦尔可以用他们的笔记本电脑访问过去一年中推特的全部代码库。"检索一下，看谁在上个月写了超过 100 行代码。"马斯克告诉他们，"我希望你们通过检索找出真写代码、真干活的人。"

马斯克的计划是裁掉大部分工程师，只保留真正优秀的那一部分。他说："我们要搞清楚团队中谁写了重要的代码，在这些人中谁又写得最好。"这是一项艰巨的任务，因为留下来的代码格式不方便他们厘清每一处插入或删除代码的操作者，所以这个筛人的过程极其艰难。

詹姆斯有个想法。几天前，他和达瓦尔在旧金山的一场会议上遇到了年轻的推特软件工程师本。詹姆斯给本打电话，开了免提，向他提了一连串的问题。

"我有每个人插入、删除代码的清单。"本说。

"你能把它发过来吗？"詹姆斯问道。他们花了些时间搞清楚如何使用 Python 脚本和剪枝技术，这样传输速度能更快。

接着马斯克闯了进来，他说："伙计，谢谢你的帮助。"

电话那头突然半天没有动静。"是埃隆吗？"本问道。他似乎有点儿吃惊：他的新老板忙着打响收购的收官之战时竟然还在花时间研究源代码。

听到他带着轻微的法国口音，我意识到这个人就是在咖啡室里问马斯克如何实施内容管制的那个本——本·圣苏西。他是非常典型的工程师，天生不善交际，但他突然就"被打入了"马斯克的内部圈子。俗话说得好，无巧不成书，在老板面前体现存在感还是很有必要的。

第二天早上，马斯克已经正式成为推特掌门人。"火枪手"们来到 9 层，咖啡室提供免费的早餐。本也在场，他和其他几名特斯拉工程师一起来到能俯瞰市政厅的露台上。早上阳光明媚，露台上有十几张桌子，摆放着一些有趣的家具，但四周没有推特的老员工。

詹姆斯、安德鲁和罗斯同本讲起编制裁员名单的进展情况，本听完倒是没什么顾虑，和盘托出了自己的想法。本说："根据我的经验，个人很重要，团队也很重要。与其挑出一个个优秀的程序员，不如找出那些精诚合作的团队，效果会更好。"

达瓦尔表示同意，他确实听进去了："我和詹姆斯，还有我们自动驾驶团队的人总是坐在一起讨论，聊着聊着就能碰出新想法。作为一个团队，我们一起做成的事情比我们个人单打独斗更出色。"安德鲁指出，这就是为什么马斯克更喜欢现场办公，而不是远程办公。

本再次直抒胸臆，提出了不同的意见。"我相信现场办公的效果，所以我也经常来坐班。"他说，"但我是个程序员，如果时不时老有人打断我，我也写不好，所以有时候我也不来。我觉得两种上班方式混合起来的效果是最好的。"

掌权

在推特、在特斯拉、在 SpaceX、在华尔街，人们议论纷纷：马斯克会不会找个人帮着打理推特呢？当上推特老板的第一天，他秘密会见了一个潜在人选，流媒体应用程序 Periscope 的联合创始人凯冯·贝克普尔，这款应用程序被推特收购后就销声匿迹了。贝克普尔后来成了推特的产品开发负责人，但在 2022 年早些时候他被阿格拉瓦尔解雇了，没有披露解雇原因。

他们在马斯克的会议室面谈，在场的还有科技投资人斯科特·贝尔斯基，他们的想法高度一致。贝克普尔建议："我有一个关于广告的想法，问问订阅者的兴趣是什么，为他提供个性化的体验。这完全可以当作订阅模式的附加优势。"

"是的，广告商会喜欢这样。"马斯克说。

"还要给推文都加一个'踩'的按钮，"贝克普尔说，"用户提供的负面反馈可以反映到推文的排序当中。"

"只有付费的、经过验证的用户才有资格'踩'推文，"马斯克说，"否则任何推文都可能受到机器人的恶意攻击。"

谈话结束时，马斯克随口向贝克普尔发出了邀请，他问："你为什么不回来工作？看起来你很喜欢推特啊。"随后马斯克阐述了他的整个愿景，让推特成为一个金融和内容相结合的平台，实现他为 X.com 所做的完整设想。

"嗯……我很矛盾。"贝克普尔回答，"我很仰慕你，你创造的每款产品我都买过，让我回来吧，到你身边工作。"

然而很明显，马斯克并不打算分权，就像他在其他几家公司一样。一个月后，我问贝克普尔感受如何。他说："我不知道我在公司的角色定位是什么，埃隆喜欢亲自抓工程和产品方面的工作。"

马斯克并不打算马上找人来接手推特，虽然他做过一次线上投票，投票结果是多数人也认为应该如此。他甚至连首席财务官都不招，他希望这就是他的游乐场。在 SpaceX，至少有 15 个人直接向他汇报，在特斯拉大约有 20 个。在推特，他告诉团队，他愿意让这个数字超过 20 个。他还规定最敬业的工程师们要一起在 10 层工作，这里有个巨大的开放式工作区，这样他每天都能在这里跟他们直接打交道。

第一轮裁员

马斯克已经责成他年轻的"火枪手"们制订大规模裁员的计划。他们一直在翻看代码库，挑选优秀的、敬业的程序员。10 月 28 日，周五下午 6 点，完成收购的 24 小时后，马斯克召集"火枪手"和其他 30 多个来自特斯拉和 SpaceX 的得力干将开始实施这一计划。

马斯克告诉他们："推特现在有 2 500 名软件工程师，如果每人每天只写 3 行代码——这标准低得够可笑了吧，那一年也应该有近 300 万行啊，这足够打造一个完整的操作系统了。可是目前连这个都没做到，所以说有些事很不对劲。推特搞成这样，我感觉自己像身处一场喜剧秀。"

"对编程一窍不通的产品经理不断提出需求，要求创建一些连他们自己都不知道如何创建的功能，"詹姆斯说，"就像一支骑兵部队的将军不知道怎么骑马。"这是马斯克经常挂在嘴边的一句话。

马斯克下达命令："我要制定一条规则，我们自动驾驶团队有150名工程师，我想把推特工程师的数量也压减到这个水平。"

在座的大多数人即便心里认可马斯克对推特生产力低下的看法，但是听到要裁掉超过90%的工程师，还是倒吸了一口凉气。米兰·科瓦奇原来在Optimus的时候对马斯克颇为忌惮，不过现在已经见怪不怪，他开口讲了一番推特需要保留更多工程师的原因。律师亚历克斯·斯皮罗也希望马斯克能谨慎行事，他觉得推特有些工作不需要计算机天才就能胜任，所以他反驳道："我不明白为什么在社交媒体公司工作的人，个个都得有160的智商，每天还得工作20个小时？"有些人擅长销售，有些岗位需要优秀管理者的高情商技能，而有些人只是负责上传用户视频，不需要当什么不可替代的顶梁柱。另外，如果队伍精简到每个人都不可或缺，那么如果有人生病了或者辞职了，那推特整个体系可能就要出问题。

马斯克并不同意这个观点，他想大幅削减开支，不仅是出于财务原因，还因为他想打造一种硬核的、狂热的工作文化。他非常愿意甚至是渴望承担这些风险，勇往直前，不留退路。

詹姆斯、安德鲁、罗斯和达瓦尔开始与推特的各位经理碰头，要求他们实现马斯克的目标，辞退90%的员工。达瓦尔说："他们很不高兴，争辩说这样做推特会崩溃的。""火枪手"们对此会做出统一的回应："这是埃隆要求的，他就是这么管公司的，所以我们必须拿出一个计划。"

10月30日，周日晚上，詹姆斯把他和其他"火枪手"拟好的正式名单发给了马斯克，上面是应予保留的最佳工程师人选，不在名单上的人都可以裁掉。马斯克准备当机立断，如果在11月1日前完成裁员，公司届时应付的奖金和应授予的期权就都不必兑现给他们。可推特的人力资源部门经理没有顺水推舟，而是希望仔细评估这份名单的考量是否周全，这一提议被马斯克驳回了。但他们的另一项警告让马斯克暂时收了手：因为如果立即解雇这批人，就会因违约和违反加州就业法而面临罚款，罚款金额比等到兑现奖金后再解雇的方案还要多数百万美元。

马斯克不情不愿地同意把大规模裁员计划推迟到11月3日实施。当天晚上，在一封没有署名的电子邮件中，被裁员工收到了这样一条消息："为了让推特步入良性发展轨道，我们将不得不艰难地削减推特全球的员工数量。"结果推特全球大约 50% 的员工，还有负责基础设施建设的团队中将近 90% 的员工都被解雇了，公司立即关闭了他们访问公司电脑和电子邮箱的权限。另外，他还解雇了大部分人力资源管理者。

　　而这只是三轮"血洗"中的第一轮。

84

信息过滤

推特，2022 年 10 月 27—30 日

同坎耶·维斯特在 SpaceX（左上）；约尔·罗思（右上）；

杰森·卡拉卡尼斯（右下）；戴维·萨克斯（左下）

一个人的理事会

音乐制作人、服装设计师坎耶是马斯克的朋友。说起来有点儿奇怪，"朋友"这个词有时候形容的是社会名流派对上同样精力充沛、引人注目，私下却很少往来的派对伙伴。2011年，马斯克带坎耶参观了位于洛杉矶的SpaceX工厂。10年后，坎耶拜访了得克萨斯南部的SpaceX星际基地，马斯克也去参加了坎耶在迈阿密为专辑《Donda 2》举办的派对。他们身上有些共同点，比如都喜欢有话直说，在别人眼里他俩都有点儿疯疯癫癫的，虽然这样描述坎耶似乎只对了一半。马斯克2015年接受《时代》杂志采访时说："坎耶的自信程度，还有他极其顽强的韧性，成就了今日的他。在文化界的名流里，他为了争得一席之地而努力奋斗，他有强烈的目标感。在这个过程中，外界的臧否和嘲讽都不能动摇他。"马斯克这么说可能也是在形容他自己吧。

10月初，在马斯克完成推特交易的几周前，坎耶和模特在一场时装秀上穿着T恤，上面印有"White Lives Matter"（白人的命也是命），随即引发了一场舆论风暴。坎耶在推特上宣称："等我醒来时，我要进入对犹太人的三级戒备状态了。"他随即遭到推特禁言。几天后，马斯克在推特上说："我今天和坎耶谈了谈，对他最近发的推文表示担忧，我想他已经记在心里了。"但这位音乐制作人的推特账号仍然处于被禁言的状态。

坎耶在推特上三番五次地惹是生非，给马斯克上了"好几节课"，让他了解到言论自由的复杂性和冲动决策的弊端。除了决定裁员，内容审核问题也成了马斯克在推特第一周的主要工作内容。

他一直挥舞着言论自由的大旗，但他开始意识到他的观点过于简单。在社交媒体上，真相还没出门，谎言就已经传到千里之外。虚假信息是一个很严重的问题，同样严重的还有加密货币诈骗、欺诈和仇恨言论。另外这些问题还会引发推特的财务问题：广告商整天如坐针毡，不希望他们品牌传播的信息淹没在一个充斥着有害言论的污水池里。

10月初，在接管推特的几周前，马斯克在同我的一次谈话中提出要组建一个内容审核委员会，由委员会来解决这些问题。他希望推特上可以呈现来自世界各地不同的声音，他也描述了他心目中理想的用户群体。他告诉我："在这个委员会成立并正式运行之前，我不会擅自决定恢复谁的推特账户。"

10月28日，周五，收购完成后的第二天，马斯克公开做出了这一承诺，他在推特上表示："在内容审核委员会召开会议之前，推特不会在内容方面做出重大决定，不会恢复任何封禁账户的权限。"说是这么说，可是把控制权让出去可不是他的作风，所以他随即就把这个想法慢慢放到了一边。马斯克告诉我，以后委员会的意见纯粹就是"顾问式的"，"必须由我来做出最终决定"。那天下午，他正在会议室里徘徊，讨论裁员方案和产品功能，很明显，此时他已经对组建内容审核委员会失去兴趣。我问他决定好让谁加入内容审核委员会了吗，他说："不用，现在这事先不着急。"

约尔·罗思

马斯克解雇了推特的首席法务官维贾亚·加德后，内容审核方面的工作，以及在内容审核方面同马斯克保持密切沟通的工作，就落到了一个35岁的年轻人约尔·罗思身上。这是一个面容清秀、性格开朗还带了点儿书卷气的男人，而他接手的这两项工作，难度可谓旗鼓相当。另外，他们二人在意识形态上的立场差异巨大，说起来也有点儿奇怪。罗思是一个有左翼倾向的民主党人，在推特上留有反共和党的言论。"我以前从没向总统竞选活动捐过款，但刚刚给希拉里的竞选活动'Hillary for America'捐了100美元，我们不能再瞎折腾了。"他在2016年，也就是他加入推特的信任与安全委员会后的一年发了这条推文。在2016年大选日那天，他在推特上嘲笑特朗普的支持者："我只想说，我们民主党的竞选飞机不在那些给'种族主义橘子脸'[1]投票的州落地是有原因的。"特朗普成为总统后，罗思又在推特上说："一个真正的纳粹入主了白宫。"他还称参议院共和党领袖米奇·麦康奈尔是个"没主张、没个性的尿包"。

尽管如此，罗思的天性还是饱含乐观和激情，他渴望同马斯克合作。

1　"种族主义橘子脸"讽刺的是特朗普的长相。——译者注

他们第一次见面是在一个周四的下午，当时马斯克正在为他的推特交易进行最后紧张的收官大战，忙得不可开交。下午5点，罗思的电话响了，来电者说："你好，我是约尼，请你到2层来一下好吗？我们谈谈。"罗思不知道这人是谁，但他还是穿过万圣节派对冷清的现场，来到会议区大片的开放空间，马斯克、投资银行家、律师和"火枪手"们正在那里紧张地忙碌着。

在那里迎接他的是特斯拉的信息安全工程师约尼·拉蒙，一个出生于以色列的小个子，他精力充沛，长发飘逸。罗思说："我就是以色列人，所以我看出来他也是，但除此之外，我对他一无所知。"

马斯克给拉蒙的任务是防止心怀不满的推特员工破坏推特程序的正常运转。"埃隆太疑神疑鬼了，不过也是有道理的，要防止愤怒的员工搞破坏。"拉蒙在罗思来之前告诉我，"他给我的工作就是防微杜渐。"

他们坐在开放空间的一张桌前，旁边是瓶装水售卖机。拉蒙什么都不解释，一上来就问罗思："怎么才能拿到推特的后台工具？"

罗思仍然不清楚这个人到底是谁，他回答说："对于谁能接触到后台工具，是有很多限制的，有很多隐私方面的问题需要考虑。"

"嗯，公司已经在完成过渡交接了。"拉蒙说，"我为埃隆工作，我们需要保证一切安全。至少能让我看看这些工具长什么样子吧？"

罗思觉得这没问题，他拿出自己的笔记本电脑，向拉蒙展示了推特使用的内容审核工具，建议他们采取一些措施来防范内部威胁。

"我能信任你吗？"拉蒙突然看着罗思的眼睛问道。罗思被这种认真的态度吓了一跳，给了他肯定的回答。

"好，我去叫埃隆。"拉蒙说。

不一会儿，马斯克从刚刚完成交易的"作战室"里走出来，坐在休息室的一张圆桌前，要求工作人员给他演示一下安全工具。罗思调出了马斯克自己的账户，展示了推特的工具可以做些什么。

"对这些工具的访问权限应该暂时限定在一个人手上。"马斯克说。

"我昨天就这么设置了，"罗思回答，"那个人就是我。"马斯克默默点了点头，他似乎很喜欢罗思办事的方式。

然后他要求罗思提供10个"最信任的人"的名字，这些人应该被授予最高级别的工具权限。罗思说他会列出一份名单。马斯克盯着他的眼睛说："我的意思是，这些人你愿意赌上性命来信任他们。如果他们做错了什么，他们会被解雇，你也会被解雇，你的整个团队都会被解雇。"罗思心想，对付这样的老板，他很有经验。于是他点了点头，回到了自己的办公室。

他帽子里的"蜜蜂"嗡嗡嗡[1]

约尔·罗思遇到麻烦了。第二天，也就是周五早上，第一个麻烦出现了。他收到了约尼·拉蒙的信息，说马斯克想恢复"巴比伦蜜蜂"的推特账号，这是马斯克很喜欢的一个保守派新闻讽刺网站。这家网站讽刺拜登政府中的变性人蕾切尔·莱文，将其评选为"年度风云男性人物"，因违反了推特"错判性别"政策而被禁言。

罗思其实对马斯克善变的性格早有耳闻，所以他一有心理准备，说不准什么时候，老板就会做出一些冲动的决定。他以为这个决定会是关于特朗普的推特账号的，但既然马斯克先提到了"巴比伦蜜蜂"，那么同样的问题他也得接招。罗思要做的是防止马斯克单方面武断地决定恢复某些账号。换句话说，他想实现的目标是"不让马斯克由着自己的性子来"。

那天早上，罗思会见了马斯克的律师亚历克斯·斯皮罗，后者正在梳理政策问题。斯皮罗告诉他："如果你需要什么，或者有什么不可思议的事情发生，记得直接给我打电话。"于是罗思这次就打了过去。

他给斯皮罗解释了一番推特"错判性别"的政策，还说"巴比伦蜜蜂"的账号拒绝删除违规推文后，有三条路可以选：继续对该账号保持禁言、废弃"错判性别"的规则，或者干脆恢复该账号，也不管什么政策和先例了。斯皮罗了解马斯克，所以他选了第三条路。他问罗思："为什么不能直接按照埃隆说的做呢？"

"好吧，他当然可以。"罗思承认，"他买下了这家公司，他可以做任

---

1 have a bee in your bonnet（你的帽子里有只蜜蜂）形容一个人对某件事情或某种观点特别执着，经常谈论或纠结于此。本标题中的"bee"（蜜蜂）同时有指代"马斯克一直惦记着想要恢复的'巴比伦蜜蜂'推特账号"的双关语义。——译者注

何他想做的决定。"但这可能会引发一些问题。"如果另一个用户违反了同样的规则，但规则还摆在那儿，必须执行，我们该怎么办呢？要前后一致，不能厚此薄彼。"

"好吧，那我们应该修改这项规则吗？"斯皮罗问道。

罗思回答："你可以这样做，但你应该知道，这里面牵涉如何干预不同文化冲突的问题，这非同小可。"很多广告商都担心马斯克处理内容审核问题的做法。罗思继续说："如果他一上来就要删掉推特与错判性别相关的煽动仇恨行为的限制规则，我相信不会有什么好结果。"

斯皮罗想了想，说道："我们得和埃隆谈谈这件事。"他们正要离开房间时，罗思又收到了一条消息："埃隆想恢复乔丹·彼得森的账号。"彼得森是加拿大心理学家、作家，2022 年早些时候因为他坚持把一位已经变性的男性名人称为女性，他的推特账号被暂停使用。

一小时后，马斯克走出一间会议室，与罗思和斯皮罗会面。他们站在零食吧的公共区域，周围的人走来走去，让罗思感到很不自在，但他还是讨论起"马斯克任性恢复推特账号"的问题。"那么，你就当这些是'总统赦免'的人行不行呢？"马斯克问道，"宪法里规定这样做没问题，对吗？"

罗思看不出来马斯克是不是在开玩笑，他承认马斯克有权任意发布赦免令，但他问道："如果别人也违反了同样的规则怎么办？"

"我们不是要改变规则，我们是在赦免这部分人。"马斯克回答。

"但在社交媒体上，我们不是这么做的。"罗思说，"大家都在试探平台规则的边界，尤其是在这个问题上，他们想知道推特的规则是不是已经变了。"

马斯克停顿了一会儿，决定把口径往回收一收。因为他太熟悉这个问题了，他有个亲生的孩子就是变性人。马斯克说："听着，我想跟你说的是，我不认为故意说错别人的性别值得肯定、值得提倡，但这毕竟不是那种要动真格伤害别人的行为，比方说威胁要杀死对方。"

罗思再次感到喜出望外，他说："我真的挺同意他的观点的，虽然他们给我起外号，叫我'内容审查大队长'，但实际上我一直认为推特没必要大动干戈，可以采取一些更温和的、小小的警告措施达到警示目的，而现在却删掉了太多的推文。"罗思把他的笔记本电脑放在台面上，展示他计划中的一些想法，比如在推文上添加警告信息，而不是删除推文或将某个账号禁言。

马斯克热情地点了点头，他说："这才正是我们应该做的，这些有问题的推文不应该出现在搜索结果中，也不应该出现在大家的信息流里，但如果你点进某个人的主页，可能你就会看到它们。"

一年多来，罗思一直在研究这样一个计划：淡化某些推文和用户的影响力。他认为这样做可以避免对争议性用户直接采取禁言、封号的办法。2021 年年初，他在 Slack 上给推特团队发的信息中写道："我喜欢研究的一大领域就是在不删推文的前提下的政策干预，比如禁用参与按钮、不扩散传播、可见性过滤。"具有讽刺意味的是，2022 年 12 月，在马斯克公开的数据文件，也就是所谓的"推特文件"[1] 中，罗思的这句话也包含在内，却被当成了保守派在推特上被自由派"暗地里禁言"的有力证据。

马斯克批准了罗思的想法，也就是"可见性过滤"，以此来弱化有问题的推文和用户，作为永久禁言的替代性方法。他还同意暂时不恢复"巴比伦蜜蜂"和乔丹·彼得森的推特账号。罗思建议："我们不如花几天时间建立一个包含不扩散传播机制的系统版本。"马斯克点了点头。罗思承诺："我可以在周一之前做出来。"

"不错，不错。"马斯克说。

萨克斯和卡拉卡尼斯

第二天，也就是周六，约尔·罗思正在和他丈夫一起吃午饭，突然接到一个电话，让他到办公室来。戴维·萨克斯和杰森·卡拉卡尼斯想问他一些问题。推特的一个朋友建议他："你应该去。"因为这个朋友清楚二人的重要性。于是罗思开车从他的住地伯克利穿过旧金山湾来到推特总部。

那一周，马斯克住在萨克斯位于旧金山太平洋高地 5 层楼的住宅里。

1　推特公司放出的内部文件，包括截图、电子邮件和聊天日志。向公众展示这些内部文件的目的是批评马斯克的前任们，审查公司过去所进行的内容审核，并揭露存在于内容审核中的偏见和政府施加的影响。——译者注

他们在 PayPal 时期就认识了，萨克斯从那时起就是一个直言不讳的自由意志主义者，支持言论自由。虽然民粹主义、民族主义的意识形态让他对美国采取的干预主义立场持怀疑态度，但他对觉醒文化的鄙夷让他渐渐向右翼靠拢。

2021 年，在托斯卡纳，为互联网企业家、自由意志主义者斯凯·戴顿举办的 50 岁生日晚宴上，萨克斯和马斯克讨论起大型科技公司是如何勾结起来限制网上自由言论的。萨克斯秉持着民粹主义立场，认为企业精英们的"言论卡特尔"正在以审查制度为武器，压制外部观点。同马斯克坐在一起的格莱姆斯予以反驳，但马斯克总体上还是认同萨克斯的。在此之前，他并不太关注言论问题和审查制度，但随着他对觉醒文化越来越反感，这些问题引起了他的共鸣。马斯克接管推特时，萨克斯也拥有了一个固定角色，就是帮着协调召开会议，给他提供一些建议。

杰森·卡拉卡尼斯是萨克斯的好友，也是他的牌友，而且每周都会和他一起录播客。卡拉卡尼斯出生于布鲁克林，是一位互联网创业家，性格急于求成，喜欢围着马斯克转。他有着少年般的热情，与萨克斯那种严肃寡言的性格形成了鲜明的对比，而且他在政治上也更加温和。马斯克 4 月首次在推特收购计划上有所行动时，卡拉卡尼斯就发信息表达了他愿意帮忙的兴奋之情："无论是做董事会成员还是做顾问，我都支持你，我可以当个游戏教练！推特首席执行官是我梦寐以求的工作。"卡拉卡尼斯表现得急不可耐，有时候也会遭到马斯克的警告，比如他为了给马斯克筹集收购推特的资金，还创建了一个特殊目的实体（SPV）。"你为什么要把 SPV 推销给陌生人？"马斯克发信息说，"这样不行。"卡拉卡尼斯表示道歉并做出了让步，他说："这笔交易吸引了全世界的目光，大家对它的期待值已经爆棚，实在是太疯狂了……我愿意为你拼命，就算赴汤蹈火，我也在所不惜。"

当罗思在总部见到萨克斯和卡拉卡尼斯的时候，一场危机已经开始。推特上充斥着种族主义和反犹主义的推文。马斯克曾公开宣称他反对内容审查制度，结果现在来势汹汹的"巨魔农场"和破坏分子正在对他和推特的忍耐力发起挑衅。在马斯克掌权后的 12 小时内，"N 开头的词"[1]的使用量飙升了 500%。新的推特团队很快就发现，不受约束的言论自由已经凸显它的弊端。

罗思知道萨克斯浏览过他的推文，清楚他的左翼倾向，所以他对萨克斯的礼貌和热情感到惊讶。他们分析了这一波仇恨言论激增的数据，探讨了他们手头有哪些工具可以处理这些数据。罗思解释说，大部分数据并非来自表达个人意见的独立用户，而是来自有组织的"巨魔农场"和机器人攻击。"这显然是有组织的行动，"罗思说，"而不是一个个真实的人在种族问题上变得更加激进。"

大约一小时后，马斯克在会议室里徘徊着，他问："这场种族主义言论冲击是怎么回事？"

"是'巨魔农场'搞的。"罗思说。

"马上把它们烧掉，"马斯克说，"用核弹炸掉它们。"罗思听了很兴奋，他以为马斯克会反对控制言论的尝试性举措。"煽动仇恨的言论在推特上没有立足之地，"马斯克继续说道，就像特意做出指示，以便记录在案，"不能允许这种东西存在。"

马斯克离开后，卡拉卡尼斯称赞罗思非常擅长把复杂的事情解释清楚。"你为什么不发一些有关这件事的推文呢？"卡拉卡尼斯问。于是，罗思发了一条推文来解释情况，他写道："我们一直专注于解决推特上煽动仇恨的言论激增的问题，有超过 50 000 条重复使用某一特定侮辱性词语的推文，它们都来自 300 个推特账户，几乎所有这些账户都不是真实用户。所以我们已经采取行动，所有参与这一'巨魔活动'的用户都会被禁言。"

马斯克转发了罗思的推文，还补充了一条他自己的推文，目的是安抚已经开始逃离推特平台的广告商。马斯克在推文中表示："我要特别强调，我们还没有对推特的内容审查政策做出任何改变。"

就像对待自己核心圈子里的人一样，马斯克开始定期给罗思发信息，提出问题和建议。即使有好事者翻出罗思 5 年前的左翼推文来做文章，马斯克依然支持他，无论是私下里，还是在公开场合。罗思说："他告诉我，

1　N 开头的词指 nigger、nigga 等对黑人群体具有种族歧视意味和侮辱性的词语。——译者注

他认为我有些旧推文很有意思，即使很多保守派人士要来砍我的脑袋，他也是真心实意地支持我。"马斯克甚至在推特上回应了一位保守派人士，为罗思辩护："我们都发过一些能让人挑出毛病的推文，其中我发的比大部分人还要多，但我还是要说清楚一点，我支持约尔。我感觉他非常值得信赖，我们都有权保有自己的政治信仰。"

尽管马斯克还没有完全搞清楚约尔的名字应该怎么发音，但看上去这应该会成为一段美好友谊的开端。

85

万圣节

推特，2022 年 10 月

梅耶在 2022 年万圣节的打扮（上）；梅耶观看儿子的演讲（下）

纽约之行

约尔·罗思与马斯克之间的信任感与日俱增，这确实出乎意料。就在这个过程中，10 月 30 日，周日中午，约尔的丈夫问他："这是什么玩意儿？！"这个问题让罗思想起了特朗普执政时期，每当他早上醒来，都会为自己在推特上发过的东西感到自豪。此时他丈夫给他看的是马斯克的一条推文，内容是一个挥舞着锤子的入侵者对美国众议院议长南希·佩洛西 82 岁的丈夫保罗·佩洛西发起袭击。希拉里·克林顿发了一条推文，谴责那些"散布仇恨言论和疯狂阴谋论"的人实施的这种暴力行为。马斯克的回应中附上了一个右翼阴谋论网站的链接，该网站在没有提供任何证据的情况下，错误地指出佩洛西可能在"与一名男妓发生争执"的过程中受了伤。马斯克评论说："虽然这种可能性微乎其微，但这个故事可能不止我们所看到的这些情况。"

马斯克的推文显示出他（像他父亲一样）越来越喜欢浏览那些鼓吹离奇阴谋论的假新闻网站，而这个问题在推特上越来越明显。马斯克很快删除了这条推文并表示道歉，后来他私下里说这是他犯过的最愚蠢的错误之一。而这个错误的代价也很高昂。"广告商肯定会拿这件事说事的。"罗思给亚历克斯·斯皮罗发了条信息。

马斯克已经开始意识到，给广告商营造一个氛围良好的舆论平台跟他原来的计划是冲突的：他想给纷繁复杂的自由言论提供一个发声的平台。几天前，他写了一封邮件，抬头是"亲爱的推特广告商"，邮件中承诺"推特显然不会成为一个放任自流的言论地狱——好像说什么话都不需要承担后果"。但他发的有关保罗·佩洛西的推文打了自己的脸，这就是广告商为什么不喜欢推特的原因：推特再这样下去，可能会变成一个言论的粪坑，所有人都可以冲动地、不计后果地传播虚假信息，用谣言恶意攻击别人。广告业务收入占推特营业收入的 90%。由于广告业衰退，推特的广告收入已经缩水。马斯克接手后，缩水速度进一步加快，在此后的六个月内，广告收入又下降了 50% 以上。

那周周日的深夜，马斯克飞往纽约，与推特的广告销售团队会面，试图安抚广告商和广告代理机构。他带着 X，在凌晨 3 点左右到达梅耶位于格林尼治村的公寓。马斯克不喜欢住酒店，也不喜欢一个人待着。那天早上，梅耶和 X 同他一起来到推特的曼哈顿总部，给这场注定要剑拔弩张的会议镇镇场子，为他提供一些情感上的支持。

马斯克对工程问题的直觉很灵敏，但他的脑回路在处理人际情感问题时就不够灵光，而他收购推特的问题正在于此。他认为这是一家技术型公司，实际上它属于广告传媒行业，这个行业的逻辑是基于情感交流和人际关系的。马斯克知道他这次纽约之行的态度必须做到热情洋溢，但他其实很生气。"从 4 月宣布收购以来，一直有一场野心勃勃的运动是针对我的。"他告诉我，"这帮家伙一直都在积极运作，阻止广告商跟推特签合同。"

周一召开的会议没能让广告商放下戒备。梅耶在一旁看着，X 在一旁玩着，而马斯克还是用一副沉闷单调的语气在讲话。这些话首先是对推特的广告销售人员说的，其次是对电话那头的广告界人士说的。"我希望会有更多的人对推特感兴趣，或许有一天能达到 10 亿人的规模。"他说，"用户规模问题与言论安全问题密不可分。如果总是有人接二连三地用仇恨言论攻击你，你肯定就不用推特了。"每次开会，都会有人问他有关保罗·佩洛西的推文是怎么回事。"我就是这么个人，"他有一次说道，可听众想听的不是这个，这么说丝毫不能让他们放心，"我的推特账户就是我个人意志的延伸，发推文的时候，我也会发些不过脑子的东西，我也会犯错。"他说这话的时候，没有表现出一丝羞涩和谦逊，反而是以一种冷漠而自信的态度。在一场 Zoom 电话会中，可以看到一些广告商双手交叉抱在胸前，还有一些人挂断了会议电话。"这是说什么呢？"其中一个人嘀咕道。推特本应是一个价值数十亿美元的公司，而不是埃隆·马斯克个人性格缺陷和怪癖的放大器。

第二天，许多被广告界信任的推特高管，有的辞职，有的被解雇，其中最知名的是莱斯利·伯兰、让－菲利普·马休和莎拉·波塞内特。有越来越多的大品牌和广告公司宣布打算暂停在推特投放广告，也有一些品牌暗地里已经这么做了，当月推特的广告销售额下降了 80%。马斯克的态度从一开始的安抚变成劝说他们留下，最后演变成了威胁。他在会后发推文说："由于激进团体向广告商施压，推特的收入大幅下降。尽管内容审核政策没有发生任何变化，我们也尽一切努力来安抚这些激进分子，但他们正试图破坏美国的言论自由。"

太空指挥官

万圣节是马斯克最喜欢的节日之一，给了他一个认真玩角色扮演游戏的好机会。他飞往纽约的目的除了安抚广告商，还有就是他答应陪母亲参加模特海蒂·克鲁姆一年一度的万圣节派对，派对中有在红毯上举办的夸张服饰游行，能让在场的娱乐记者大饱眼福。

马斯克晚上9点才结束了广告会议，回到梅耶的公寓。梅耶和朋友帮马斯克套上了她买的衣服，一套红黑相间的装甲套装，名为"魔鬼冠军"。尽管他们进入了贵宾区，但他们并不喜欢这个派对。梅耶觉得太吵了，埃隆面对一群想跟他自拍合影的人则十分恼火，所以他们待了10分钟就离开了。但马斯克确实把他的推特头像改成了他身穿"魔鬼冠军"的照片，他认为这身装扮很符合他目前的状态。

第二天为了同母亲和儿子一起观看猎鹰重型火箭升空的直播，他起了个大早，这是三年来SpaceX第一次发射由27个发动机组成的航天器。随后他飞往华盛顿参加美国太空司令部高层将领的换届仪式。尽管他与拜登政府关系紧张，但马斯克仍然受到五角大楼的热烈欢迎，主要原因是SpaceX是唯一能将主要军事卫星和乘组人员送入预定轨道的实体。在仪式上，参谋长联席会议主席马克·米利将军特别提到了他："马斯克所代表的是民间力量和军事力量的一体化，他们精诚合作、团结一心，让美国成为在太空领域最强大的国家。"

86

蓝色对钩

推特，2022 年 11 月 2—10 日

会议室中所作的一场展示（上）；詹姆斯·马斯克、达瓦尔·史洛夫和

安德鲁·马斯克在评估工程师的水平（下）

热核打击

在第一轮裁员过后，约尔·罗思和内容审核团队的大部分成员幸免于难。鉴于"巨魔农场"恶意发布了大量包含种族主义偏见的推文，以及广告商正在大量流失，不对这个团队下手应该说是明智的做法。罗思说："我裁掉了一小部分我认为不必要的岗位，但没人给我施加压力要我解雇他们。"那天，他在推特上向广告商保证，公司的"核心审核能力完好无损"。

罗思兑现了对马斯克的承诺，制定了针对"错判性别"的新政策。新政策是在违规的推文上附加警告，降低推文曝光度，禁止推文被转发。马斯克批准了这一新政，还提出了一个关于内容审核的新想法。推特有一个鲜为人知的功能，叫"观鸟"，允许用户在他们判定为错误信息的推文上进行更正或补充背景声明。马斯克喜欢这个功能，但讨厌它的名字。他说："从现在开始，我们就叫它'社区笔记'。"这个功能之所以受到马斯克的关注，是因为它能替代官方审查机制，用他的话来说就是，"让各个群体的用户展开对话，通过协商、博弈来辨别推文的真假"。

广告商的流失持续了一周，到了11月4日，周五，流失的速度越来越快，部分原因是网络活动者发起了抵制，敦促奥利奥饼干等公司撤掉在推特投放的广告。马斯克威胁说要对屈服于这个团体的广告商采取行动。他在推特上说："如果这种情况持续下去，我就要以公开点名曝光的方式对这些品牌进行羞辱，这种羞辱具有'热核武器'级别的杀伤力。"

那天晚上，马斯克进入了"恶魔模式"。包括罗思在内的大多数推特员工都领略过他的独断专行和麻木不仁，但他们没有见识过他在"恶魔模式"中的冷酷与盛怒，也不知道该如何安然度过这样一场风暴。马斯克给罗思打电话，命令他阻止推特用户敦促广告商抵制推特的行为。当然，这与他宣称的"坚持言论自由"并不一致，但马斯克的愤怒融入了一种道义上的正义感，他的自相矛盾就不那么明显了。他告诉罗思："推特是个好东西，从道义上来说，它的存在没有任何问题，而这些人正在做的才是不道德的事。"他说，那些向广告商施压、让他们抵制推特的用户是在敲诈，他们应该被封禁。

罗思听完感到十分震惊，推特上从来没有"禁止用户支持抵制行为"的规定，响应抵制的行为经常发生。罗思认为，事实上正是对抵制行为的默许让推特这个平台变得非常重要。此外还应该考虑到"芭芭拉·史翠珊效应"——这是以歌手史翠珊命名的现象，当时史翠珊起诉了一名摄影师，因为他发布了一张她家的照片，结果这张照片的关注度直线上升。禁止那些"呼吁抵制在推特打广告"的推文，只会增强人们支持抵制的意愿。"我想今晚就是我必须辞职的时候了。"罗思对他丈夫说。

在互发了几条信息后，马斯克给罗思打来电话。"这不公平，"他说，"这是敲诈。"

罗思回答："这些推文没有违反推特的规则，你如果删了它们，会适得其反。"对话持续了 15 分钟，进展并不顺利。罗思提出他的理由后，马斯克立马就接话，语速很快，很显然他不希望罗思反驳他。他没有提高音量，反而让他的怒火更加汹涌澎湃。马斯克独断专行的一面让罗思感到不安。

马斯克宣布："我现在就要改变推特的政策！从现在开始，禁止敲诈！禁止这种行为！禁止！"

"让我看看现有政策，看我能找到什么。"罗思这么说着，其实他是想争取时间。罗思回忆说："其实，我真不想听这个电话了。"

罗思给罗宾·惠勒打电话，当时她已辞去推特广告销售主管的职务，但被马斯克和杰瑞德·伯查尔劝了回来。"你知道真要这么干会发生什么吗？"罗思告诉她，"如果我们禁止一个活动者发起的运动，那么这场运动只会愈演愈烈。"

惠勒表示认同，她对罗思说："你先什么也别做，我会给埃隆发信息，他会从好几个人那里听到这个意见。"

马斯克接下来问罗思的问题跟这件事毫无关系：巴西的选举进展如何？罗思说："我跟他突然回到了正常的互动状态，他问问题，我给他答案。"马斯克从"恶魔模式"中走了出来，他的心思转移到了其他事情上，再也没有提起抵制投放广告的事，也没有要求罗思继续执行他的命令。

亨利·基辛格曾引用一位助手的话说，"水门事件"之所以发生，"是因为一群该死的笨蛋走进椭圆形办公室，按照尼克松的吩咐去做了"。马斯克身边的人知道如何熬过他陷入"恶魔模式"的阶段。罗思后来在与杰瑞德·伯查尔的对话中描述了这次遭遇。"是的，是的，没错！"伯查尔告诉他，"埃隆有时候就是会这样，你要做的就是忽略它，不要照他说的做。等过一阵儿他处理完新近摄入的信息，再去找他。"

推特的蓝色对钩标识

订阅制是马斯克推特计划的一个关键组成部分，他将其称为"推特蓝标"。目前，已经有一些名人和政要通过一些手段（包括拉关系、走后门），让推特把他们认证为重要人物，从而获得了蓝色对钩标识。马斯克的想法是，为愿意支付包月费用的人设置一个新的专属认证徽章。杰森·卡拉卡尼斯等人则建议，为认证名人和付费用户设置不同的标识显得太"精英主义"，因此马斯克决定让这两类人获得相同的蓝色对钩标识。

推特蓝标的用途很多：首先，它能削减"巨魔农场"和"僵尸账号"的数量，因为一张信用卡、一个手机号只能绑定一个经过验证的账户；其次，这是推特的新收入来源，可以将用户的信用卡信息纳入系统，以便推特有朝一日变成马斯克心目中覆盖面更广的金融服务和支付平台；最后，它还能帮着解决仇恨言论和诈骗问题。

马斯克要求在11月7日前准备好上线这项功能。工程方面的问题已经搞定，但在上线前，他们意识到可能存在一种人为的隐患：推特上有成千上万来捣乱的、搞诈骗的、故意挑事的用户会想尽办法愚弄这个验证系统，获得蓝色对钩标识，随后更改个人资料，冒充其他人。罗思用一份长达七页的备忘录描述了这些隐患，他强烈要求将新功能推迟到11月8日之后，也就是美国中期选举后再上线。

马斯克理解他的担心，所以同意推迟两天。11月7日中午，他把产品经理埃丝特·克劳福德和20名工程师召集到他的会议桌旁，强调一定要做好预防用户恶搞推特蓝标的工作。马斯克警告说："预计会出现一次大规模的攻击，会有一群坏蛋来测试我们的防御系统。他们会试图冒充我和其他用户，然后去找媒体曝光推特的漏洞，正好给媒体送去弹药。对上线蓝标功能的推特来说，这无异于是面对'第三次世界大战'。所以我们必须尽一切可能避免局面变得难堪、变得无法收拾。"一位工程师想提出另一个问题，马斯克让他闭嘴，他说："现在其他的什么都别想，只做好一件事：阻止伪蓝标账户即将发起的大规模冲击。"

有一个问题，就是做好这件事需要人手，也需要编写很多代码。马斯克已经解雇了一半的员工，还跟80%的负责审查用户的外部承包商解了约。安东尼奥·格拉西亚斯正在帮着推特勒紧裤腰带，他已经命令罗思大幅削减内容审核方面的支出。

11月9日，周三上午，推特蓝标功能正式上线，冒名顶替的问题就像马斯克和罗思担心的那样严重。冒充著名政治家的伪蓝标账户层出不穷，更糟糕的是还有大型广告商被冒充。一个自称是制药商礼来公司的人在推特上说："我们很高兴地宣布，胰岛素从现在开始免费供应。"导致该公司的股价在一小时内下跌超过4%。一个冒充可口可乐公司员工的账户说："如果这条推文转发达到1 000次，我们就把可卡因放回到可口可乐的配料表中。"（转发确实过千了，但可口可乐没有这么做。）一个冒充任天堂官方账号的用户展示了马力欧竖中指的图片。特斯拉也没能幸免，一个自称是特斯拉官方账号的蓝标账户发了推文："我们的车不会理会学校附近区域的限速要求，小孩都给我去一边待着吧。"另一个账户写道："突发新闻：又有一辆特斯拉撞上了世贸中心。"

在几个小时内，马斯克不断跟进事态发展，发布新的规则，对冒名顶替者发出威胁。但第二天，他还是决定把这场推特蓝标认证的试验暂缓几周。

全员到岗办公

推特蓝标上线过程失控了，灾难程度堪比"兴登堡号"空难，于是马斯克进入了危机模式。有时候，危机会赋予他活力，让他感到兴奋和愉悦。但这次没有，那周的周三和周四，他变得阴云密布、愤愤不平、火冒三丈、暴跳如雷。

造成这种状况的一部分原因是推特的财务状况日益严峻。当他在4月提出收购要约时，推特基本上能做到收支平衡，但现在除了广告收入下降，它还必须偿还超过 120 亿美元的债务利息。"这是我见过的最可怕的财务状况之一,"马斯克说,"我认为明年推特可能就会面临超过 20 亿美元的资金短缺。"为了让推特渡过难关,他又卖掉了 40 亿美元的特斯拉股票。

那个周三晚上,他给推特员工发了一封电子邮件。他一开头就说:"我没法粉饰太平,坦率地讲,未来的经济形势很严峻。"正如他以前在特斯拉、SpaceX 和 Neuralink 所做的那样,他威胁道,如果大家不扭转局面,他就要让推特关门,甚至宣布破产。如果想让推特绝地反击、走向成功,那么就必须彻底改变温和、慈爱、包容、育人为先的企业文化。他说:"未来的道路充满了艰险,大家必须开始紧张地工作。"

最值得注意的一点是,在新冠大流行初期,由杰克·多尔西首次宣布、帕拉格·阿格拉瓦尔在 2022 年重申的办公政策,即员工可以永远居家办公的政策被推翻了。马斯克宣布:"此后不再允许远程办公,从明天开始,每人每周都必须在办公室工作 40 小时以上。"

他颁布新政的一部分动机是,他相信在办公室里聚在一起有利于大家交换想法、碰撞火花。在 9 层的咖啡室,他匆忙召集了一些员工开会并说道:"大家在一起的时候效率更高,因为沟通起来更顺畅。"但施行这一政策也同他个人的工作态度有关。会上有一名员工问道,如果他们要打交道的大多数人都在其他地方,为什么非得到办公室来?马斯克一听就生气了,他冷若冰霜、一字一顿地说:"我把话讲清楚,如果你明天能来办公室却不来,那你就没必要留在公司了。就这么定了。如果谁敢这么做,试试看,立刻卷铺盖走人。我说完了。"

苹果的障碍

除了冒名顶替的问题,约尔·罗思还意识到推特蓝标会引发另一个问题:与苹果的既有政策冲突。马斯克的计划是,用户会在苹果手机上用推特应用程序进行注册,推特会获得 8 美元,还能从苹果公司获取数据,验证用户的姓名和其他信息,包括马斯克认为推特能够拿到的信用卡卡号。罗思说:"问题是,没人问过苹果公司会不会分享这些信息啊。"

苹果公司有一条关于应用程序的铁律:任何人为下载一款应用程序付

费，或者在一款应用程序内购买付费项目时，苹果公司都要抽取 30% 的佣金。更苛刻的是，苹果公司不会分享用户数据。哪个应用程序违反了这些规则，就会被苹果公司从应用商店中踢出去。苹果公司坚持这一政策的理由就是保障用户隐私和安全。如果你用苹果手机支付，苹果会对你的数据和信用卡信息进行保密。

"我们绕不过去啊。"接到马斯克打来的电话时，罗思这样说，"如果用户用的是苹果手机，我们做推特蓝标的前提假设本身就有不成立的地方。"

马斯克听完很恼火，虽然他理解苹果公司的政策，但他认为推特可以绕道而行。"你给苹果公司的人打电话了吗？"马斯克问，"给他们打电话，让他们把你需要的数据发给你。"

罗思大吃一惊，如果像他这样的中层管理人员打电话给苹果公司，要求他们改变关于用户隐私信息的政策，用他的话来说就是，他们会"让我去死"。

马斯克坚持认为这个问题是可以解决的，他说："如果需要我给苹果公司打电话，我会打的。如果有必要，我会给蒂姆·库克打电话。"

约尔·罗思辞职

这次谈话是压垮罗思的最后一根稻草。鉴于苹果公司的限制政策，推特蓝标的商业模式面临严重威胁。冒名顶替的问题不可能立刻得到控制，因为马斯克已经解雇大部分内容审核人员。马斯克的独断专行依然让大家战战兢兢地过日子，而且他要求再提供一份进一步裁员的名单。

罗思曾告诉自己，留到 11 月 8 日中期选举以后再辞职，现在中期选举已经安然过去了。与马斯克通完电话，他决定是时候离开了，所以马斯克在 9 层咖啡室举行员工会议时，罗思正在 10 层写他的辞职信。

罗思给他负责的几个团队开了个简短的电话会议，把辞职信发了出去，随后立即离开了办公室，因为他不想被保安带出去。马斯克收到这个消息时真的非常失望，他说："唉，我以为他要跟我们并肩作战呢。"

当罗思穿过旧金山湾大桥回到伯克利时，他的手机不断震动。他离职的消息不胫而走。他说："我开车时没有接电话，因为我哪怕平时开车也会精神紧张。"回到家，他看了一眼手机，有一条约尼·拉蒙发来的信息，问他："我们能谈谈吗？"亚历克斯·斯皮罗和杰瑞德·伯查尔也发来了类似的消息。

罗思打电话给伯查尔。伯查尔告诉他，马斯克很失望，希望他能重新考虑一下。"我们怎么做，你才会愿意回来？"伯查尔问道。他们谈了半个小时，伯查尔解释了怎么熬过马斯克的"恶魔模式"阶段。罗思说他已经下定决心，但他愿意和马斯克谈谈，作为离职前一次友好的会面。他很晚才吃午餐，然后列出了他想说的内容大纲，在下午 5 点 30 分给马斯克发信息说："我可以跟你聊聊。"

马斯克立即打电话给他，二人交流的大部分时间都是罗思在讲他认为哪些事项对推特来说是最紧迫的挑战。马斯克随后直接问道："你考虑回来吗？"

"不，那样对我来说不是正确的决定。"罗斯回答。

罗思对马斯克充满了复杂的感情，他们之间大部分交流都是愉快的。罗思说："他是一个挺讲道理的人，平时说话风趣幽默、引人入胜。有时候谈起他的远景规划，虽然有点儿天马行空、不着边际，但核心内容还是能给你带来很大的启发。"但有时候，马斯克会表现出独断专行、刻薄阴暗的一面。"当他展现出'邪恶埃隆'那一面，我就不能接受了。"

"有人希望我说'我恨他'，"罗思说，"但实际情况要比这复杂得多，我想这就是他这个人耐人寻味的地方吧。他有点儿理想主义，对吧？他有宏伟的愿景，不管是人类跨行星生存，还是可再生能源，甚至包括言论自由。而且他为自己构建了一个宇宙，其中道德伦理的秩序安排是按照他的思路来推演的，目的是服务于他的宏伟目标。所以基于这些，你让我诋毁这个人，我做不到。"

罗思没要求离职补偿，他说："我就希望走的时候，我的职场声誉完好无损，还有其他老板愿意要我，就够了。"他同时希望自己能平安无事，他曾受到来自反犹主义者和反同性恋者的死亡威胁，当时《纽约邮报》和一些媒体曝光了他早年支持民主党、谴责特朗普的推文。"我非常担心如果我跟埃隆分道扬镳，他会在推特上说我的坏话，说我是愚蠢的自由派支持者，而他的 1 亿粉丝当中有一些人可能会有暴力倾向，会来找我和我家人的麻烦。"罗思在谈到他的个人担忧时变得哀怨起来，他在我们谈话结束时说："埃隆不明白，我们跟他不一样，我们身边没有安保人员。"

绝望

罗思辞职，推特蓝标计划偃旗息鼓，随后马斯克在深夜与弗朗茨·冯·霍兹豪森和特斯拉 Robotaxi 设计团队的其他成员举行了视频会议。他们正要向他展示车辆的最新效果图，他却开始发泄自己对推特的不满。"我不知道我为什么要这么做，"他说着，看起来既疲惫又沮丧，"法官的意思基本上就是我必须买下推特，否则的话……我现在就是，好吧，都滚蛋吧！"

此时，马斯克完成推特交易已过去整整两周，他一直在推特总部夜以继日地工作，同时兼顾他在特斯拉、SpaceX 和 Neuralink 的工作。此时作为推特掌门人的他，用"名誉扫地"来形容似乎并不过分，推特这场大戏带给他的兴奋和刺激已经被无穷无尽的痛苦和折磨取代。马斯克说："我希望有一天能从推特的地狱里爬出来。"他承诺要努力想办法回到洛杉矶，亲自参加 Robotaxi 的会议。

冯·霍兹豪森想把话题带回到他们开发的这款非常具有未来感的 Robotaxi 设计方案上，但马斯克又把话题扯回到推特上。他说："无论你认为推特的企业文化有多糟糕，实际上都比你以为的糟糕 10 倍，你根本无法想象这些人好吃懒做、心安理得到了什么程度。"

接下来，马斯克在印度尼西亚的一场商业峰会上接受了视频采访。主持人问他：很多人想成为下一个埃隆·马斯克，你对这些人有什么建议？马斯克回答："如果是我的话，我会劝你对这个愿望审慎一点儿，我不确定有多少人真的想成为我这样的人。坦率地说，你永远想象不到我对自己的折磨已经到了什么程度。"

87

全力以赴

推特，2022 年 11 月 10—18 日

克里斯托弗·斯坦利（右一）在一场"黑客马拉松"后同马斯克和工程师们自拍合影（上）；

罗斯·诺丁与詹姆斯·马斯克（下）

在推特睡沙发

马斯克原本以为，推出推特蓝标是拯救推特的灵丹妙药，现在它却被搁置了，广告销售额断崖式下滑的局面也丝毫没有得到缓解。新一轮裁员正在计划当中，而那些留下来的人必须像特斯拉和 SpaceX 的工程师一样卖命工作。"我坚信，少数冲劲十足的杰出人才胜过一大群积极性一般的优秀员工。"在推特痛苦不堪的第二周结束后，马斯克这样对我讲道。

如果想让推特剩下来的人组建成硬核战队，马斯克就必须让他们知道他自己能有多硬核：1995 年，他曾在 Zip2 的第一间办公室里打地铺；2017 年，他曾睡在特斯拉内华达电池工厂的屋顶上；2018 年，他睡在了弗里蒙特工厂的办公桌下面。他这么做不是因为他别无选择，而是因为他天生喜欢营造这种戏剧性、紧迫性的气氛，而且他就是一个为战争而生的将军，他要的就是他大手一挥，部队能随时投入战斗的感觉。现在到了他晚上睡在推特总部的时候了。

11 月 13 日，周日深夜，他结束了奥斯汀的周末旅行后返程，直接回到推特办公室，在 7 层的图书馆里霸占了一张沙发。大管家史蒂夫·戴维斯也来到推特，监督成本削减计划的执行。他和妻子妮可·霍兰德还有两个月大的孩子一起，搬进了附近的一间会议室。推特舒适的总部配备淋浴间，还有厨房和游戏室。他们开玩笑说，这里的一切都太奢侈了。

第二轮裁员

在那周周日的晚上，马斯克飞往旧金山时给他的堂弟詹姆斯打电话，告诉詹姆斯和安德鲁现在要到岗，等他一到推特就跟他碰头。那天是安德鲁的生日，他们和朋友出去吃饭了，但他俩还是赶了过来。詹姆斯说："公司里的人都在发恶搞埃隆的帖子，他说他需要我们几个他可以信赖的人待在那儿。"

罗斯·诺丁，也就是第三名"火枪手"也就位了。他整个周末都待在办公室里，审查推特的工程师们编写的代码，看看谁写得更好。最近两周，他主要靠饼干充饥，已经瘦得皮包骨。那周日，他在公司 5 层的游戏室里睡着了。周一早上一醒来，他就听说马斯克还要裁掉一大帮人，他顿时感觉胃里翻江倒海，跑到卫生间呕吐起来。罗斯说："我一听说我们还要再裁掉80%的员工，就觉得昏天黑地。我刚醒就吐了出来，以前从来不会这样。"

罗斯走回自己的公寓洗了个澡，心里琢磨了一番。他说："我出去透了口气，我觉得现在不想在这里干了。"但到了中午，他决定不丢下这个团队，所以他还是回来了。"我不想让詹姆斯失望。"

达瓦尔·史洛夫和马斯克其他年轻的忠实追随者同"火枪手"们聚在一起，布置了一间"作战室"，这是10层一个闷热无窗的房间，人称"烤箱"，就在马斯克当时征用的大会议室旁边。他们可以直接感受到许多推特员工的不满，因为大家把他们称作"打手队"。但还是有一小撮像本·圣苏西这样一心为推特着想的工程师，希望能为开创新局面出一份力。于是他们在这层楼的开放办公区同特斯拉自动驾驶团队的20多名工程师一起工作。

马斯克在当天下午早些时候与"火枪手"们碰了个头儿，告诉他们："我们这里现在乱成了一锅粥，推特如果能留下300名卓越的工程师，我会喜出望外的。"把人数削减到这种程度，意味着要再开除近80%的员工。

有一些反对的声音，因为世界杯就要到了，后面还有感恩节和购物节。约尼·拉蒙说："我们可不能在节骨眼上掉链子啊。"詹姆斯表示同意："我觉得再裁员会出问题的。"马斯克很生气，他坚持认为必须大幅裁员。

马斯克说留下来的工程师必须满足三个标准：出类拔萃、值得信赖，以及自我驱动。前一周的第一轮裁员是为了剔除那些不够优秀的人，所以他们同意第二轮的筛选重点是筛掉那些不值得信任的人，或者更具体地说，那些似乎并不完全忠诚于马斯克的人。

"火枪手"们开始翻阅推特员工的Slack信息和在社交媒体上发过的帖子，重点是那些对软件堆栈有高级访问权限的人。史洛夫说："他告诉我们要找到那些可能心怀不满或者构成威胁的人。"他们在Slack公共频道上搜索关键词，比如"埃隆"。马斯克和他们一起待在"烤箱"里，一边看他们翻出来的东西，一边开着玩笑。

他们偶尔会找到一些乐子，偶然间还发现了会被自动屏蔽、不会登上推特热搜的敏感词列表。当他们看到"turdburger"（大便汉堡包）一词时，马斯克哈哈大笑，最后笑得躺倒在地板上。他们还发现了另外一些信息，有人威胁要展开报复行动，于是马斯克的妄想症又被唤醒了。詹姆斯说："有个人真的写了一个可以摧毁整个数据中心的指令，还说'我想看看如果你们运行一下会发生什么'，他竟然还把它发布了出来。"于是他们立即关闭了此人的访问权限并开除了他。

他们读到的主要是 Slack 公共聊天板块的信息，但这样做还是让罗斯感到很不舒服，他晨起时的恶心呕吐刚刚好一点儿。"我们这样可以说既侵犯了别人的隐私，也侵犯了言论自由。"罗斯后来说，"老板说要守护的东西，就是他们正在践踏的东西。"安德鲁和詹姆斯也对隐私问题非常敏感，安德鲁说他们并没有审查私人信息。他说："我们努力想要找到的一个平衡点，就是反对意见是一句都不能说，还是不应该出现在公共交流中。"

马斯克并不认同这些看法，言论自由不应该适用到工作场合。他告诉他们，那些言辞尖酸刻薄的人都要辞退，他想让员工们摆脱消极情绪。团队一直工作到午夜时分，提交了一份名单，上面列出了 30 多个牢骚满腹的人。詹姆斯问："你想跟这种人聊聊吗？给他们看看他们都说过些什么。"马斯克说不用，直接裁掉。于是这些人就被裁掉了。

是或否

马斯克想遴选出的人才，除了要具备出类拔萃和值得信赖的特质，要具备的第三个特质就是自我驱动。马斯克一直以来始终保持着全力以赴、勇往直前的拼搏态度，这是他骄傲的勋章。他鄙视那些喜欢度假、追求工作和生活平衡的成功人士。

周二，詹姆斯和罗斯一直在思考：怎么搞清楚哪些员工才是真正具有自我驱动力的人呢？他们看到有人在 Slack 上发了一个帖子："给我离职补偿，我立马就走。"他们突然意识到，大家其实都会做出自我选择。有些人可能乐意在深夜和周末加班，但是也可以理解另一些人不喜欢这么拼命，也不忌讳把他们的态度说出来。

詹姆斯和罗斯意识到，让大家自己说出来他们到底是哪种人，其实大家是愿意的，甚至会感到自豪。所以他们向马斯克提议，让员工有机会自主选择，是不是要退出这个工作风格十分"硬核"的推特。马斯克喜欢这个主意，于是罗斯设计了一个简单的表格，里面有个供大家勾选的选项：要不要体面地离开，拿走三个月的离职补偿？詹姆斯说："太棒了，我们不用再费心想着怎么裁员的事了。"

几个小时后，马斯克开完了一个会，微笑着走进"烤箱"。他说："我有个好主意，让大家反着选。不要让他们选择退不退出，让他们选择加不加入。就像做是否加入沙克尔顿南极探险队的选择一样，我们希望大家主动宣告他们是'硬核推特战队'的一员。"

马斯克当天深夜飞往特拉华州，在围绕他的特斯拉薪酬方案的股东诉讼案中做证。临近美国东部时间清晨 4 点，他在飞机上测试了一下"推特选择"的网页链接，成为第一个对加入新推特选了"是"的人。随后他向所有员工发送了一封电子邮件：

来自：埃隆·马斯克
主题：选择的十字路口
日期：2022 年 11 月 16 日

展望未来，为了打造一个突破以往的推特 2.0 版本，在竞争日益激烈的环境中取得成功，我们必须全力以赴。这意味着我们要在高强度状态下长时间地工作。

如果你确定想成为全新推特的一分子，请点击下面的按钮"是"。在美国东部时间明天（周四）下午 5 点之前，没有点"是"的人将收到三个月的离职补偿。

詹姆斯和罗斯整晚都在查看选择结果，他们还下了赌注——有多少人会选"是"。詹姆斯认为在剩下的大约 3 600 名员工中会有 2 000 人选择留下，而罗斯打赌说会有 2 150 人。马斯克做了一个很保守的预测：1 800 人。最后 2 492 人表示同意，占员工总数的 69%，这个比例出人意料地高。马斯克的助理耶恩·巴拉贾迪把兑了伏特加的红牛分发给大家，以示庆祝。

审查代码

那个周四的晚上，推特的员工收到了一条令人震惊的消息。次日，也就是 11 月 18 日，周五，推特的办公室将关闭一天，刷卡进楼功能暂停使用，下周一恢复。这一命令是出于安全考虑，担心刚刚被解雇的人和选择离开的人可能搞破坏，但马斯克没有理会这封邮件，他在工作到周五凌晨 1 点后发出了一条与邮件指令相矛盾的信息："给软件写代码的人，请在今天下午 2 点到 10 层报到。"稍后他又说："请做好准备，我在办公室走动时会做简短的代码审查。"

这就让人很困惑了。一位常驻波士顿的工程师是团队中唯一负责缓存重要数据的人，他担心如果他上了飞机，后台系统可能会在他乘机的过程中出现故障，而他届时将无法完成修复，但他还担心如果他不来，他就会被开除。最后，他还是飞到了旧金山。

周五下午 2 点，有近 300 名工程师来到了办公室，一些人还拎着行李箱，他们也不知道公司会不会报销这趟差旅的花费。马斯克一整个下午都在开会，没有搭理他们。屋里也没有吃的，到了下午 6 点，工程师们又怒又饿，安德鲁就出去买了几盒比萨。"当时气氛已经变得很紧张，我想埃隆是故意晾着他们。"安德鲁说，"比萨来了以后，气氛才缓和了一些。"

马斯克在晚上 8 点终于露面了，他开始了他所谓的"桌旁工作检查"，站在年轻工程师的旁边查看他们的代码。他们后来反馈说，他有一些建议提得很好，但有一些很肤浅，这些建议往往涉及简化程序的问题。马斯克还同他们一起站在白板前，看他们画出推特系统的架构。马斯克向这群工程师提了很多问题：为什么搜索功能很糟糕？为什么推送的广告总是与用户的兴趣点风马牛不相及？他一把抱起 X 走出办公室时，已经是凌晨 1 点多。

88

硬核

推特，2022 年 11 月 18—30 日

詹姆斯·马斯克与本·圣苏西

账号恢复

马斯克在 11 月 18 日周五下午发了推文："凯西·格里芬、乔丹·彼得森和'巴比伦蜜蜂'的推特账号已经恢复，我们还没决定是否恢复特朗普的账号。"随着约尔·罗思和其他中层管理人员的相继离职，马斯克单方面决定解除对"巴比伦蜜蜂"和彼得森推特账号的封禁，同时解禁的还有喜剧演员凯西·格里芬的账号，她创建了一个冒充马斯克的账户，还在推特上模仿马斯克发表声明。

在发表解封声明的同时，马斯克还官宣了他和罗思设计的"可见性过滤"的规则。他写道："推特的新政目标是维护言论自由，但不是维护信息触达自由，我们会尽己所能地压制负面 / 煽动仇恨的推文，我们不会用这些内容的曝光赚取广告费或者其他收入。除非你专门去找这些推文，否则你是看不到的。"

阴谋论者亚历克斯·琼斯声称 2012 年桑迪·胡克小学校园枪击案是一个"惊天骗局"，马斯克同此人划清了界限，他说琼斯的推特账号将继续被封禁。马斯克在推特上说："我的长子在我怀里离开了人世，我感受到了他最后的心跳。对于任何企图利用儿童死亡事件来争名逐利、达到政治目的的人，我绝不会心慈手软。"

至于坎耶·维斯特，在言论自由的问题上，他让马斯克涨了不少见识。坎耶出现在亚历克斯·琼斯的播客节目中，宣称："我爱希特勒。"随后他在推特上发布了一张马斯克穿着泳衣、阿里·伊曼纽尔用水管朝他喷水的照片，其中渗透着被犹太人控制的反犹主义色彩。"让我们永远记住，这是我的最后一条推文。"坎耶这样写道，随后在一个大卫之星上贴了一个纳粹标志。

马斯克宣布："我已经尽力了，即便如此，坎耶再次违反了我们关于煽动暴力言论的规定，他的推特账户将被暂停使用。"

还有是否应该恢复特朗普的推特账号的问题。"我不想掺和特朗普的那些争端。"马斯克几周前告诉我，他的原则一直都是言论自由必须限制在法律允许的范围内。马斯克说："如果他从事犯罪活动——似乎越来越多的人认为他的确如此，那就别提什么言论自由了，颠覆民主的言论不是自由言论。"

但到了 11 月 18 日，也就是马斯克召集工程师进行代码审查的那个周五，他情绪激动，准备"啪啪"打自己的脸。"火枪手"们正在竭尽全力维持推特的正常运行，因为几百名工程师突然离职，加上世界杯的相关视频内容给服务器造成了不小的压力。他们最不希望看到的就是发生一次推特系统宕机事故。就在这时，马斯克从带有玻璃幕墙的会议室里走出来，他身旁还有罗宾·惠勒——挂名的推特广告销售主管。马斯克向詹姆斯和罗斯展示了他的手机屏幕，调皮地笑着说："看我刚发了什么。"

马斯克发起了一个投票："要恢复前总统特朗普的推特账号吗？是，还是否？"撇开该不该解封特朗普账号的问题不谈，撇开这个答案该不该由大家在线投票来决定的问题不谈，他们至少得面对一个工程问题：投票时必须实时统计数百万张选票，并在用户的信息流当中实时显示，这可能会让推特本就人手不足的服务器陷入崩溃。但马斯克喜欢冒这个险，他想看看推特这辆车到底能开多快，一脚踩下加速踏板到底会发生什么，到底能飞到离太阳多远的距离[1]。詹姆斯和罗斯说他们害怕极了，但马斯克看起来扬扬得意。

第二天投票结束时显示超过 1 500 万用户参与了投票，投票结果很接近：赞成票 51.8%，反对票 48.2%。马斯克宣布："大家已经发话了，特朗普的推特账号将被恢复。'民众的声音就是上帝的声音。'"

事后我立马问马斯克，对于投票结果，他事先有预感吗？他说没有。我追问：如果结果是反对票居多，他还会继续封禁特朗普的推特账号吗？他给出了肯定的回答："我不是特朗普的粉丝，他的破坏性太强，全世界就数他废话最多。"

第三轮裁员

广告销售主管罗宾·惠勒在周五下午与马斯克会面时提出要辞职。一

1　希腊神话人物伊卡洛斯用蜡结合鸟羽制成飞行翼，越飞越高，因为过于接近太阳导致蜡翼融化，他坠入大海后溺死。由此产生了西方谚语："Don't fly too close to the sun."（不要飞得离太阳太近。）告诫人们不要过于雄心勃勃或过于贪婪。——译者注

周前，她就想跟约尔·罗思同时辞职，但马斯克和杰瑞德·伯查尔将她挽留了下来。

包括罗斯和詹姆斯在内的大多数人都认为，惠勒辞职是对马斯克单方面决定恢复封禁的推特账号并发起解禁特朗普账号的投票做出的回应。实际上，真正困扰惠勒的问题是，马斯克一心想要推进第三轮裁员，他要求惠勒开出一份裁员名单。这周早些时候，惠勒站在她的销售团队面前，告诉大家为什么他们面对"推特选择"时应该选择"是"——成为硬核风格新推特的一分子。现在，她则不得不直视其中一些人——那些选了"是"的人的眼睛，告诉他们：你被解雇了。

马斯克的裁员计划变来变去，完全取决于他的心情。他曾一度告诉"火枪手"们，他想把编程团队的人数减少到50人。但也是在那一周，马斯克还说过他们不应该操心具体要留多少人的问题，他告诉他们："只要列出来谁是真正优秀的工程师，然后裁掉其他人就行了。"

为了推动这一进程，马斯克命令推特的所有软件工程师向他发送他们最近编写的代码样例。周末，罗斯把这些回复从马斯克的邮箱转到他自己的邮箱，这样他就可以同詹姆斯和史洛夫一起评估这些工作的质量。"我的收件箱里有500封邮件，"他在周日晚上疲惫地说，"我们今晚不管怎么着也得把它们全捋一遍，看看到底把哪些工程师留下。"

马斯克为什么要这样做？罗斯说："他相信，一小群真正了不起的工程师通才胜过数百个能力平庸的普通人，就像一支精干的海军陆战队，可以做出惊天之举。而且我觉得他是想有问题索性就都暴露出来，不要粉饰，他不想再拖下去了。"

周一上午，罗斯、詹姆斯和安德鲁与马斯克会面，介绍了他们用来评估工程师编程水平的标准体系。马斯克批准了这一计划，随后同亚历克斯·斯皮罗步行下楼，来到咖啡室，在这里临时召开了另一场员工大会。马斯克下楼时还问斯皮罗，如果有人问他还会不会继续裁员，他应该怎么说。斯皮罗建议他岔开话题，但马斯克此时已经想好，他会说"不会再裁员了"。他的理由是即将到来的一轮减员是"因故辞退"，因为公司判定他们的工作不够出色，这不算裁员，他们会得到一笔金额不小的遣散费。他刻意强调的这个区别，其实大部分人都不以为然。会议开始时他就宣布：

"没有进一步的裁员计划了。"现场响起热烈的掌声。

随后他会见了十几位年轻的程序员，他们都是罗斯和詹姆斯挑选出来的优秀人才。谈起工程问题时，马斯克就感到很轻松。他跟他们探讨了一些技术问题，比如怎么能让用户上传视频的过程更简单。马斯克告诉他们，未来，推特的团队将由像他们这样的工程师来领导，而不是由设计师和产品经理。这是一个微妙的转变，体现出他的价值观：推特的本质应该是一家软件工程公司，领导者一定是熟悉程序代码的人；它不是一家媒体和消费类产品公司，不应该让精通人际关系、洞察人心欲望的人来领导。

为什么要求全责备

最后一轮裁员通知是在感恩节前一天发出的。"你好，最近代码审查的结果出来了，我们认为你的编程水平无法令人满意。我们很遗憾地通知你，你在推特的工作已经结束，从现在开始立即生效。"50 名工程师被解雇了，他们的公司账号和访问权限立即被收回。

这三轮裁员过程太过分散，以至于一开始都很难统计出总人数。尘埃落定之时，已经有大约 75% 的推特员工离开。马斯克在 10 月 27 日接管推特时，员工总数近 8 000 人；到 12 月中旬，只剩下 2 000 多人。

马斯克给推特带来了企业文化的剧变。曾经的推特有免费的手工餐食，有瑜伽室，有带薪休假，有对员工"心理安全"的关怀体系，但此时此刻，推特已经从最注重"养人""育人"的工作环境走向了另一个极端。马斯克做出这种转变不仅出于成本考量，他更在意的是能不能打造出一个所有人争强好胜、艰苦奋斗的环境，在这里，狂热的战士们枕戈待旦，而不是享受安逸。

这样的制度性安排常常意味着他会打碎一些东西——看起来推特也没能幸免。推特上有个话题开始流行起来，叫"#twitterdeathwatch"（# 推特临终关怀）。一些技术专家和媒体专家写了最后一条告别推特的推文，认为推特随时都可能会消失。连马斯克也笑着承认推特可能有一天会崩溃。他给我看了一张图片——燃烧着的垃圾桶在路上滚动，他承认："有些时候，我起床就会看一下推特，看还能不能正常登录。"但其实每天早上推特都照常运行着，在世界杯期间还迎来了创纪录的流量。不仅如此，在这帮核心工程师的推动下，推特开始推陈出新，以前所未有的速度增加新的功能。

科技媒体网站The Verge和《纽约杂志》的记者佐伊·希弗、凯西·牛顿和亚历克斯·希思深度报道了一些关于推特动荡的内幕故事，看完令人毛骨悚然。故事展现了马斯克如何颠覆了"推特的企业文化，正是这种文化将推特打造成全球最有影响力的社交网络之一"，他们也坦陈他们的许多同事曾对推特做出的可怕预测并没有成为现实。"在某些方面，可以证明马斯克是对的。"他们写道，"推特现在不那么稳定了，但即便失去了大多数员工，这个平台依然活得好好的，总体来说是在正常运转。他曾承诺要让这家臃肿的公司保持合理的人员规模，现在它正以最少的人数运行着。"

然而推动变革没有那么多和风细雨。自猎鹰1号火箭以来，马斯克动用的手段一向如此：保持快速迭代，勇于承担风险，行事风格粗暴，接受阶段性失败，再次发起尝试。他谈到推特时说："我们在更换发动机时，飞机已经失控，所以能活下来就是个奇迹。"

拜访苹果

马斯克11月底发了条推文："苹果公司基本已经停止在推特投放广告，他们是讨厌美国的言论自由吗？"

那天晚上，马斯克与他的人生导师和投资人拉里·埃里森在电话中聊了很久，他们经常定期通话。埃里森大部分时间住他在夏威夷买下的拉奈岛上，他曾是史蒂夫·乔布斯的导师，这次他给了马斯克一个建议：不要跟苹果公司硬碰硬，这是一家推特惹不起的公司。苹果公司是一个重要的广告商，更重要的是，推特如果不能一如既往地在苹果应用商店正常上架，那就死定了。

从某些角度来说，马斯克就像史蒂夫·乔布斯，是一个能力出众但不近人情的"工头"，他们的现实扭曲力场可以把手底下的人逼疯，但也可以推动他们做出他们原以为不可能的事情。无论是对同事还是对竞争对手，他们谁的面子都可以不给。但从 2011 年起执掌苹果公司的蒂姆·库克可不一样，他沉着冷静，高度自律，温文尔雅。虽然在必要的时候，他也很强硬，但他总是会避免那些不必要的冲突。乔布斯和马斯克似乎都很容易被戏剧性冲突吸引，而库克有一种化解戏剧性冲突的本能——他的道德罗盘是非常稳定的。

"蒂姆不希望招来任何敌意。"二人的共同好友告诉马斯克。想让马斯克取消"战备状态"，这种话一般起不了什么作用，但他也意识到不应该与苹果公司为敌。马斯克说："我心想，好吧，我也不希望树敌，所以没问题，我去苹果公司总部拜访他。"

马斯克去苹果公司总部还有一个动机。他说："我一直想找个借口参观一下苹果总部，因为我听说它非常不可思议。"英国建筑师诺曼·福斯特在乔布斯的严格监督下设计了这座由定制弧形玻璃围成的巨大环形建筑。福斯特曾在奥斯汀与马斯克会面，讨论过为他打造一个新家的设计方案。

马斯克直接给库克发了电子邮件，他们约好在那个周三见面。当马斯克到达位于丘珀蒂诺的苹果总部时，苹果员工对他的第一印象是他看起来几周都没有睡好。他们走进库克的会议室，进行了一对一的面谈，会议持续了一个多小时。一开始，他们抱怨了一番自己在供应链管理方面噩梦般的经历。自从 Roadster 量产遭遇极大困难，马斯克对供应链管理的难度有了深刻的认识，他认为库克在这方面是个大师，库克也的确名副其实。马斯克说："我不认为这世上有多少人能比蒂姆管得更好。"

在广告问题上，他们各自做出了一些让步。库克解释说，维护好用户对苹果品牌的信任是他的首要任务。苹果公司不希望让自家广告出现在一个乌烟瘴气的平台上，其中充斥着仇恨言论、不实信息和风险性内容。但他承诺苹果公司不会终止在推特投放广告，也没有将推特从应用商店下架的计划。当马斯克提及苹果应用商店抽成达到 30% 的问题时，库克也做了解释：未来随着时间的推移，这一比例会降至 15%。

马斯克得到了些许宽慰，至少当时的确如此，但还有一个问题没解决，就是苹果公司不愿意分享有关购买行为和客户信息的数据，这样马斯克就很难实现他把 X.com 的金融服务融入推特的愿景。当时这个问题正在美国法院和欧洲监管机构中争论不休，马斯克决定还是不在与库克的这场会面中强求二人能拿出一个解决方案。他说："那会是一场未来之战，我们两家公司一定会狭路相逢，至少我跟蒂姆到时候还得好好谈上一番。"

会议结束后，库克带着马斯克来到玻璃幕墙旁，俯瞰着乔布斯先前就设计好要栽在这里的杏树，还有一个静谧的池塘。随后库克带他参观了园区，最后走到了池塘边。马斯克掏出苹果手机拍了一段视频，他一回到车里就发了一条推文："感谢 @tim_cook 带我参观苹果公司美丽的总部，我们已经澄清了误会。蒂姆明确苹果公司从未考虑过要把推特从应用商店中下架。"

89

神迹

Neuralink，2022 年 11 月

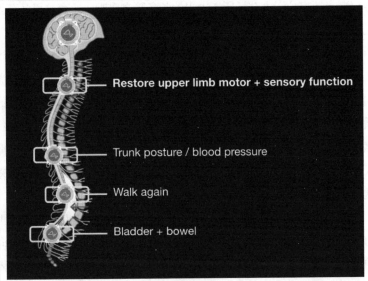

展示 Neuralink 未来目标的幻灯片（上）；杰里米·巴伦霍尔兹（下）

治疗方法

马斯克搬到得克萨斯州以后，希冯·齐里斯也搬了过去。他决定除了 Neuralink 在加利福尼亚州弗里蒙特的据点，在奥斯汀再开设一个办公点。奥斯汀的办公室和实验室在一栋临街的商业综合楼内，门口还挂着"斧头馆"的牌子——这里曾是一个投掷斧头的场所，还有一个保龄球馆。齐里斯对这里进行了改造，划分出开放办公区、实验室、一间四面都是玻璃墙的会议室，还有位于办公场所正中央的长条形咖啡吧。距离这里几英里处有几座养殖实验用猪和羊的畜棚。

2021 年年底在参观猪舍时，马斯克对 Neuralink 的工作进度感到不满。公司已经把一枚芯片植入了猴子的大脑，还教它用脑电波玩电子游戏《乓》。但截至当时，Neuralink 只是靠这些在 YouTube 上获得了不少的视频播放量，根本没有推进脑机接口计划。"伙计们，我们怎么跟外人解释啊，怎么才能真正吸引大家的注意？"他边走边说，"可能有一天，一个瘫痪的人能靠大脑在电脑上移动光标，看着挺酷，尤其是对霍金这样的人来说。但这样不够，大部分人对此无感。"

这时，马斯克开始让 Neuralink 向新的目标推进：让瘫痪的人能再次调动他们的四肢。大脑中的芯片可以绕过脊髓阻塞或神经系统障碍，向相关的肌肉发送信号。他从猪舍回到"斧头馆"，把他在奥斯汀的核心团队成员召集起来，线上参会的还有他们在弗里蒙特的同事。马斯克宣布了这项额外增加的新任务："如果能让坐在轮椅上的人重新走路，大家立马就会明白 Neuralink 这项事业的重要性。这一定能直击人心，简直胆大妄为，是件好事。"

马斯克每周都会到 Neuralink 的实验室参加审查会议。在 2022 年 8 月的一次会议开始前，首席工程师杰里米·巴伦霍尔兹坐在咖啡吧等着开会。一年前他从斯坦福大学毕业，获得了计算机系统科学硕士学位，但他那锈红色的额前卷发和稀疏的胡须，让他看上去还像中学科学展的参赛者一样稚气未脱。巴伦霍尔兹说："埃隆觉得虽然用思维控制计算机是不错的，但对大众来说，让瘫痪的人重新走路，会引起更强烈的共鸣，所以我们一直专注于这个计划。"巴伦霍尔兹向我展示了不同的肌肉刺激方法，大胆地讨论起他对大脑信号传递过程的认识：他认为大脑信号是经由带电分子的化学扩散传播的，而不是像传统理论说的那样通过电磁波来传播。

当马斯克用手机发完电子邮件和推文后，十几位年轻的工程师聚集在会议室里，包括齐里斯在内的所有人都穿着黑色T恤衫，就跟马斯克平时的穿着差不多。巴伦霍尔兹让大家传看了与大脑皮层软组织相似的水凝胶样品，并且展示了两只实验用猪的视频，它们在电信号的作用下移动着双腿。马斯克说："我们必须区分疼痛反应和肌肉动作，否则即便能让人重新走路，他们也会感觉很痛苦。但它确实证明了我们想让瘫痪的人重新走路这一目标的原理没有违背物理学定律，这简直令人难以置信，堪称神迹。"

马斯克问他们是否还有可能实现其他神迹一样的目标，巴伦霍尔兹提议可以考虑视听刺激，换句话说，就是让失聪的人能听到、让失明的人能看到。"最简单的方式是通过人工耳蜗的刺激解决耳聋的问题。"巴伦霍尔兹说，"但视觉刺激更有意思，为了获得高保真的视觉效果，你需要接入大量的神经通道。"

"那我们可以给人类画的大饼就太不可思议了，对不对？"马斯克补充说，"想看红外线吗？想看紫外线吗？想看到无线电波和雷达信号吗？没错，这种视觉增强太酷了。"他突然大笑起来。"我把《万世魔星》又看了一遍。"他指的是巨蟒剧团的一部电影，他引用了其中一个场景：一个乞丐抱怨说耶稣治好了他的麻风病，这样他就很难讨饭吃了。"我正一瘸一拐地讨我的饭呢，他突然来了，一下子治好了我！前一分钟我还是个有生计的麻风病人，后一分钟我的生计就没了。他连一句'请你原谅'都没说！'你已经痊愈了，兄弟。'这个该死的好人。"

展示会

到9月底，马斯克又开始变得不耐烦，他一直在催促齐里斯和巴伦霍尔兹公开展示他们的进展，但他们总说还没有准备好，马斯克的脸色越来越难看。"如果我们不加速推进，有生之年，我们将一事无成。"他警告他们，随即就定下了展示会的日期：11月30日，周三。结果那天他要去苹果公司拜访蒂姆·库克。

当晚马斯克到达现场时，"斧头馆"的办公空间中已经摆放了200把椅子。马斯克最喜欢的播客节目主持人莱克斯·弗里德曼也前来参加活动，电视动画片《瑞克和莫蒂》的导演贾斯汀·罗兰也来了。"火枪手"詹姆斯、安德鲁和罗斯没有收到邀请，但他们从后门进来了。

马斯克希望这次展示会既能彰显他解决人类终极难题的雄心壮志，又能展示一些他在短期内的目标规划。马斯克告诉现场观众："我创办Neuralink的主要动机是创造一个通用的信息输入输出设备，它可以与人类大脑信号的方方面面对接。"换句话说，这就是人类和机器终极的心智融合，能够防范人工智能机器为所欲为。"即使人工智能是善意的，我们能不能也跟上它的步伐，做到与时俱进呢？"

随后马斯克公布了他为Neuralink规划的全新短期目标："第一个目标是恢复视力，即使是先天性失明，我们也相信可以让他们见到光明。"接下来，他谈到了瘫痪人士。他说："虽然听起来很神奇，但我们相信，是有可能让脊髓受损的人恢复全身运动功能的。"演讲持续了三个小时，马斯克在现场与他的工程师们一直待到凌晨1点。他后来说，能从推特的混乱中暂时抽身，是难得的放松。

90

"推特文件"

推特，2022 年 12 月

马特·泰比（上）；巴里·韦斯（下）

马特·泰比

"你是想让我揭发你自己的公司？"记者马特·泰比有些难以置信地问马斯克。

"放手去做吧，"马斯克回答道，"这次你想报道什么随你。"

过去多年来，推特的内容审核人员越来越积极地封禁他们眼中的不良言论。旁观者大致有三种态度：其一，这种做法值得称赞，目的是防止虚假信息传播，这些信息可能是错误的医学知识，也可能破坏民主、煽动暴力和仇恨，还有可能对用户实施诈骗；其二，这原本是出于善意的做法，但已经过犹不及，那些与传统医学观念、传统政治观念相左的观点，还有那些只要让推特崇尚觉醒文化的进步派员工一看就心烦的观点，被过度压制了；其三，这种做法本质上就是"深层政府"的幕后操盘者与大科技公司和传统媒体暗中勾结，以此维护自身权力体系。

马斯克基本秉持着第二种观点，但他开始把事情往阴暗面想，猜忌心理把他往第三种观点上引。有一天他对反觉醒文化斗士戴维·萨克斯说："似乎很多事情都被掩盖了，很多见不得人的事。"

萨克斯建议他同泰比谈谈，泰比曾是《滚石》等多家刊物的撰稿人，他是一个很难从意识形态角度进行归类的媒体人，他愿意甚至渴望挑战意识形态顽固的精英群体。马斯克并不认识他，却在 11 月底邀请他走进推特总部。马斯克说："他似乎不怕得罪人。"这话从马斯克嘴里说出来，那就是非常纯粹的赞美，虽然大多数人不会这么夸赞别人。他邀请泰比在推特总部翻阅公司员工的旧文件、电子邮件和 Slack 消息，这些员工都曾从事推特的内容审核工作。

这就是后来人们熟知的"推特文件"，它本可以也应该成为一种公开、透明、有益的实践，非常适合各界人士对媒体中普遍存在的偏见和内容审查的复杂性进行一番审慎的反思。但结果在脱口秀节目和社交媒体上，"推特文件"却深陷舆论泥淖，人们一提到它就要躲进属于自己意识形态阵营的堡垒。马斯克兴奋地挥舞着手臂，用爆米花和烟花的表情符号预告了即将上演的爆料，这进一步激化了人们的反应。马斯克在推文中写道："这是一场关乎文明未来的战斗。如果美国失去了言论自由，那么暴政离我们就不远了。"

就在泰比准备发布第一篇报道时，12月2日，马斯克火速前往新奥尔良，与法国总统马克龙举行秘密会议，讨论推特是否需要遵守欧洲关于仇恨言论的法律法规。在最后一刻，泰比计划发布的内容出现了法律问题，不得不推迟发布，等到马斯克结束与马克龙的会面后，由他向律师提出反驳意见。

泰比最初发布的37条推文展示了推特为政治家、联邦调查局和情报机构打造特殊系统的过程，让他们就哪些推文应酌情删除提出自己的意见。最值得注意的一点是，泰比公布了2020年约尔·罗思等人就是否屏蔽《纽约邮报》一篇报道的链接展开争论的信息，该报道据称源自拜登的儿子亨特丢弃的一台笔记本电脑（后来证明事实的确如此）。泰比披露的信息显示，很多人都在绞尽脑汁地寻找屏蔽这篇报道的理由，比如声称它违反了"禁止使用黑客提供的材料"这一政策，或者表明这可能是俄罗斯通过提供虚假信息制造的一场阴谋的一部分。对于掩盖一篇新闻报道，这些借口都站不住脚，罗思和杰克·多尔西后来都承认他们这样做是错误的。

一些大型新闻媒体，比如福克斯新闻网，报道了泰比的这次爆料和后续内容，但大部分传统媒体都给这些内容贴上了标签，就像推特上的一个标签写的那样——这些东西"#nothingburger"（# 无足轻重）。在笔记本电脑事件爆发时，乔·拜登并不是政府官员，因此并不能说明政府直接介入了审查和删帖行为，也没有公然违反《宪法第一修正案》。拜登团队通过已有的推特渠道提出的许多要求都在情理之中，比如删除演员詹姆斯·伍兹发的一条推文，内容是来自亨特·拜登的笔记本电脑的一张淫秽自拍照。堡垒网（The Bulwark）的文章标题为"不，宪法没有赋予你在推特上发布亨特·拜登生殖器照片的权利"。

但是，泰比发布的推文中有一项更重要的发现：推特事实上已成为联邦调查局和中央情报局等政府机构的合作伙伴，让他们有权标记大量内容并提出删除建议。泰比写道："一大堆政府执法机构基本上已经想当然地把推特当成承包商一样使唤。"

事实上，我认为情况更糟：推特经常自愿充当这种承包商的角色。推特的管理者在感受到政府方面频频施压的时候没有戳破其中的不合理之处，而是似乎非常急于迎合政府的需求。泰比的推文说明了一个并不令人意外的事实——推特的审查人员倾向于压制那些关于特朗普的正面报道，但这样做是有问题的。98%以上的推特员工捐款给了民主党。有一个案件事关联邦调查局对特朗普竞选团队涉嫌间谍活动的指控，主流媒体接受了一种说法，即这些指控一开始是被俄罗斯方面的机器人账号和"巨魔农场"煽动起来的。罗思则在幕后替推特说出了实情，他在一份内部备忘录中写道："我刚刚审查了这些账户，没有显示出任何一个账户与俄罗斯存在关联。"尽管如此，推特的高管们并没有公开挑战舆论中关于"通俄门"的说法。

关于社交媒体如何造成两极分化，我想说一句题外话：泰比是一个在政治意识形态方面保持独立的人，善于打破偶像光环，但当我在推特上关注他以后，我注意到推特的算法强化了我在意识形态上的"站队"倾向，把我往极左或极右的信息茧房里面推，我的推特上显示的"你可能喜欢"一栏立即建议我关注罗杰·斯通、詹姆斯·伍兹和劳伦·博伯特。

巴里·韦斯

12月2日晚，巴里·韦斯和妻子内莉·鲍尔斯在洛杉矶家中阅读着泰比发布的"推特文件"，她内心充满嫉妒，她记得自己当时就在想："这对我们来说是一个完美的故事。"就在那时，她意外地收到马斯克的信息，问她是否愿意当晚飞来旧金山。

与泰比一样，韦斯也是独立记者，很难给她的意识形态归类。他们和马斯克一样，都拥护言论自由、反对觉醒文化和进步派倡导的内容审查机制，尤其反对在建制派媒体和精英教育机构中这样做。韦斯称自己是"一个理智的自由主义者，担心极左翼的批评会扼杀言论自由"。在《华尔街日报》和《纽约时报》工作时，韦斯撰写的内容多发表在社论版版面上，之后她召集了一批独立记者，创办了"自由新闻"，这是一档可以在Substack上订阅的通讯栏目。

几个月前，在森瓦利举办的艾伦公司会议上，马斯克与OpenAI的联合创始人山姆·阿尔特曼对谈。之后他曾与韦斯短暂会面：韦斯走到后台对马斯克说，她很高兴听到他要收购推特的消息，二人聊了几分钟。当泰比准备在 12 月初发表"推特文件"时，马斯克意识到对一名记者来说，需要消化的材料太多了。马斯克的投资人、技术伙伴、言论自由的支持者马克·安德森建议他给韦斯打个电话，于是在与法国总统马克龙会谈后返程的飞机上，他发了一条出乎韦斯意料的信息，这是 12 月 2 日晚上发生的事。

两小时后，韦斯和鲍尔斯带着她们三个月大的孩子匆匆搭上飞往旧金山的航班。周五晚上 11 点，当她们抵达推特总部 10 层时，马斯克正穿着一件蓝色的星舰夹克站在咖啡机旁。他兴致勃勃地带她们在大楼里转悠，展示印有"Stay woke"的 T 恤衫和其他推特旧制度时期的产物。马斯克宣称："野蛮人已经破门而入，正在洗劫商铺！"韦斯感叹道，马斯克就像一个刚买下糖果店的孩子，此时仍然不敢相信自己已经拥有整个糖果店。罗斯·诺丁和詹姆斯·马斯克这两位"火枪手"向韦斯和鲍尔斯展示了一些技术工具，可以用来深入研究公司在 Slack 上存档的内容。他们在那里一直待到凌晨 2 点，随后詹姆斯开车把她们送到休息的地方。

第二天，也就是周六的早上，韦斯和鲍尔斯来到推特总部，他们发现马斯克在推特图书馆的沙发上过了一夜，还跑到咖啡机旁用纸杯吃起了麦片。她们在他的会议室里坐了两个小时，聊起他为推特勾画的蓝图。她们问他为什么要这么做。一开始他回答说，他是对 4 月的报价感到反悔后才被迫收购这家公司的。他说："真的，我当时不确定我还想不想收购，但律师告诉我，这颗苦果我必须自己吞下，所以我完成了交易。"

但随后，马斯克言辞恳切地谈起他想创建一个推动言论自由的公共论坛，他说这关系到"人类文明的未来"。"出生率急剧下降，思想警察的权力却越来越大。"马斯克认为一半的美国人都不信任推特，因为它压制了人们的一些观点。要扭转这种局面，必须彻底提高信息透明度。马斯克说："我们有一个目标，就是清除之前所有不合法、不合规的行为，清清白白地向前发展。我在推特总部过夜是有原因的，说明这里已经拉响红色警报。"

韦斯事后对我说："我真的几乎都被他说服了。"她说这话的时候非常诚恳，而不是在尖酸刻薄地讥讽他。

尽管此行令她印象深刻，但她还是保留了作为独立记者应该保有的怀疑态度，继续追问了马斯克一些问题。但马斯克不得不结束与韦斯和鲍尔斯的会议，前往华盛顿与政府高级官员会面，讨论一个涉及 SpaceX 卫星发射的话题，保密级别很高。

韦斯和鲍尔斯在周五晚上一刻不停地开始处理"推特文件"，但周末她们就开始感到沮丧，因为她们没有技术工具能够调阅推特的 Slack 消息和电子邮件档案。法务部门担心隐私问题，拒绝让她们直接访问。周六，及时雨般的"火枪手"罗斯用自己的笔记本电脑帮她们登了上去。但第二天他非常疲惫，还要去洗衣服，于是决定不来了，毕竟那天是周日。他邀请韦斯和鲍尔斯到他的公寓来，这里能俯瞰整个旧金山卡斯特罗区。她们在那里用他的笔记本电脑查看了推特 Slack 公共频道的信息。

当韦斯催促法务部门为她处理更多搜索结果时，她接到了公司副总法律顾问的电话，对方说他叫吉姆。韦斯问他姓什么，他说"贝克"。韦斯回忆说："我的下巴都要惊掉了。"吉姆·贝克曾是联邦调查局的总法律顾问，他的名字曾出现在有关亨特·拜登的"推特文件"的讨论内容中，在一些保守派的圈子里，他因处于各种争议旋涡的边缘而遭人排挤、不受信任。她给马斯克发了条信息："搞什么鬼啊？你这是让他搜自己身吗？这有什么意义啊！"

马斯克看完信息勃然大怒，他说："这就像让阿尔·卡彭去查自己的税一样。"他把贝克叫来开会，双方就推特和联邦贸易委员会之间的同意令规定的隐私保障内容发生了争执。"你能告诉我同意令的主要原则是什么吗？"马斯克质疑他，"因为我面前就摆着呢，你能说出其中的内容吗？"这场争执注定不欢而散。贝克精通此道，但他的回答根本无法让马斯克满意，因此马斯克很快解雇了他。

可见性过滤

泰比和韦斯找了几个同事帮忙，他们在没有窗户的"烤箱"里全力以赴地工作，屋里弥漫着"火枪手"几天没洗澡的体味和泰国菜外卖的味道。詹姆斯和罗斯用搜索工具协助他们，他俩已经连续工作了 20 个小时，眼珠子都快掉下来了。有几个晚上，马斯克会走进来，吃点儿剩菜剩饭，然后开始他的长篇大论。

在翻阅推特员工的旧邮件和 Slack 评论时，韦斯想，如果别人看了她以前的私人通信，她会怎么想，这让她觉得自己的行为很龌龊。罗斯同样觉得心里不舒服，他说："老实说，他们干的事，我想离得越远越好。我是想帮忙，但不想掺和太多。我不是一个喜欢搞政治的人，而且这里面写的基本都是废话。"

韦斯和她的团队根据"推特文件"撰写的一篇报道中描述了所谓的"可见性过滤"的机制，也就是为了淡化某些推文或用户的影响，避免他们出现在搜索结果靠前的位置，也不会把他们送上热搜。最极端的做法是所谓的"暗地里禁言"（shadow banning），也就是用户可以发布推文，也能看到自己的推文，但没有人告诉他们，这些推文对其他用户是不可见的。

从技术角度来讲，推特并没有大范围推广"暗地里禁言"的机制，但它确实采取了"可见性过滤"这一方式。在与约尔·罗思讨论过以后，马斯克本人也接受了这一想法，把它作为彻底封禁账户的替代方案。几周前马斯克还公开称赞了这一政策，他先前在推文中写道："负面/煽动仇恨的推文，我们会尽己所能地压制，我们不会用这些内容的曝光赚取广告费或者其他收入。除非你专门去找这些推文，否则你是看不到的。"

但是如果"可见性过滤"的过程中存在政治偏见，问题就出现了。韦斯得出的结论是，推特内容审查者在压制右翼的推文时态度更激进。韦斯和她的团队写道："推特有一个秘密的黑名单，员工团队的任务是压制这些被判定为不受欢迎的账户和内容主题，让他们的曝光度降低。"此外，推特与许多媒体和教育机构一样，把可以接受的言论范围缩小了，"这些机构的负责人通过将'暴力''伤害''安全'等词的定义范围扩大来设定新的信息过滤参数标准"。

推特上与新冠病毒相关的内容就是一个值得玩味的案例，其中一个极端是明显有害的错误医疗信息，比如吹捧某些江湖郎中的疗法，甚至是某些可能致人死亡的做法。但韦斯发现，推特在压制那些与官方声明不符的推文这件事上做得有些过头了，包括那些合法辩论某些话题的推文，比如 mRNA 疫苗是否会导致心脏问题、口罩令是否有效。

举个例子，推特将斯坦福大学医学院教授杰伊·巴塔查里亚列入了"热搜"黑名单，这意味着他的推文会被限流。巴塔查里亚曾联合一些科学家发表声明，认为封闭学校弊大于利，这一观点虽有争议，但被证明有一定的道理。韦斯揭露巴塔查里亚如何被推特打压以后，马斯克给她发了一条信息："嗨，这个周末你能来推特总部吗？我们可以让你看看推特1.0版本都做了些什么。"马斯克曾就新冠封锁问题发表过类似的观点，他和巴塔查里亚聊了将近一个小时。

"推特文件"凸显了过去半个世纪以来主流新闻行业的演变。在"水门事件"和越南战争期间，记者们普遍对中情局、军方和政府官员持怀疑态度，至少是一种对社会有益的怀疑态度。当年的很多记者都是在大卫·哈伯斯塔姆和尼尔·希恩的越战报道以及鲍勃·伍德沃德和卡尔·伯恩斯坦的"水门事件"报道的感召下投身这一行业的。

但从20世纪90年代开始，知名记者越来越乐于与政府和情报界高层分享信息、展开合作，这一趋势在"9·11"事件后越发明显。在社交媒体平台，这种情况也随处可见，推特和其他科技公司收到的所有简报都表明了这一点。泰比写道："这些公司似乎没有太多选择的余地，因为它们是全球监控和信息控制机构的重要组成部分。尽管有证据表明有很多出卖公众信息的高管很乐意被政府招安。"我认为他的后半句话比前半句更为真实。

"推特文件"为推特处理内容审核的方式提升了一些透明度，但也显示出这项工作有多难。比如美国联邦调查局向推特指出，一些对疫苗和乌克兰持负面看法的账户是由俄罗斯情报机构秘密管理的。如果情况确实如此，推特能不能压制这些账户呢？正如泰比自己所写的那样："在舆论领域，这是一个烫手的山芋。"

91

掉进"兔子洞"

推特，2022 年 12 月

@elonjet

要说什么事最能让马斯克暴跳如雷，那必定是他两岁的儿子 X 遭到威胁。X 一直陪伴在马斯克左右，是他的精神支柱。"推特文件"正闹得沸沸扬扬的时候，12 月一个周二的晚上，马斯克意识到这样的威胁已经出现，这一事件的余波甚至动摇了他所宣称的"言论自由之战"的根基。

有一个长期跟踪格莱姆斯的人在她和马斯克位于洛杉矶的住所周围整日蹲守。他们说，有一次他跟踪了一辆由马斯克安保人员驾驶的车辆，当时这辆车正载着 X 和他的保姆前往附近的酒店。安保人员将车开进了加油站，与跟踪者正面交涉，拍下了他像忍者一样戴着手套和面具的视频。当安保人员用车把跟踪者逼到墙角时，这家伙跳上了汽车发动机盖，也有说法说他试图踩着发动机盖翻过汽车逃窜——具体细节描述存在争议。当警察赶到时，他们没有逮捕他。通过马斯克发布的视频，《华盛顿邮报》找到了这个跟踪者。他告诉该报记者，他认为格莱姆斯通过她在社交平台 Instagram 上发的帖子向他发送了加密信息。马斯克在推特上写道："昨晚，一辆载有 X 的车在洛杉矶被一个疯狂的跟踪者尾随（对方以为车上的人是我），跟踪者后来截停了车子并爬上了发动机盖。"

马斯克认为，跟踪者之所以能够找到他和格莱姆斯的住处，是因为一个名叫杰克·斯威尼的学生注册了一个名为 @elonjet 的推特账户，该账户根据公开航班信息发布了马斯克飞机的实时起降信息。但二者之间的联系并不明显：马斯克在前一天降落在洛杉矶，但格莱姆斯说她就是在那时注意到跟踪者的汽车整日停在家附近的。

很长时间以来，马斯克都对 @elonjet 这个推特账户气不打一处来，他认为对方就是在对他进行人肉搜索，对他的日常生活构成了威胁。4 月，他第一次考虑收购推特时，在奥斯汀的一次亲友聚餐时讨论了这个问题，格莱姆斯和梅耶都强烈主张他封禁这个账号。马斯克也认同这个做法，但接管推特后，他放弃了这个想法。11 月初，他在推特上写道："我对言论自由的坚守到了什么程度？我甚至不会封禁那个人肉我航班信息的推特账号，即便这样会直接威胁到我的人身安全。"

这给巴里·韦斯留下了深刻的印象，但当她整理出她关于"推特文件"的第一条披露性推文时，她发现马斯克对 @elonjet 采取的做法就像以前的推特管理规则中对一些极右翼人士采取的措施一样——@elonjet 严格受到"可见性过滤"这一机制的限制，因而就不会出现在搜索结果中。韦斯很失望，认为这样做很虚伪。在"尾随 X 事件"发生后，马斯克单方面决定完全暂停 @elonjet 账号的使用权限，他的理由是推特现在增加了一项"禁止人肉他人位置信息"的政策。

对"把推特打造成言论自由的天堂"这一愿景来说，更糟糕的局面是，那些报道了马斯克对 @elonjet 所作所为的记者，被马斯克非常武断地暂停了推特账号使用权限。表面上他的理由是他们的报道"@"了"elonjet"这一账号，所以也对他构成了人肉搜索，但事实上 @elonjet 账号已经不可见，链接只是指向了一个写着"该账户被暂停"的页面。由此看来，马斯克这么做的一部分动机就是在赌气，报复那些对他提出批评意见的记者。这些记者包括《纽约时报》的瑞安·马克、《华盛顿邮报》的德鲁·哈韦尔和泰勒·洛伦兹及其他至少八名记者。

韦斯当时仍在"烤箱"中为了制作更多的"推特文件"说明性内容而努力工作，但她发现自己已经陷入困境。韦斯说："他的所作所为与他瞧不起的推特前掌门人的做法如出一辙，他排挤的一些账号是推特上欺负我最狠的一批人，其中有些人我可以说是恨之入骨。但即便如此，我也认为他背叛了他的初衷——他希望推特成为一个不偏不倚的公共平台。如果仅从纯粹的战略角度来看，他确实是给一批浑蛋掘了墓。"

韦斯在加密信息应用 Signal 上给马斯克发了一条私信："嘿，这是怎么回事？"

"他们人肉了我的航班信息，袭击了我的儿子。"马斯克回答。

韦斯与其他记者讨论了此事，但最终只有她愿意站出来说话。"作为一名记者，你不能眼睁睁看着其他记者被踢出推特却无动于衷。"她说，"对我来说，原则就是原则。"韦斯知道这可能意味着她将失去报道"推特文件"的机会，而且就像她开玩笑时对鲍尔斯说的那样："我猜埃隆以后再也不会给我们捐精了。"

"推特的旧制度受限于自身的谵妄和偏见，而新制度看起来也有同样的问题。"12 月 16 日，韦斯在推特上写道，"无论是哪种制度，我都持反对意见。"

马斯克在推特上回应说:"你并不是在一丝不苟地追求真理,而是在向外界彰显你的'美德',以显示你在媒体精英面前是一个'好人',你就是想脚踩两只船。"随后,他关闭了韦斯访问"推特文件"的权限。

推特空间

"这太疯狂了,"就马斯克暂停记者使用推特账号的决定,杰森·卡拉卡尼斯给戴维·萨克斯发了一条信息,"现在'推特文件'积累起来的公众信任会功亏一篑。我们必须扭转这种局面。"于是他们联合起来给马斯克发信息:"你得恢复这些人的账号。"马斯克不置可否。

在他们互发信息的间隙,卡拉卡尼斯注意到用户可以在推特空间中组织语音讨论,有一大群人正在探讨这个问题,其中有两名账号被暂停的记者,他们是《纽约时报》的德鲁·哈韦尔和互联网新闻博客 Mashable 的马特·宾德。虽然他们被禁止发布推文,但推特软件没有阻止他们参与音频对话。卡拉卡尼斯把这件事告诉了马斯克,马斯克出人意料地转发了这个推特空间,还加入了对话,但听上去态度强硬,而且充满了戒备心。消息不胫而走,几分钟内就有 3 万名用户进场收听。

当组织者 BuzzFeed 的记者凯蒂·诺托普洛斯要求马斯克解释暂停他们推特账号的原因时,他说因为他们链接到了人肉他的账号。"你的意思是我们分享了你的地址?"哈韦尔说,"这不是事实,我从未发布过你的地址。"

马斯克反驳道:"你发布了包含地址的链接。"

哈韦尔回答说:"我们链接到了 @elonjet 的账号,但它现在已经无法使用了。"他指责马斯克"在《纽约邮报》报道亨特·拜登事件中批评过链接屏蔽技术,而现在您用的技术跟那个东西一模一样"。

马斯克生气了,随后就从空间中消失了。几分钟后,推特突然关闭了这个空间。事实上,为了让账号被暂停的用户无法加入对话,推特把所有空间关闭了一天。"我们正在修复一个遗留的程序错误,"马斯克在推特上写道,"明天应该可以正常使用。"

马斯克很快意识到自己做得太过分了，于是想方设法扭转局面。他发布了一项民意调查，询问用户是否应该恢复被禁言记者的推特账户。360万推特用户参与投票，超过 58% 的人表示应该，记者们的账号得以恢复。

"起诉 / 福奇"

马斯克在推特上任性地封禁他人账号引起了不少争议，于是他就在时而愤怒、时而搞笑的态度之间来回切换。一天晚上，马斯克同韦斯、她的几名同事和詹姆斯一起坐在"烤箱"里，他开始嘲笑人们发布自己喜欢的代称的做法。有人开玩笑说，马斯克的代称应该是"起诉 / 福奇"。现场响起了一些拘谨的笑声，韦斯承认当时她并不想驳斥马斯克，但马斯克听完自己也"咯咯"地笑起来，他还把这个笑话重复了三遍。在凌晨 3 点左右，他冲动地发了一条推文："我的代号是'起诉 / 福奇'。"这个笑话几乎没有任何意义，但它嘲弄了跨性别人士（给自己起代称的做法），让人联想到 81 岁的公共卫生官员安东尼·福奇卷入的阴谋论，让很多用户感到困惑和愤怒，吓退了一轮广告商，马斯克还为自己树立了一些新的敌人，这些人从今往后再也不会购买特斯拉了。

金博尔也是被此举激怒的人之一："干吗呢？人家都那么大岁数了，只是想弄清楚新冠大流行期间到底发生了什么，你这样不合适啊。"

就连曾因批评福奇政策在推特上被限流的杰伊·巴塔查里亚也批评了马斯克的这条推文。他说："我认为福奇犯的错误的确很严重，但正确的补救措施不是起诉他，而是让历史记住他曾犯下的错误。"

关于福奇的推文，马斯克可不是在简单地宣扬反觉醒文化或者宣泄右翼情绪，他其实经常游走在阴谋论洞穴的边缘。他曾经半开玩笑地猜测，我们可能真的生活在一个计算机模拟的世界当中，但此时他的想法与此截然不同。在他较为阴暗的情绪面当中，他总是忧心忡忡地认为，在我们的现实背后隐藏着一股邪恶的阴谋力量，就像电影《黑客帝国》中那样。比如他在推特上转发了关于小罗伯特·肯尼迪的言论，这位狂热的反疫苗人士声称是中情局杀害了他的总统叔叔。在马斯克发了关于福奇的推文以后，肯尼迪发帖称："福奇每年为了给全球病毒学家发封口费，动用了 370 亿美元的研究补助。随着这位幕后指使者的退出，人们已经广泛接受的主流观点也会随之土崩瓦解。"

"正是如此。"马斯克回应道。后来，当肯尼迪决定竞选总统时，他与肯尼迪一起主持了一个推特空间。

与往常一样，他父亲埃罗尔阴魂不散的影响力总是让人惴惴不安。两年多来，埃罗尔一直在大肆宣扬关于新冠病毒的阴谋论。2020年4月，他在Facebook上声称福奇"应该被解雇"。同年晚些时候，他声称比尔·盖茨在新冠病毒扩散前6个月就知道了它的存在，为了追踪其进展，早就与利益相关方商讨了一份价值1 000亿美元的合同。到2021年，他全面否认关于新冠疫苗、特朗普选举失利和"9·11"事件的主流说法。他说："从所有流出的信息来看，'9·11'事件似乎是一个圈套，证据确凿。"就在埃隆发布"推特文件"的几周前，埃罗尔在Facebook上发表了一篇洋洋洒洒的关于新冠病毒是"谎言"的文章。他在谈到疫苗时说："如果你已经蠢到打了疫苗，尤其是加强针的话，那么你很快就会死。"

"推特文件"发布后，埃罗尔又主动给儿子发信息："必须阻止左翼（或暴徒），人类文明岌岌可危"，他们从特朗普手中撬走了总统的位置，让他重返推特"至关重要"，"他是我们唯一的曙光"。随后埃罗尔建议埃隆记住他小时候在南非操场上学到的教训："试图安抚暴徒是没用的。你越是尝试，他们就越不害怕你，越轻视你。狠狠地揍他们吧，这样他们才会尊重你。"

埃隆从未看过这些信息，为了驱除父亲遗留的心魔，他更换了电子邮箱，却没有告诉埃罗尔。

余波

11月，约尔·罗思从推特辞职时最担心的是马斯克会在推特上发动一场针对他的网暴，威胁到他的人身安全。一开始，似乎风平浪静，但是到了12月，当罗思的电子邮件和Slack信息在"推特文件"中公布后，马斯克将矛头对准了他。

"推特文件"显示，罗思参与了如何处理亨特·拜登笔记本电脑事件等问题的讨论。他的大部分评论都是经过深思熟虑的，但仍然在推特上引起了众怒。一位用户在推特上写道："我想我可能找到问题所在了。"该推文指出罗思曾在 2010 年发表过一篇文章，并链接到了一篇期刊文章，这篇文章提出了一个问题：教师与 18 岁的学生发生性关系是否有错？但罗思未作评论。马斯克回应说："这说明了很多问题。"随后，马斯克自己也开始参与对罗思的抨击。他在推特上发布了罗思在宾夕法尼亚大学的博士论文《同性恋数据》中的一段截图，其中指出许多 18 岁以下的年轻人正在访问 Grindr 等同性恋交友网站，马斯克评论说："看来约尔支持儿童访问成人网站。"

罗思与恋童癖没有半点儿瓜葛，但马斯克含沙射影的指责激起了潜伏在推特黑暗角落里的阴谋家，他们发起了对同性恋和犹太人的猛烈攻击。一家小报随后公布了罗思的住址，逼得他不得不东躲西藏。罗思后来说："马斯克分享这则诽谤我的指控，说我支持、纵容恋童癖，害得我不得不从家里逃走、卖掉房子。这就是网络言论暴力的后果。"

就在马斯克发布福奇推文激起众怒的那个周日，他来到了"烤箱"，给"火枪手"和其他人送来了当晚大卫·查普尔喜剧演出的门票。即使是在这位著名的反觉醒喜剧演员的演出现场，马斯克的推文显然也对他的声誉造成了损害。"女士们，先生们，世界首富来啦，欢呼起来吧！"查普尔在邀请马斯克上台时宣布。台下响起了一些掌声，但也出现了长时间的嘘声。查普尔说："听起来，有一些被你解雇的员工也在观众席上哦。"他开着玩笑安慰马斯克，说嘘声主要来自那些座位位置不好的观众。

马斯克飘忽不定的推文内容进一步损害了推特与广告商的关系。他要求与华纳兄弟的首席执行官戴维·扎斯拉夫通话，两人谈了一个多小时。扎斯拉夫告诉他，他现在就是搬起石头砸自己的脚，这样他更难吸引到那些让他心仪的品牌。他应该集中精力改进产品，增加更长的视频产品，让广告投放效率更高。

推特造成的损害甚至波及了特斯拉。特斯拉的股价从马斯克首次宣布对收购推特感兴趣时的每股 340 美元跌到了 156 美元。在 12 月 14 日于奥斯汀举办的会议上，一般都对马斯克俯首帖耳的特斯拉董事会成员告诉马斯克，推特掀起的争议正在伤害特斯拉品牌。马斯克反驳说，即便是在人们不关注这些争议的地区，特斯拉在全球很多地方的销售数据也很糟糕，这主要是宏观经济因素造成的。但金博尔和董事长罗宾·德霍姆不断向他施压，称他的个人行为也要为特斯拉股价下跌负责。金博尔说："明眼人都看得出来，他就像个该死的白痴。"

92

圣诞"大洗劫"

2022 年 12 月

"火枪手"与萨克拉门托的搬家工人（上）；詹姆斯推动服务器机柜（下）

"脑袋爆炸"的表情符号

"你觉得我能接受这个时间进度规划吗？"马斯克问道，"当然不能。如果一个时间表拉得很长，那它一定是错的。"

12月22日深夜，在推特10层的会议室里，马斯克主持的一场会议的现场气氛变得紧张起来。他正与两位推特负责基础设施的经理谈话，二人以前与他打交道的次数不多，尤其是没在他心情不好的时候打过交道。

其中一人试图解释这个问题。在萨克拉门托，推特的一个服务器农场所在的数据服务公司曾允许他们短暂地延长租期，方便他们从2023年开始有序搬离。"但今天早上，"这位经理紧张地对马斯克说，"他们回来跟我们说，这个计划取消了。他们的原话是，他们认为我们的财力无法支撑这个计划。"

每年推特需要为该设施支付的资金超1亿美元。马斯克希望将服务器搬到推特位于俄勒冈州波特兰市的其他设施当中，从而省下这笔开支。与会的另一名经理表示不可能马上实现这个目标，她用一种实事求是的语气说："我们不可能在6~9个月内安然撤离，萨克拉门托的服务器依然要为推特的巨大流量提供支撑。"

多年来，马斯克曾无数次面临这样的选择：一边是他认为必须实现某个目标，另一边是其他人告诉他可能实现。每次结果基本都是一样的。他在沉默中停顿了片刻，随即宣布："你们有90天时间处理这件事。如果你们做不到，随时可以卷铺盖走人。"

这位经理开始详细解释将服务器搬到波特兰存在的实际障碍："这里的机柜密度和电源密度跟那边不一样，所以机房需要升级。"她开始阐述更多细节，但马斯克很快打断了她。

他说："听着就让我头疼。"

"对不起，这不是我的本意。"她用平实而有节制的语调回答。

"你知道脑袋爆炸的表情符号吗？"他问她，"我的脑袋现在就是这种感觉。波特兰的空间肯定够了，把服务器换个地方简直就是小菜一碟。"

推特的经理们再次试图解释有哪些限制因素，马斯克打断了他们："你们能不能派人到我们的服务器中心，拍个内部视频发给我？"当时距离圣诞节还有三天，经理承诺在一周内发送视频。"不，明天就发！"马斯克命令道，"我自己搭过服务器中心，你们能不能在那边布置更多服务器，我一清二楚，所以我才问你们有没有实地看过这些基础设施。如果你们没去过，那你们就是在胡说八道。"

SpaceX 和特斯拉之所以能够取得成功，是因为马斯克坚持不懈地鞭策他的团队，要保持更加拼搏、更加灵活的姿态，要像消防员一样随时发起冲锋，冲破一切阻碍。他们就是这样在弗里蒙特的帐篷里拼凑出了一条电动车生产线，在得克萨斯州的沙漠里建造出了火箭测试设施，在卡纳维拉尔角用废旧零件打造出了一个发射场。马斯克说："你要做的就是把该死的服务器搬到波特兰去，如果用时超过 30 天，我是无法接受的。"他停顿了一下，重新计算了一番，然后说："只要找一家搬家公司，搬电脑用一周，插上电源用一周，总共两周，应该就差不多了。"大家听完都沉默了，但马斯克反而变本加厉，他说："如果你找搬运公司 U-Haul 租辆卡车，可能你自己都能搞得定。"两位推特经理看着他，想弄清他说这话是认真的还是在开玩笑。史蒂夫·戴维斯和奥米德·阿夫沙尔也在会议现场，马斯克现在这个样子他们以前见过很多次，所以知道他确实有可能是认真的。

"洗劫"萨克拉门托

"我们为什么现在不去做呢？"詹姆斯·马斯克问道。

12 月 23 日，周五晚上，詹姆斯和安德鲁同埃隆一起从旧金山飞往奥斯汀。他们前一天刚刚开完令人头大的基础设施会议，讨论了将服务器搬出萨克拉门托需要多长时间。热衷于滑雪的他们原计划去塔霍湖过圣诞节，但埃隆当天请他们来奥斯汀。詹姆斯很不情愿，他很疲惫，不想再高强度工作，但安德鲁说服了他。就这样，他们和埃隆、格莱姆斯、X，还有史蒂夫·戴维斯、妮可·霍兰德和他们的孩子，一起坐上了埃隆的飞机，听着他抱怨服务器搬迁的问题。

詹姆斯提出他们现在就可以把它们搬走，当时他们正在拉斯维加斯上空。马斯克喜欢这种冲动的、不切实际的、急于求成的想法，当时已是傍晚时分，但他让飞行员改道，绕了一圈回到萨克拉门托。

他们降落时能找到的唯一一辆可租赁的车是丰田卡罗拉。马斯克的安保总管负责开车，格拉姆斯坐在埃隆的腿上，其他人挤在后排。他们不知道晚上如何才能进入数据中心，当地一位来自乌兹别克斯坦的推特员工亚历克斯对他们的到来感到惊讶，但他很乐意带他们进去，还带他们四处参观。

这处设施也为其他多家公司提供服务，非常安全，进入每个保险库都要进行视网膜扫描。亚历克斯带他们进入了推特的保险库，里面有大约5 200个冰箱大小的机柜，每个机柜里有30台服务器。"这些东西看起来并不难搬。"埃隆宣称。很显然他是睁着眼睛说瞎话，因为每个机柜重约2 500磅，高8英尺。

亚历克斯说："你必须雇一个工程承包商用吸盘抬起地板面板。"他还说，另一个承包商要在面板下方工作，断开电缆和抗震杆。

马斯克转头去找他的安保人员，借了一把小刀，他用小刀掀开地板上的一个通风口，撬开了地板面板。然后他自己爬到服务器地板下面，用小刀撬开一个电控柜，拔下服务器插头，静观其变，结果平安无事，服务器已经可以移动了。马斯克说："嗯，看起来也没有很难嘛。"亚历克斯和身旁众人目瞪口呆，而马斯克此时已经完全兴奋起来，他大笑着说这就像在翻拍电影《碟中谍》的萨克拉门托版。

第二天，也就是圣诞节前夕，马斯克召集了增援部队。罗斯·诺丁从旧金山驱车赶来，与另外两名"火枪手"詹姆斯和安德鲁会合。他到纽约联合广场的苹果专卖店花2 000美元买下店里所有的蓝牙跟踪设备AirTag，这样就能在运输途中对服务器进行定位追踪，随后他又去家得宝花2 500美元购买扳手、螺栓切割器、头灯及拧防震螺栓所需的工具。史蒂夫·戴维斯从Boring Company调来了一辆半挂车，把后面要拖走的货车排成一列。SpaceX的部分员工也赶了过来。

服务器机柜带有轮子，团队断开彼此连接的四个机柜并把它们推到一旁等候的卡车上。这样一通折腾下来，5 200个服务器机柜可能几天就能搬完。"这些家伙真是了不起啊！"马斯克赞叹道。

数据中心的其他工人既惊恐又赞叹地看着这一切发生。马斯克和他不按常理出牌的团队没有将服务器机柜装入板条箱，也没裹上保护材料，就直接推了出去，然后用从商店买来的捆绑带把它们固定在卡车上。詹姆斯承认："我以前从没给半挂车装过货。"罗斯说这个过程"太可怕了"，就像清理衣柜，"但里面的东西至关重要"。

下午3点，他们将4个服务器机柜推上卡车后，数据中心的所有者和管理方NTT公司的高管得知了这一消息，他们命令马斯克的团队立即停止行动。马斯克当时正在兴头上，突然听到这个消息就发怒了，那股狂躁的劲头又上来了。他给存储器部门的负责人打电话，对方告诉他如果没有专家在场指导，服务器机柜是不可能搬走的。"胡说八道，"马斯克说，"我们已经在半挂车上装了4个了。"负责人随后告诉他，有些地板承受的重量不能超过500磅，所以推着重量2 000磅的服务器机柜走过会造成破坏。马斯克回答说，服务器机柜有4个轮子，所以任何一点的压力都只有500磅。马斯克对"火枪手"们说："这家伙数学不太好。"

因为马斯克的心血来潮，NTT公司的管理者们没能过好这个平安夜，他们来年的收入损失很可能超过1亿美元。马斯克此时表现出了一点儿怜悯之心，表示他接下来两天将暂停搬运，但他表示会在圣诞节过后第二天恢复搬运工作。

阖家欢度圣诞节

平安夜当晚，因为萨克拉门托数据中心的"洗劫"工作临时停止，马斯克邀请滑雪计划被迫泡汤的詹姆斯和安德鲁到博尔德，同金博尔等家人们共度圣诞节。克里斯蒂安娜忙不迭地给这两位"不速之客"买礼物。金博尔做了烤牛肉和一英尺高的约克郡布丁。埃隆的儿子达米安也热爱烹饪，他用红薯做了一道菜。X玩着气泵火箭发射器，高喊着倒计时，随后一跺脚发射火箭。詹姆斯和安德鲁则泡在浴缸里用热水浴减压。

这次来访让金博尔终于有机会同他哥哥认真聊一次了，这是自收购推特以来，埃隆渐渐失控后，兄弟间第一次促膝长谈。一年前，埃隆还是年度人物和世界首富，而现在两个头衔都没了。这就像2018年的情况一样，是时候再给他发出一次"开环"警告了。金博尔告诉埃隆：你现在是四处树敌，得罪的人级别越来越高，得罪人的速度越来越快，这样下去太危险了。"这就像高中时那样，你会接二连三地被人揍的。"

金博尔甚至询问埃隆还愿不愿意继续担任特斯拉的首席执行官。特斯拉此时正深陷困境，埃隆却无暇顾及。"你为什么不退位让贤，让别人来当首席执行官呢？"金博尔问道。埃隆还没有准备好回答这个问题。

他们还聊到了他深夜发推文的问题。金博尔已经在推特上取关了埃隆，因为实在是绷不住替他操心的那根弦。埃隆承认，关于保罗·佩洛西的那条推文是他做得不对，他没有意识到他在网上看到的相关报道来自一个不靠谱的网站。金博尔说："你真是缺心眼，别再信那些奇奇怪怪的东西了。"关于福奇的那条推文也是这样，金博尔对埃隆说："不行啊，这不好笑，你不能这么胡搞了。"金博尔也把詹姆斯和安德鲁训斥了一番，因为这兄弟俩老是挑唆埃隆做一些出格的事，他说："这样可不行啊，兄弟们，不能再这样了。"

但他们并没有讨论推特的情况，埃隆提起推特时，金博尔默不作声。金博尔说："我真的不在乎推特，你对这个世界的影响之大，推特顶多算屁股上的一个粉刺。"埃隆不同意这个观点，但他们没有继续争论下去。

金博尔和克里斯蒂安娜在圣诞节保留的一个传统是让每个人都思考一个问题，今年的问题是："你有什么遗憾？"埃隆回答："我的主要遗憾是，我经常拿起叉子扎自己的大腿，拿起猎枪射穿自己的双脚，拿起刀子戳瞎自己的眼睛。"

圣诞节让埃隆有机会与儿子格里芬、达米安和凯重温父子情，在推特收购案和他的推文引发的一系列动荡中，他们父子之间渐渐疏远了。与詹姆斯和安德鲁一样，他们在数学和科学方面很有天赋，而且好在没有遗传祖父和父亲内心的魔鬼与残酷的本性。给埃隆·马斯克当儿子不是件容易的事，但埃隆夸赞孩子们都是"坚忍不拔的人"。

当时凯 16 岁，他跟父亲讨论了一番不读高中到推特工作是否可行。"他是出色的程序员，所以他可以编写软件，也可以在网上读完高中，达米安就是这么做的。"埃隆说，"我不强求他，因为虽然我知道学校能给他提供社交的环境，但他实在是聪慧过人，已经不适合念高中了，再念下去就有点儿滑稽了。"凯说他会考虑一下。

达米安是凯的同卵双胞胎，兄弟二人有着同样的聪明才智，兴趣爱好却不同。一年多来，达米安一直在一位粒子物理学家的学术实验室做量子计算和密码学方面的研究。在网上完成高中学业后，他被美国一所顶尖的研究型大学录取，但埃隆认为这所大学对达米安来说可能智力上的挑战还不够，"他的数学和物理已经达到研究生水平。"

格里芬是马斯克家族中最随和外向的人。作为常春藤盟校的新生，他一直都在面对外人针对他父亲的敌意。在谈到自己时，他非常恭敬谦虚，他近乎怀着歉意地说："抱歉，虽然听起来可能有点儿炫耀，但我的计算机科学成绩在全班450人中名列第一。"与他父亲在青少年时期一样，他花了很多时间在电子游戏编程上，他最喜欢的游戏是《艾尔登法环》。

詹娜过去叫"泽维尔"，她当然不在场，但克里斯蒂安娜给她发了一条信息，说全家人都很想她，还把自己为她准备的圣诞礼物寄了过去。詹娜回复道："谢谢你，这对我来说特别有意义。"

至于患有孤独症的萨克森，他再一次展现出自己的智慧。有一次，一家人在讨论去餐馆吃饭时该怎么用化名伪装自己，萨克森说："哦，没错，如果有人发现我是埃隆·马斯克的儿子，他们一定会对我发火，因为他亲手毁了推特。"

"洗劫"继续

圣诞节后，安德鲁和詹姆斯回到萨克拉门托，看看他们还能搬走多少台服务器。他们没有带够衣服，就去沃尔玛买了牛仔裤和T恤衫。

管理该处设施的NTT公司管理者继续给他们设置各种障碍，有些障碍在情理之中，比如他们不让"火枪手"和他们的同伴们随意打开保险库的门，而是要求他们每次进入时都进行视网膜安全扫描。一名主管始终形影不离地监视他们，詹姆斯说："她是我共事过的所有人里最让人难以忍受的。但平心而论，我也能理解她的想法，因为我们把她的圣诞假期给毁了，不是吗？"

NTT公司建议他们使用的搬运公司每小时收费200美元，于是詹姆斯在点评网站Yelp上找到了一家名为"倍贴心"的搬运公司，只需支付相当于前者1/10的费用。这家杂牌公司将穷困潦倒中的理想主义演绎到了极致，公司老板曾在街头流浪过一段时间，后来有了一个孩子，他正努力改变他的人生。他没有银行账户，所以詹姆斯最后用 PayPal 向他支付了报酬。第二天，工作人员说想要现金，于是詹姆斯去银行从他的个人账户中取出 13 000 美元。两名员工没有工作身份证明，他们就很难进入设施内，但他们马上补办了证明。詹姆斯告诉他们："每多搬一台服务器，你们就能得到 1 美元的小费。"从那一刻起，工人们每往卡车上搬一台，就会问他总共搬了多少个了。

这些服务器上有用户数据，詹姆斯最初并没有意识到出于安全考虑应该在搬运前将数据抹掉。他说："当我们意识到这一点时，服务器已经被拔掉电源推出来了，所以我们不可能再把它们推回去，插上电源抹掉数据。"另外，抹掉数据的软件也不能用了。詹姆斯问："完了，我们该怎么办啊？"埃隆建议他们锁牢卡车并对其进行追踪。于是，詹姆斯派人去家得宝买一把大挂锁，然后他们用电子表格把复合密码发送到波特兰，这样卡车就可以在那边开锁。詹姆斯说："我简直不敢相信这样做竟然能成，它们全都被安全运抵了波特兰。"

到周末的时候，他们已经调用了萨克拉门托所有可用的卡车。尽管该地区遭受大雨侵袭，但他们仍在三天内搬走了 700 多个服务器机柜。该数据中心之前的纪录是一个月内最多搬走了 30 个。虽然仍有大量服务器机柜滞留在该处设施中，但"火枪手"们已经证明他们可以快速完成搬运。其余的工作由推特基础设施团队在 1 月完成。

埃隆向詹姆斯许诺，如果他能在年底前搬完，他将获得高达 100 万美元的巨额奖金。虽然没有任何书面约定，但詹姆斯相信他的堂哥。搬完以后，他从杰瑞德·伯查尔那里得知，埃隆的承诺只适用于在波特兰成功启动并顺利运行的服务器机柜。因为他们要通电，布设新的电力设施，所以此时顺利运行的数量还是 0。詹姆斯给埃隆发了信息，埃隆回复说，每个服务器机柜只要安全运抵波特兰，无论是否通电，他都能获得 1 000 美元，这样奖金总共相当于 70 多万美元，埃隆还向他发放了推特的股票期权，詹姆斯开心地收下了这两样奖励。

詹姆斯很爱他在南非的家人。由于错过了与家人共度圣诞节的机会，他计划用部分奖金为他们购买春季赴美的机票。他还打算存钱给父母在加利福尼亚州买栋房子。"我父亲喜欢做木工，但他前不久刚刚不小心切断了一截手指，现在过得很不容易。"詹姆斯说，"我和我父亲感情很好。"

听完这一切，你会发现这个故事非常令人兴奋、振奋人心，对吗？这是马斯克大胆创新的又一个活生生的例子！但是，正如马斯克所做过的一切，事情并非如此简单。这也是他莽撞行事、急于反驳、恫吓他人的案例之一。推特的基础架构工程师在一周前的那次"脑袋爆炸"的会议上试图向他解释，为什么迅速关闭萨克拉门托数据中心会引发一些问题，但他让工程师闭嘴。他确实能掐会算，知道应该什么时候忽略那些反对他的人，但并不是事事都能如他所愿。在接下来的两个月里，推特一直处于动荡状态。服务器短缺导致崩溃，包括马斯克为总统候选人罗恩·德桑蒂斯主持推特空间时。"现在回想起来，关闭萨克拉门托数据中心是一个错误。"2023 年 3 月，马斯克在推特工程师的圆桌会议上承认，"有人告诉我，我们在全部三个数据中心的算力都存在冗余。但我不知道的是，我们对萨克拉门托数据中心有 7 万次硬编码引用[1]，所以有很多东西因此遭到了损坏。"

他在特斯拉和 SpaceX 最得力的干将已经学会对付他的那些坏点子，向他一点点灌输那些逆耳的忠言，但推特的老员工们不懂得对付他的这一套。尽管如此，推特还是顽强地生存了下来。萨克拉门托事件向推特员工表明，当他说大家需要保持一种疯狂的紧迫感时，他绝不只是说说而已。

新年前夜

马斯克非常需要减压。他不热衷于度假，但每年都会去几次夏威夷拉奈岛，住在他的导师拉里·埃里森家放松两三天。就像 4 月他决定收购推特时那样，12 月底，他与格拉姆斯和 X 又去了一趟。

埃里森前不久刚刚在岛上建造了一个圆顶的天文观测台，配备了重达

1　硬编码是指在软件实现上，将输出或输入的相关参数直接以常量的方式撰写在源代码中，而非在执行期间由外界指定的设置、资源、资料或格式做出适当回应。如果以后需要更改数据库地址，就必须直接修改代码，而不是简单地修改一个配置文件或变量。硬编码引用会使得程序更难以维护和扩展。——译者注

3 000磅、一米级光学天文望远镜。马斯克提出把镜头对准火星方向，他默默地透过目镜看了一会儿后，叫来了X，把他抱起来观看。"看看这个，"马斯克说，"这就是你将来要生活的地方。"

随后他同格莱姆斯和X飞往墨西哥圣卢卡斯角，与金博尔一家一起庆祝跌宕起伏的2022年终于画上了句号。埃隆的四个大儿子都在场，金博尔的儿子们也都在场。"一家人聚在一起，对我们的大脑神经系统是很有好处的，"金博尔说，"我们有一个非常复杂的大家庭，所以每个人都能同时感到高兴是很不寻常的一件事。"

自收购推特以来，马斯克一直处于交火状态。他的步履沉重，肢体语言激烈，总是处于随时准备投入战斗的状态。好在家庭聚会让他平静了下来。在圣卢卡斯角的第一个晚上，他只与金博尔、凯和安东尼奥·格拉西亚斯在一家非常安静的餐厅共进了晚餐。第二天，他们玩起了棋盘游戏，看了几部电影。马斯克选的是1993年的动作片《越空狂龙》，西尔维斯特·史泰龙在片中饰演一名热爱冒险的警察，他在追求工作目标的过程中拼尽全力，却造成了巨大的连带伤害。马斯克认为这部电影很有趣。

新年前夜，当地社区举办了庆祝活动，传统的午夜倒计时将活动推向高潮。在热情的拥抱和绚丽的焰火表演结束后，马斯克脸上又浮现了那副空洞的神情，开始凝视远方。他的朋友们知道在他神情恍惚时不要打扰他，但最后克里斯蒂安娜还是把手放在他的背上，问他是否一切安好。他又沉默了一会儿，最后才说道："我得把星舰送入轨道，我们必须让星舰进入轨道。"

93

车用人工智能

特斯拉，2022—2023 年

达瓦尔·史洛夫和他在特斯拉的办公桌

向人类学习

达瓦尔·史洛夫对马斯克说："它就像 ChatGPT，不过是用在车上的。"他将自己在特斯拉做的项目与 OpenAI 刚刚发布的人工智能聊天机器人进行比较。OpenAI 是马斯克在 2015 年与山姆·阿尔特曼共同创办的实验室。近 10 年来，马斯克一直在研究各种形式的人工智能，包括自动驾驶车辆、Optimus 和 Neuralink 脑机接口。史洛夫的项目涉及最新的机器学习前沿领域：设计一种能从人类行为中学习的自动驾驶车辆系统。史洛夫说："我们处理了大量有关真人在复杂驾驶环境中如何行动的数据，然后我们训练计算机的神经网络来模仿这种行为。"

马斯克要求会见史洛夫，因为马斯克正在考虑说服他离开特斯拉的自动驾驶团队，去推特工作。他曾偶尔与詹姆斯、安德鲁和罗斯并肩作战，充当第四名"火枪手"。史洛夫希望说服马斯克相信他正在研究的项目至关重要，他不想去推特工作。在被称为"神经网络路径规划"的特斯拉自动驾驶软件中，他研究的是"向人类学习"的组成部分。

他们安排会面的这一天发生了太多事情，如果这次会面也是当天"剧本"中已经写好的一部分，那未免显得太刻意了。2022 年 12 月 2 日，周五，也就是马特·泰比发布第一批"推特文件"的那天。当天上午，史洛夫按照要求来到推特总部，但马斯克刚从内华达州的 Cybertruck 发布会上赶回来，所以他向史洛夫道歉，他忘了自己还要飞往新奥尔良与马克龙总统会面，讨论欧洲的内容审核规定。他让史洛夫当天晚上再来。在等待马克龙时，马斯克给史洛夫发了信息，把他们的会面时间又往后推了："我要推迟四个小时，你介意再等等吗？"也正是在那时，他突然给巴里·韦斯和内莉·鲍尔斯发信息，让她们当晚飞到旧金山来与他见面，帮着处理"推特文件"。

马斯克在当天深夜返回旧金山后，终于有机会与史洛夫坐在一起。史洛夫解释了他正在研究的神经网络路径规划项目的细节。他说："我认为继续完成我手头的工作非常重要。"听了他的话，马斯克再次对这个项目产生了很大的兴趣，同意让他留任。马斯克意识到，未来特斯拉将不仅是一家电动车公司或清洁能源公司，凭借全自动驾驶系统、Optimus 和能够完成机器学习的 Dojo 超级计算机，特斯拉将成为一家人工智能公司：不仅要在聊天机器人的虚拟世界中运营，还要在围绕着工厂和道路环境的现实世界中运营。他已经在考虑聘请一批人工智能专家与 OpenAI 展开竞争，特斯拉的神经网络路径规划团队将对他们的工作起到补充作用。

多年来，特斯拉的自动驾驶系统一直依赖基于规则的算法。该系统从车辆摄像头获取视觉数据，识别车道标记、行人、车辆、交通信号及 8 个摄像头范围内的所有事物，再应用一系列规则，比如红灯停、绿灯行、保持在车道线标记正中、不越过双黄线闯入对面车道、通过交叉路口时保证其他车辆的行驶速度不足以撞上我方车辆。特斯拉的工程师手动编写并更新了数十万行 C++ 代码，以便将这些规则应用于更复杂的情况。

史洛夫正在做的神经网络路径规划项目将把这套系统提升到新的层面。他说："我们不再只根据规则确定车辆的正确行驶路线，而是通过神经网络来确定车辆的正确行驶路线。"换句话说，这是对人类的模仿。面对某种情况，神经网络会根据人类在数以千计的类似情况下所做的事情规划路径。这就像人类学习一切行为的方式一样——说话、开车、下棋、吃意大利面……我们可能会被赋予一套需要遵循的规则，但我们主要是通过观察其他人的做法来掌握这些技能。这是艾伦·图灵在 1950 年发表的论文《计算机器与智能》中设想的机器学习方法。

特斯拉拥有世界上用于训练神经网络的最大的超级计算机之一，它由人工智能计算公司 Nvidia 的图形处理器（GPU）驱动。马斯克在 2023 年的目标是逐渐过渡到使用 Dojo，Dojo 是特斯拉从零开始打造的一款超级计算机，它使用视频数据训练人工智能系统，拥有特斯拉人工智能团队内部设计的芯片和基础架构，每秒近 800 亿亿次浮点运算的处理能力，使其成为世界上服务于这一目标的最强大的计算机。它将用于自动驾驶软件和 Optimus。马斯克说："把它们放在一起工作非常有意思，它们都在努力为这个世界指引前进的方向。"

到 2023 年年初，神经网络路径规划项目已经分析了从特斯拉客户车辆上收集的 1 000 万帧视频画面。这是不是意味着它只能达到人类驾驶员的平均水平呢？史洛夫解释说："不，因为我们只在人类处理各类情况处理得还不错的时候才使用他们的数据进行学习。"纽约布法罗的人类标记员会对视频进行评估并给出分数。马斯克让他们找出"Uber 五星司机会采取的做法",而这些视频就是用来训练计算机的。

马斯克经常在特斯拉位于帕洛阿尔托的大楼里走来走去,自动驾驶工程师坐在开放的工作区里,他会半跪在他们身旁,即兴讨论一些问题。有一天,史洛夫向他展示了他们取得的进展。马斯克对此印象深刻,但他有一个疑问:是不是真的需要这种全新的方法呢?会不会有点儿矫枉过正呢?马斯克的一句座右铭就是:永远不要用导弹打苍蝇,你应该用苍蝇拍。为了处理一些不太可能发生的、边边角角的极端情况,用神经网络来规划路径会不会是一种过于复杂的方式呢?

史洛夫向马斯克展示了神经网络路径规划比基于规则的方法更有效的实例。演示中的道路上到处都是垃圾桶、倒下的交通锥筒和散落的杂物。在神经网络路径规划的引导下,车辆能够绕过障碍物,越过车道线,并在必要时打破一些规则。史洛夫告诉马斯克:"当我们从基于规则的算法转向基于神经网络的路径算法时,这种情况就会发生,即使在混乱的环境中,如果你打开了这项功能,车辆也不会发生碰撞。"这种跨越到未来的感觉让马斯克兴奋不已。他说:"我们应该做一次像 007 系列电影场面的酷炫演示,四面八方都有炸弹爆炸,不明飞行物从天而降,而这辆车飞速驶过,不会撞到任何东西。"

机器学习系统在进行自我训练时通常需要一个目标或指标作为指导。马斯克在管理时喜欢通过下命令的方式来决定哪些指标最重要,于是他给了他们一个标准:特斯拉全自动驾驶车辆在没有人类干预的情况下能够行驶的里程数。"我希望每次开会的第一张幻灯片都能展示每次干预前自动行驶里程的最新数据。"马斯克说,"如果训练人工智能,我们应该优化什么?答案是提高两次干预之间的行驶里程数。"他告诉他们,要像打游戏一样,每天都能看到自己的得分。"没有分数的电子游戏是无聊的,所以每天看着单次干预前的里程数增加就会很有干劲儿。"

团队成员在工作区安装了 85 英寸的巨大显示屏,实时显示完全自动驾驶车辆在没有干预措施的情况下平均行驶了多少英里。每当他们看到某一类干预措施再次出现,比如驾驶员在变道、并线或转弯进入复杂路口时抓住了方向盘,他们就会同时与规则团队和神经网络路径规划团队通力合作，对这一问题进行修复。他们在办公桌附近放了一面锣，每当他们成功解决了一个导致干预出现的问题，他们就敲一次锣。

人工智能试驾

2023 年 4 月中旬，是时候让马斯克测试一下这项新的神经网络路径规划技术。史洛夫和自动驾驶团队安排了一辆试验车，它能让一个用神经网络训练的软件模仿人类驾驶员的操作，软件中只有最基础的传统规则代码。马斯克就坐在这辆车里，开始在帕洛阿尔托兜风。

马斯克坐在驾驶座上，旁边坐的是特斯拉自动驾驶软件总监阿肖克·埃卢斯瓦米。史洛夫和团队的另外两名成员马特·鲍赫和克里斯·佩恩坐在后排，这三个人在特斯拉的办公桌相邻，已经共事了 8 年，他们在旧金山的住处也相距不远。一般同事的办公桌上会摆一张同家人的合影，而这三个人的桌上都放着同一张他们仨在万圣节派对上的合影。詹姆斯·马斯克曾是这个小团队的第四名成员，埃隆·马斯克接管推特后，把他调了过去，而史洛夫逃过了这一劫。他们驶离特斯拉的帕洛阿尔托办公大楼的停车场前，马斯克在地图上选了一个目的地，点击"完全自动驾驶"按钮，随后双手离开方向盘。试验车拐上主干道时，第一个可怕的挑战出现了：一名骑车人朝他们迎面而来。"我们都屏住了呼吸，因为骑车人的行为很难预测。"史洛夫说。但马斯克毫不在意，也没去抓方向盘，车就自己避让了过去。史洛夫说："感觉就跟人类驾驶员做出的判断一样。"

史洛夫和他的两名队友详细解释了他们的完全自动驾驶软件是怎么用特斯拉用户的车载摄像头收集的数百万个视频片段进行训练的，结果是这样做出来的软件堆栈比人类编程规定好数千条规则的传统堆栈要简单得多。史洛夫说："它的运行速度快了 10 倍，可以直接删掉 30 万行代码。"鲍赫说这就像人工智能机器人在玩一款非常无聊的视频游戏，马斯克笑了起来。后来当这辆试验车能在车流中自如穿梭时，他就掏出手机发起了推文。

有长达 25 分钟，这辆车一直在快速路和街道上行驶，完成了一些复杂的转弯，避开了各种骑车人、行人和宠物。马斯克一直没有碰方向盘，只有几次他认为车辆操作过于谨慎时，才会轻点加速踏板进行干预，比如在看到四向停车标识时。这辆车的其中一次操作，马斯克觉得比他自己做的还要好，他说："哇，连我这脑袋里的神经网络都搞不定这种情况，但它竟然做得很不错。"他非常高兴，吹起了莫扎特《G大调第13号弦乐小夜曲》的口哨。

"干得太棒了，伙计们！"马斯克最后总结，"让我大开眼界。"随后他们一起去参加了自动驾驶团队的周例会，20个人围坐在会议桌旁，几乎都穿着黑色T恤，他们准备接受马斯克的"审判"。很多人不相信这个神经网络路径规划项目能成功，但马斯克宣布他现在彻底相信了，他们应该调集大量资源来推进这个项目。

在讨论过程中，马斯克抓住了团队发现的一个关键事实：神经网络至少得经过100万个视频片段的训练才能达到良好的工作状态，如果训练量达到150万个视频片段，它就相当理想了。与其他车企和人工智能公司相比，这给特斯拉带来了巨大的优势。特斯拉在全球的保有量接近200万辆，每天能收集几十亿帧视频画面。埃卢斯瓦米在会上说："我们在这方面有着得天独厚的优势。"

不管是自动驾驶汽车、Optimus，还是类似ChatGPT的机器人，收集并分析大量实时数据信息流的能力对各种形式的人工智能都至关重要。马斯克现在有两个强大的实时数据采集器：一个是自动驾驶车辆拍摄的视频，另一个是全球推特用户每周发布的数十亿条推文。马斯克在自动驾驶会议上说他刚刚又买了1万个GPU数据处理芯片供推特使用，他还宣布要更频繁地召开会议，大家要讨论特斯拉正在设计的、可能变得更加强大的Dojo芯片。另外，他难过地承认在圣诞节期间冲动地把萨克拉门托数据中心"大卸八块"是他犯下的一个错误。

列席旁听会议的是一位人工智能领域的超级明星工程师，马斯克在那一周刚刚招募了他，他要为马斯克即将启动的一个新的秘密项目效力。

人工智能为人类服务

X.AI，2023 年

同希冯·齐里斯与龙凤胎斯特赖德和阿祖尔在奥斯汀

伟大的竞赛

一般技术革命在萌芽期不会大张旗鼓，没有人会在 1760 年的某个早晨醒来后就大喊："天哪，工业革命开始了！"即使是数字革命，也只是在人们注意到世界发生根本性变革之前，业余爱好者攒出来几台个人电脑，在家酿计算机俱乐部这样的极客聚会上炫耀而已。这一轮人工智能革命却明显不同。在 2023 年春的几周里，成百上千万关注技术发展的普通人注意到一场变革正在发生，其发展速度令人瞠目结舌，人类工作、学习、发挥创造力、完成日常生活各项任务的本质都将被它颠覆。

10 年来，马斯克一直担心人工智能终有一日会失控，它会发展出自己的思想，从而威胁人类。谷歌联合创始人拉里·佩奇对他的担忧不屑一顾，称他是"人类种族主义者"，因为他只偏爱人类，却不能对其他形式的智能体一视同仁，二人之间的友谊也因此破裂。马斯克曾试图阻止佩奇和谷歌收购人工智能先驱戴米斯·哈萨比斯成立的 DeepMind 公司，失败后，2015 年马斯克与山姆·阿尔特曼成立了一家名为 OpenAI 的颇有竞争力的非营利性实验室。

跟机器比起来，人类动不动就会生气。马斯克最终与阿尔特曼决裂，离开了 OpenAI 董事会，并将其知名工程师安德烈·卡帕斯招至特斯拉自动驾驶团队。阿尔特曼随后成立了 OpenAI 的营利部门，从微软获得了130 亿美元投资，还将卡帕斯重新招了回去。

在 OpenAI 开发的产品中，有一款名为 ChatGPT 的机器人，它是在大型互联网数据集上训练出来的，可以回答用户提出的问题。2022 年 6 月，当阿尔特曼和他的团队向比尔·盖茨展示该机器人的早期版本时，盖茨表示，除非它能够通过大学先修课程的生物学考试之类的测试，否则他对此并不感兴趣。盖茨说，"我以为那次把他们打发走，够让他们再忙活两三年"，但三个月后他们就回来了。阿尔特曼、微软首席执行官萨提亚·纳德拉等人到盖茨家吃晚饭，向他展示了一个名为 GPT-4 的新版本，盖茨抛给它一大堆生物学问题让它作答。盖茨说："这东西真让我大开眼界。"他接着问，如果此时面对一个父亲，他的孩子生病了，它会怎么说。"GPT-4 给出了一个审慎而出色的回答，这个答案可能比我们在场的任何人给出的答案都要好。"

2023年3月，OpenAI向公众发布了GPT-4。随后，谷歌发布了一款名为Bard的聊天机器人。至此，"OpenAI-微软"组合与"DeepMind-谷歌"之间的竞争正式拉开帷幕，它们创造的产品能够以自然的方式与人类聊天，并执行大量基于文本的知识性任务。

马斯克担心，这些聊天机器人和人工智能系统可能会被灌输某种政治思想，甚至可能感染他所谓的"觉醒文化心智病毒"，尤其是这些人工智能还出自微软和谷歌之手，他还担心能够自我学习的人工智能系统可能会对人类产生敌意。如果考虑更直接的潜在影响，马斯克担心聊天机器人会被训练成推特上炮制各类虚假信息、带有意识形态偏见的报道和金融诈骗信息的账号。当然，所有这些坏事都是人类已经在干的，但是如果别有用心的人拥有了这种能力，能部署成千上万个聊天机器人执行邪恶任务，这些问题就会呈指数级地恶化。

马斯克那种想"骑着高头大马冲进去拯救世界"的冲动劲儿又上来了。他觉得OpenAI和谷歌双雄相争，场上需要第三名角斗士登场——一个专注于人工智能安全、致力于保护人类的角斗士。他创立并资助了OpenAI，现在却被排除在这个赛场外，他对此十分不满。人工智能是一场正在全球科技界上空酝酿的巨大风暴，没有人比马斯克更喜欢风暴了。

2023年2月，他邀请了或者说"召唤"了山姆·阿尔特曼到推特同他会面，并要求阿尔特曼带来OpenAI的创始文件。马斯克质疑他，要求他证明自己凭什么能够合法地把一个由捐款资助的非营利组织转变成一个可以赚取数百万美元的营利组织。阿尔特曼试图向马斯克证明这一切都是合法操作，他坚称自己既不是股东也不是套现者。他还向马斯克提供了新公司的股份，但被马斯克拒绝了。

出人意料的是，马斯克对OpenAI和阿尔特曼发起了猛攻。他说："OpenAI是作为一家开源的（这也是我将其命名为'Open'AI的原因）、非营利性的公司创建的，其目的就是与谷歌抗衡，现在它却成了一家封闭源代码、追求利润最大化的公司，实际上处于微软的控制之下。我到现在都不明白，我捐赠了1亿美元创办的非营利性组织是怎么变成市值300亿美元的营利性公司的。如果这是合法的，为什么大家不都这么做呢？"他称人工智能是"人类有史以来创造过的最强大的工具",随后对它"如今落入了无情的垄断企业之手的境遇"表示遗憾。

阿尔特曼很痛苦,与马斯克不同,他是一个非常敏感的人,而不是一个愿意针尖对麦芒的人。他没有从 OpenAI 中赚到任何钱,而且他认为马斯克对人工智能安全问题的复杂性钻研得还不够,不过他确实认为马斯克的批评是发自内心的担忧。阿尔特曼告诉科技记者卡拉·斯维什尔:"他是个浑蛋,我俩行事风格真的很不一样,我不想要他那种风格。但我认为他真的很关心这件事,他对人类的未来处境感到焦虑不安。"

马斯克的数据流

喂养人工智能,靠的是数据。新诞生的这些聊天机器人正在接受海量信息的训练,包括互联网上的数十亿个网页和其他文档。谷歌和微软拥有搜索引擎、云服务和电子邮箱,他们手头有大量的数据可以帮他们训练这些系统。

马斯克能给这场战局带来什么呢?马斯克坐拥的一大数据资产是推特的信息流,其中包括多年来所有人发布的超过 1 万亿条推文,还有每天新增的 5 亿条。它是人类集体意识的体现,是世界上更新最及时的数据集,包含了现实生活中人类的各种对话、新闻、兴趣、趋势、争论和术语。此外,它还是一个很好的训练场,可以让聊天机器人测试真人对其回复做出的反应。马斯克在收购推特时并没有考虑到这些数据的价值,他说:"实际上这算是一个附带的好处,我是在买下推特以后才意识到的。"

推特曾经零零星星地允许其他一些公司使用这些数据流。2023 年 1 月,马斯克在推特会议室召开了一系列深夜会议,研究如何针对这项服务收费的问题。他对工程师们说:"这是一个将推特数据集变现的好机会。"而且能限制谷歌和微软使用这些数据改进自家的人工智能聊天机器人。

马斯克还拥有另一个数据宝库:特斯拉每天从自家车辆上的摄像头接收并处理的 1 600 亿帧视频画面。这些数据不同于为聊天机器人提供信息的文本文件,这是人类在真实世界中导航的视频数据,它有助于为实体机器人打造人工智能系统,而不再是只能生成文本的聊天机器人。

通用人工智能的王冠是打造出能够像人类一样在物理空间（比如工厂、办公室和火星表面）运行的机器，而不仅是一些让我们感到惊艳的虚拟聊天机器人。特斯拉和推特可以共同为这两个研究方向提供数据集和数据处理能力：不管是教机器在物理空间中自主导航，还是教它们用自然语言回答问题。

3月15日

"怎样才能让人工智能变得安全呢？"马斯克问道，"我一直在苦苦思考这个问题。我们可以采取哪些行动来最大限度地减少人工智能的风险，确保人类意识的赓续？"

在奥斯汀，他光脚盘腿坐在希冯·齐里斯家泳池边的露台上，这位Neuralink的高管是他两个孩子的母亲，自八年前OpenAI成立以来，齐里斯一直是他在人工智能领域的智囊。双胞胎斯特赖德和阿祖尔正坐在他们的腿上，此时已经16个月大。马斯克仍在坚持间歇性断食：他很晚才吃了一顿早午餐，其中还有甜甜圈——他开始经常吃甜甜圈。齐里斯煮了咖啡，然后把他的咖啡放进微波炉里加热，这样他就不会喝得太快。

一周前，马斯克给我发来信息："有几件重要的事情我想和你谈谈，只能当面谈。"当我问他想在何时何地见面时，他回答："3月15日，奥斯汀。"

我感到很困惑，而且不得不承认还有点儿担心。原来他是想谈谈人类未来面临的问题，而他首先想到的就是人工智能。我们坐在外面，还得把手机留在屋里，因为他说有人可能会用手机监听我们的谈话。不过他后来同意我在书中引用他在这次谈话中表达的对人工智能的看法。

他语调低沉，时不时发出几近狂躁的笑声。他指出，人类的智力水平正趋于平稳，因为没有足够多的新生儿。与此同时，计算机智能却在呈指数级增长，就像给摩尔定律打了类固醇一样。在某一时刻，一定会出现这种情况：生物脑力在数字算力面前相形见绌。

此外，新的人工智能机器学习系统可以自行摄取信息，自行学习如何产生结果并输出，甚至还能升级自己的代码、开发新的能力。数学家约翰·冯·诺依曼和科幻作家弗诺·文奇曾用"奇点"一词来描述人工智能以不可控制的速度独自前进，把我们人类远远甩在身后的那一时刻。"这一天可能比我们预想的要来得更快。"马斯克的语调透露出一种不祥的感觉。

有那么一瞬间，我被这奇特的场景所震撼。在一个阳光明媚的春日，我们坐在郊区一个宁静的后院游泳池边的露台上，一对眼眸清澈的双胞胎正在蹒跚学步，马斯克却悲观地推测着在人工智能毁灭地球文明之前，在火星上建立一个可持续发展的人类殖民地，这个机会的时间窗口还有多久。这让我回想起萨姆·特勒在为马斯克工作的第二天参加 SpaceX 董事会时说过的话："他们坐在一起认真地讨论着，在火星上建造城市的计划，人们在火星上要穿什么，每个人似乎都觉得这场对话的内容再寻常不过了。"

马斯克陷入了长久的沉默。正如希冯所说，他正在进行"批处理任务"，这个术语指的是老式计算机在处理能力足够的情况下给一系列任务排序并按顺序运行的方式。"我不能就这么干瞪眼看着，什么都不做。"马斯克最后轻声说道，"随着人工智能的到来，我在想还值不值得花那么多时间考虑推特的事。当然，我或许能做到让它成为世界上最大的金融机构，但我每天只有那么多的脑容量，也只有 24 个小时。我就是这么个意思，我也不差钱了对吧。"

我刚想开口说话，但他也知道我想问什么。"那我的时间应该花在什么地方？"他说，"发射星舰，现在前往火星的任务变得更紧迫了。"他又停顿了一下，随后补充道："另外，我需要集中精力确保人工智能的安全性，所以我要创办一家人工智能公司。"

X.AI

马斯克将他的新公司命名为 X.AI，并亲自招来了谷歌 DeepMind 部门的著名人工智能研究员伊戈尔·巴布什金担任首席工程师。X.AI 一开始把部分新员工安置在推特，但马斯克表示有必要把它变成一家独立的初创公司，就像 Neuralink 一样。他在招募人工智能科学家时遇到了一些困难，因为该领域掀起的全新热潮意味着所有具备相关经验的从业者都可以拿到

100 万美元甚至更高的年薪。他解释说："如果能让他们成为一家新公司的创始人并分到股权，那么就更容易吸引他们加入。"

我算了一下，这样他就得管理六家公司——特斯拉、SpaceX 及其星链部门、推特、Boring Company、Neuralink 和 X.AI，这相当于史蒂夫·乔布斯巅峰时期掌舵公司（苹果和皮克斯）数量的 3 倍。

马斯克承认，在打造一款可以用自然语言回答问题的聊天机器人方面，他一开始远远落后于 OpenAI。但是，特斯拉在自动驾驶汽车和 Optimus 方面的成果让他们在打造物理世界中导航所需的人工智能方面遥遥领先。这意味着特斯拉的工程师在创造成熟的通用人工智能方面实际上领先于 OpenAI，而通用人工智能需要同时具备这两种能力。"特斯拉在现实世界积累的人工智能实力被低估了，"马斯克说，"想象一下，如果特斯拉和 OpenAI 必须交换任务，他们来制造自动驾驶车辆，而我们来制造大语言模型聊天机器人，谁会赢呢？当然是我们。"

2023 年 4 月，马斯克向巴布什金和他的团队提出了三大目标。第一个目标是打造一款能编写计算机程序的人工智能机器人。程序员可以在一开始输入任何编程语言，X.AI 机器人就能自动完成他们最有可能编写的程序代码。第二个目标是开发一款 OpenAI 的 GPT 系列聊天机器人的竞品，它使用的算法和训练的数据集要能确保政治立场的中立性。

马斯克给团队设定的第三个目标更为宏大。他的首要任务一直是确保人工智能的发展有助于人类意识的赓续。他认为实现这一目标的最佳途径是创造一种能够"推理""思考"并以"真理"为指导原则的通用人工智能。我们应该能对它委以重任，比如"制造一款更好的火箭发动机"。

马斯克希望有朝一日它能解决更宏大、更现实的问题。它将是"一款能够最大限度追求真理的人工智能，它关心对宇宙的理解，这样可能带来的一个结果就是它想要保护人类，因为我们是宇宙中至关重要的组成部分。这听起来有点儿耳熟，后来我就意识到：他所肩负的使命与他童年时代的启蒙"圣经"《银河系搭车客指南》中记载的使命相似（我是不是有点儿牵强附会了呢），当年正是这本书将他从青春期的存在主义抑郁状态中拯救出来，书中超级计算机的使命就是要找出"关于生命、宇宙和万物终极问题的答案"。

95

星舰发射

SpaceX，2023 年 4 月

马斯克、容科萨和麦肯齐在博卡奇卡的装配大楼楼顶（左上）；

在控制室内观看星舰发射（右上）；同格里芬和 X 在控制室内（左下）；

同格莱姆斯和塔乌在控制室外（右下）

风险事业

"我的胃都绞成一团了，"站在 SpaceX 星际基地 265 英尺高的装配大楼顶端的阳台上，马斯克对马克·容科萨说，"重大发射之前我总是这样，在夸贾林岛发射失败的经历让我患上了创伤后应激障碍。"

2023 年 4 月是星舰展开试验性发射的阶段。抵达得克萨斯州南部后，马斯克做了一件他在大型火箭发射前经常会做的事情，就像 17 年前他第一次试射时做过的那样——把思绪投向了未来。他向容科萨提出了许多想法，还发布了一些指令，希望用一座巨大的工厂取代 SpaceX 星际基地四个足球场大小的装配帐篷，这样就能以每月一枚的速度来生产火箭。他们应该立即着手建造这座工厂，同时为工人们开辟出一个新的生活区，在宿舍屋顶上都布设好太阳能瓦片。打造一枚像星舰这样的火箭很不容易，但马斯克知道，更关键的是要能大规模地制造火箭。在火星上建立人类殖民地最终会需要一支由数千人组成的舰队。马斯克说："我最担心的其实是我们的发展速度——我们能不能在人类文明崩溃之前抵达火星？"

在装配大楼的会议室里，一些工程师同他们一起花三个小时做了发射前的检查。马斯克给大家动员鼓劲："在你们经历所有这些磨难的时候，一定要记得你们正在研究的是地球上最酷的东西。它真的酷毙了！谁知道第二酷的东西是什么？不管第二酷的是什么，跟咱这个都没法比。"

随后探讨的话题转向了这次发射的风险。想要进行星舰的发射测试，必须经过十几个监管部门的批准，而这些公职人员并不像马斯克一样对风险情有独钟。工程师向他介绍了他们要面对的所有安全审查和各类要求。容科萨说："为了拿到发射许可，简直要蜕一层皮。"莎娜·迪茨和杰克·麦肯齐具体讲了容科萨遇到的问题。马斯克抱着脑袋说："我真是要头疼死了，我在想怎么才能把人类送上火星，结果我还得操心这些破事儿。"

马斯克沉默地思忖了两分钟。当他醒过神来以后，突然变得富有哲理起来，他说："文明就是这样衰落的，因为他们放弃了冒险。当他们放弃了冒险事业，文明的动脉就会硬化。每年，真刀真枪的实干家越来越少，动动嘴皮子吹哨的裁判员却越来越多。"这就是为什么美国再也造不出高铁和能够登月的火箭，"躺在功劳簿上太久，你就会失去冒险的欲望"。

"了不起的一天"

由于阀门问题，周一的发射倒计时在还剩 40 秒时终止，发射改在 3 天后的 4 月 20 日进行。4 月 20 日这个日期是故意安排的吗？就像他提出的以每股 420 美元的价格私有化特斯拉、以每股 54.20 美元的价格收购推特，这是又一次用了 "420" 这个大麻梗吗？事实上，这次主要是受天气预报和准备情况的影响，但还是让马斯克很开心，有好几周时间他都不停地念叨 "4 月 20 日" 这一天是 "命中注定的"。记录这次发射任务的电影制片人乔纳森·诺兰有一句名言：最有可能发生的其实是最具有讽刺意味的结果。马斯克补充了他的推论："最有可能发生的其实是最有趣的结果。"

马斯克在第一次倒计时叫停后飞往迈阿密，在一场广告大会上发表讲话，向大家保证今后推特的计划会按部就班地执行。4 月 20 日午夜刚过，他就回到博卡奇卡，睡了三个小时，喝了点儿红牛，清晨 4 点 30 分来到发射控制室，离预定的升空时间还有四个小时。40 名工程师和操作人员中有很多人都穿着印有 "Occupy Mars!"（占领火星！）的 T 恤衫，他们坐在一排排控制台前，透过这座隔热建筑可以看到湿地对面 6 英里外的发射台。黎明时分，格莱姆斯带着 X、Y 和他们新生的宝贝塔乌来到了这里。

在预定发射前半小时，容科萨来到平台上，向马斯克简要介绍了一个传感器在检测中发现的问题。马斯克想了几秒，随即宣布："我认为这不构成风险因素。"容科萨兴奋地蹦了一下，说："太好了！"随后他飞快地跑回控制室。马斯克很快跟了上去，在前排控制台前坐下，吹起了贝多芬《欢乐颂》的口哨。

在倒计时 40 秒时，他们稍作停顿，进行了最后的评估，马斯克点了点头，倒计时继续进行。点火时，从控制室的窗口和十几个显示屏上可以看到助推器上 33 个猛禽发动机喷射出的火焰。火箭缓慢升空。"天哪，它升空了！"马斯克大喊一声，随后从椅子上一跃而起，跑到外面的平台上，及时听到了爆炸产生的低沉的轰鸣声。3 分多钟过去，火箭越升越高，渐渐消失在人们的视线外。

　　但当马斯克回到控制室内,监视器上清楚地显示火箭正在摇摆。在发射前的几秒内,有两个发动机启动状况不良,已发出指令将其关闭。助推器上还剩下31个发动机,应该足够完成任务了。但在飞行开始30秒后,助推器边缘的另外两个发动机由于阀门爆开导致燃料泄漏,引起了爆炸,火势蔓延到邻近的发动机舱室内。火箭继续爬升,但很明显它已经无法进入预定轨道。根据协议,如果炸毁火箭,必须安排在水上进行,因为在水上爆炸不会有危险。马斯克向发射指挥员点了点头,指挥员就在飞行开始3分10秒后向火箭发出了"自毁信号"。48秒后,火箭的视频画面变黑,就像前三次从夸贾林岛发射时的情况一样。团队再一次用"无须计划的快速拆卸"这个略带讽刺意味的短语来描述此时发生的一切。

　　他们重新观看发射视频,发现猛禽发动机的爆炸震碎了发射台的基座,将大块混凝土抛向空中,其中一些发动机可能被碎块击中了。

　　一如既往,马斯克愿意承担风险。在2020年建造发射台时,他就决定不在发射架下方挖导焰槽,大多数发射台挖导焰槽的目的是容纳发动机点火后产生的爆炸冲击波。他说:"当时这么做可能是不对的。"此外,2023年年初,负责发射台的团队开始做一块大钢板,要把它放置在发射架的地基上,通过喷水冷却。但到发射时,钢板还没有准备好,马斯克根据静态火灾试验的数据计算出高密度混凝土可以承受发射时的爆炸冲击波。

　　就像他在早期版本的猎鹰1号中决定抛弃防晃隔板一样,事后证明冒这种险是错误的决定。NASA和波音公司会采取比较稳妥的做法,不太可能做出这样的事。但马斯克相信在制造火箭时,要采用"快速失败"机制。甘愿冒险,炸就炸了,炸了以后反思、学习、修正,重复冒险。马斯克说:"我们不想在设计中消除所有风险,否则我们将一事无成。"

　　他事先声明,如果火箭能够顺利点火,升到足够高度,以至于即便爆炸也是发生在人们的视野外,还能给SpaceX留下大量有价值的新信息和新数据,他就认定这次试验性发射是成功的。这次发射实现了以上这些目标。尽管如此,火箭还是爆炸了。多数公众会认为这是一次失败的尝试。有那么一瞬间,马斯克在盯着监视器时显得非常沮丧。

　　但控制室里的其他人开始鼓掌,他们为取得的成就和学到的知识而欢欣鼓舞。马斯克终于站了起来,将双手举过头顶,面向房间里的众人说:"干得漂亮,伙计们!这次成功了!我们的目标是点火升空,在人们的视线外爆炸,我们做到了。第一次进入预定轨道肯定会有很多问题,但今天依然是了不起的一天。"

当晚,100多名SpaceX员工和朋友们聚集在SpaceX星际基地的异国风情酒吧,参加了一场庆祝派对,现场有慢烤乳猪可供享用,人们纷纷起舞。乐队看台后面是几艘老式的星舰,它们的不锈钢板反射着派对的灯光,火星通红透亮,仿佛在他们身后的夜空中冉冉升起。

在草坪的一侧,格温·肖特韦尔与汉斯·科尼格斯曼聊着天,他是SpaceX的第四位员工,21年前,是他将肖特韦尔引见给马斯克的。科尼格斯曼是参加过夸贾林岛几次发射任务的老人了,他独自飞到得克萨斯州南部,作为观众观摩了这次发射。2021年灵感4号发射后,他就再也没见过马斯克,因为他当时正在办理离职手续。科尼格斯曼想过要不要过去跟马斯克打个招呼,但还是决定不去了。他说:"埃隆不喜欢多愁善感地追忆往昔,他不擅长跟人在这方面产生共鸣。"

马斯克、格莱姆斯和梅耶坐在一张野餐桌旁,梅耶刚在纽约庆祝完75岁生日,在星舰发射的前一天深夜抵达了这里。梅耶回忆起自己小时候,父母每年都会带着全家飞往南非的卡拉哈里沙漠去探险。她说,埃隆传承了家族的精神,一代代的冒险家把这种精神气质传递给了下一代。

X左摇右晃地来到火坑旁,马斯克轻轻地拉他想让他离远一些,他就扭动着身子尖叫起来,不乐意被人束缚,于是马斯克放开了他。"小时候有一天,爸妈警告我不要玩火,"他回忆说,"于是我就躲在一棵树后,拿了一盒火柴,开始点火。"

"缺陷塑造人格"

星舰的爆炸其实也象征着马斯克这个人,这是对于他强迫症的一种恰如其分的隐喻——好高骛远、行事冲动、疯狂冒险、成就惊人,但与此同时,他也会炸掉周遭的一切,留下残骸的余烬,面对此情此景,他却能恣肆地放声狂笑。悠悠岁月,他的人生中留下了彪炳史册的辉煌成就,也留下了疯狂过后的一败涂地、承诺过后的出尔反尔和血气方勇的狂妄不羁。不论成败，一切皆如史诗，磅礴壮丽。拥戴之人将他顶礼膜拜，鄙夷之人对他嗤之以鼻。在推特时代的舆论洪流中，对立双方狂热执着。

自幼年起，他饱受心魔的蹂躏，又为英雄主义而着迷。他发表煽动性的政治言论，挑起不必要的争端是非，制造对立。有时他就像着了魔一样，整个人的状态都已濒临疯狂的边缘，分不清什么是真切可及的愿景、什么是海市蜃楼的幻境。他的人生中缺少火焰导流槽。

基于此，对他来说，星舰发射测试的这一周再寻常不过了。在那些发展成熟的行业里，在那些心智成熟的首席执行官身上，很少有人会像他一样承担这些风险，而他却乐此不疲。

- 在那周的特斯拉财报电话会议上，他再三强调要推行降价促销的策略，并再次预测完全自动驾驶车辆将在一年内准备就绪——他自 2016 年以来每年都这么预测。

- 那周，在迈阿密举办的广告营销大会上，在台上采访他的 NBC 环球集团广告主管琳达·亚卡里诺私下提出了一个令人吃惊的建议：她可能就是他正在寻找的推特掌舵者人选。他们之前素未谋面，但自他收购推特后，亚卡里诺就一直通过信息和电话联系他，说服他来参加此次会议。她说："我们对推特的未来有着相似的愿景，我想帮助他，于是我就跟随他，得到在迈阿密采访他的机会。"当晚，亚卡里诺为马斯克安排了一场持续了四个小时的晚宴，他们与十几位顶级广告商共进晚餐。马斯克意识到亚卡里诺可能是个完美的人选，因为她聪明绝顶，对工作充满热情，熟悉广告和订阅业务的收入情况。为了理顺各种人际关系，她扎实肯干又毫不畏难——就像格温·肖特韦尔在 SpaceX 扮演的角色一样。但马斯克不想放弃太多推特的控制权，他对亚卡里诺说："我还是要在推特上班的。"这是一种委婉的说法，言下之意是在推特还是他说了算。亚卡里诺让他把这场任命看成一场接力赛："你打造好产品，把接力棒传给我，我来负责执行和销售。"马斯克最终给了她推特首席执行官的头衔，自己则继续担任执行董事长兼首席技术官的职务。

- 发射测试当天上午，他在推特上提出了一项计划：取消名人、记者和其他已认证账号的蓝色对钩。只有那些已经注册并支付了订阅费用的用户才能保留该标记，而这部分人很少。马斯克这样做是希望在道义上做得更公平一些，但他的这种正义感有些矫枉过正了，他没有考虑怎样做才能为用户提供最好的服务，此举在推特上引起了轩然大波：关于谁想要或者不想要蓝标、谁需要或者不需要蓝标，怒不可遏的人们吵成了一锅粥。

- 那一周，Neuralink 完成了最后一轮动物实验，开始与美国食品药品监督管理局合作，希望将芯片植入人体试验对象的大脑，四周后获得了批准。马斯克敦促大家公开展示他们的进展，他这样告诉团队："我们希望让公众了解我们所做的一切，这样大家就会支持我们。这也是我们直播星舰发射的原因，虽然我们都知道它很可能在半空中爆炸。"

- 在特斯拉完成一次试驾以后，马斯克宣布现在他确信特斯拉应该采用达瓦尔·史洛夫团队正在开发的神经网络路径规划，它可从视频画面中学习，模仿优秀的人类驾驶员完成驾驶操作。马斯克要求他们为完全自动驾驶车辆创建一个集成神经网络。就像 ChatGPT 可以预测对话中的下一句话一样，完全自动驾驶车辆的人工智能系统应该从车辆摄像头中获取图像，并预测方向盘和踏板的下一个动作是什么。

- SpaceX 的龙飞船离开了国际空间站，安全降落在佛罗里达海岸。此时它依然是美国唯一可以飞往空间站并安全返回的飞船。一个月前它曾搭载四名宇航员（包括一名俄罗斯宇航员和一名日本宇航员）前往空间站，四周后它将再次搭载宇航员去往空间站。

他的胆大包天、他的狂妄自大驱使着他完成那些史诗般的壮举，但是不是因此我们就可以原谅他的鲁莽轻率、出言不逊、横行霸道、冷酷无情？答案当然是否定的。我们可以欣赏一个人的优点，同时指责他的缺点，但我们也要理解这些因素如何相互交织、难以割裂。理解他的人格整体，就要接受其中难以剥离的阴暗面。正如莎士比亚教导我们的，所有英雄都有人格缺陷，有些英雄为缺陷所困，有些英雄以悲剧而终，而那些被我们视为恶棍的角色可能比英雄更加复杂多面。他教导我们，即便性格最为良善之人，他的人格也"由他的缺点所塑造"。

在发射试验的那周，安东尼奥·格拉西亚斯和其他一些朋友同马斯克谈起了这个话题：他有必要学会克制他急躁、冲动、具有破坏力的天性。他们说，如果马斯克要引领太空探索的新时代，他就需要达到更高的境界，在政治问题上超然物外。他们回忆说，有一次格拉西亚斯让他一整晚把手机锁在酒店保险箱里，由格拉西亚斯输入密码，这样马斯克就无法在凌晨时分拿出手机来发推文。结果马斯克在凌晨3点醒来时叫酒店保安打开保险箱。星舰发射后，他表现出了一丝自知之明，他幽默地说："我经常开枪打穿自己的脚丫子，要是买双防弹靴就好了。"他反思道，也许推特应该加一个控制冲动发文的延迟按钮。

这是一个非常讨巧的概念：一个可以控制冲动的按钮，一个可以平息马斯克推文引起的各种风波的按钮，一个可以阻止他在黑暗模式中无所顾忌的按钮，一个能化解他在"恶魔模式"中怒发冲冠的按钮——不至于让他恍然清醒的那一刻才发现自己留下了一地的碎石瓦砾。但是，一个懂得节制谨慎的马斯克真的还会像一个自由不羁的马斯克一样成就斐然吗？心直口快、无所顾忌是他人格中不可或缺的特质吗？他脚踏实地又狂放不羁，如果我们不接受他人格中的复杂多面，那么火箭还能被送入太空吗？我们还能迎来电动车革命这场划时代的转型吗？有时候，伟大的创新者就是与风险共舞的孩子，他们拒绝被规训。他们可能草率鲁莽，处事尴尬，有时甚至引发危机，但或许他们也很疯狂——疯狂到认为自己真的可以改变世界。

发射完成后同格莱姆斯和梅耶在一起

致谢

经过埃隆·马斯克的允许，我如影随形地跟访了他两年。他邀请我列席旁听他参加的会议，数十次接受了我的采访，并与我展开深夜对谈，给我提供了很多电子邮件和信息内容，还鼓励他的朋友、同事、家人、前妻和对手同我交谈。在本书出版之前，他没有要求审阅书稿，也没有读过书稿，没有对书稿内容施加任何控制。

非常感谢我在资料来源中列出的所有接受过我采访的人。我想特别列出这几位向我提供了特殊帮助、历史照片和指导意见的人：梅耶·马斯克、埃罗尔·马斯克、金博尔·马斯克、贾丝廷·马斯克、克莱尔·鲍彻（格莱姆斯）、妲露拉·莱莉、希冯·齐里斯、萨姆·特勒、奥米德·阿夫沙尔、詹姆斯·马斯克、安德鲁·马斯克、罗斯·诺丁、达瓦尔·史洛夫、比尔·莱利、马克·容科萨、基科·邓契夫、耶恩·巴拉贾迪、拉斯·莫拉维、弗朗茨·冯·霍兹豪森、杰瑞德·伯查尔和安东尼奥·格拉西亚斯。

克拉里·普伦是我的图片编辑，她非常有魄力，我以前很多图书的图片编辑工作都是由她操刀。我的所有图书都是由西蒙与舒斯特出版社出版的，因为他们的价值观和优秀的团队，我把书稿交给他们，永远都很放心。这个团队包括了普里西拉·佩因顿、乔纳森·卡普、哈娜·帕克、斯蒂芬·贝德福德、朱莉娅·普罗瑟、玛丽·弗洛里奥、杰姬·塞奥、丽莎·里夫林、克里斯·多伊尔、乔纳森·埃文斯、阿曼达·马尔霍兰、艾琳·凯拉迪、保罗·迪波利托，以及已故的爱丽丝·梅休——她的精神永远与我们同在。在我的请求下，已经退休的朱迪斯·胡佛再度出山担任本书的文字编辑。我还要感谢我的经纪人阿曼达·厄本、负责帮我处理国际事务的海伦·曼德斯和佩帕·米尼奥内，以及我在杜兰大学的助理林赛·比利普斯。

一如既往，还要感谢我的至爱凯茜和贝齐。

注释

编者按：由于篇幅所限，本书注释部分以线上电子文件的形式供读者阅读，请扫描下方二维码获取注释具体内容。对于由此给您的阅读带来的不便，我们深表歉意。

扫码进入中信书院页面，
查看《埃隆·马斯克传》注释